Anatomy of the eye 眼之解剖

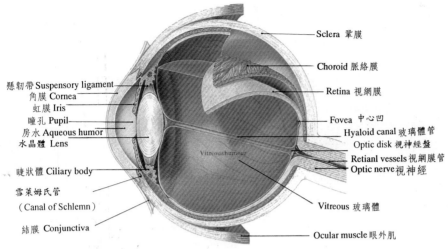

- Sclera 鞏膜
- Choroid 脈絡膜
- Retina 視網膜
- Fovea 中心凹
- Hyaloid canal 玻璃體管
- Optic disk 視神經盤
- Retianl vessels 視網膜管
- Optic nerve 視神經
- Vitreous 玻璃體
- Ocular muscle 眼外肌
- 懸韌帶 Suspensory ligament
- 角膜 Cornea
- 虹膜 Iris
- 瞳孔 Pupil
- 房水 Aqueous humor
- 水晶體 Lens
- 睫狀體 Ciliary body
- 雪萊姆氏管（Canal of Schlemn）
- 結膜 Conjunctiva

Vitreoushumeur

（資料來源：James Bevan, The handbook of anatomy and physiology.）
＊ 經徵詢美國 New York: Simon and Schuster 出版社同意。

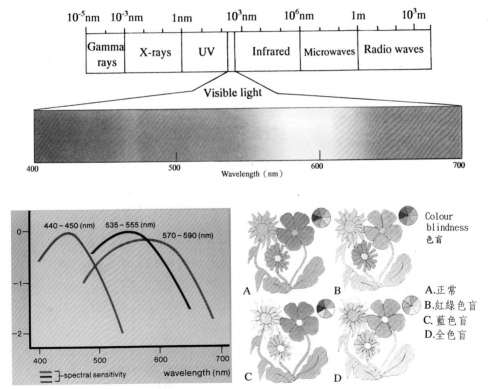

10^{-5}nm　10^{-3}nm　1nm　10^3nm　10^6nm　1m　10^3m

| Gamma rays | X-rays | UV | Infrared | Microwaves | Radio waves |

Visible light

400　　　500　　　600　　　700

Wavelength（nm）

440－450 (nm)　535－555 (nm)　570－590 (nm)

spectral sensitivity

wavelength (nm)

400　500　600　700

Colour blindness 色盲

A.正常
B.紅綠色盲
C. 藍色盲
D.全色盲

A　B
C　D

手杖法

（資料來源：萬明美攝，於啟明學校）

盲用電腦

（資料來源：國科會）

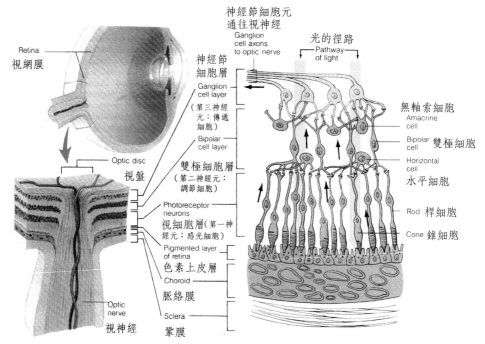

（資料來源：James Bevan, The handbook of anatomy and physiology.）

＊ 經徵詢美國 New York: Simon and Schuster 出版社同意。

The visual pathways 視路

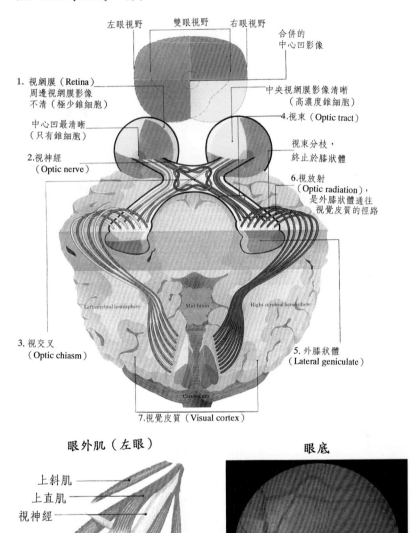

左眼視野　　雙眼視野　　右眼視野

合併的
中心凹影像

1. 視網膜（Retina）
周邊視網膜影像
不清（極少錐細胞）

中央視網膜影像清晰
（高濃度錐細胞）

中心凹最清晰
（只有錐細胞）

4. 視束（Optic tract）

2. 視神經
（Optic nerve）

視束分枝，
終止於膝狀體

6. 視放射
（Optic radiation），
是外膝狀體通往
視覺皮質的徑路

Left cerebral hemisphere　　Mid-brain　　Right cerebral hemisphere

3. 視交叉
（Optic chiasm）

5. 外膝狀體
（Lateral geniculate）

Cerebellum

7. 視覺皮質（Visual cortex）

眼外肌（左眼）

上斜肌
上直肌
視神經
內側直肌
外側直肌
下斜肌
下直肌

眼底

（資料來源：James Bevan, The handbook of anatomy and physiology）
＊　經徵詢美國 New York: Simon and Schuster 出版社同意

Heterochromia iridis　虹膜異色

（資料來源：萬明美攝，於泰國貓村，Thailand。）

Waadenburg-klein　瓦登伯格症候群

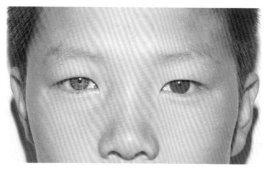

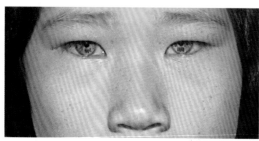

1. 視力正常
2. 虹膜異色（一眼藍色、一眼棕色、或兩眼藍色）
3. 聽覺發育不良、鼻橋寬厚、前額白髮、內眥移位
   等特徵
4. 可能是體染色體顯性遺傳。台中啟聰學校曾有數
   位虹膜異色的聾生，其中三位是兄妹。

（資料來源：萬明美攝，於啟聰學校，Taiwan）

Dog guide　嚮導犬

澳洲嚮導犬，Australia

台灣第一隻嚮導犬「雅琪」
（資料來源：台灣盲人重建院提供）

Strong-eye heading dog
以眼神發號施令的牧羊犬

（資料來源：萬明美攝，
　於 New Zealand）

視 障 教 育

Education for People with Visual Impairments

萬 明 美 著
國立彰化師範大學特殊教育學系教授

By

Ming-Mei Wan, Ph. D., professor

Department of Special Education

National Changhua University of Education

五南圖書出版公司 印行

目　次

第壹篇

歷史沿革

第一章
視障教育之發展

第一節　歐美視障教育之發展

壹、盲童教育

　　古老的迷信觀念將「眼盲」曲解爲撒旦的傑作，或神對罪惡者的懲罰，盲人因而爲世俗所隔離；甚至在古希臘羅馬時代，盲嬰出生後即被族人所遺棄。長期以來，盲人被認爲是無法教育和訓練，傳統的謀生方法通常是靠乞討和賣唱，即使到中世紀，最佳的照顧亦僅限於收容院的救濟；直到十八世紀末期，阿宇（Valentin Haüy）於1784年在法國巴黎創設世界第一所盲校——盲青年學校（L′Institution Nationale des Jeunes Aveugles），盲人才開始接受正式教育；隨後歐洲其他國家陸續成立類似的寄宿學校。間隔半世紀之久，美國才於1832-1833年在波士頓、紐約、費城創辦三所私立盲校；其中波士頓的柏金斯盲校（Perkins School for the Blind）爲早期的新英格蘭盲人收容所，隨後改稱爲柏金斯機構，和麻州盲人收容所合併，在何奧（Samuel Howe）領導下，發展成日後頗享盛名的柏金斯盲校。整個十九世紀，寄宿學校幾乎成爲盲童唯一的教育措施。然而盲校隔離式的教育方式廣受抨擊，早在1866年何奧即提出強烈質疑，認爲寄宿學校將盲生與外界隔離甚爲不妥；蘇格蘭於1872年《教育法案》規定，盲童可就讀普通學校和明眼兒童混合教育。1900年9月，伊利諾盲校校長賀爾（Frank Hall）說服芝加哥教育當

局，由盲校教師寇蒂斯（John Curtis）執行一項日間班級（day class）的實驗教育計畫。研究結論認為盲童在普通學校學習仍有限制，並非所有盲童都適合就讀普通學校；但此融合教育模式獲得相當大的認同與迴響，各州開始讓視障學生進入普通學校就讀，回歸主流的趨勢蔚為風尚。

貳、低視力兒童教育

盲童（blind children）的教育史已歷經好幾世紀；而低視力兒童（low vision children）的教育延至二十世紀才開始發展。1908年哈曼（N. Bishop Harman）在倫敦開設世界第一所低視力學校；先前英格蘭和蘇格蘭所設的班級僅以近視眼兒童為對象。1913年艾倫（Edward E. Allen）自英國開會返回美國後，於波士頓設立美國第一個低視力班級，最初稱為「半盲班級」，後改為「眼睛保留班級」；但此名稱甚為怪異，後再改稱為「視力保存班級」（sight－saving class）。俄亥俄州於1913年設立合作式班級（cooperative class），讓低視力學生就讀於普通班級，僅近距離作業之課程到特殊班學習。從1920年代到1930年代的低視力班級泛稱為「視力保存班級」，整個教育理念設定為「避免費力閱讀印刷字，以保存視力」；甚至有殘餘視力的低視力兒童常被當成盲童教育而以點字摸讀。近代的觀點如巴拉加（Barraga，1983）則認為視力很少因使用而損害；反之，應儘量在各種情境下使用殘餘視力，以提高視覺效率（visual efficiency）。低視力兒童被鼓勵以光學輔助器或放大字體學習文字，而非只教點字；另一方面也鼓勵低視力兒童回歸到普通班就讀。

至1940年間，正值美國創立第一所盲校的一世紀之後，由於受到杜威重視個別兒童及其學習風格之教育哲學影響，視障兒童教育的本質重新被檢討深思。有關兒童成長及發展的研究亦指出「兒童在自己的家庭中成長最佳」，家長和專家開始要求教育當局在決定視障兒童教育安置時應基於兒童的個別需求，並應考量家長的意願。而當時因醫學進步（如新生兒眼疾之預防；白喉、麻疹、猩紅熱、天花等疫苗之廣泛使用），視覺障礙的發生率有效地減少，因此寄宿學校有較充裕的空間，公立學校亦能紓解壓力以建立新課程。

　　接著十五年期間，兩種流行疾病在美國肆行，使得視障人數遽增。首先是早產兒視網膜病變（retinopathy of prematurity；ROP），又稱晶狀體後纖維增生症（retrolental fibroplasia；RLF），專侵低體重的早產兒；估計1949－1956年間視障人口數因 ROP 的影響增加了39％。其次是1964－1966年德國麻疹流行病（the rubella epidemics），存活的三萬個缺陷兒童中，約有15－20％有嚴重的視覺障礙，且多數伴有其他障礙。

參、特殊學校與混合教育制度

　　面臨遞增的盲生和視障學生人數，師資和設施成為教育當局最棘手的難題。特殊學校因已烙印寄宿學校的形象，故被迫招收學業適應困難的學生；而普通學校一向都將盲生轉介到特殊學校，在缺乏合格師資的情況下更不願招收這些重度學生，於是特殊學校和普通學校再度針鋒相對，爭論不休。

　　因應社會的需求，美國盲人基金會（The American Foundation for the Blind；AFB）和國立防盲協會（The National Society for the Prevention of Blindness；NSPB）相繼成立，全力贊助研討會、教師在職訓練，並提供獎學金以培育師資。美國盲人基金會有鑑於特殊學校和普通學校的對立狀態，乃建議三種教育型態作為討論的架構：(1)在公立或私立盲校接受教育；(2)在公立或私立普通學校和明眼學生混合教育，全日配置資源教師或特殊班教師；(3)在公立或私立普通學校和明眼學生混合教育，於固定或必要時段提供巡迴輔導教師服務。

　　在回歸主流的趨勢下，融合教育制度被認為是較少限制的環境，有助於視障兒童重返正常社會（O'brien，1973；Thomas，1979）。然而寄宿式的特殊學校並未被完全取代，主要有下列優點（Bischoff，R.，1978；McIntire，1985；Spungin，1982）：

　　1.特殊學校有受過專業訓練的特殊教育師資，能針對同質性的視障學生，設計最適合他們需要的課程教材和活動。

　　2.特殊學校有專為視障學生購置的特殊設備器材，提供視障學生最完備的軟硬體設施。

　　3.特殊學校適合重度障礙或適應能力較差的學生就讀。

4.家境清寒或父母無力照顧的兒童,在寄宿學校可獲得較妥善的膳宿、生活、醫療、教育等照顧。

5.偏遠地區或輔導系統欠佳的學區,學生在特殊學校可獲較實際的指導。

6.特殊學校可提供學生定向行動訓練。

7.特殊學校可提供學生職業輔導和職業訓練。

8.特殊學校可傳授學生專門的技能,如樂器、點字、盲用電腦、休閒技能等。

特殊學校雖有上述優點,但學生集中住宿,難免和外界隔離,故有下列缺失(McIntire,1985;Thomas,1979):

1.視障兒童需要家庭的溫暖、親人的團聚、家庭的體驗,住宿式學校較難提供充分的家庭生活經驗。

2.缺乏與明眼人相處的機會,知識領域受限。

3.缺乏與明眼人彼此了解的機會,不易學習良好的溝通方式,易產生觀念的歧異。

4.過份受保護,不易發展社會技巧,缺乏競爭心。

5.從特殊學校畢業的學生潛力受限制,缺乏獨立生活技能和社會化技能,在社會上仍為孤立和依賴的人。

1980年代,特殊學校隔離式的教育方式再度受到批判,學校開始面臨改變辦學方針的轉型壓力。McIntire(1985)和 Spungin(1982)各曾發表論文,為特殊學校未來的發展方向定位:

1.特殊學校應增收多重障礙學生。

2.支援融合教育學校,提供特殊教學資源。

3.提供診斷和評量服務。

4.設計短期密集課程,提供走讀學生定向行動、點字、視障工學、獨立生活技能等訓練。

5.辦理暑期大學先修班,實施生涯教育。

6.辦理職業評量和訓練。

7.辦理成人補習教育。

8.辦理學前教育和早期療育之諮詢服務。

9.協調附近公立學校,讓特殊學校的學生白天寄讀普通學校,晚上回到特殊學校住宿。

10.成立視障教育的研究發展中心。

經過長期的爭辯,特殊學校和普通學校均著手變更或擴充其教育課程。兩項最有意義的結果是:(1)許多特殊學校重新界定其任務,擴增多重障礙兒童之教育設施;(2)許多普通學校開辦或擴充課程,接受盲生入學;1948年美國就讀日間學校的法定盲童未達10%,至1980年已超過80%。

特殊學校和融合教育制度各有其利弊得失,且須視學生個別差異給予適合的教育安置,故至1990年代各國的視障教育制度多維持雙軌制。

第二節　台灣視障教育之發展

壹、啟明學校教育

台灣辦理視障教育始於民國前二十二年(光緒六年;公元1880年),英國長老會牧師甘雨霖(William Gambel)在台南設立訓盲院,招收盲人教以聖書、點字、手藝等;民國四年增設啞生部,改稱台南盲啞學校;民國五十七年(公元1968年)實行盲聾分校措施,將原有盲生部和豐原盲啞學校的盲校合併,另擇址設立省立台中啟明學校(精省後改成國立)。另一歷史悠久的學校,為台北盲聾學校前身,日據時代的台北盲啞學校;該校創於民國六年(公元1917年),係日本人本村謹吾所創辦,民國六十四年(公元1975年)盲科部獨立設校稱為台北市立啟明學校。另私立惠明盲童學校設立於民國四十五年(公元1956年),由基督教兒童福利基金會所創立,原稱為盲童育幼院;民國五十七年(公元1968年)改由西德惠明盲人福利會接辦,所附設之「光明盲童學校」在陳淑靜校長的努力下,於民國六十一年(公元1972年)獲教育廳(教育部中部辦公室前身)核准立案,定名為私立惠明學校。國立台中啟明學校、台北市立啟明學校、私立惠明學校為台灣地區現有的三所啟明學校;其中私立惠明學校最早招收視多重障礙學生,其他兩校也應社

會需求開設視多障班級。台北和台中啓明學校設有高中（職）、國中、國小及幼稚部；惠明學校僅設國中、國小部。高雄楠梓特殊學校採不分類方式，亦招收視障學生。另有台北市立師院實小幼兒視障班提供視障兒童學前教育。

貳、融合教育

　　台灣省視覺障礙兒童混合教育計畫於五十六學年度（公元1967年）開始實施（原稱盲生就讀國校計畫）。民國五十五年（公元1966年），教育廳在聯合國兒童基金會和美國海外盲人基金會的協助下，由美籍顧問卜修博士（Stanley E. Bourgeault）指導，於省立台南師範專科學校（國立台南師範學院前身）設立「台灣省盲生就讀國校計畫師資訓練班」，作爲普通學校盲生師資之培養機構，採用巡迴輔導教育方式（張訓誥，1976）。混合教育計畫讓視障學生在學區學校與普通學生共同學習，並能與家人同住，可消除隔離教育所造成的缺憾，學生離校後較易適應社會環境（毛連塭，1973）。融合教育計畫是台灣視障教育的一大革新；惟早期各縣市視障巡迴輔導員均需兼辦教育局的行政業務，致權責不專，影響輔導成效（張自，1985），台北市因而率先成立國小和國中的視障資源班。民國六十五年（公元1976年）台灣省教育廳開始將高中（職）視障學生納入混合教育，委託台南師範學院辦理「台灣省視覺障礙國中畢業生升高中甄試」（王亦榮，1995），完成國民教育的視障學生可選擇至啓明學校高職部就讀，或經由一般入學考試或甄試制度進入普通高中（職）就讀。教育廳另爲高中（職）視障學生訂定輔導要點，並在視障學生較多的學校，如板橋高中、台中二中、文華高中、台南家商、三重商工等校設立「資源班」，充實軟硬體設施，以落實輔導視障學生。台北市亦於松山高中專設「盲生資源班」，並於各高中設立不分類的資源班，各高職設立資源中心，積極輔導普通學校的特殊教育學生。

參、高等教育

一、升學大專校院制度

我國身心障礙學生升學大專院校之制度，始於抗戰前政府特為「南京市立盲啞學校師範部」畢業成績優秀之學生免試保送國立中央大學教育學院就讀。政府遷台後，教育部於民國五十二年（公元1963年）頒訂「盲聾學生升學大專院校保送制度」，民國五十七學年度（公元1968年）修訂為「盲聾學生升學大專院校甄選制度」，並於民國七十三年（公元1984年）將盲聾學生擴大界定為視、聽障礙學生，核定為「視聽障礙學生升學大專院校制度」，民國七十七學年度（公元1988年）修訂頒布為「視聽障礙學生升學大專院校甄試辦法」（教育部，1988）。該制度雖保障視聽障礙學生接受高等教育的機會，但錄取者多為輕度低視、聽障學生而非全盲、全聾學生；且因提供甄試名額的大學校系相當有限，相對的也限制視聽障礙學生的生涯發展。視聽障礙學生若要依志趣選讀理想的學校和科系，則必須參加一般考生的入學管道，即「大學聯合招生考試」或「大學推薦甄選入學招生」。當時政府對於其他類別的身心障礙學生（例如上肢功能障礙者），並無特別的甄試辦法，直至八十六學年度（公元1997年），教育部始將甄試對象擴及腦性麻痺生，更名為「視聽障礙生及腦性麻痺生升學大專校院甄試」；至八十九學年度起，進而依據修正公布之「特殊教育法」及訂定發布之「完成國民教育身心障礙學生升學輔導辦法」，將甄試對象再擴及其他障礙類別，以示公平，修訂為「身心障礙學生升學大專校院甄試」。

根據教育部八十九年（公元2000年）10月會議決議：

㈠九十學年度身心障礙學生升學大專校院甄試兼採推薦甄選精神，以考招分離、二階段考試方式辦理。先舉辦基本學科能力鑑定，學生選填志願，再由招生學校甄選學生，其招生名額以外加方式處理。

㈡修正「完成國民教育身心障礙學生升學輔導辦法」，確立身心障礙學生參加一般大專聯招得予加分之依據，及僅針對造成學習條件不利障別之身心障礙學生辦理甄試。

　　㈢八十九學年度（公元2000年），配合相關考試之規定，身心障礙學生得同時報考身心障礙學生升學大專校院甄試及一般大專聯招，惟報考甄試經通知錄取者，不得參加當年度一般大專聯招，違反者註銷甄試錄取資格。

　　大學入學考試中心九十學年度學科能力測驗及八十九學年度大專聯招，雖訂有「身心障礙考生應考服務辦法」，但僅是將「原答案卡放大為 A4 紙之影印本或逕以空白答案紙作答選擇題」、「提供視障生以放大為 A3 紙之影印試題」及「延長考試時間二十分鐘」等，對全盲和上肢功能嚴重障礙者並不適用（未提供點字試題和口述代等），使其長期被摒拒於一般大學入學考試門外，僅能循身心障礙學生甄試管道，剝奪其應有的考試權。

　　反觀先進國家的身心障礙考生考試辦法則較為周全，例如日本對身心障礙者接受大專教育的態度，即本著「教育機會均等」、「能力本位」、「適性教育」的民主教育精神，對身心障礙者未制定特別優待辦法，但亦未加任何限制，身心障礙者和一般國民一樣接受大專聯考，在考試科目、試題內容、錄取標準等方面與普通考生待遇相同，但對於因視覺、聽覺或肢體殘障所造成的作答限制則採取特殊的因應措施，包括點字出題、准許使用放大鏡、延長考試時間、設置特別考場、不在指定答案紙上作答而另外用文字解答、手語翻譯、由隨護者作陪等（林寶貴，1991）。例如美國，對身心障礙考生均能提供必要的相關服務，例如托福考試為視障考生提供大字體試題及答案卷、報讀及抄錄員；為聽障考生提供取消聽力測驗的另一種成績報告；為動作障礙的考生提供必要的考場調整、報讀及抄錄員。美國、加拿大、波多黎各的「全國教師會考」（National Teacher Examination），身心障礙考生可要求特別的考試設置和服務措施，例如視障者可要求減少或刪除圖表和圖片的試題、點字翻譯、報讀、協助登錄答案、放大試題及答案卷、延長時間、提供個別教室等等（郭譽致，1994）。

　　大學入學考試中心基金會為提供身心障礙考生最少限制的考試環境，曾委託筆者（萬明美，1996）探討「大學入學考試身心障礙考生考試辦法」，並擬訂身心障礙考生應考服務辦法，包括相關服務措施及特殊作答方式。未來台灣的大學入學招生將採「多元入學方案」，對於重度障礙考生亦應同步

規劃較周全的服務措施。

二、大專校院輔導制度

　　就讀大專校院的視障學生，往往因生理上的缺陷，阻礙其接收訊息與教育的通路，因而在生活、學業、就業、人際方面均感困難。教育部有鑑於此，乃於民國七十年（公元1981年）起委託省立台灣教育學院（國立彰化師範大學前身）辦理「輔導就讀大專盲聾學生專案」，筆者負責盲生輔導部分。計畫之始採巡迴輔導制度，經多年的檢討與改進，逐漸發展在視障學生較多的彰化師範大學、淡江大學、文化大學、清華大學、中興大學等大專校院設立資源教室；教育部並於民國八十一年（公元1992年）及七十九年（公元1990年）分別訂定「大專院校輔導身心障礙學生實施要點」及「大專院校身心障礙學生就學獎助要點」，補助輔導大專視障學生所需之經費與設備，並提供視障學生獎助金。為進一步提供大專校院視障學生所需之教科書和相關補充教材，教育部乃委託筆者（萬明美，1989）辦理「大專有聲教材製作專案」，聯合各大專院校志工為視障學生錄製有聲教材，再以「盲人文件」郵包，免費提供讀者借閱，內容包括大專圖書、少年圖書、兒童圖書、及國中小高中職教科書；並於民國八十三年（公元1994年）奉行政院核定在彰化師範大學圖書館增設盲人圖書組，成為永久的視障教材製作單位。另有國立清華大學自行成立「盲友書籍服務委員會」，為盲生錄製有聲讀物。在點字教材製作方面，教育部委託私立淡江大學、私立台灣盲人重建院、國立台南師範學院、國立台中啓明學校、台北市立啓明學校等單位分工製作。自八十二學年度（公元1993年）起，大學教科書由淡江大學負責點製，國中小教科書則由台灣盲人重建院負責點製。國中小大字體課本，自八十一學年度（公元1992年）起由國立編譯館編列預算，與一般課本同步印製，但高中職及大學的大字體教科書之供應問題尚未解決。教育部另委託國立台南師院視障教育師資訓練中心製作視障教具（如浮凸地圖）。未來的展望，期盼教育部能設立專責機構，統籌點字、大字體、及有聲教材之出版工作；並能協調出版社，將書籍原始文書檔的磁檔提供給視障教育單位，轉譯出點字書籍或電子書籍（透過網路或直接在個人電腦以點字顯示窗或語音系統閱讀），以擴展

視障學生的知識領域。

　　教育部為獎勵優秀殘障人士赴國外進修或深造，以充分發展其潛能、培育其專才、增進服務社會之能力，於民國八十一年（公元1992年）訂定「獎助優秀殘障人士出國進修實施要點」，大專畢業之視障人士因而有機會赴國外研讀高深學識。

肆、職業養成訓練

　　目前台灣僅有的兩所盲人重建院皆為私立，辦理視障者的社會基本適應能力和職業養成訓練，訓練期限為兩年。慕光盲人重建中心（位於羅東鎮）招收年滿15歲至45歲的視障者，修業期限兩年，第一年為生活訓練班，成績及格者可直升按摩訓練班，課程包括按摩術、指壓術、復健按摩、及其相關學科，結業後輔導參加技術士技能檢定，取得執業資格，並輔導就業。慕光盲人重建中心創辦人陳五福醫師（1918－1997），秉持史懷哲人道精神，奉獻眼科診所營收，致力於盲人重建事業，深受視障教育界敬重。台灣盲人重建院（位於新莊市）招訓對象為16歲至45歲之視覺障礙者，受訓期間兩年，第一年為基本社會適應訓練，第二年為職業訓練，除按摩課程外，該院尚曾設工商訓練班，但成效不盡理想，故今仍以按摩職類為主。此外，中央及地方勞工主管機關及社政機關亦以不定期的委託辦理方式，委請盲人重建院、啓明學校、社會福利機構及基金會、按摩業職業工會代辦按摩、電腦等職訓研習及觀摩研討會。

　　由於兩所盲人重建院所提供的職訓類科僅限於按摩，對於不宜按摩（如多障、病弱）或不想從事按摩者，只提供為期數日至三個月為限的短期研習課程，包括點字、定向行動、電腦、家事等課程，只能暫時解決其生活適應的困難，無法賴以謀生或回歸失明前的專門領域。慕光盲人重建中心早期未規劃女生宿舍，因而限制了對女性學員的服務；台灣盲人重建院的招收對象年齡設限在45歲以下，女性和年老失明者較缺乏復健資源。

第三節　中國大陸視障教育之發展

壹、盲校教育

中國盲人教育始於1874年，蘇格蘭基督教聖公會牧師穆‧威廉（William Moore；Villiom Hll Marvay）在北京東城甘雨胡同創辦了一所教會學校「瞽叟通文館」，招收中國盲人，教授《聖經》、盲字及手工等，並引進布萊爾盲文符號系統，創立「康熙盲文」或稱「北京盲文」，此爲中國第一所盲校。1920年該校遷至西郊八里庄現址，更名爲「啓明瞽目院」。1954年北京市人民政府接管學校，定名爲「北京市盲童學校」，1985年更名爲「北京市盲人學校」，迄今一百餘年歷史。筆者有幸於1999年參加北京盲校建校一百二十五周年校慶，獲益良多。

百餘年來，中國視障教育主要採取以盲校爲主的形式。解放初期，1953年中國計有盲校13所，盲聾合校9所，在校學生1,300人左右。到了1990年，中國計有盲校25所，盲聾合校77所，在校學生2,600人左右。與中國750萬視障殘疾人口，約13萬學齡視力殘疾兒童相比，此數字就顯得相當小了（劉岩華，1997）。

貳、隨班就讀

中國自1988年召開全國第一次特殊教育工作會議以來，殘疾兒童隨班就讀工作即成爲特殊教育「多種形式辦學」政策中的重點教改方案。1994年國家教委頒發《關於開展殘疾兒童少年隨班就讀工作的試行辦法》，充分肯定隨班就讀教育改革的必要性和可行性（陳雲英、華國棟，1998）。

中國視障兒童隨班就讀的教育方式於1987年開始推行。據1987年全國殘疾人抽樣調查結果推算，中國視障學齡兒童（6歲至14歲，含低視力兒童）約有12萬多人，而1987年全國共有盲校18所，盲聾學校46所，學生總人數僅2,077人。已入學的視障兒童約占44％（絕大多數在普通小學，未施予特殊教育），尚有6萬多人未能入學。未入學的盲童絕大多數在農村，居住分

散、交通不便、家庭生活困難，難以到城市的學校上學，因而多數盲校的生源不足。隨班就讀計畫有利於較快地提高盲童的入學率，深受盲童和家長及其社會的歡迎，促進正常兒童和盲童的相互理解、學習和交往（趙永平，1993）。中途失明的高級建築師徐白侖先生於1987年倡導實施「金鑰匙盲童教育計畫」，展現盲童回歸主流教育（或稱一體化教育）的新觀念。由於低視力兒童約占視障兒童的60％且比例呈上升趨勢，這些「能看卻看不清，想看又看不到」的低視生在特殊教育方面的需求常被忽視，甚至被當成差生對待。「金鑰匙視障教育研究中心」乃再上書與河北省及北京市教育當局合作進行「低視生隨班就讀試驗」（徐白侖，1996）。據1996年統計（陳仲漢，1999），在普通學校隨班就讀計畫的視障兒童計有3,378人，在27所盲校就讀的有2,557人，在145所盲聾學校的盲生部或盲生班就讀的有1,600人，三項合計7,535人，其中小學6,077人，初中1,458人。1996－1998年金鑰匙工程與廣西教委員合作，使廣西視障兒童入學率從14.8％提高到81.8％，在校人數達2,154人。1999－2002年則計畫實施「內蒙古金鑰匙工程」，普及視障教育。

公元1993年教育部和中國殘聯聯合行文讓青島市盲校試辦大陸第一所盲人普通高中，向大學輸送盲人人才。自1993年至2000年共招收全國各省盲生八屆10個班110餘名，現已高中畢業5個班45名盲生，其中有42人考入大學，受到政府和社會上極大的關注（曹正禮，2000）。

第四節　視覺障礙教育先驅

壹、傑出視障人士

㈠荷馬（Homer, 700 B.C.）

荷馬是古代希臘詩人，據傳係〈伊里亞特〉（Iliad）和〈奧德賽〉（Odyssey）兩史詩之作者。〈伊里亞特〉係歌詠 Troy 戰爭的敘事詩，〈奧德賽〉則是歌詠 Troy 戰後 Ulyses 長期飄泊的遭遇。此兩史詩在公元前七百

年已相當有名，流傳至今仍是膾炙人口。

㈡蒂笛穆斯（Didymus of Alexandria，308–398）

蒂笛穆斯是公元四世紀的盲人，在四歲時因感染不明疾病致盲。他首創在木板上刻字母，藉此盲人得以閱讀，並可和明眼人溝通。蒂笛穆斯在神學研究方面頗享盛譽，是第一位史載的盲教授，任教於 Alexandria 大學。

㈢桑德森（Nicholas Saunderson，1682–1739）

桑德森是英國的盲數學家，他在出生後十一個月失明，長大後為盲人發展一套數學教學法，並於1720年發明「桑德森數學計算板」（Saunderson's Computation Board）。牛頓（Isaac Newton）是桑德森的贊助者，傳授他許多數學技能，並推薦他進入劍橋大學，後來桑德森成為劍橋大學著名的數學講師。

㈣胡柏（Francois Huber，1750–1831）

盲學者胡柏是瑞士研究蜜蜂生態的自然觀察者。

㈤巴拉蒂斯（Maria Theresia von Paradis，1759–1824）

巴拉蒂斯出生於奧地利，三歲時失明，自小即展現音樂稟賦，後來成為維也納的鋼琴家和音樂教師，莫扎特曾為她譜寫鋼琴協奏曲和管弦樂伴奏之獨奏曲。她的才華激發狄德羅（Diderot）和阿宇（Valentin Haüy）對盲童教育之興趣與信心。

巴拉蒂斯首創針刺字形的方法，以針在紙板或木片上刺出凸起的音符旋律，讓盲人摸讀。在她六十五歲過世之前，曾在奧地利維也納成立一所盲人音樂學校。

㈥維森堡（Weissenburg，1756）

維森堡於1756年出生於德國的貴族家庭，七歲時因感染天花而失明，至十五歲時全盲。他的父親培育他在數學的心理成長與興趣。

維森堡自十六歲起，家庭教師聶森（Christian Niesen）運用各種教法、教具教他閱讀、書寫、數學、地理、物理，證實盲人也能成功地接受教育。特別是聶森修改桑德森計算板（改以金屬線製成幾何字母符號，放在金屬板上），自行研發一套教導盲人數學和幾何教學方式及計算板。聶森並使用佛德克里克書寫法（Waldkirck writting method），類似現代的複寫拷貝方式，但需要書寫導板（如後圖3－2），是盲人較正式的溝通方式。奧地利的盲鋼琴師巴拉蒂斯即是以此書寫法和德國的維森堡相互聯繫，聶森還自製地圖（有可觸摸的河山、海、邊界，以砂等質料增加觸感）。聶森甚至還以金屬字母和凸起符號製成遊戲卡。聶森是維森堡成功受教育的關鍵人物。

盲鋼琴家巴拉蒂斯將維森堡的學習歷程推介給阿宇（Haüy），倍增阿宇創辦盲校的決心，造福往後更多的盲人。

(七)雷休爾（Francois Lesueur）

雷休爾原是巴黎街道行乞的盲童，法國慈善家阿宇（Valentin Haüy）對他施予教育，使其脫離行乞生涯。雷休爾畢業後留在阿宇創辦的盲青年學校任教，成為該校第一位盲教師。

(八)布萊爾（Louis Braille，1809－1852）

布萊爾（圖1－1）是點字系統的發明者，於1809年1月4日出生於法國古波烏黑（Couprray）。布雷爾三歲多時因在父親的馬鞍店切割皮革，被錐子刺傷眼球而一眼致盲，不久後另一眼也因感染或推測可能因交感性眼炎而失明。布萊爾在鄉村學校和明眼孩童一起上課；在無教科書的情況下，憑其超人的記憶力，僅靠老師的口授內容而名列前茅。直到十歲，布萊爾進入阿宇（Haüy）創設於巴黎的盲青年學校就讀，開始精讀科學和音樂，畢業後成為該校的教師。

布萊爾十二歲時結識發明十二點書寫系統（夜間書寫）的巴比爾（Charles Barbier，1767－1841），一位拿破崙一世戰役時期的陸軍軍官及工程師。巴比爾設計的夜間書寫系統（nightwriting）讓夜間作戰的軍隊能以觸覺代替視覺，相互傳話。布萊爾曾研究阿宇（Haüy）所發明的浮凸文字系

統，發現該系統能讓盲生摸讀（touch reading）但無法輕易書寫；而巴比爾的系統顯然較具潛力。當時僅十五歲的布萊爾乃將巴比爾的系統加以改良成體積小到可以指尖輕易摸讀，並可以簡易工具書寫的點的系統（dot system），類似六點骰子（2×3）的排列。1829年，布萊爾二十歲時出版《布萊爾點字》一書，但其任敎的盲靑年學校並不支持此系統，布萊爾只好利用課餘傳授，並將點字系統運用於樂譜而發展出一套音樂記號系統。點字系統深受盲生喜愛，但卻被多數明眼敎師所排斥。1852年1月6日，就在點字系統爲官方認可的前兩年，布萊爾卻不幸染患肺結核而去世，享年四十三歲。點字系統沈寂五十年，直到1916年終於受到美國公立盲校的重視，至1932年英語系國家均已普遍採用點字系統。

　　布萊爾發明的點字系統，讓盲人能使用所有的閱讀及書寫表達方式——語文、數學、科學及音樂符號，讓盲童能適當地接受敎育。布萊爾對視障敎育的影響無比深遠，誠如在他出生地古波烏黑（Couprvay）紀念碑文上所載——他爲所有失明者開啓了知識之門（He opened the doors of knowledge to all those who cannot see）。

圖1－1　布萊爾（Louis Braille）

資料來源：Reprinted, by permission of the publisher, from the American Foundation for the Blind, 1970.
＊經美國 AFB Press 同意。

㈨布立基曼（Laura Dewey Bridgman，1829－1889）

布立基曼（圖1－2）是第一位接受正式教育的盲聾雙障者。布立基曼於1829年12月21日出生於美國新罕布夏州（New Hampshire）的漢諾瓦城。她在十八個月大時因染患猩紅熱（scarlet fever）而喪失視覺、聽覺、嗅覺、可能還包含味覺；她的兩位姊妹及一位兄弟都因患此疾病而喪生。她靠著僅有的觸覺學會如何生活，甚至還能縫衣和刺繡。1837年當布立基曼七歲多時，達特毛斯學院醫學部以她為個案的研究報告引起柏金斯盲校校長何奧（Samuel Howe）之關注。何奧說服她的父母讓她進入柏金斯盲校就讀，並親自發展一套方法教導她。

布立基曼的老師先在常用的日用品（如鑰匙、湯匙、小刀）貼上有浮凸文字的標籤，讓她辨認物品形狀，再學習認知那些浮凸文字。漸漸地，她能正確辨認未貼標籤的物品，並學會以字母拼出有效的字彙。最初她僅憑記憶力來做這些事，後來她察覺每樣東西都有固定的名稱，豁然領悟得以「語言」和別人溝通。她有一組末端打上浮凸文字的鐵片，和一塊上面有洞可放置鐵片的木板，可用手指觸讀其意義。她未曾學過說話，但她諳熟列士貝（Abb'e de I'Epe'e）通用的手語字母，能以手語字母拼成單字表達其意思。這種方法成為她與人溝通的主要工具，亦使她得以學習更深入的課程，而有能力留校任教。

何奧教育布立基曼的研究成果引起各界矚目。英國小說家狄更斯（Charles Dickens）於1842年訪問美國時特地與布立基曼會晤，並將她平生奮鬥的經歷記錄於《美國摘記》，布立基曼因而聞名遐邇，來自世界各地的關懷信函如雪片飛來。另一位盲聾雙障者海倫·凱勒的父母閱讀何奧和布立基曼的報導後，深受感動而慕名前來柏金斯盲校請求協助。校長阿那紐斯（Michael Anagnos）推薦柏金斯盲校剛畢業的學生安·莎莉文·梅西（Anne Sullivan Macy）教導海倫凱勒，因而造就另一位受公眾推崇的盲聾雙障者。布立基曼一生皆留在柏金斯盲校任教，直到1889年5月24日去世為止。

㈩卡斯威爾（Oliver Caswell）

　　卡斯威爾（圖1－2）在1841年時因染患猩紅熱而成為盲聾雙障者，當時年僅三歲。卡斯威爾很幸運進入柏金斯盲校與布立基曼共同接受教育。何奧對這兩位盲聾雙障者的評語是：布立基曼較聰穎、較愛追根究底；卡斯威爾則是較愉悅且較為友善。

圖1－2　布立基曼與卡斯威爾（Laura Bridgman with Caswell）

資料來源：Reprinted, by permission of the publisher, from the American Foundation for the Blind, *Foundations of education for blind and visually handicapped children and youth*（Roberts, 1986, p.2）．

＊經美國 AFB Press 同意。

㈪海倫・凱勒（Helen Keller, 1880－1957）

　　海倫・凱勒（圖1－3）是最受世人推崇的盲聾雙障者，於1880年6月27日出生於美國阿拉巴馬州的杜斯堪比亞（Tuscumbia, Alabama）。她出生時是健康的嬰兒，至十九個月大時因染患腦炎及腸胃炎而喪失視覺和聽覺，之前所學的字已不復記憶，幾乎成為啞巴；隨著年紀的增長，她的個性變得暴躁、蠻橫。海倫的父母不斷地尋求專業的協助，當閱讀到狄更斯對何奧及布立基曼的報導時，他們的內心重燃信心，在貝爾（Alexander Graham Bell）

的引薦下，海倫的父親函請柏金斯盲校協助。1887年3月3日，校長阿那紐斯（何奧之女婿）安排剛從盲校畢業的安‧莎莉文‧梅西至七歲的海倫家中，開始長達五十年之久的伴讀生涯，從此改變了海倫的一生。

　　莎莉文遵循何奧教導布立基曼和卡斯威爾的精神，但以更嚴厲的方式管教和訓練桀驁不馴的海倫。莎莉文先以手指將手語字母呈現在海倫的手掌心，教她學習單字。剛開始海倫進步很緩慢，直到有一天，莎莉文讓海倫以左手接觸抽水機的冷水，同時在她的右手掌呈現在「Water」，海倫體會到冷水的感覺和「水」字的關聯，突然間理解到「語言」的意義，開啟了智慧之門，在幾個月內便學會六百二十五個單字。

　　1888年5月，莎莉文和海倫在校長阿那紐斯的安排下，至柏金斯盲校研讀三年，課堂上莎莉文將老師的話以手語字母寫在海倫的手掌；海倫也能將資料抄錄成布萊爾點字課文。同時在荷瑞斯‧曼聾校（Horace Mann School for the Deaf）校長富勒（Sarah Fuller）的指導下，海倫開始學習說話。1894年海倫在莎莉文的伴讀下前往紐約市的萊特‧呼瑪森聾校（Wright Humason School for the Deaf）就讀，海倫因而學會發音說話；往後她在演說時總會說出：「我沒有啞」這句話。1896年海倫進入波士頓的一所預備學校劍橋女校（Cambridge School for Young Ladies）就讀四年。1900年海倫進入賴德克莉芙學院（Radcliffe College）攻讀，就在那時期，莎莉文結識哈佛大學講師梅西（John Macy），在他的協助下，海倫於1904年畢業那年完成《我的生活故事》（The Story of My Life）這本著作。

　　海倫以優異的成績完成大學教育後，便由莎莉文偕同旅行演講，示範莎莉文教導海倫的方法；海倫堅毅的神情深深吸引演說會上的聽眾。1923年美國盲人基金會（the American Foundation for the Blind）成立，海倫更是四處演說籌募基金，以教育盲人為其奮鬥目標。1936年莎莉文去世後，海倫在通譯湯普森（Polly Thompson）的陪同下繼續旅行演講，並出版許多著作。海倫於1957年逝世，她一生的奮鬥歷程不僅是身心障礙者的楷模，也對世人產生極大的啟示作用。

㈡安・莎莉文・梅西（ Anne Sullivan Macy，1866－1936 ）

　　莎莉文（圖1－3）以教育盲聾雙障者海倫凱勒而聞名於世。她於1866年出生於一個貧困的家庭，一出生即近盲，經手術後回復部分視力；但在1930年她再度失明。

　　莎莉文十四歲時進入柏金斯盲校就讀，1887年畢業當年即受聘爲海倫凱勒的家教。莎莉文以她在盲校所學的手語字母和布萊爾點字，奇蹟似地將海倫這位盲聾雙障者教育成最傑出的身心障礙人士，因而被譽爲「古今最偉大的教師之一」。莎莉文在海倫就讀賴德克莉芙學院時結識哈佛大學講師梅西，並於海倫畢業後和梅西結婚。

　　莎莉文終其生陪伴海倫演講、募款，爲教育盲人而努力。1935年莎莉文再度失明，身體狀況也漸惡化，不幸於1936年去世。海倫於1955年出版《老師：安・莎莉文・梅西》一書，以紀念她的恩師。

圖1－3　海倫凱勒與莎莉文（ Hellen Keller with Sullivan ）

資料來源：Reprinted，by permission of the publisher，from the American Foundation for the Blind，1970．

＊經美國 AFB Press 同意。

貳、視障者之導師

㈠狄德羅（Diderot，1713－1784）

狄德羅是法國路易十五國王的御醫，也是偉大的哲學家。法國是盲童教育的搖籃，率先創設世界第一所盲校，其哲學基礎許多是根據狄德羅的哲理。1749年狄德羅將他與桑德森（Nicholas Saunderson）和巴拉蒂斯（Maria Paradis）兩位優秀盲者接觸的經驗撰寫出版；這兩位盲者的能力讓他深信盲人也能趨向正常生活，發揮智能。

狄德羅和他同時代的人士，包括美國的傑弗遜（Jefferson）和富蘭克林（Franklin）均為擁護人權而奮鬥；狄德羅將人權哲學加以延伸涵蓋盲人，實令人感佩。

㈡阿宇（Valentin Haüy，1745－1822）

阿宇（圖1－4）是法國慈善家，於1784年在巴黎創設世界第一所盲校──盲青年學校（L'Institution Nationale des Jeunes Aveugles）。

阿宇出生於法國 Picardy 的貧窮家庭，早期的教育是在 Premonstrant 修道院完成。他在很年輕時即前往巴黎接受教育並終其一生的發展。

引發阿宇從事盲童教育的動機主要是基於三種經驗──最初是1771年，他在 Sainte Ovide 市場目睹六位盲音樂家組成的樂團裝扮怪異供群眾訕笑取樂，深受震驚，便立志要教育盲人讀書，使其習得較有尊嚴的謀生技能。幾年後他蒞臨巴拉蒂斯的音樂會，除激賞她的才華外，更暗自讚嘆她能以針孔形成的字母讀和寫，自此阿宇開始著手實踐教育盲人的宏願。另一觸及阿宇內心深處並影響其教育盲人的決定是來自一位盲丐所呈現的單純與誠實──當獲得大於慣常所得的錢幣，盲丐立即喚回捐錢的阿宇，詢問他是否錯誤。這位未來盲校的創辦者，非但被此盲丐的誠實所感動，更驚訝其觸覺的靈敏度，能如此迅速地區別小錢幣的差異，於是更堅定阿宇創設盲校的決心，他想帶領盲人邁向更充沛的人生，協助其在無視力的狀況下提升更滿足的未來和生存的信心。

圖1-4 阿宇（Valentin Haüy）

資料來源：Reprinted, by permission of the publisher, from the American Foundation for the
Blind, *Foundations of education for blind and visually handicapped children and
youth*（Roberts, 1986, p.2）.

＊經美國 AFB Press 同意。

　　阿宇的第一位學生雷休爾（Francois LeSueur）原是街頭丐童，在他十七
歲時阿宇將他帶到巴黎接受教育。阿宇從教導他閱讀及書寫的過程中發展出
一套指導盲童的方法；並研發出在紙板上雕塑文字的讀寫系統；阿宇的學生
布萊爾（Louis Braille）根據巴比爾的夜間書寫系統將阿宇的文字系統改成在
紙板上刻浮凸點以代表文字，而形成點字系統。雷休爾（LeSueur）所發展
出的能力相當具有震撼力，因此巴黎的哲學社會乃捐助阿宇經費以教導其他
盲童，往後阿宇公開展示教學成果，獲得激賞，1784年盲校終於得以成立。
　　阿宇認為所有的盲生都應研習音樂和職業技能；而閱讀和書寫則是執行
音樂和每日活動所需的基本技能。「讚揚學生的才能，而非憐憫他們的眼
盲」是阿宇最執著的理念。1786年聖誕節期間，法王路易十六邀請阿宇帶著
30名學生至凡爾賽宮六天以展現他的教育成效。阿宇期盼國王能將盲青年學
校列管保護，但未獲允諾。至法國革命期間，盲校確實在州政府保護之下運
作；但1799年拿破崙一世突然下令將學生送往教育課程極有限的盲成人之

家，引發阿宇接受其他歐洲國家（包括俄國）的請託，協助成立寄宿學校。

　　儘管籠罩在法國政治劇變的陰影下，阿宇的影響力仍是延續不斷；他所創設的第一所盲校成為各國仿效的模式；他強調閱讀且孕育成往後凸字印刷的發展；他開發盲人的職業潛能，並在學校開設職業訓練課程。十九世紀盲教育能逐漸蓬勃發展，完全歸功於阿宇和布萊爾不朽的奉獻。

㈢何奧（Samuel Gridley Howe，1801－1876）

　　何奧（圖1－5）是美國最早投入盲童和聾童教育的醫師之一。他是位敏銳的觀察家，在擔任新英格蘭盲人收容所（the New England Asylum for the Blind）所長期間，曾訪問數所歐洲學校，返國後便致力於盲童教育，而不僅是收容救濟而已。

　　剛開始何奧在家中設班教學，僅有兩位學生；而後獲得麻州議會的經費支援和柏金斯上校（Colonel Thomas Perkins）的校舍捐獻，學生漸多，合併發展成柏金斯盲校（Perkins School for the Blind）。

　　何奧本身雖曾籌設或協助推動數所寄宿學校之建立，但卻多次批判隔離式教育的不良影響，並極力鼓吹公立日間學校教育。何奧自歐洲考察歸國之後，內心即確立三個信念，依此勾畫出學校課程的輪廓：(1)每位盲童均應被視為是個別的，且應依其興趣及能力施予教育；(2)寄宿學校除強調音樂和特殊技能外，其課程應盡可能和公立日間學校一致；(3)盲生的訓練應與其社區之社交、經濟生活相結合。

　　何奧認為寄宿學校將男女學生分隔，群聚在大宿舍生活，受制於一定形式之規範，非但壓抑個人發展，亦不符合真正的家庭關係，違反自然本質。因此他提出「小屋制度」（cottage system），將柏金斯盲校的大宿舍改變成小單位屋舍。但幾個寄宿學校的校長卻強烈反對他的構想，辯稱孩子應為社會而非為家庭生活而受教育，「小屋計畫」可能會讓孩子到「成人期」時仍養成對家庭式生活的不當依附。雖然如此，「小屋制度」於1911年終被馬里蘭盲校（the Maryland School for the Blind）所採用，校長布利德梭（John Bledsoe）贊同何奧的理念，認為盲童可以是完全正常的，而小居住單位有助於培育正常化。

圖1-5　何奧（Samuel Gridley Howe）
資料來源：Kirk，1972，p.3.

　　何奧另一項創舉是成功地教育一位盲聾啞學生布立基曼，因而贏得國際的讚美與驚嘆，並促使海倫・凱勒的父親慕名前來求助。何奧接受布立基曼進入柏金斯盲校就讀的原動力，無疑地是基於他所秉持的信念——「教育之實施應依孩子個別興趣及能力」。何奧亦曾倡導智能不足教育運動，進而為盲智能不足兒童設立一所多重障礙學校。

　　何奧發現浮凸字體書籍對盲生的學生極有助益，故將其引進到柏金斯盲校，並加以改良成波士頓字體（Boston Line Type），利用印刷機出版盲人書籍。波士頓字體係將羅馬字體的角度加以改變，以波士頓字體印刷的盲人書籍獨行美國長達五十年之久。

四賀爾（Frank Haven Hall，1841－1911）

　　賀爾（圖1-6）是美國緬因州人，畢業於巴底斯學院（Bates College）後即擔任教職，於1890年被任命為伊利諾盲校校長，1901年後轉任農業學校校長，實現農業教育理想。賀爾對視障教育有兩大貢獻：

　　第一個貢獻是在1892年發明「賀爾點字機」（Hall's Mechanical Braille Writer），並繼續發明「點字複製機」（the Braille Stereotype Machine），改良點字製作的技術。賀爾利用雷明頓（Remington）在1876年所推出的商業打字機加以改造成點字機；賀爾點字機附有會移動的轉筒和打字鍵盤，在鍵盤的左右兩側各三鍵，每一鍵各牽引六點中的一點，同時按各鍵即可讓代

表特定字的相對點浮現。賀爾的「點字複製機」則是利用金屬板牽引鐵筆尖及打孔器，再將厚紙濡濕，夾在打有點字的金屬板和一張橡皮板之間，而後將此三層插入壓模，點字即可印製在紙上，複製多份抄本。當時紐約點字（New York Point）和美國點字（American Braille）兩系統正相互對峙中，賀爾點字機的發明使美國點字取得優勢，成為盲人書籍的主流，暫時結束這一波「點的競賽」（Battle of the Dots）。

　　第二個貢獻是推動盲童「日間學校班級」（Day School Classes）。身為伊利諾盲校校長，賀爾卻有融合教育的理念，他深信讓盲童在學校期間即與未來生活及工作的眼明同儕接觸、競爭，應優於隔離教育方式。在1890年代末期，芝加哥的盲童家長正設法促使教育當局設置寄宿學校，讓他們的子弟就近入學；賀爾多次奔走芝加哥，說服政府不要設置特殊機構，而讓孩子在普通班就讀，僅提供學習所需的特殊服務措施。1900年賀爾指定盲校教師寇蒂斯（Curtis）所執行的「日間班級實驗方案」被各州廣泛仿行：寇蒂斯將芝加哥市劃分數區，在每區中選定一所交通便利的普通學校設置一間特殊教室（special room）；盲童大部分時間在普通班與眼明同學學習，配置的特殊教師則教導盲童點字與打字等特殊課程，並協助盲童全面參與學校活動。

圖1-6　賀爾（Frank Haven Hall）

資料來源：Reprinted, by permission of the publisher, from the American Foundation for the Blind, *Foundations of education for blind and visually handicapped children and youth*, 1986, p.6.
＊經美國 AFB Press 同意。

(五)艾倫（Edward E. Allen, 1861－1950）

艾倫博士（圖1－7）曾任美國柏金斯盲校校長，對低視力學生的教育與心理問題有深刻的體驗。他感覺低視力學生在盲校易傾向於優越態度，但返回自己的社區時卻又顯現相對的退縮。這些低視力學生在盲校常須承擔超重的負荷而覺得疲憊、懊惱，例如充當盲生嚮導、額外任務等，有些低視力學生甚至為此提前離校。

艾倫到英國參加會議時，曾參觀當地的近視眼學校，獲知倫敦新設低視力學校。返國後便建議波士頓教育當局為低視力學生設置特殊班級，1913年4月終獲准在一間普通學校的廢棄大樓內成立美國第一個低視力班級，稱為「缺損眼之視力保存班級」（Defectine Eye Sight-saving Class），但設置地點仍與眼明兒童的班級分隔。艾倫從柏金斯盲校獲得購買教材的經費支援，用以維持新班級的運作。

圖1－7　艾倫（Edward E. Allen）

資料來源：Reprinted, by permission of the publisher, from the American Foundation for the Blind, *Foundations of education for blind and visually handicapped children and youth*（Roberts, 1986, p.3）.

＊經美國 AFB Press 同意。

㈥爾文（Robert B. Irwin，1883－1951）

爾文（圖1－8）於1913年9月擔任克利夫蘭（Cleveland）視障兒童課程指導員期間，設立美國第二個低視力班級。他將盲生和低視力學生安置在分開的班級，提供不同的教材以適合各組學生的需求。參與該課程的學生每天均有部分時間在普通班級與眼明兒童共同學習。

爾文極力倡導讓低視力兒童閱讀印刷字體。1914年爾文探討最易閱讀的字體和字形，並以36點字體印製第一本大字體書籍。字體的測量方式是由下位字母（如 y）的底端量到大寫字母（如 T）的頂端，72點相當於1英吋。各種規格的大字體如圖1－9。1919年爾文進而測試某些標準字體的辨識度，最後認定24點卡士朗粗體字（Caslon Boldface）最清晰易讀，故此字體被廣泛使用好幾年。博奇（Birch, etc., 1966）的研究則發現低視力兒童有個別差異存在，某種規格未必優於所有規格的大字體；從12點到24點規格之間均有一些低視力兒童可閱讀。後來的研究認為14點是大字體最低的規格，多數大字體書籍是以16－18點字體印製。光學輔助器（optical aids）發明後，視障兒童可透過儀器調整所需的倍數。

爾文致力於推動州議會立法，以輔助公立學校的盲生班級和低視力學生班級；他的影響力遍及全州，故被任命為美國第一位視障兒童教育督導。

圖1-8 爾文（Robert B. Irwin）

資料來源：Reprinted, by permission of the publisher, from the American Foundation for the Blind, *Foundations of education for blind and visually handicapped children and youth* (Roberts, 1986, p.7).

＊經美國 AFB Press 同意。

Samples of Type

This is 12 point type.

This is 14 point type.

This is 18 point type.

This is 24 point type.

This is 30 point type.

This is 36 point type.

圖1-9 大字體規格

資料來源：Harley et al., 1987, p.11.

第二章
視覺障礙的定義與出現率

第一節　視覺障礙的定義

壹、視覺障礙的含義

很多人誤以為盲人全都生活在毫無光覺的黑暗世界；實際上，僅有少部分盲人是完全沒視力，多數盲人（the blind）和低視力者（low vision）都有殘餘視力。在探討視覺障礙者的定義時，常涉及四個相關名詞，即視覺失調、視覺損害、視覺傷殘和視覺障礙，茲分述如下：

1.視覺失調（visual disorder）係指「眼結構的改變」，例如白內障。

2.視覺損害（visual impairment）係指「視覺機構的基本功能發生可鑑定的缺損」，例如視敏銳度或視野缺損。醫學專業人員經常採用此為定義。

3.視覺傷殘（visual disability）係指「因視覺損害，致視覺功能受到限制和不利」，例如喪失或缺乏技巧和能力。Lowenfeld（1981）認為眼盲對個人產生三種基本的限制：經驗範圍和種類的限制、行動的限制、控制情境的限制，而此限制的肇因是視覺損害。Sigelman et al.（1984）進而鑑別出五種因視覺損害而產生限制的生活功能領域：包括健康、社交－態度、行動、認知－智能、和溝通能力等領域。視覺損害所產生的視覺傷殘和限制，可經由醫學、教育、復健等措施而減輕。

4.視覺障礙（visual handicap）係指「由於個人或社會對視覺損害有不當

的期望與態度，致正常生活功能的表現處於不利的地位」，專指社會和經濟的結果，例如拒絕殘障人士應徵工作和考試設限或未提供點字及大字體試題，致視覺損害者無法表現其能力，此為社會態度所產生的障礙者；一位受過定向行動訓練的盲生，因家長過度保護，而無法獨自外出購物，因而成為行動障礙者；而長期依賴同學協助，不肯自立的盲生，則給自己設下限制和障礙。教育上多以視覺障礙為定義。總之，若一個視覺損害者需要教育和復健服務，即是視覺傷殘者；若經適當的服務，如使用光學輔助器、獨走技能訓練，而能參加特定的活動，則在此領域不再是視覺障礙者。美國相關期刊已很少稱一個是 visually handicapped，而改稱是一個具有 visual impairment 的人，例如 student with visual impairment。

Colenbrander（引自 Corn，1996）詮釋專業團隊（professional team-work）的介入模式（modes of intervention）及其重要性，如表2－1。

1.表上端列出視力喪失的各種層面──視覺失調（visual disorder）和視覺損害（visual impairment）係描述眼組織（the organ）的狀態；失調是指眼構造的改變（例如白內障），而損害則是指功能的結果（例如視敏銳度或視野缺損）。視覺傷殘（visual disability）和視覺障礙（visual handicap）係描述人（the person）的狀況；傷殘是指喪失或缺乏技巧和能力，而障礙則是專指社會和經濟的結果。這些不同層面是連接的，重建（rehabilitation）的意義即是在影響這些連接，讓既有的視覺失調（visual disability）產生最小可能的視覺障礙（visual handicap），各領域的專家必須共同介入。

2.表下端列出各種介入──眼科醫師（ophthalmologists）提供醫療和手術的照料以減輕視覺失調（visual disorder）所引起的視覺損害（visual impairment），但並未訓練來有效處理視覺損害對個體生活品質的影響；驗光師（optometrists）和低視力專家（low vision specialists）可藉由各種光學和非光學裝置以減少視覺損害所造成的視覺傷殘（visual disability）影響，但並未預備來提供在學校，家庭和職場所需的社交、訓練、諮詢、教育等介入，是以專業團隊的組成與連接有其必要性。

表2－1　視力喪失的層面與專業團隊的介入模式

視力喪失的層面（Aspects of vision loss）			
視覺失調 （Visual disorder）	視覺損害 （Visual impairment）	視覺傷殘 （Visual disability）	視覺障礙 （Visual handicap）
組織（The Organ）		人（The Person）	
眼構造改變 （Anatomical changes）	眼功能改變 （Function changes）	技巧和能力 （Skills and abilities）	社交和經濟結果 （Social and economic consequences）
眼的品質 （Quality of the eye）　　　　　　　　　　　　　　　　生活的品質 　　　　　　　　　　　　　　　　　　　　（Quality of life）			
↑↓　　　　　　　　　　↑↑　　　　　　　　　　↑↓			
社會介入，訓練 　　　　　　　　　　　　　　　　　、諮詢、教育 醫療/手術介入　　　　視覺輔具，調整的裝置　　（Social interventions, （Medical/surgical　　　（Visual aids,　　　training counseling 　intervention）　　　adapted equipment）　　　education）			
介入的模式（Modes of intervention）			

資料來源：Reprinted, by permission of the publisher, from the American Foundation for the
　　　　Blind, *Foundations of low vision*（Colenbrander, 1996, p.18）.
＊經美國 AFB Press 同意。

貳、視覺障礙的定義

一、美國的定義

表2-2　美國對視覺損害的定義

法定的定義 (Legal)		教育的定義 (Educational)　視覺障礙者 (Visually Handicapped)			復健服務的定義 (Office of Rehabilitation Services)　視覺損害 (Visual Impaired)　RSA 代碼			世界衛生組織的定義 (World Health Organization)　盲 (Blind)		弱視 (Low Vision)	
盲 (Blind)	低視力 (Partially Seeing)	盲 (Blind)	低視力 (Low Vision)	視力受限 (Limited Vision)	100–109	110–119	120–124	全盲 (Blind)	近盲 (Near Blind)	極重度 (Profound)	重度 (Severe)
優眼視力經矯正最佳值經在矯正後在20/200以下或視野限制在20度以下者 (Koestler, 1976)。	優眼視力經矯正最佳值經在矯正後在20/200以下但優於20/70者 (Hathaway, 1979)。	須經由觸覺或聽覺教材學習 (Caton, 1981)。	經矯正後仍有嚴重的視覺損害,但可使用視覺機能來學習 (Corn, 1980)。	在一般情境下使用視力受到限制,經可採光、教材放大,可獲得極大改善 (Barraga, 1983)。	兩眼全盲,無光覺。	兩眼皆盲(優眼經最佳矯正後視力值在20/200以下或視野限制在20度以內)。	一眼盲,另一眼有缺損。優眼經最佳矯正後視力少於20/60但優於20/200,或視野限制在20度以內。	完全無視覺。	無法依靠視覺活動。	執行粗略視覺作業有困難。	執行精細視覺作業有困難。
基於法定利益,如減稅、補助特殊教材特殊輔導等經費的依據。		基於能在學習上使用視覺機能為考量。			基於獲取州政府協助就業訓練與安置。			(Colenbrander, 1977)			

備註:以上視力值均是以史乃倫表 (the Snellen Charts) 測得。20/200 的視力值表示示受測者站在 20 英呎所看到的視標,正常視力者在 200 英呎即可看到。

資料來源:Reprinted, by permission of the publisher, from the American Foundation for the Blind, *Foundations of education for blind and visually handicapped children and youth* (Scholl, 1986, p.28)。

* 經美國 AFB Press 同意。

二、日本的定義

日本學校教育法施行令對視障者規定如下：

1.兩眼視力在0.1以下者。

2.兩眼視力在0.1以上0.3以下，除視力障礙外，尚有重度之視覺機能障礙，須由點字接受教育者，或將來可能需要經由點字接受教育者。

張勝成（2000）比較中日兩國對視障者的規定如下：

　　我國的規定是以優眼來作決定，並未針對教學的方式（放大字體或點字）來區分。

　　日本視障教育的對象則以功能性來區分，以點字教學或放大字體的教學來區分。再加上有些彈性即是，將來可能視力惡化須經由點字接受教育者也都是視覺障礙教育的對象。另外規定「兩眼的視力」是一種比較合理，比較實際的做法，因為在看東西或字時，通常是以兩眼來看，而非以優眼來看，實際上看東西時，兩眼視比單眼視要看得清楚。特別是「潛伏性眼振」的人於單眼遮閉時會發生眼振的現象，如此所測得單眼的視力就會降低。

三、台灣的定義

㈠台灣對視覺障礙學生的定義（教育部，1999），係指由於先天或後天原因，導致視覺器官之構造缺損，或機能發生部分或全部之障礙，經矯正後對事物之視覺辨認仍有困難者；其鑑定基準如下：

1.視力經最佳矯正後，依萬國式視力表所測定優眼視力未達0.3或視野在二十度以內者。

㈡無法以前款視力表測定時，以其他方式測定後認定者。

身心障礙等級（內政部，1998）所稱視覺障礙，其身心障礙之核定標準，視力以矯正視力為準，經治療而無法恢復者，分為三等級：

1.重度：兩眼視力優眼在0.01（不含）以下者。

2.中度：兩眼視力優眼在0.1（不含）以下者。

3.輕度：兩眼視力優眼在0.1至0.2者，或兩眼視野各為20度以內。

㈢身心障礙手冊的核發係依身心障礙等級，即優眼視力值在0.2以下者，而視力值在0.3以下者即可獲得特殊教育的服務措施。由於主管教育行政機關對於視障學生之升學甄試辦法和補助措施多以身心障礙手冊為準，對視力值在0.2-0.3的視障學生，在政策上有較大的爭議。

四、中國的定義

中國根據1987年殘疾人抽樣調查制定的標準，視力殘疾兒童分為兩大類，四個級別，如表2-3、表2-4。

表2-3　中國視力殘疾標準

類　　別	級　　別	最佳矯正視力
盲	一級盲	＜0.02～無光感；或視野半徑＜5°
盲	二級盲	＜0.05～0.02；或視野半徑＜10°
低視力	一級低視力	＜0.1～0.05
低視力	二級低視力	＜0.3～0.01

其中規定：盲和低視力均指雙眼而言，如雙眼視力不同，以較好的一隻眼為標準；如果僅有一隻眼是盲或低視力，另一隻眼視力是0.3或優於0.3，不屬於視力殘疾範圍。「最佳矯正視力」是指矯正後能達到的最好視力。

資料來源：葉立群、朴永馨等，1995，170頁。

表2-4　視力殘疾標準比較表

最佳矯正視力	WHO 標準		中國 標準	殘奧會 標準
＜0.3～0.1	低視力	1	二級低視力	
＜0.1～0.05		2	一級低視力	B3級
＜0.05～0.02；或視野半徑＜10°		3	二級盲	B2級
＜0.02～光感；或視野半徑＜5°	盲	4	一級盲	B1級
無光感		5		

資料來源：沈雲裳，1999，24頁。

　　根據中國的定義與分類，視力殘疾是指由於各種原因導致雙眼視力障礙或視野縮小，而難以做到一般人所能從事的工作、學習或其他活動。通過教育診斷，視障教育的對象分為三類：(1)盲：指完全沒有視覺或只有光感和極微弱視力的人。這樣的人無法用視力而只能依靠聽、觸、嗅等感官進行學習；只能使用手指摸讀點字。(2)低視：指視力低下，或在常態環境下，視覺使用受到限制的人。這樣的人通過助視設備可以學習印刷文字。(3)兼有多重障礙的視力殘疾兒童：指除視力殘疾外，還兼有聽力、智力、肢體殘疾或行為異常等其他障礙的兒童（沈雲裳，1999，24-25頁）。

　　據目前考證（袁東，2000），在中國古漢語字詞中，解釋眼盲的字詞包括失明、喪明、瞎、盲、眝、瞽、瞑、眇、眜、眛、矇、眹、瞍、瞀、眵、瞖、瞙、矐、眊、瞢、瞑、覩、矓、瞶等。

第二節　視覺障礙的出現率

　　對於視覺障礙者之出現率，因定義的歧異、地區的差異性和普查單位的不同而很難有明確的數據。美國吉爾哈特（Gearheart, 1980）的推估，1980

年美國5－18歲特殊兒童的出現率約12.6－19％，其中視覺障礙兒童出現率爲0.1％，人數55,000人。

　　郭爲藩（1984）依據第一次台灣地區6－12歲特殊兒童普查資料推估，我國特殊兒童的出現率約爲10％，其中視覺障礙者出現率約爲0.08％。我國第二次全國特殊兒童普查（教育部，1992），在3,561,729名學齡兒童（6－15歲）中，計查出75,562名特殊兒童，其中視覺障礙兒童僅有1,931名（占學齡兒童的0.054％）。根據1999年特殊教育統計年報（教育部，2000）統計，台灣高級中等以下視覺障礙學生人數計有1,587名，其中學前教育階段105名，國民小學階段797名，國民中學階段473名，高中職教育階段212名；安置在特殊教育學校有365名，其餘1,222名則安置於一般學校的巡迴輔導班、分散式資源班、或在普通班接受特殊教育服務。1999年大專校院輔導視覺障礙學生人數計有227名，分佈於49所公私立大專校院。台閩地區1999年領有身心障礙手冊的視覺障礙人數總計有37,686名（內政部，2000）。

　　中國於1987年所作的全國調查統計，計有視覺障礙者7,550,000人，其中0－15歲的視障兒童有197,900人，出現率爲0.06％（15歲以下總人數爲337,268,000人），其出現率（表2－5）與台灣1992年第二次普查視障學齡兒童（6－15歲）的出現率（0.054％）很接近。根據中國1996年統計（陳仲漢，1999），在27所盲校就讀的視障學生有2,557人，在145所盲聾學校盲生部或盲生班就讀的有1,600人，在普通學校隨班就讀計畫的視障學生有3,378人，三項總計7,535人，其中小學6,077人，初中1,458人。

表2－5　中國視障兒童人數及出現率（0－15歲）

總人數（15歲以下）	殘疾人數（15歲以下）		視障人數（15歲以下）	
N	N	%	N	%
337,268,000	8,986,200	2.66	197,900	0.06

資料來源：中國 Office of the National Sample Survey，1987。

第三章

盲文的起源與演變

　　回顧視障教育發展史，阿宇（Valentin Haüy）於1784年在巴黎創設第一所盲校，並研發出在紙板上雕塑文字的讀寫系統，視障者才有正式的溝通技能與教學方法。在阿宇之前，視障者的溝通學習通常是靠傾聽技能或若干為盲人所發展的浮凸讀寫方法，但均無法形成持久的溝通系統。在阿宇之後，各種文字符號被研發改進，但仍無法解決書寫問題，直到阿宇的學生布萊爾（Louis Braille）將阿宇的文字系統改成在紙板上刻浮凸點以代表文字，演變成世界通用的六點點字系統，盲人終能以較有效的溝通工具拓展知識領域。當時文字符號和點字記號兩種系統的適用性並無定論，故各自發展出多套版本，其中點字記號系統在美英兩國尚引發長達八十年之久的「點的競賽」（the War of Dots）。茲將盲文的起源與演變分為浮凸記號系統、數學計算系統、點字記號系統說明如下；另為「盲聾雙障者」研發的手語字母亦一併附於其後。

第一節　浮凸記號系統

本節主要摘譯自 Rhee, K.（1982）載於 Hanninen, K. 所編 *The Horizons of Blindness* 一書，35－54頁。經徵詢美國 Blindness Publications 同意引用。

壹、早期溝通系統

㈠塔貝拉（Tabella）

Tabella 是以木塊、骨頭、金屬板充當紙張，在上面雕刻記號，係由一位修辭學家金提里亞努斯（Marcus Fabius Quintilianus）於公元35－95年期間所創。此方法至十六世紀仍為盲人所使用。

㈡木刻字母（Carved Alphabets）

木刻字母是在木板上刻字母，係四世紀盲人蒂笛穆斯（Didymus of Alexandria）所創（公元308－398年）。他藉此讀寫方法接受教育，成為史載的第一位盲人教授，任教於 Alexandria 大學。十六世紀初期，西班牙人法蘭西斯哥・魯卡（Francisus Luca）於1517年發展出將一組羅馬字母刻在木板及骨頭上，此方法後來為義大利羅馬所採用，只使用木板，並將字母放大，以利盲人摸讀。

㈢蠟刻字母

蠟刻字母是以尖筆在敷蠟的板上刻字母，係十七世紀中期德國人喬治・哈斯多佛（George Phlip Harsdorffer）所創。他於公元1651年以此方法出版 *Deliciae Mathematicae et Physicale*。他並改良木刻字母，讓盲人更能輕易觸摸。

㈣實線和點字母

此系統的字母符號是由實線和點組成，這對日後人們驗證「人的手指頭能辨認凸點和凸點形成的線，甚於辨認凸線條或圓圈」，是極具意義且重要的發現。此重要的觀念是由法蘭西斯歐·特爾茲（Feamcisco Lana Terze，1631－1687）所創。他曾於1670年以此系統出版 *Prodromo Overo Saggio Di-alecune inventioni*……一書。

㈤蠟鑄字母

先在木板上刻出字母，再以蠟壓鑄成形。十七世紀末期，貝爾努伊斯（Jacob Bernouilli）以木刻及蠟塑字母成功地教導一位盲女孩佛德克里克（Elizabeth Waldkrick）。此方法為最早的刻字或符號複製方法，一直被沿用至1784年法國阿宇於巴黎創設第一所盲校。期間在歐洲有無數的實驗在進行，大多採用以羅馬字母為基礎的摸讀方法，但都無法解決書寫問題。共同的目標是尋求更好、更經濟、更統一的盲人溝通系統。

㈥鉛、錫鑄字母

鉛、錫鑄字母是以鉛、錫替代蠟壓鑄字母。十七世紀巴黎人莫羅（Pierre Moreau）以鉛壓鑄字母，浮凸效果較蠟鑄字母持久；德國人斯柯柏僑（Schoberger）繼續實驗以錫壓鑄字母，效果更佳，但價格昂貴，較不為盲人所接受。

以上系統和方法皆是朝向羅馬字母發展，用以教育盲人和溝通用途。幾乎是在 Schoberger 發明錫鑄字母兩世紀之後，法國盲人布萊爾（Louis Braille）始於公元1829年研發出點字系統，此一六點系統成為後來全球的盲人溝通系統。

㈦繩結字母

繩結字母是在細繩上打結，藉著繩結形狀、個數、距離以代表字母（圖3－1）。從十八世紀至十九世紀初期，在點字系統佮未發明之前，繩結字母

一直被英國所採用。盲人與早期美國印地安人均曾以結繩記事，作有系統的記錄與溝通。

西班牙人曾以動物的腸子做成繩子，稱為「Quipos」；英國人 David Macbeath 和 Robert Milne 即曾以 Quipos 在 the Edinburgh 盲校施教二十年。

㈧針孔字形

針孔字形是以針在紙板或木片上刺成字形或符號，或在大針墊上以針形成字母。此為盲鋼琴家巴拉蒂斯（Maria Theresia Von Paradis）所創。她發展兩種畫音符的方式，一是以針在木片上刺出音符，一是將浮凸的木刻音符貼在紙板或木片上，後來 Kempelen，奧地利的音樂家為她發明出一種印刷機（Press machine），藉此她得以印行出版她的音樂符號，教盲人摸讀音符，學習音樂。

㈨佛德克里克書寫法（Waldkrick Writing）

類似現代的複寫紙拷貝方式，但須配合 Waldkirck 書寫導板（圖3-2），此為盲人與明眼人或盲人之間較正式的溝通方法，當時兩位著名的盲人，德國的維森堡（Weissenburg）和奧地利的巴拉蒂斯（Paradis）即是以此方法相互聯繫。他倆在阿宇（Haüy）正式成立盲校有系統教學之前，即以此方法證明盲人可以被成功地教育。

貳、文字符號系統

一、早期字體（Early Type）

阿宇（Haüy）最初在1784年是以木刻字母教導雷休爾（LeSueur）閱讀，隨後才研發在紙板上雕刻文字的讀寫方法。1786年，雷休爾發現他可摸讀出葬禮通告上的印刷字母「〇」，阿宇便實驗在濕紙上以相反方向鑄出正面的字母，讓雷休爾摸讀；書寫時則是以圓頂的金筆在厚紙的反面以反向刻字母。1787年，阿宇出版第一本浮凸字母書籍，書名是《盲童教育文集》，獲得同時代人的讚美。自此羅馬字母被改造成各種浮凸字體，研發者大多是

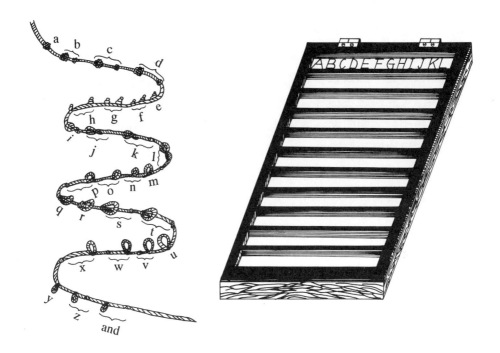

圖3－1　繩結字母　　　　圖3－2　佛德克里克書寫導板

（String Alphabet）　　　（Waldkirck's Writing Guide）

資料來源：Kisu Rhee，1982，pp.39－40.

＊經徵詢美國 Blindness Publications 同意。

明眼人。理論上文字符號循明眼人的閱讀系統，應是很理想的溝通方式，但實際上卻很難學習和書寫，無法有效教育盲人；直到盲人本身研發出點字系統才真正解決問題。

二、加爾字體（Gall's Type）

　　加爾（James Gall）是蘇格蘭愛丁堡人。公元1828年加爾以他新發明的浮凸閱讀符號出版《教導盲人閱讀的藝術》一書。他使用不同的字母符號，刻製在金屬版上，很類似現代的鋁版印製方式；複製時將紙張夾在兩片已刻有浮凸字體的金屬版間，擠壓成形，可重複壓印無數次。公元1831年加爾以

此複製方式為愛丁堡盲校出版教科書，仍循阿宇（Haüy）所訂的盲人刊物規則，即將一頁劃分成兩邊，一邊是供盲人摸讀的浮凸符號，另一邊則是供明眼人閱讀的一般印刷字體；如此明眼人毋須學浮凸符號亦能指導盲人閱讀或其他課業學習。加爾繼而將他的實線字母符號改成點線字母符號，讓盲人更容易摸讀，此構想在柏林盲校被發展。由於明眼人不識浮凸符號，故加爾出版的書將印刷字體印在一邊供明眼人閱讀，將新的點線字體印在另一邊供盲人摸讀。但加爾的符號異於一般羅馬字母，故不為社會所接納；儘管如此，加爾仍於1834年和1837年再出版兩本書。圖3-3為加爾的文字符號，包括字母、標點符號和數字（1-0）。

三、亞士頓字體（Alston's Type）

亞士頓（John Alston）所創的文字符號系統在一項由「藝術家協會」所舉辦的競賽中獲獎後，便廣為社會所贊助，陸續以此系統出版若干書籍。

亞士頓曾以 Glasgow 收容所的盲童為對象，實驗盲童使用加爾字體（Gall's Type）的讀寫能力。他發現加爾的文字符號若連結點形成的線，則較具觸覺敏銳度。此實驗證實盲人的手指對凸點較凸線為敏銳。亞士頓將點線的概念應用在他所創的文字系統，採用羅馬字母形式而非加爾的符號。雖然他出版的書是使用大寫鉛字字體，但對盲人而言仍太小不易摸讀；因此他改用更大的字體，稱之為「Double Pica」。此大字體為年老的盲人所採用，有些盲校也採用，包括費城盲校。1840年亞士頓以此字體印製聖經。圖3-4為亞士頓的字母和數字符號。

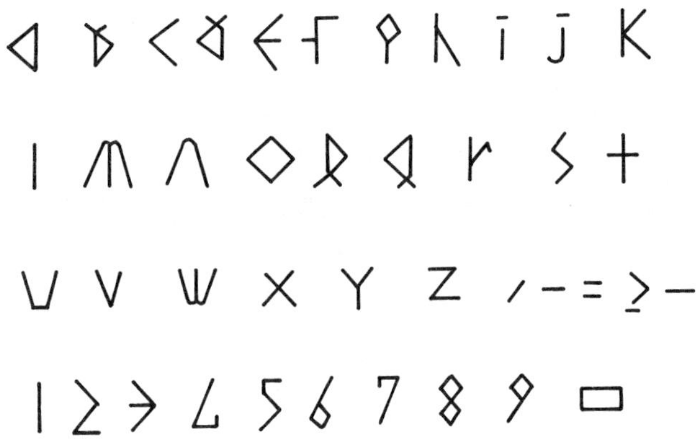

圖3-3　加爾字體（Gall's Type）
資料來源：Kisu Rhee，1982，p.43.
＊經徵詢美國 Blindness Publications 同意。

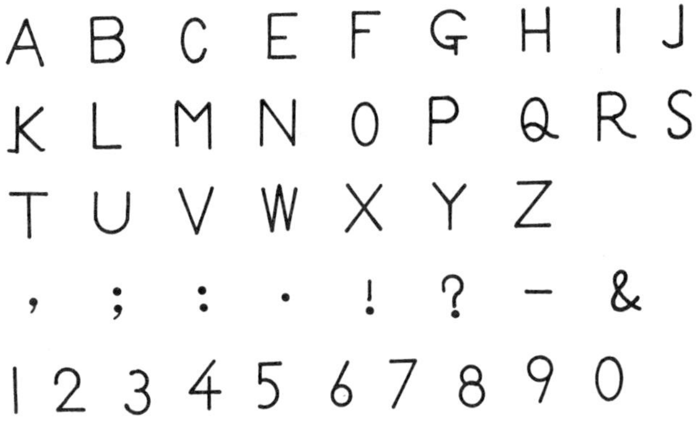

圖3-4　亞士頓字體（Alston's Type）
資料來源：Kisu Rhee，1982，p.41.
＊經徵詢美國 Blindness Publications 同意。

四、魯卡斯字體（Lucas' Type）

公元1830年，英格蘭人魯卡斯（Thomas M. Lucas）在七十三歲高齡時實現為盲人發明溝通符號之夢想。1837年他前往倫敦宣導其符號系統，稱之為魯卡斯字體（Lucas' Type）（圖3−5）。

魯卡斯的構想源自 Byrom 的速記符號，他將點和線連結成代表字母的符號，優點包括：(1)易印、(2)易讀寫、(3)較具觸覺敏銳度。魯卡斯使用的簡寫字和數字符號表示方式（圖3−6）很類似後來發展的英文點字系統。

由於獻身於盲人福利工作，魯卡斯發明溝通符號後，內心尚滋長三項遠大的計畫：(1)在英國每一城市設立盲校，(2)設立社會機構和組織以協助盲人，(3)用他的浮凸系統為盲人出版更多的書籍。他對盲人福利的宏願，在1837年逝世前後逐一為社會所實現。他的學生和朋友凝聚組成「倫敦盲人教學協會」紀念他。1842年該協會以魯卡斯字體（Lucas' Type）出版聖經。

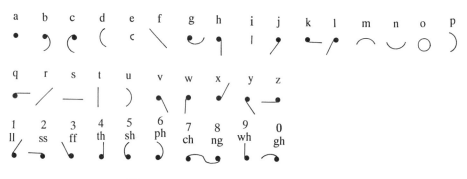

圖3−5　魯卡斯字體（Lucas' Type）

字母	簡寫字
a	and, after, any
b	be, but
c	Christ, can
d	down, debt
e	every, ever
f	of, father
g	God, good, against
p	upon, up, patience
q	queen, quiet, question
x	except, example, exercise
ff	from
th	there
sh	shall
ph	pharisee
gh	ghost
bl	blind
gl	glory

圖3-6　魯卡斯的簡寫字

資料來源：Kisu Rhee, 1982, p.45.

＊經徵詢美國 Blindness Publications 同意。

五、富雷爾字體（Frere's Type）

富雷爾（James Hateley Frere, 1779－1866）是盲人，在1838年將 Gurney 的速記符號修訂成富雷爾字體（Frere's Type）（圖3-7）。比起類似的魯卡斯字體（Lucas' Type），富雷爾字體：(1)較多語音符號，(2)較為敏感，(3)由點線、點、半圓、角、圓發展出33個符號，(4)使用折返閱讀法（即一行由左至右閱讀，次行則由右至左閱讀）。從1839－1851年期間，富雷爾以此浮凸系統出版舊約和新約聖經。阿密塔基博士（Dr. Armitage）高度推崇富雷爾的構想和字體，認為該字體非但是最敏銳的，且是最有趣的幾何文字形式。然而富雷爾字體仍有下列缺點：(1)缺標點符號，(2)語音不足，(3)字母 C、Q、W、X、Y 無代表符號，(4)僅適合高年級盲童，不適合低年級盲童學習。

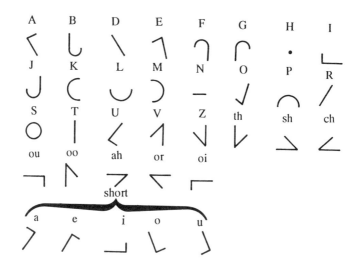

圖3-7　富雷爾字體（Frere's Type）

資料來源：Kisu Rhee，1982，p.46.

＊經徵詢美國 Blindness Publications 同意。

六、穆恩字體（Moon Type）

穆恩（William Moon）是盲人，1817年出生於英格蘭，四歲時因猩紅熱致一眼失明，至二十一歲時另一眼亦漸失明，終成全盲。當時他仍是學生，失明後仍繼續研究而獲得學術的聲譽。1840年穆恩學習富雷爾字體（Frere's Type），察覺到該系統的優缺點，故經由實驗作若干修正。1847年他研發出穆恩字體，採用類似羅馬字體的字母符號，完全由線條組成，優點是印製簡易，僅需將金屬線附加在金屬板上即可。由於穆恩字體（Moon Type）線條簡單，易觸辨，即使後天失明的成人盲者亦能閱讀，故被公認是高度發展的文字符號系統；至今在大不列顛仍有後天盲者以穆恩字體閱讀。

1847年穆恩首度以 Moon Type 出版第一本有關盲童與盲老人教育的書籍。穆恩的生涯大多是在家中教導盲人，首創英格蘭「在家教育制度」之例。穆恩逝世後，英格蘭在1894年成立國立盲人機構（National Institution

for the Blind）紀念他。圖3－8是穆恩字體的字母和數字符號。圖3－9是不同
系統的字母符號一覽表。

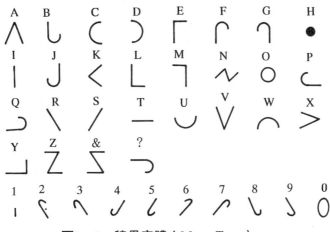

圖3－8　穆恩字體（Moon Type）

Alston's Type	A B C D E F G H I J K L M N O P Q R S T U V W X Y Z
Lucas' Type	• ˌ ϛ ((\ ㇄ ၵ ˏ ˏ ⌣ ⌢ ∩ ∪ O) ⌐ / — I) ⌐ ˏ ˏ ˏ —
Frere's Type	⟨ ∟ \ ˥ ⌐ ⌐ • ⌐ ⌣ (∪) – ⌣˥ ∩ / O I ⟨ ˥ ∨ ∠ ∠ ∠
Moon Type	∧ ∪ ⊂ ⊃ ⌐ ⌐ ⌐ • · ⌡ ⟨ ∟ ⌐ ∿ O ⊂ ⟍ ˥ /— ∪ ∨ ∧ > ⌐ Z

圖3－9　不同系統的字母符號一覽表

資料來源：Kisu Rhee，1982, p.48.

＊經徵詢美國 Blindness Publications 同意。

七、凸點方塊符號（the Point Square Symbole）

德國浮凸字母源自羅馬字母形式，稱之爲普通德文字體（Common Fer-
man Type），由哥奇林（Koechlin）所設計，使用點和點線構成羅馬印刷字
母。1882年拉克曼（Lachmann）將穆恩字體（Moon Type）的精神加以發揮
光大，並根據桑德森計算板（Saundersons' Computation Board）的原理發展

成凸點方塊法（the Point Square Method），很類似後來的六點點字系統，凸點在方形矩陣中的特定位置代表不同的符號意義，較線條式的字體易為盲人所摸讀，是文字符號系統重大的突破。

八、美國字體與波士頓字體（American Type and Boston Line Type）

富萊蘭德博士（Julius R. Friedlander）是美國1833年創設的賓州盲校首任校長。創校當年即仿法國阿宇（Haüy）的浮凸羅馬字母系統出版《聖馬可之書》，是美國最早的浮凸書籍。隨後該校以亞士頓字體（Alston's Type）為藍本，將羅馬字母修訂成賓州字體（Pennsylvania Type）。

在1836–1843年期間，麻州的柏金斯盲校將加爾字體（Gall's Type）修訂成美國字體（American Type），出版新約和舊約聖經。此系統最早是由該校校長何奧（Samuel Howe）於1832年自歐洲引進美國，後來廣泛在盲界流傳，演變成將羅馬字母作角度變型的波士頓字體（Boston Line Type）。圖3–10為何奧所發展的波士頓字體；自1853年起五十年間，柏金斯盲校均是以波士頓字體出書。其實早在1829年布萊爾（Louis Braille）即已發表一篇有關點字符號系統的論文，但並未受到重視，尤其何奧更是堅決反對點字系統，將其比喻成巢克圖語（Choctaw）。文字符號系統在美國復甦，主因是便於明眼教師閱讀，並可避免將盲人和明眼讀者區隔。1848年維吉尼亞盲校採羅馬字母形式設計讀寫系統；1867年尼斯（Napoleon B. Kneass）將富雷爾字體（Frere's Type）和波士頓字體（Boston Line Type）綜合成新的書寫方法。每一個研發成果對提升浮凸字體的易讀性，均有重大的意義。

第二節　數學計算系統

壹、桑德森數學計算板

英國盲數學家桑德森（Nicholas Saunderson）於1720年發明數學計算板（Saunderson's Computation Board）。圖3–11是桑德森的數字符號和計算板。圖3–12是單一數符的側面圖，圓插桿A（APointer）比圓插桿B（B

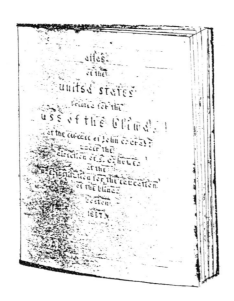

圖3-10　波士頓字體（Boston Line Type）

資料來源：Reprinted, by permission of the publisher, from the American Foundation for the
　　　　　Blind, *Foundations of education for blind and visually handicapped children and*
　　　　　youth（Roberts, 1986, p.9）.
＊經美國 AFB Press 同意。

Pointer）有較大的圓頂和較長的桿，兩者均能輕易為盲人所觸辨。圓插桿 B
沿順時鐘移動，代表不同的數字符號。

貳、泰勒數學計算盤

一、泰勒數學計算盤的數符

　　威廉・泰勒（William Taylor）所發明的計算盤是算術和代數兩用之計算
盤。計算盤中有八角形的星形洞，可容納方形計算型板（雙面符），有甲型
和乙型兩類，各可排成十六種不同的位置。

　　經過幾十年，在二十世紀初期，另有一位英國劍橋大學主修數學的中途
盲者亨利・泰勒（Henry Mortyn Taylor）繼續研發先前泰勒的數學符號，而
形成泰勒式的數字點字記號，廣為二十世紀初期歐陸各國所採用，至今世界

各地仍有盲校採用泰勒式數學教學方法和數學符號。圖3－13是泰勒數學計算盤的數符。

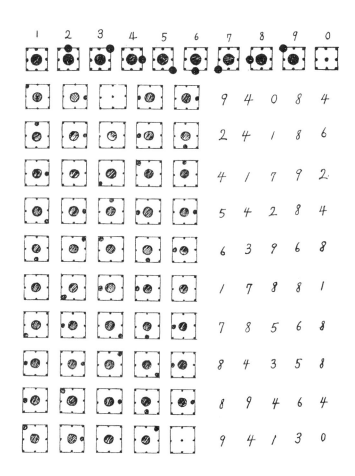

圖3－11　**桑德森計算板**（Saunderson's Computation Board）

資料來源：Kisu Rhee，1982，p.51.

＊經徵詢美國 Blindness Publications 同意。

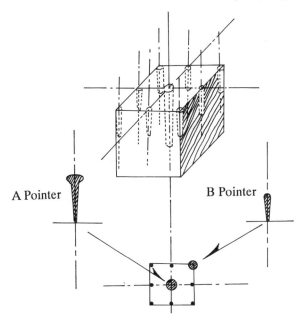

圖3－12　桑德森數符側面圖

資料來源：Kisu Rhee，1982，p.50．

＊經徵詢美國 Blindness Publications 同意。

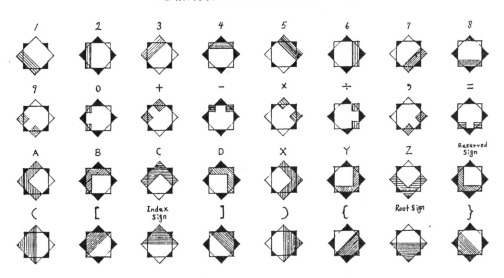

圖3－13　泰勒數學計算盤的數符（Taylor's Mathematical Symbols）

資料來源：Kisu Rhee，1982，p.53．

＊經徵詢美國 Blindness Publications 同意。

二、運算範例

例一：代數括號

$$- [2x - \{ 3y - (3x + 2y) \} - 2x]$$
$$= - [2x - \{ 3y - 3x - 2y \} - 2x]$$
$$= 2x + 3y - 3x - 2y + 2x$$
$$= x + y$$

例二：正整指數

$$163^2 - 137^2$$
$$= (163 + 137) (163 - 137)$$
$$= 300 \times 26$$
$$= 7800$$

例三：小數、循環小數、分數

$$8 \cdot 1\dot{6} \times 3.\overline{142857} \div 2.2$$

$$= 8\frac{1}{6} \times 3\frac{1}{7} \div 2\frac{1}{5}$$

$$= \frac{49}{6} \times \frac{22}{7} \times \frac{5}{11}$$

$$= 11.6$$

第三節　點字符號系統

壹、巴比爾凸點（Barbier's Tangible Dots）

　　巴比爾凸點係法國陸軍軍官巴比爾（Charles Barbier）爲軍隊在黑暗中傳送密碼所發展的「夜間書寫系統」，並於1808年在法國科學學會發表論文，題目爲「Ecriture Nocturne」。巴比爾凸點以十二點排列（直6點×橫2

列），採語音系統而非字母系統；凸點能以金屬的書寫器點寫，爲現代點字板和點字筆（slate and stylus）的前身。

　　巴比爾凸點雖非爲盲人所發展，但該系統於1820年在巴黎盲青年學校展示與試驗後，深受該校盲生布萊爾（Louis Braille）所喜愛。巴比爾凸點較不利之處有三：⑴6列太長，以指尖摸讀困難；⑵採語音系統而非字母系統，故記號較複雜；⑶整個系統太龐大。布萊爾將巴比爾凸點系統加以改良，成爲影響後世鉅深的布萊爾點字。

貳、布萊爾點字（Braille）

　　1829年，布萊爾（Louis Braille）發表布萊爾點字系統。他採用巴比爾凸點的上方六點，類似六點骰子的排列，體積縮小到可以指尖輕易摸讀。布萊爾點字如同現今高度組織與系統化排列的標準英文點字記號（圖3－14）：上方四點的組合形成 a 至 j 的十個基本字母符號，第二行增加左下點，第三行增加下方兩點，第四行增加右下點等。布萊爾點字具有語音字母系統之優點，易於學習；2×3的點字組合易於摸讀；且可以簡易工具點寫，從此開啓盲人知識之門。

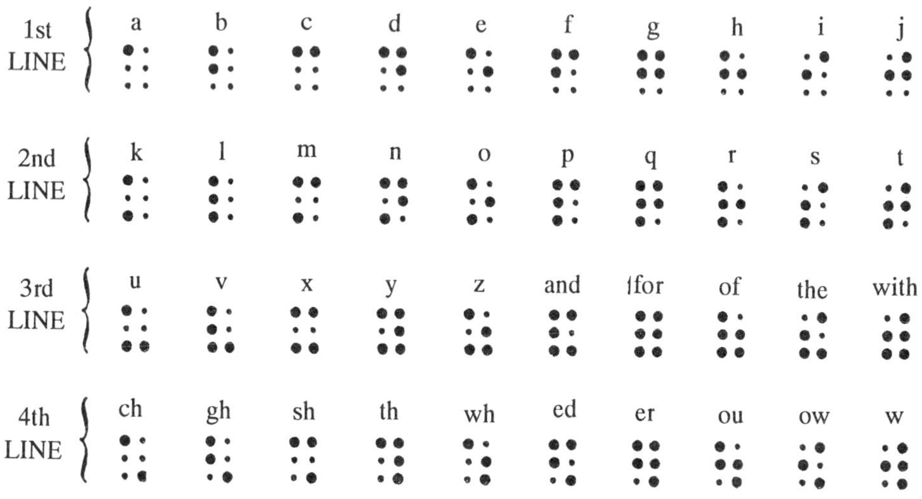

圖3－14　標準英文點字前四行

資料來源：Harley et al., 1987, p.5.

　　由於布萊爾是音樂家，因此至1834年布萊爾完成的點字系統亦包括音樂點字記號。布萊爾點字於1854年，布萊爾逝世兩年後才正式被法國盲校所接受。布萊爾點字的閱讀和書寫系統是基於法文字母（故缺字母 W），後來該系統漸爲各種語文所採用。

參、紐約點字（New York Point）

　　點字符號系統於1860年初期自歐洲傳入美國，由密蘇里盲校（the Missouri School for the Blind）率先採用。由於法國點字是循邏輯系統設計，並未考慮字母的出現率；1868年，紐約盲校校長偉特（William Bell Wait）乃推行一套可能是由羅斯（John D. Russ）所發展的點字系統，將法國點字朝兩方面改變：(1)每方點字的高度縮成二點，寬度則爲1－4點，有時需用兩方點字；(2)指定最少點的符號代表最常出現的字母。大寫則在某些條件下另外加點，但因太複雜，故大寫常被省略。此系統被稱爲紐約點字（New York Point），並於1871年由美國盲人教師協會（the American Association of Instructors for the Blind）推薦給美國盲校使用。

　　早期紐約點字的點寫方法是將紙置於軟墊之上，如厚呢、橡膠或軟皮墊，而以尖的點字筆（Stylus）點製。引導點字筆書寫的點字板（Slate）是由黃銅或其他金屬製成的長條板，由一行或兩行大小適中的矩形洞所組成。偉特亦發明偉特點字機（Wait's Machine），由單手操作，但並非是簡易的機器。

肆、美國點字（American Braille）

　　1878年史密斯（Joel W. Smith）在柏金斯盲校（Perkins Institute for the Blind）推廣一套改良的點字符號系統，稱之爲美國點字，係爾後美國點字系統的前身，並成爲大不列顛點字系統的典範。十九世紀末期至二十世紀初期，紐約點字和美國點字在美國展開一波「點的競賽」（Battle of the Dots）。多數中西部和南部大西洋學校採用由美國盲人讀物印刷廠（the American Printing House for the Blind）以紐約點字印製的資料；而多數新英格蘭學校則採用何奧印刷廠（Howe Press）以美國點字印製的資料。據1910

年的調查統計,當時美國有五種浮凸版本同時為盲人所使用:紐約點字、美國點字、大不列顛點字、波士頓字體(Boston Line Type)、和穆恩字體(Moon Type)。賀爾點字機(Hall's Mechanical Braille Writer)的發明,堅固耐用且易操作,使美國點字較紐約點字取得優勢,並使2×3點的點字形式成為浮凸閱讀與書寫系統的主流。

伍、標準英語點字(Standard English Braille)

1913年美國盲人工作者協會(the American Association of Workers for the Blind;AAWB)建議採用標準點字(Standard Dot Braille)以統合美國點字和紐約點字。標準點字每方有3×2點,比大不列顛點字較少省略字,即為後來的1 1/2點字。1932年,美國和大不列顛在聯合統一點字委員會(the Joint Uniform Braille Committee)的協議下達成釐定二級點字的共識。此委員會的成員包括由美國盲人讀物印刷廠、國會圖書館、美國盲人工作者協會、和美國盲人教師協會等專業協會所指派的盲人工作者及教師。此二級點字即為標準英文點字(Standard English Braille),並於1959年和1962年分別訂定與修訂美國版。同時一些特殊點字記號如數學、化學、音樂點字亦陸續被研訂。點字書籍體積龐大,為解決儲存空間的問題,免用紙張的點字機(A paperless braille writer)因應而發明,漸發展成具有文書處理功能的盲用點字電腦系統。由於電腦和數學及科學符號的需求,每方六點的記號有增加點數成七點或八點的趨勢。目前盲用電腦的點字顯示窗亦有六點和八點兩種點字形式供選擇。

陸、數理化點字

世界各國的數理化點字雖均源自1829年布萊爾的點字系統,但因國情不同,故尚無統一的國際數理化點字。其中較為通用的有三種:泰勒式、馬爾堡式和聶美茲式。

泰勒式數學點字記號(Taylor Code for Braille Mathematics)是英國牧師威廉·泰勒(William Taylor)於1866年所設計的,同時亦研發有泰勒數學計算盤。經過幾十年,在二十世紀初期,另有一位英國劍橋大學主修數學的中

途盲者享利・泰勒（Henry Mortyn Tayor）繼續研發先前泰勒的數學符號，而形成泰勒式數學點字記號，廣爲二十世紀初期歐陸各國所採用。但自第一次世界大戰後，數學教育蓬勃發展，數學符號不斷增加，簡易的泰勒式系統已不敷使用，於是一套更完備的馬爾堡式符號應運而生。

馬爾堡式（Marburg）符號，因德國馬爾堡盲人教育中心最先使用而得名。1963年全俄羅斯盲人中央委員會主席團建立一個科學委員會，研發出一套新的馬爾堡系統，並出版《數學、物理、天文和化學統一盲文符號手冊》。中國大陸於1972年正式採用馬爾堡符號體系。1991年審定通過的「中國盲文數、理、化符號系統」共有1766個符號，是以馬爾堡符號體系爲基礎，吸收馬爾堡、聶美茲等方案中共同的、合理的、科學的部分，並根據數理化理論的不斷發展，充實許多新的內容和符號，以適合中國盲人使用。本套系統曾於1992年8月提交有大陸、香港和台灣盲文專家參加的研討會議審定，獲會議代表的高度評價（滕傳民、李傳洪等，1996）。

聶美茲數學及科學點字記號（The Nemeth Braille Code for Mathematics and Science Notation）是美國盲數學家亞伯拉罕・聶美茲博士（Abbraham Nemeth）所研發，於1952年正式爲美國所採用，再經1965年及1972年兩次修訂後，成爲較完整、有規則的系統，漸由加拿大、紐西蘭及台灣所採用。

我國自1927年成立南京盲啞學校開始即採用「泰勒數學點字記號」，早期台北盲啞學校亦沿用之。1966年台南師專「視覺障礙混合教育計畫師資訓練班」引進美國聶美茲「數學與科學點字記號」點譯數學教科書。1979年起，台灣教育學院（彰化師大前身）在筆者所主持的國科會專題研究計畫「盲人學習電腦之研究」下，亦開始以聶美茲系統點譯統計和電腦教科書。1981年教育部恢復召開「盲人點字研究小組會議」，經兩年的討論比較後，決議暫使用聶美茲系統點譯書籍與教學。

柒、音樂點字

音樂點字源自1829年布萊爾所發表的論文《利用凸點記錄語言、數學、音樂和無伴奏齊唱》，1837年，此方案正式出版，在法國盲人中普遍推行，且被世界各國所採用，但因國情不同，語言差異，故各國的音樂點字不盡相

同。爲求國際統一的音樂點字符號，曾於1888年在法國科隆召開第一次國際盲文音樂符號會議，於1927年在巴黎召開第二次會議，1954年在巴黎召開第三次會議。1956年《國際盲文樂譜記譜手冊》正式出版，是國際音樂點字統一的標誌。中國大陸於1989年推出《中國盲文民族器樂符號集成》，並於1990年12月在香港召開的第二屆中、港、台點字研討會上審定通過，期能成爲共同使用的統一方案。

音樂點字記號有「音程式」與「音符式」兩種點譜法並行於世。「音程式點譜法」創於1834年，經多次修訂，於1954年巴黎「國際音樂點字記號統一會議」後釐定。「音符式點譜法」是由英國人羅建（Logan）所提議，以補正「音程式」點寫和弦的不便，經大會通過及德國人路易士（Louse）再修訂而釐定。台灣教育部「盲人點字研究小組」於1983年會議決議採用「音符式點譜法」點譯樂譜。

捌、漢語點字

根據教育部「盲人點字研究小組」之考據，台灣的國語點字系統係循布萊爾（Braille）點字系統的基本形式。自民國前四十二年（公元1870年）的「瞽手通文」，歷經民國前八年（公元1903年）的「五方元音」、1913年的「心目克明」、1914年的「客語心目克明」、1933年的國音點字符號、1945年的「標準國音點字」，直至1948年，盲教師唐子淵、張遐齡等根據南京盲啞學校盲點字研究委員會制訂的「標準國音點字」及「心目克明點字」的排列與標音，訂定「國語注音符號點字」，始成爲台灣通行的國語點字。「國語注音符號點字」以注音點字，其特點是字與字、詞與詞之間不空方；其主要限制是：(1)符號排列順序無規則可循，結合韻另有記號，增加學習負擔；(2)無省略字與簡寫字，占篇幅多；(3)有音無形，只能注音，不能表示字形，常有同音異義字的困擾，無法與形、音、義一體的文字相融合。爲改進上述國語點字的缺憾，若干盲教師乃投入點字改革之研究，包括：湯氏點字（湯韻輝，1980），張氏點字（張遐齡，1983），實用國語點字略字（戴國雄、劉小萍，1986），張氏方案（張樹生，1989），黃氏點字（黃春桂，1989），新世紀中文點字系統（黃順金，1993）。另明眼教師鄭明芳

（1993）研究中文內碼點字系統，利用八點點字，一字兩方，兼帶聲韻調即可出現國字。上述點字系統均有其優缺點，尚未達成改革的共識。另有「台語點字」，是以羅馬拼音的方式呈現台語方言，流通於老一輩不諳國語的盲者。台北「雙蓮教會盲朋友聯誼會」即以「台語點字」點譯聖經供盲教友使用。

中國通用的盲字是「現行盲字」，係黃乃先生於1952年參照布萊爾六點制音符設計制定的，採拼音文字，共有52個字母，分聲母和韻母兩部分（沈雲裳，1987）。「現行盲字」是在西方盲字的影響下設計的，主要的兩條設計原則是：(1)字母儘可能國際化，(2)採分詞連寫方法。但現行盲字缺乏客觀的標調準則，「規定有調號，需要時才標調」，形成隨意標調，因人、因地而異；更由於盲文固有的節約原則，在大陸的盲文出版物中，平均僅有百分之五的音節標調，使盲人在摸讀盲書時必須依靠上下文來猜測詞意和讀音，對於求取較高深的文化知識造成很大的困難。現行盲文的優點是簡單易學，根據漢語音節結構的特點，採用聲、韻雙拼制，符合盲文要求簡短的特點，在中國大陸實行了四十多年，開闢了漢語普通話的簡易體系之盲文道路，是中國第一個規模的統一使用的盲文方案，提高廣大盲人群眾的知識水平，掃除文盲，使盲人能平等地參與社會生活（滕傳民、李傳洪，1996）。

在日語假名點字的啟發下，1973年黃乃先生和另一位明眼高級工程師扶良文先生共同設計一種帶調雙拼的新盲字，拋棄字母國際化的原則；採取聲介合一、韻調合一的原則，用兩方盲符來拼寫一個漢字，命名為「漢語雙拼盲文方案」。經過長達十九年的實驗研究，於1992年6月15日在第四次全國盲文改革學術研討會上通過（由中國殘疾人聯合會宣教部和中國盲人協會於北京共同召開），並經政府有關部門審批，於1995年大力推廣。但因「雙拼盲文」需理解記憶，屬邏輯運演範疇，不似「現行盲文」聲韻調符形具體，有利於機械記憶，屬簡單運演範疇，就認知心理學角度而言，雙拼盲文似有違兒童認知發展規律（錢志亮，1999），故當局於1999年10月文令小學階段停止推行。

目前大陸和港台的中文點字系統完全不同，期待未來能透過定期舉辦的「大陸和港台點字學術交流會」，統一中文點字，使盲胞獲取更廣泛的資

訊;並經由視障教育工學的輔助,真正達到中文點字和中文印刷字「雙向溝通」的理想境界。

第四節　手語字母(盲聾手指語)

壹、手語字母(美國)

單手手語字母(The one-hand manual alphabet)是盲聾雙障者(Deaf-blind people)的溝通方式之一。圖3-15係海倫凱勒(Helen Keller)為美國盲人基金會(The American Foundation for the Blind)親手示範的手語字母。

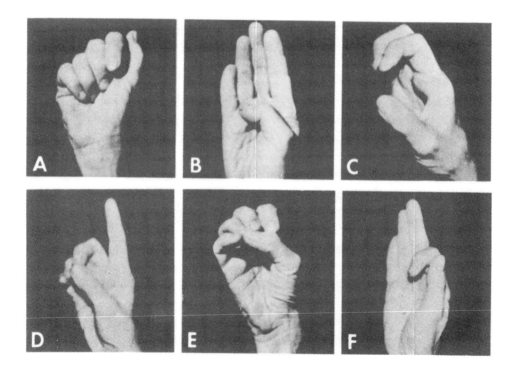

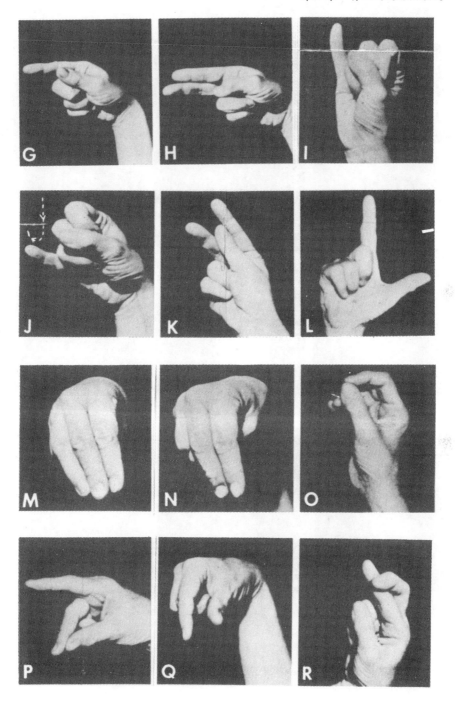

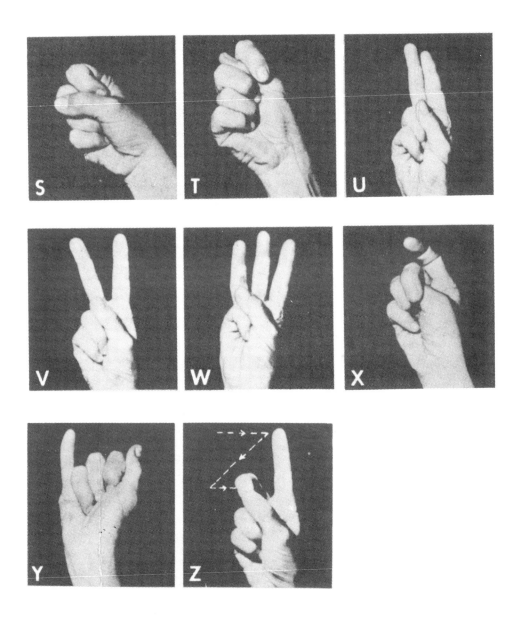

圖3－15　單手手語字母（The one-hand manual alphabet）

資料來源：Reprinted, by permission of the publisher, from the American Foundation for the Blind,1987.

＊經美國 AFB Press 同意。

貳、盲聾手指語（台灣）

圖3-16係台灣私立惠明學校爲盲聾雙障者所發展的盲聾手指語。

ㄅ　右手握拳，拳心向下，打在左手掌心上。

ㄉ　右手食指平放在左手掌心上。

ㄆ　右手姆、食二指捏左手食指向上一把。

ㄍ　右手成立拳打在左手心上。

ㄇ　右手食、中、無名三指平放在左手心上。

ㄎ　右手食指成鉤狀放在左手食指上。

ㄈ　右手食、中二指平放在左手食、中、無名、小指上。

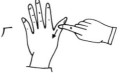
ㄏ　右手食指在左手姆指邊往下一劃。

ㄉ　右手姆、食指成 U 字形，放在左手食指上。

ㄐ　右手食指在左手掌刃往下一劃。

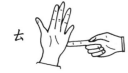
ㄊ　右手食指點在左手掌刃上。

ㄑ　右手掌在左手掌心往上一擦。

ㄋ　右手食指在左手食指往下一劃。

ㄒ　右手食指在左手虎口上一劃。

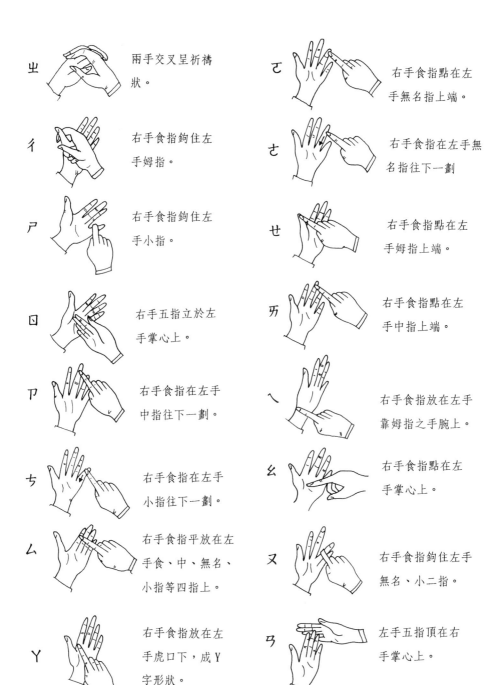

ㄓ　兩手交叉呈祈禱狀。

ㄔ　右手食指鉤住左手姆指。

ㄕ　右手食指鉤住左手小指。

ㄖ　右手五指立於左手掌心上。

ㄗ　右手食指在左手中指往下一劃。

ㄘ　右手食指在左手小指往下一劃。

ㄙ　右手食指平放在左手食、中、無名、小指等四指上。

ㄚ　右手食指放在左手虎口下，成ㄚ字形狀。

ㄛ　右手食指點在左手無名指上端。

ㄜ　右手食指在左手無名指往下一劃

ㄝ　右手食指點在左手姆指上端。

ㄞ　右手食指點在左手中指上端。

ㄟ　右手食指放在左手靠姆指之手腕上。

ㄠ　右手食指點在左手掌心上。

ㄡ　右手食指鉤住左手無名、小二指。

ㄢ　左手五指頂在右手掌心上。

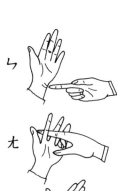

ㄅ　右手食指放在左手靠小指之手腕上。

ㄤ　右手食指放在左手食指及中指之間。

ㄥ　右手食、中二指成V字形放在左手虎口下。

ㄦ　右手食指成鉤狀放在左手無名指下。

一　右手食指點在左手食指上端。

ㄨ　右手五指握住左手五指，掌心相對。

ㄩ　右手食指點在左手小指上端。

ㄚ　右手食指放在左手虎口上。

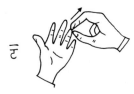

ㄛ　右手姆、食二指捏左手無名指尖向上一把。

ㄝ　右手姆、食二指捏左手姆指尖向上一把。

ㄞ　右手姆、食二指捏左手中指尖向上一把。

ㄠ　右手姆、食二指拉左手中、無名二指向上一把。

ㄡ　右手姆、食二指拉左手無名、小指向上一把。

ㄢ　右手食、中二指平放在左手掌心上。

ㄣ　右手姆、食二指拉左手小指向上一把。

ㄤ　右手姆、食二指拉左手食、中二指向上一把。

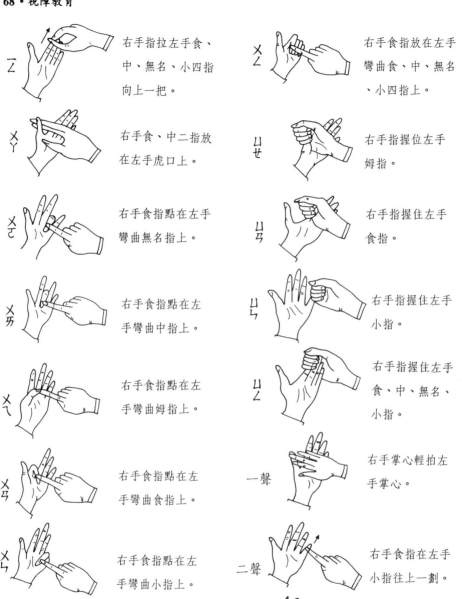

ㄧ乙　右手指拉左手食、中、無名、小四指向上一把。

ㄨㄚ　右手食、中二指放在左手虎口上。

ㄨㄛ　右手食指點在左手彎曲無名指上。

ㄨㄞ　右手食指點在左手彎曲中指上。

ㄨㄟ　右手食指點在左手彎曲姆指上。

ㄨㄢ　右手食指點在左手彎曲食指上。

ㄨㄣ　右手食指點在左手彎曲小指上。

ㄨㄤ　右手食指點在左手彎曲食、中二指上。

ㄨㄥ　右手食指放在左手彎曲食、中、無名、小四指上。

ㄩㄝ　右手指握位左手姆指。

ㄩㄢ　右手指握住左手食指。

ㄩㄣ　右手指握住左手小指。

ㄩㄥ　右手指握住左手食、中、無名、小指。

一聲　右手掌心輕拍左手掌心。

二聲　右手食指在左手小指往上一劃。

三聲　右手姆、食指捏左手姆、食二指一把。

四聲　　　右手食指在左手姆
　　　　　指往下一劃。

輕聲　　　右手掌心從下向上
　　　　　輕拍左手心背

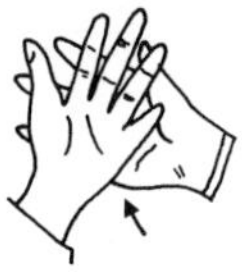

圖3－16　盲聾手指語（台灣）

資料來源：私立惠明學校提供。

第貳篇

點字記號

第四章
漢語點字記號

第一節 國語點字記號（台灣）

壹、國語點字記號表

表4－1為台灣通用的國語點字記號，以注音符號點字。

貳、國語點字記號使用規則

一、注音符號點字記號使用規則

1.注音符號點字由二方或三方（含聲調）構成一個單字。每個字均應同行連書，不得分行點寫；如該行不夠點寫時，應將整個單字移至次行點寫。

2.每個單字之後，均須點寫聲調記號。例：

想像

　　 ㄒㄧㄤ　ㄒㄧㄤ

3.結合韻一律以一方表示，以節省空間。例：

花　　　　 不可點寫成

ㄏㄨㄚ　　　　　　　ㄏ　ㄨ　ㄚ

表4-1 國語點字記號（台灣）

一、注音符號點字記號

1.聲母（共21音）

ㄅ ㄆ ㄇ ㄈ ㄉ ㄊ ㄋ ㄌ ㄍ ㄎ ㄏ

ㄐ ㄑ ㄒ ㄓ ㄔ ㄕ ㄖ ㄗ ㄘ ㄙ

2.韻母（共16音）

ㄚ ㄛ ㄜ ㄝ ㄞ ㄟ ㄠ ㄡ ㄢ ㄣ ㄤ ㄥ ㄦ ㄧ ㄨ ㄩ

3.結合韻（共22音）

ㄧㄚ ㄧㄛ ㄧㄝ ㄧㄞ ㄧㄠ ㄧㄡ ㄧㄢ ㄧㄣ ㄧㄤ ㄧㄥ ㄨㄚ

ㄨㄛ ㄨㄞ ㄨㄟ ㄨㄢ ㄨㄣ ㄨㄤ ㄨㄥ ㄩㄝ ㄩㄢ ㄩㄣ ㄩㄥ

4.聲調

輕聲　陰平（一聲）　陽平（二聲）　上聲（三聲）　去聲（四聲）

二、標點符號點字記號

句號　逗號　分號　頓號　問號　歎號　冒號　私名號　書名號　刪節號　破折號　音界號
。　　，　　；　　、　　？　　！　　：　　——　　～　　……　　——

夾註號　　　　星標記號　　　精讀號　　　　單引號
--　　　　　　※　　　　　◎　　　　　「」

雙引號　　　　圓括弧　　　方括弧　　　大括弧
『』　　　　　（）　　　　〔〕　　　　｜｜

4.聲母中有七個音（ㄓ、ㄔ、ㄕ、ㄖ、ㄗ、ㄘ、ㄙ）單獨成音時，爲避免與英文點字的字母（a、b、i、g、h、j、e）混淆，故在該聲母後加空韻母ㄦ（⠱），再點寫聲調記號，以利辨識。例：

　　蜘蛛　⠱⠱⠱⠱⠱⠱⠱⠱⠱⠱
　　　　　　ㄓ　ㄦ　　　ㄓ　ㄨ

5.聲母有三組點字記號相同（ㄍ與ㄐ⠱，ㄑ與ㄎ⠶，ㄒ與ㄙ⠱），但拼音方法不同，使用時並不會混淆。例：

　　⠅⠦⠱　是ㄍㄡ（狗），不會是ㄐㄡ

二、標點符號點字記號使用規則

1.句號。　　⠒

(1)在同一點字行中，句號之後，須空一方，再點寫下文；如在行末不夠點寫句號時，須將原句最末一字與句號移至次一行連書，然後空方接寫下文；如句號恰在一行之最末一方，下文換行點寫時，次行之首無須空方。見範例㈠。

(2)句號可與後引號（包括後單或雙引號）、刪節號、後括孤（包括後圓括弧、後方括弧、後大括弧）、後夾註號連書，但不得單獨書於一行之首。

2.逗號，　　⠂

(1)在同一點字行中，逗號之後無須空方；逗號須與前面之一字連書，如在行末不夠點寫時，須將其前面之一字與逗號移至次行。見範例㈠。

(2)逗號可與後引號、刪節號、後括號、後夾註號連書，但不得點寫於一行之首。

3.分號；　　⠆

(1)在同一點字行中，分號之後無須空方；分號須與前面之一字連書，如在行末不夠點寫時，須將其前面之一字與分號移至次行。

(2)分號可與後引號（包括單或雙引號）、刪節號、後括弧、後夾註號連書，

但不得點寫於一行之首。

4.頓號、　　：⋮

⑴在同一點字行中，頓號之後無須空方；頓號須與前面之一字連書，如在行末不夠點寫時，須將其前面之一字與頓號移至次行。

⑵頓號可與後引號、刪節號、後括號、後夾註號連書，但不得點寫於一行之首。

5.問號？　　：⋮

⑴在同一點字行中，問號之後須空一方，再點寫下文；問號須與前面之一字連書，如在行末不夠點寫時，須將其前面之一字與問號移至次行，問號之後空方，再接寫下文；如問號恰在一行之末，則次行之首，無須空方。但若遇有圓括弧之後括弧（　）時，問號之前須加標點記號（區別記號）　，予以辨別。

⑵問號可與後引號、後括號、後夾註號連書，但不得書於一行之首。

6.嘆號！　　⋮：

⑴在同一點字行中，嘆號之後須空一方，再點寫下文；嘆號須與其前面之一字連書，如在行末不夠點寫時，須將前面之一字與嘆號移至次行，在嘆號之後空方再接寫下文；如嘆號恰在一行之末，則次行之首無須空方。見範例㈡。

⑵嘆號可與後引號、後括號、後夾註號連書，但不得單獨書於一行之首。

7.冒號：　　⋮⋮

⑴冒號須在同一點字行二方連書，不得分行點寫。

⑵冒號可與前後引號、書名號、前後括號同行連書。如冒號在一行之末，則前引號、書名號、前括號可移至次行之首書寫。

⑶在同一行中，冒號之後，如遇　　（我）字時，冒號之後須空一方；冒號如在一行之末，　　（我）字移至次行之首書寫，則無須空方。例：

他說：我志氣高。

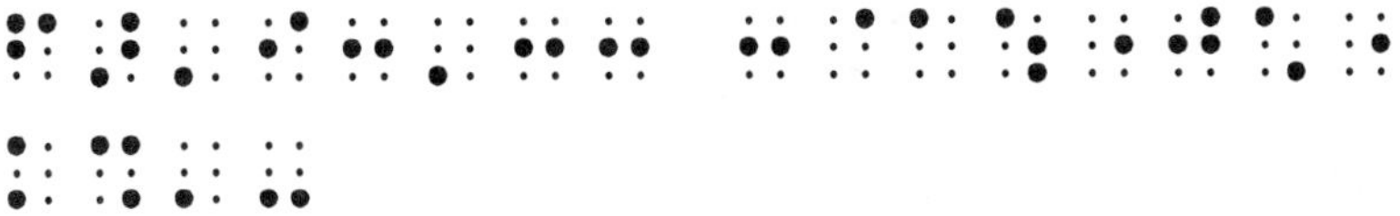

⠠⠎ ⠱⠢⠆ ⠁⠄ ⠺⠕⠄ ⠴⠂ ⠀⠀ ⠪⠂ ⠱⠆ ⠅⠁⠆ ⠅⠩

⠁⠄ ⠛⠁⠆ ⠅⠩ ⠓⠍

8. **私名號一** ⠰⠆ �

(1)私名號書於專有名詞之前，專有名詞之後須空一方，再點寫下文，例：

劉德義先生

⠇⠇ ⠱⠢⠄ ⠙⠮⠂ ⠙⠮⠂ ⠁⠡⠆ ⠅⠩ ⠀⠀ ⠭⠩ ⠁⠡⠄ ⠊⠁⠄ ⠎⠢⠄

若下文亦爲專有名詞，可逕連書次一私名號及專有名詞，中間不需空方。

(2)同一行中，私名號與專有名詞之間無須空方。如專有名詞首字恰在一行之末，餘則移至次行書寫，中間無須空方；私名號不得單獨書於一行之末，亦不得分行點寫。

(3)專有名詞恰在一行最末一方結束時，次行之首不須空方，直接點寫下面之文句。

9. **書名號 ～～～** ⠰ �

(1)書名號書於書名（或篇名）之前，在書名之後應空一方，再點寫下文。

例：大英豪記載

⠙⠁⠆ ⠿ ⠊⠽⠄ ⠓⠩ ⠞⠁⠂ ⠅⠍ ⠅⠍ ⠋⠁⠆

(2)書名號應二方同行連書，並至少與書名之第一字連書，書名恰在一行之最末一方結束時，次行不須空方，直接點寫下面之文句。

10. **刪節號……** ⠰⠆ ⠰⠆ ⠰⠆

(1)刪節號應三方連續同行點寫，可點寫於一行之首或一行之末。

(2)刪節號可與逗號、句號、分號、頓號、問號、嘆號、前後引號、前後括號、書名號同行連書，中間無須空方。例：

太陽出來了……。

11.破折號——

(1)破折號須二方同行連書，不得異行分列；破折號可書於一行之首或一行之末。例：

太湖船——民歌也

(2)破折號可與句號、問號、私名號、前後引號、前後括弧、書名號……等同行連書，中間無須空方。

12.音界號·

(1)音界號用於翻譯成中文之外國人的姓與名中間之圓點。例：

威廉·泰勒

(2)在同一點字行中，音界號之前後無須空方，逕寫下文至整個姓名點寫完畢始空一方；如同一行不夠點寫時，須將姓名之最後一字與音界號移至次行連書，接寫下文。

13.夾註號－－

(1)夾註號與後夾註號，應與一字同行連書；每一夾註號須二方同行連書，不得異行分列。

(2)前夾註號不得點寫於一行之末，後夾註號不得點寫於一行之首。例：

懷古－二部合唱－和聲優美

14.星標號※（重點符號）　　⠒⠒⠒

(1)星標號之後須空一方，再接下文。

(2)星標號須在同一行二方連書，不得異行分列。例：

　※太湖船

　⠒⠒　⠼⠞⠂　⠓⠪⠂　⠊⠸⠆

15.精讀號◎　　⠐⠪⠃

(1)精讀號用於標示課文必須精讀之記號，通常以◎或其他記號表示。

(2)精讀號之前後均應空一方點寫。

(3)精讀號須在同一點字行二方連書，不得異行點寫。例：

　◎懷古

　⠐⠪　⠗⠽⠄⠲⠁⠅⠯⠐

16.單引號「」　⠦⠴　　⠠⠦⠆

　雙引號『』　⠰⠦⠴⠴　　⠰⠴⠴

(1)前引號不得書於一行之末，後引號不得於書於一行之首。前後引號一律
　二方同行連書，不得異行分列。

(2)前引號須與引文首字同行連書，後引號須與引文最末一字同行連書。

(3)在同一行中，前引號之前，如有後引號時，須先空一方再點寫前引號；
　在同一行中，後引號之後，如有前引號時，須先空一方再點寫前引號。

(4)前引號與後引號均可分別同行連書。

(5)前引號與書名號連書時，前引號書於前，書名號書於後。

(6)前引號不得與句號、問號、嘆號同行連書，但後引號可與句號、逗號、
　分號、問號、嘆號連書。例：

　他說：「太陽出來了！」

（盲文點字圖示）

17.圓括弧（）（盲文點字）　　（盲文點字）；方括弧［］（盲文點字）　　（盲文點字）；

大括弧｛｝（盲文點字）　　（盲文點字）

(1)後括弧之後須空一方；前括弧不可書於一行之末，後括弧不可書於一行之首。例：（二部合唱）

（盲文點字圖示）

(2)前括弧可與逗號、分號、頓號、刪節號、私名號、前引號、書名號同行連書，後括號可與句號、逗號、分號、頓號、問號、嘆號、刪節號、後引號連書。

(3)括弧內，中文與英文或數學連接書寫時，應視其前後之文句而使用英文或數學括號。使用英文或數學括號時，括號之前後均應空一方。

　　歸納上述規則：(1)句號、問號、嘆號、星標號、後括號之後須空一方，再點寫下文；(2)逗號、分號、頓號之後無須空一方，即可點寫下文；(3)精讀號、英數括號之前後均須空一方；(4)音界號之前後無須空方；(5)破折號、刪節號可與句號、問號、書名號、前後引號、前後括號……等同行連書，中間無須空方；(6)私名號、書名號書於專有名詞、書名或篇名之前，在專有名詞、書名或篇名之後，須空一方，再點寫成下文；(7)冒號、書名號、破折號、夾註號、星標號、精讀號等皆須在同一行二方連書，不得異行點寫；刪節號應三方連續同行點寫；(8)句號、逗號、分號、頓號、問號、嘆號、後夾註號、後引號、後括弧等不得點寫於一行之首；前夾註號、前引號、前括弧等不得點寫於一行之末；(9)後引號、後括弧可與句號、逗號、分號、問號、嘆號等連書；前引號不得與句號、問號、嘆號同行連書；前括弧可與逗號、分號、頓號、刪節號、私名號、前引號、書名號等同行連寫。

參、國語點字範例

範例(一)：太陽出來了

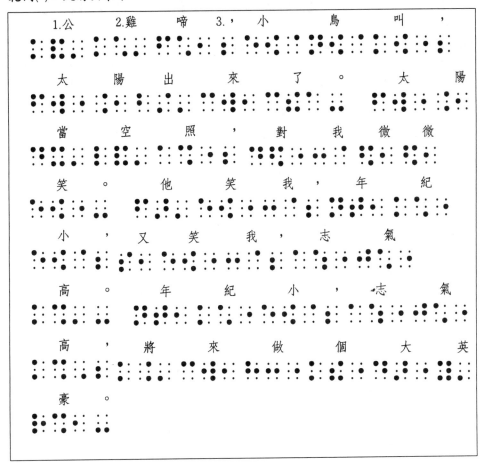

說明：(1)公ㄍㄨㄥ，結合韻以一方表示，以節省空間。

　　　(2)雞ㄐㄧ與ㄍㄧ的點字記號相同，但由拼音即可辨別。

　　　(3)逗號之後無須空方，即可點寫下文。

　　　(4)志ㄓ，聲母ㄓ單獨成音，為避免與英文點字字母 a 混淆，故在聲母ㄓ後加空

　　　　韻母ㄦ（ 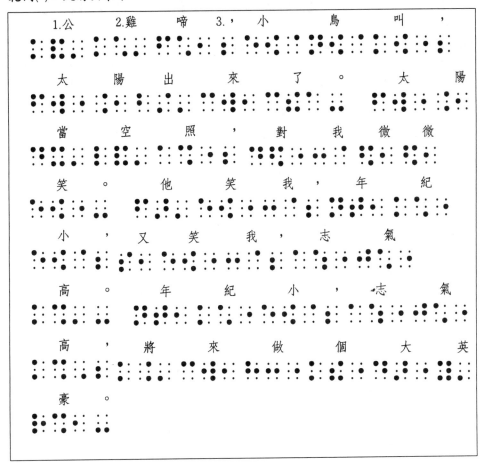 ），再點寫聲調記號，以利辨識。

範例(二)：懷古

懷　古　¹！　懷　古　！　²我　們

的　　歷　³史　⁴是　這　樣　光

榮　，⁵（一　代　又　一　代　新

的　創　造　，）⁶一　代　又　一

代　新　的　文　明　。

懷　古　！　懷　古　！　我　們

的　先　驅　是　這　樣　英

雄　，我　們　要　續　完　歷

史　的　工　程　，莫　盡

在　紀　念　碑　前　作　夢　。

說明：
¹ 嘆號之後須空一方，再點寫下文。嘆號須與其前面之一字連寫。
² 我ㄨㄛ，以結合韻一方表示，加一方聲調。
³ ⁴ 史ㄕ、是ㄕ，聲母ㄕ單獨成音，為避免與英文點字字母 i 混淆，故在聲母ㄕ後加空

韻母ㄦ（⠰），再點寫聲調記號，以利辨識。聲調上聲為史ㄕ，聲調去聲為是ㄕ。
⁵ ⁶ 前括號可與逗號同行連書。後括號之後須空一方。

肆、國語點字記號整理表

表4-2為國語點字記號整理表，可對照基本的英文字母和數字記號。

表4-2　國語點字整理表

代碼	注音·標點		數字	英文
1	輕聲	ㄓ	1	a
2	陽平			
3	陰平			
4	上聲			
5	去聲			
6	、			
12	ㄔ		2	b
13	ㄍ	ㄐ		k
14	ㄉ		3	c
15	ㄒ	ㄙ	5	e
16	ㄧ			
23	，			
24	ㄕ		9	i
25	ㄨㄛ			
26	ㄧㄞ	ㄝ		
34	ㄨ			
35	ㄨㄚ			
36	·	。		
45	ㄩㄢ			
46	ㄧㄤ			
56	；			

代碼	注音·標點		數字	英文
123	ㄎ	！		l
124	ㄊ		6	f
125	ㄗ		8	h
126	ㄛ			
134	ㄇ			m
135	ㄣ	？		o
136	ㄋ			u
145	ㄌ		4	d
146	ㄠ			
156	ㄦ			
234	ㄧㄡ			s
235	ㄩㄥ			
236	ㄩㄝ			
245	ㄑ	ㄥ	0	j
246	ㄧㄠ			
256	ㄩㄣ			
345	ㄚ			
346	ㄧㄝ			
356	ㄧㄛ	ㄟ		
456	ㄨㄤ			
1234	ㄆ			p

表4-2 國語點字整理表（續）

代碼	注音·標點	數字	英文
1235	ㄏ		r
1236	ㄢ		v
1245	ㄖ	7	g
1246	ㄨㄟ		
1256	ㄩ		
1345	ㄋ		n
1346	ㄤ		x
1356	ㄥ		z
1456	ㄧㄣ		
2345	ㄧㄢ		t
2346	ㄜ		
2356	ㄨㄞ		
2456	ㄞ		w
3456		數符	
12345	ㄈ		q
12346	ㄨㄥ		
12356	ㄡ		
12456	ㄨㄢ		
13456	ㄧㄥ		y
23456	ㄧㄚ		
123456	ㄨㄣ		

標點符號（國語）

冒號	書名	破折	圓括弧	大括弧
星標	私名	精讀	刪節號	方括弧
單引號「 」		雙引號『 』		夾注號

標點符號及作文符號（英文）

，	（	）	"	"
·	；	：	！	連字號
？	字母	所有格	斜線	重音

〔	〕	'	,
大寫	雙大寫	星標	刪節號
斜體	雙斜體	破折號	長破折號

第二節　現行盲文（中國大陸）

壹、現行盲文記號表

　　中國大陸通用的盲文是黃乃先生於1952年參照布萊爾六點制音符設計制定的，採拼音文字，共有52個字母，分聲母和韻母兩部分，如表4－3（沈雲裳，1987；滕傳民、李傳洪等，1997）

貳、現行盲字記號使用規則

一、現行盲文的拼音規則

　　1.每個字母都發音。

　　2.每個韻母都能單獨成字。但聲母除 ⠿ (zh) ⠿ (ch) ⠿ (sh) ⠿ (r) ⠿ (z) ⠿ (c) ⠿ (s)七個字母外都不能單獨成字。

　　3.韻母和韻母、聲母和聲母都不能相拼。

　　4.聲母和韻母可相拼。聲母在前，韻母在後，兩音相連猛一碰。

　　5. ⠿ (zh) ⠿ (ch) ⠿ (sh) ⠿ (r) ⠿ (z) ⠿ (c) ⠿ (s)七個字母單獨成字時，若不和後面的韻母相拼，就得使用聲點界音。例：⠿ ⠿ ⠿ （試驗）⠿ ⠿ ⠿ （慈愛）。

　　6.聲母 g、k、h 在韻母 i、u、ü 前後讀 j（基）q（欺）x（希）。

　　7.盲文字母由於符形的侷限，少一個「 O 」字母，彌補的方法是，拼音時用 ⠿ (e)代替，凡 ⠿ (b) ⠿ (p) ⠿ (m) ⠿ (f)和 ⠿ (e)相拼，讀成bo、po、mo、fo，其餘讀音照舊。

　　8.盲文中聲調教學的要求是：認識聲調符號，讀準四聲，掌握規則，學會標調（四聲符號）。

表4-3　現行盲文點字記號（中國大陸）

一、拼音字母點字記號

1.聲母（共18音）

（b 玻）　（p 坡）　（m 摸）　（f 佛）　（d 得）　（t 特）　（n 訥）　（l 肋）　（g 哥）

（k、q 科）（h、x 喝）（zh 知）（ch 吃）（sh 詩）（r 日）　（z 資）　（c 雌）　（s 思）

2.韻母（共34音）

（a 啊）　（e 鵝）　（i 衣）　（u 烏）　（ü 迂）　（er 兒）　（ai 挨）　（ao 凹）　（ei 欸）

（ou 歐）（ia 呀）（iao 要）（ie 耶）（iu 优）（ua 哇）（uai 歪）（ui 威）（uo 窩）

（ü 約）（an 安）（ang 肮）（en 恩）（eng 鞥）（ian 烟）（iang 央）（in 因）（ing 英）

（uan 湾）（uang 汪）（uen 溫）（ong 翁）（üan 冤）（ün 暈）（iong 拥）

3.聲調（四聲符號）

陰平　　陽平　　上聲　　去聲

二、標點符號點字記號

句号　　逗号　　頓号　　分号　　問号　　叹号　　冒号　　　引号
。　　　，　　　、　　　；　　　？　　　！　　　：　　　"　"

破折号　　删节号　　著重号　　連接号　　　書名号　　　　　括号
——　　　……　　　×××　　—　　　　　《　》　　　　〔　〕

資料來源：改編自沈雲裳（1987），盲文教學指南；滕傳民、李傳洪等（1997），中國盲文。

＊經中國盲協和華夏出版社同意。

9.盲文標調規則如下：

(1)聲調符號（聲點）都寫在音節後。

(2)現行盲文一般不使用聲調符號。聲調符號主要用在兩種情況：一是在人名、地名、生僻的詞和一些文言成語使用聲調符號來幫助發音，點明詞義；另一種情況則是用聲調符號來界音。

(3)對某些常用的同音詞，用特定方式標調以示區別。

二、標點符號點字記號使用規則

1.句號、問號、嘆號，使用時在句子後面連寫，不空方。

2.逗號、頓號、分號、冒號、刪節號，使用時它的後面要空一方。

3.引號使用時，前後都要空一號。

4.破折號，使用時連寫，不空方。

5.書名號，使用時前面空一方。

6.著重號，在詞之前加第六點。若連續四個詞以上須加著重號，則在開頭一個詞前面加兩個第六點，最後一個詞的後面再加上一個第六點。

7.連接號，使用時前後都不空方。一行末了，一個詞沒寫完，需要移到下一行再寫時，在第二行的開頭先寫連接號，再寫沒寫完的音節。

8.括號，使用時一般都不跳方。

第五章

各種語言點字記號

第一節　英語點字記號

壹、英語點字記號表

　　英語點字記號分為三部分：英語點字字母和標點符號（表5－1），及英語簡略寫符號（表5－2）。

　　英語點字的簡略寫方式有五種：(1)整體詞簡寫，如 but ⠿ 、can ⠉ 、do ⠙ ，計42個。(2)部分詞簡寫，如 th ⠹ 、wh ⠱ 、ing ⠬ ，計27個。(3)開頭字母簡寫，如 day ⠙⠜ 、ever ⠑⠧ 、father ⠋⠗ ，計33個。(4)末尾字母簡寫，如 ound ⠳⠙ 、ance ⠨⠑ 、sion ⠰⠝ ，計14個。(5)詞縮寫，如 about－ab ⠁⠃ 、above－abv ⠁⠃⠧ 、according－ac ⠁⠉ ，計76個。總計192個簡略寫符號，表5－2提供以字母查表的便捷方式。

表5-1 英語點字記號

| 壹、字母與數字記號 |

a	b	c	d	e	f	g	h	i	j
1	2	3	4	5	6	7	8	9	0

| k | l | m | n | o | p | q | r | s | t |

| u | v | w | x | y | z |

貳、標點符號與作文記號

逗號	分號	冒號	句號	嘆號	前小括號	後小括號	前中括號
,	;	:	。	!	(	)	〔

後中括號	問號	前外引號	後外引號	前內引號	後內引號	所有格號省略號
〕	?	"	"	‘	’	’

刪節號	連字號	破折號	長破折號	斜線	星標號
…	—	—	——	/	*

| 重音 | 斜體字 | 雙斜體字 | 大寫記號 | 雙大寫 | 字母記號 |

表5-2 英語簡略寫符號

參、簡略寫符號

A		against	agst	and		behind	beh
about	ab	ally		ar		below	bel
above	abv	almost	alm	as		beneath	ben
according	ac	already	alr	ation		beside	bes
across	acr	also	al	**B**		between	bet
after	af	although	alth	bb		beyond	bey
afternoon	afn	altogether	alt	be		ble	
afterward	afw	always	alw	because	bec	blind	bl
again	ag	ance		before	bef	braille	brl

字詞	記號	字詞	記號	字詞	記號	字詞	記號
but	⠒	declaring	dclg	**G**		itself	xf
by	⠖	dis	⠲	gg	⠶	ity	⠰⠽
C		do	⠙	gh	⠣	**J**	
can	⠉	**E**		go	⠛	just	⠚
cannot	⠠⠉	ea	⠂	good	gd	**K**	
cc	⠒	ed	⠫	great	grt	know	⠅
ch	⠡	either	ei	**H**		knowledge	⠅
character	⠐⠡	en	⠢	had	⠠⠓	**L**	
child	⠡	ence	⠰⠑	have	⠓	less	⠰⠎
children	chn	enough	⠲	here	⠐⠓	letter	lr
com	⠤	er	⠻	herself	herf	like	⠇
con	⠒	ever	⠐⠑	him	hm	little	ll
conceive	concv	every	⠑	himself	hmf	lord	⠐⠇
conceiving	concvg	**F**		his	⠦	**M**	
could	cd	father	⠐⠋	**I**		many	⠿
D		ff	⠖	immediate	imm	ment	⠰⠞
day	⠐⠙	first	fst	in	⠔	more	⠍
dd	⠲	for	⠿	ing	⠬	mother	⠐⠍
deceive	dcv	friend	fr	into	⠔⠦	much	mch
deceiving	dcvg	from	⠋	it	⠭	must	mst
declare	dcl	ful	⠰⠇	its	xs	myself	myf

N		part	⠰⠏	sion	⠰⠝	tion	⠰⠝
name	⠈⠝	people	⠏	so	⠎	to	⠖
necessary	nec	perceive	p<u>erc</u>v	some	⠰⠎	today	td
neither	nei	perceiving	p<u>erc</u>vg	spirit	⠸⠎	together	tgr
ness	⠰⠎	perhaps	p<u>er</u>h	st	⠌	tomorrow	tm
not	⠝	**Q**		still	⠌	tonight	tn
O		question	⠦⠝	such	<u>sch</u>	**U**	
o'clock	o'c	quick	qk	**T**		under	⠲⠥
of	⠿	quite	⠟	th	⠳	upon	⠲⠥
one	⠈⠕	**R**		that	⠞	us	⠥
oneself	<u>one</u>f	rather	⠗	the	⠮	**V**	
ong	⠰⠛	receive	rcv	their	⠠⠮	very	⠧
ou	⠷	receiving	rcvg			**W**	
ought	⠐⠥	rejoice	rjc	themselves	<u>them</u>vs	was	⠴
ound	⠲⠙	rejoicing	rjcg	there	⠐⠮	were	⠶
ourselves	<u>our</u>vs	right	⠘⠗	these	⠰⠮	wh	⠱
ount	⠲⠞	**S**		this	⠹	where	⠐⠱
out	⠳	said	sd	those	⠰⠹	which	⠱
ow	⠪	sh	⠩	through	⠐⠹	whose	⠠⠱
P		shall	⠎	thyself	<u>thy</u>f	will	⠺
paid	pd	should	<u>sh</u>d	time	⠰⠞	with	⠾

word	⠺	would	wd	young	⠽	yourselves	yrvs
work	⠺	**Y**		your	yr		
world	⠺	you	⠽	yourself	yrf		

資料來源：改編自 English braille – American edition.

＊經美國 A.P.H. 同意。

貳、英語點字記號使用規則

一、作文記號與其他記號規則

1. 大寫記號 ⠠

(1)單大寫記號 ⠠ 點寫於一個單字之前面，表示該單字或省略字的第一個字母為大寫。例：

Tom McKay

(2)雙大寫記號 ⠠ ⠠ 點寫於一個單字之前面，表示整個單字、複合字、或若干字母之每一個字母均為大寫。例：

A TALE TWICE TOLD

2. 縮寫字 ⠤

縮寫字之數個字母間不須空方；縮寫字須同行點寫。例：

Mr.Gold

Ph.D. ⠰� (braille dots)

3.斜線 ⠌

大寫縮寫字以斜線間隔時,斜線之後亦應加大寫記號。例:

　　　　c/o　　　　　　　A/C

（點字）　　　　　　　（點字）

4.日期與時間

阿拉伯數字0至9之前應加數字記號 ⠼ 。年月日之數字間均以連字號 ⠤ 連接。例:

　　　　May 11,1960

（點字）

　　　　3:30-5:30 A.M.

（點字）

　　　　6-19-62　6/19/62

（點字）

5.錢幣 $ ⠈⠎

　　　　$8.75　（點字）

6.溫度 dg ⠙⠛

　　　　98°F　（點字）

7.羅馬數字

大寫之羅馬數字之前加單或雙大寫記號;非大寫之羅馬數字之前應加字母記號。例:

V　　　　⠃⠧　　　　　　　　v　　　　⠧

XXVI　⠼⠭⠭⠧⠊　　　　　　xxvi　⠭⠭⠧⠊

8.斜體字　⠨⠆

(1)斜體字記號點寫於以斜體印刷的縮寫字、單字、帶所有格或省略符號之單字、複合字、或數字之前。單字內有連字號、所有格或省略符號時，後面不必重複點寫斜體字記號。例：

blue-eyed　⠨⠃⠇⠥⠑⠤⠑⠽⠑⠙

(2)3個以上（不含3個）單字以斜體字印刷時，只在第一個斜體單字之前點寫雙斜體字記號 ⠨⠨⠆ ，最末一個斜體單字之前點寫單斜體記號 ⠨⠆ 即可。例：

As You Like It.　⠨⠨⠁⠎⠀⠽⠳⠀⠇⠊⠅⠑⠀⠨⠊⠞⠲

二、簡略寫符號規則

1.一方省略字（代表整字）

(1)代表整字之一方省略字，其前後應與其他單字或省略字間隔1方；但如其前面之省略字為to, into 和by，則不需間隔一方。例：

I do like you quite well.

⠠⠊⠀⠙⠕⠀⠇⠊⠅⠑⠀⠽⠳⠀⠟⠀⠺⠇⠇⠲

by that

⠃⠽⠀⠞

(2)單字之後接所有格或省略符號時、以連字號相連接之複合字中、專有名詞

及專有名詞之後接所有格或省略符號及 s 時，除特殊限制外，可以使用代表整字之一方省略字。例：

<u>can</u>'t　　　<u>so</u>-called　　　Thomas More

(3)以字母代表整字之一方省略字，若附加其他字母成單字時，不可使用一方省略字。例：

cans　⠉⠁⠝⠎　　　don't　⠙⠕⠝⠄⠞

goes　⠛⠕⠑⠎

(4)一方省略字 a, <u>and</u>, <u>for</u>, <u>of</u>, <u>the</u> 和 <u>with</u> 有二個以上在文句中連接出現時，可互相連書不需空方；但如果省略字中間被標點符號或作文記號隔開時，則不可互相連書。例：

He left <u>with</u> a hat <u>and</u> <u>with</u> a coat.

⠠⠓⠑ ⠇⠑⠋⠞ ⠺ ⠁ ⠓⠁⠞ ⠯ ⠺ ⠁ ⠉⠕⠁⠞⠲

<u>And</u>, <u>of</u> course, <u>you</u> <u>are</u> <u>right</u>.

⠠⠯⠂ ⠷ ⠉⠳⠗⠎⠑⠂ ⠽ ⠜ ⠗⠲

2.一方省略字（代表部分字母）

除特殊限制外，and, for, of, the, with, ch, gh, sh, th, wh, ed, er, ou, ow, st, ar, ble, ing, en, in 均可以一方省略字表示，除非特殊之使用規定以外，不論其位於單字之字首、字中、字尾均可使用。例：

<u>st</u>/<u>and</u>　<u>for</u>/<u>th</u>　of<u>ten</u>　<u>the</u>ater　<u>with</u>/<u>out</u>　<u>sh</u>/<u>ow</u>/<u>er</u>/<u>ing</u>

3.下位省略字（代表部分字母）

(1)下位省略字記號<u>ea</u>, <u>bb</u>, <u>cc</u>, <u>dd</u>, <u>ff</u>, <u>gg</u> 僅能在位於單字之中間時使用，不可

使用於一字之首或字尾。例：

mean　realize　eat　eggs　sea　seas　add

⑵省略字須在同一音節。例：

op・po・nent 縮en，不可縮 one。

⑶單字中如同時存在ea, bb, cc, dd, ff, gg 及其他一方省略字之形式，其優先順序如下：

ar 先於ea，例：dear

ble 先於bb，例：bubble

ch 先於cc，例：bacchanal

ed 先於dd，例：peddle

of 先於ff，例：office

for 先於ff，例：effort

4.下位省略字（代表整字）

下位省略字to, into, by 後面連接單字時，中間不需空方。例：

I passed by you to go into the car.

5.起首字母省略字

起首字母省略字只要保有原發音，除可代表一單字之部分字母外，亦可代表整個單字。例：

day 　　；yest/er/day

ought 　　；bought

6.末尾字母省略字

⑴末尾字母省略字使用於一單字之字中或字尾，或一單字分行點寫之次行之

首。不可用於字首或單獨代表整個字，其前面亦不可和連字號、所有格或省略號相連。例：

less ⠐⠇ 可用於 bless/ing　careless；不可用於 less　lesson

ful ⠨⠇ 可用於 carefully　cheer/ful；不可用於 fulfill

(2)單字中「y」係因詞類變化而加上時不可使用 ity 和 ally 之省略字記號。例：fruity　squally

(3)單字中如有 a 及 tion 時，應優先使用 ation 省略字記號。例：education

7.簡寫字（詞縮寫）

(1)簡寫字可單獨使用，亦可代表一單字之部分字母；但未保有原單字意義時，不可使用簡寫字。例：

af：可用於 after　aftercare；不可用於 rafter

shd：可用於 should　shouldn't；不可用於 sh/oulder

(2)簡寫字在專有名詞中，僅能代表整個字，不能當作部分字使用。例：

Braille 可用於 Louis Brl；Friend 不可用於 Thomas Friendly

(3)簡寫字前後附加字首或字尾時，其後不可接母音字母；簡寫字之後如為子音字母，或以連字號分隔，則可使用。例：

bl：blind 可用於 blindfold　blind/ness；不可用於 blinded　blinder

參、英語點字範例

F ing ers　　That　　See

Did　you　ever　shut　your

eyes　　　and　　　run　　　your　　　fingers

over　　　a　　　page　　　of　　　Braille

printing ?　　　All　　　the　　　little

raised　　　dots　　　seemed

to　run　　　together.　　　Even　　　if　　　you

knew　　　the　　　Braille

alphabet,　　　your　　　fingers

could　not　　　pick　　　out　　　each

separate　　　dot.　　　But　　　the

boys　　　and　　　girls　　　who　　　cannot

see   read   stories   in

⠎⠑⠑   ⠗⠑⠁⠙   ⠎⠞⠕⠗⠊⠑⠎   ⠊⠝

Braille.   Their   fingers   are

⠠⠃⠗⠇⠲   ⠠⠹⠑⠊⠗   ⠋⠬⠻⠎   ⠜⠑

trained   to   be   their   eyes.

⠞⠗⠁⠊⠝⠫   ⠞⠕   ⠃⠑   ⠹⠑⠊⠗   ⠑⠽⠑⠎⠲

A   Frenchman,

⠠⠁   ⠠⠋⠗⠢⠡⠍⠁⠝⠂

Louis   Braille,   made   it

⠠⠇⠳⠊⠎   ⠠⠃⠗⠇⠂   ⠍⠁⠙⠑   ⠊⠞

possible   for   those   who   cannot

⠏�043⠎⠊⠃⠇⠑   ⠋⠕⠗   ⠹⠕⠎⠑   ⠱⠕   �csⴖⴖ⠞

see,   to   read.   When   he   was

⠎⠑⠑⠂   ⠞⠕   ⠗⠑⠁⠙⠲   ⠢⠱⠢   ⠓⠑   ⠴

a   small   boy,   he

⠁   ⠎⠍⠁⠇⠇   ⠃⠕⠽⠂   ⠓⠑

used   to   play   around   his

⠥⠎⠫   ⠞⠕   ⠏⠇⠁⠽   ⠜⠳⠝⠙   ⠓⠊⠎

father's   harness   shop.   One

⠋⠁⠹⠻⠎   ⠓⠜⠝⠑⠎⠎   ⠩⠕⠏⠲   ⠠⠕⠝⠑

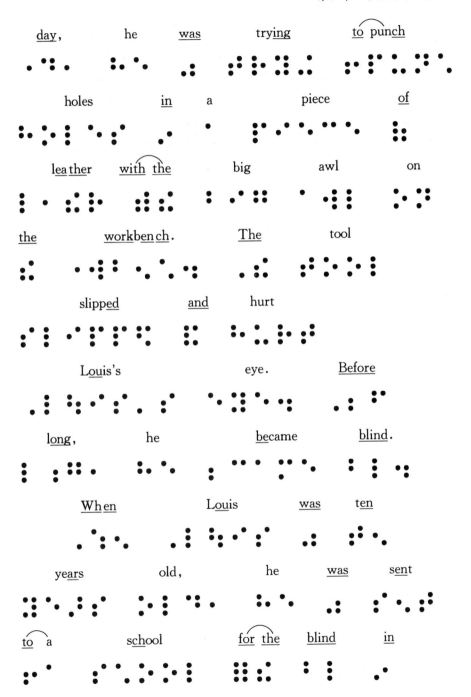

Paris.　　There　　he　　began

to study　　　music　　and　　learned

to play　　the　　organ.　　He

became　　a　　very　　fine

musician.

Louis　　Braille　　wanted

more　　than　　just　　fame　　for　　himself.

He　　wanted　　to help　　all

those　　who　　could　　not　　see.　　So

he　　set　　to work　　to find　　an

alphabet　　　which　　　could　　　be

read　　with　the　　　fingers.　　Today　　　that

system　　　of　　　writing　　　is

known　　　as　　　Braille.

Many　　　books　　　and

magazines　　　are　　　printed　　　in

Braille　　for　　　boys　　　and

girls.　　Every　　　week,　　　the

American　　　Printing

House　　for　the　　Blind　　　in

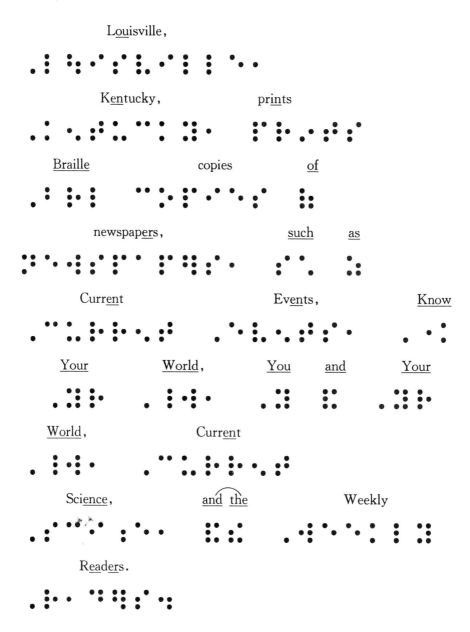

資料來源：Adapted and reprinted, by permission of the publisher, from A.P.H. Special Braille Edition.
＊經美國 A.P.H 同意。

第二節　其他語言點字彙編

　　世界各國點字大多源自布萊爾的點字系統，但因國情及語言不同而有所差異。茲將各國語言點字記號（表5－3～表5－7）摘錄如下：（資料來源：改編自滕傳民、李傳洪主編：中國盲文，1996，386－395頁。經中國盲協和華夏出版社同意）

壹、法語點字記號

表5－3　法語點字記號

(一)French alphabet：

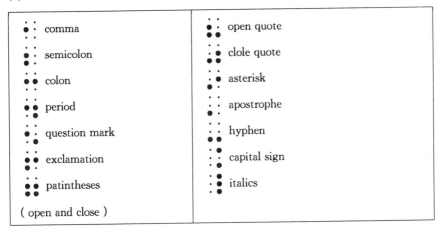

* Contractions are in use.

(二)Punctuation：

comma	open quote	
semicolon	clole quote	
colon	asterisk	
period	apostrophe	
question mark	hyphen	
exclamation	capital sign	
patintheses	italics	
(open and close)		

貳、德語點字記號

表5－4　德語點字記號

(一)German alphabet：

⠁ a	⠹ ch	⠣ eu	⠬ ie	⠍ m	⠏ p	⠱ sch	⠧ v
⠜ ä	⠨ ck	⠋ f	⠚ j	⠭ mm	⠻ q	⠾ st	⠺ w
⠡ au	⠙ d	⠛ g	⠅ k	⠝ n	⠗ r	⠞ t	⠭ x
⠌ au	⠑ e	⠓ h	⠇ l	⠕ o	⠎ s	⠥ u	⠽ y
⠃ b	⠩ ei	⠊ i	⠟ ll	⠪ ö	⠮ B	⠳ ü	⠵ z
⠉ c							

* Contrations are in use.

(二)Punctuation：

⠂ comma	⠖ exclamation	⠴ close quote
⠆ semicolon	⠶ parentheses (open and close)	⠠⠤ dash
⠒ colon		⠄⠄⠄ ellipsis
⠲ period	⠠⠶ brackests (open and close)	⠸ italics
⠄ apostrophe		⠘ series capital
⠢ questionmark	⠦ open quote	⠨ capital sign

參、西班牙語點字記號

表5-5　西班牙語點字記號

(一)Spanish alphabet：

a	g	m	s	z
b	h	n	t	á
c	i	n̄	u	é
ch	j	o	v	í
d	k	p	w	ó
e	l	q	x	ú
f	ll	r	y	ü

* Contractions are not in use.

(二)Special Catalan signs：

ç	é	í	ò	ll
à	è	ó	ú	ī

(三)Punctuation：

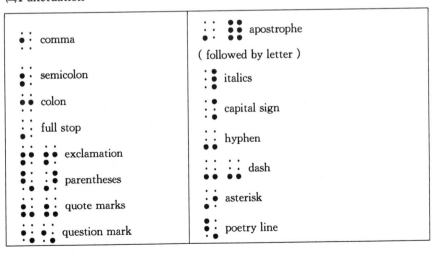

comma	apostrophe (followed by letter)
semicolon	italics
colon	capital sign
full stop	hyphen
exclamation	dash
parentheses	asterisk
quote marks	poetry line
question mark	

肆、俄語點字記號

表5-6　俄語點字記號

(一)Russian alphabet：

A a	3 z	П p	Ч ch
Б b	И i	Р r	Ш sh
B v	Й y	C s	Щ shch
Г g	K k	T t	Б ”
Д d	Л L	У u	Ы y
E ye	M m	Ф f	Ъ ’
E yё	H n	X kh	Э e
Ж zh	O o	Ц ks	Ю yu
			Я ya

＊Contractions are not in use.

(二)Punctuation：

comma	exclamation	parenheses（open and close）
semicolon	open quote	
colon	close quote	italics
period	hyphen	capital sign
question	ellipsis	

伍、日語點字記號

表5-7　日語點字記號（Japanese alphabet）

あ	a	い	i	う	u
か	ka	き	ki	く	ku
さ	sa	し	shi	す	su
た	ta	ち	chi	つ	tsu
な	na	に	ni	ぬ	nu
は	ha	ひ	hi	ふ	hu
ま	ma	み	mi	む	mu
や	ya			る	yu
ら	ra	り	ri	ろ	ru
わ	wa	ゐ	wi		
ん	n（nasal sound）				

え	e	お	o
け	ke	こ	ko
せ	se	そ	so
て	te	ど	to
ね	ne	の	no
へ	he	は	ho
み	me	も	mo
		よ	yo
れ	re	ろ	ro
を	we	を	wo

第六章
數學與科學點字記號

第一節　聶美茲數學與科學點字記號（台灣版）

(The Nemeth Braille Code for Mathematics and Science Notation)

壹、聶美茲數學點字記號

表6－1　聶美茲數學與科學點字記號

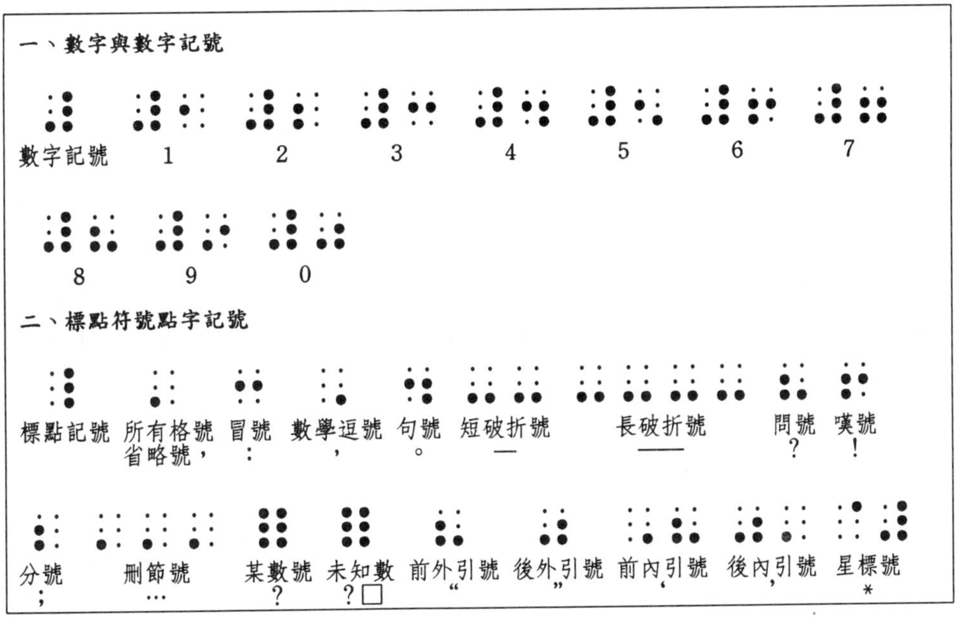
一、數字與數字記號
數字記號
1
2
3
4
5
6
7
8
9
0
二、標點符號點字記號
標點記號
所有格號 省略號 ’
冒號 :
數學逗號 ,
句號 。
短破折號 —
長破折號 ——
問號 ?
嘆號 !
分號 ;
刪節號 …
某數號 ?
未知數 ?□
前外引號 “
後外引號 ”
前內引號 ‘
後內引號 ’
星標號 *

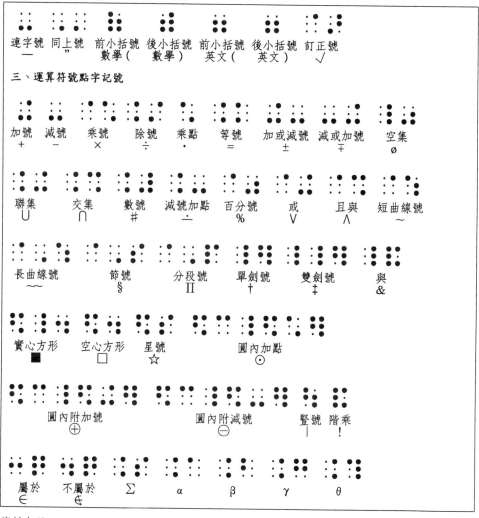

連字號　同上號　前小括號　後小括號　前小括號　後小括號　訂正號
　一　　　"　　數學（　　數學）　英文（　　英文）　　✓

三、運算符號點字記號

加號　減號　乘號　除號　乘點　等號　加或減號　減或加號　空集
　+　　－　　×　　÷　　・　　=　　±　　　∓　　　ø

聯集　　交集　　數號　減號加點　百分號　　或　　且與　短曲線號
∪　　　∩　　♯　　∸　　　%　　　∨　　∧　　　～

長曲線號　　　節號　　分段號　單劍號　　雙劍號　　　與
～～　　　　§　　　∏　　†　　　‡　　　&

實心方形　空心方形　星號　　　圓內加點
■　　　　□　　☆　　　⊙

圓內附加號　　　　　圓內附減號　　　竪號　階乘
⊕　　　　　　　⊖　　　　│　!

屬於　不屬於　Σ　α　β　γ　θ
∈　　∉

資料來源：Adapted and reprinted, by permission of the publisher, from the American Printing House for the Blind, 1981.

＊經美國 A.P.H. 同意。

貳、數學與科學點字記號使用規則

一、數字記號 ⠼

1.阿拉伯數字之前及一行數字開始應加數字記號，以下位點寫，如 ⠼ ⠂ ；標題、頁數、卷數等數字以上位點寫，如 ⠼ ⠁ ⠃ 。

2.阿拉伯數字和英文、中文點字混合點寫時，其前後均應空一方，例：

(1)2 dogs　⠼⠃　⠙⠕⠛⠎

(2)1 公克　⠼⠁　⠠⠕⠼⠮⠤

3.數字記號之後接數字、小數點或撇節號可延續其效力；遇空方、換行、標點符號或終止記號則終止效力，須再加數字記號。例：

(1)12.5　⠼⠁⠃⠲⠢　（接小數點 ⠲ 可延續數字記號效力）

(2)2,4,6　⠼⠃⠂　⠼⠙⠂　⠼⠋　（數列分別被逗點分開，逗點後面空方，故終止數字記號效力，每個數字前均須加數字記號）

4.有些時機不加數字記號，如括號內數字、排列運算之數字等。例：

(1)（7,13）　⠣⠛⠂　⠁⠉⠜　（括號內數字不加數字記號）

(3)
```
      40
    + 70
    ? ? ?
```
⠼⠙⠚
⠰⠛⠚
⠿⠿⠿⠿⠿
⠼⠁⠁⠚
　　（省略記號 ⠿ 表示空格號）

二、羅馬數字

1.小寫羅馬數字前面，須加英文字母記號 ⠰。例：

ⅰ , ⅱ , ⅲ ,

2.單一大寫羅馬數字前面，須加英文單大寫記號 ⠠；兩個以上的大寫羅馬數字前面，須加雙大寫記號 ⠠⠠。例：

Ⅰ , Ⅱ , Ⅲ

3.當運算式以羅馬數字計算時，小寫不必加字母記號，但大寫仍須加大寫記號。例：

(1)ⅵ + ⅳ = ⅹ

（ 小寫羅馬數字 6 + 4 = 10 ）

(2)Ⅶ + Ⅴ = Ⅻ

（ 大寫羅馬數字 7 + 5 = 12 ）

三、標點符號

1.標點記號 ⠰

(1)數字與標點符號之間，須加標點記號，以區別數字與標點符號。例：

4. ⠼⠙⠄⠲ （ 數字 4 後面接標點符號句點，故須在數字 4

和句點 間加標點記號 ，否則會誤

為數字 44 ）

(2)有些時機不加標點記號，如數字接 ⠰⠔ 和 ⠤⠤ 所組成的標點符號（逗號

⠂⠆，連字號 ⠤ ，撇節號 ⠄ ，破折號 ⠒⠒ ），之間不須加標點

記號。例：

65－75　⠼⠋⠑⠤⠤⠼⠛⠑　（ 數字65後接破折號 ⠼⠋⠑ ⠤⠤

，之間不須加標點記號 ⠼⠛⠑ ）

2.小括號 ⠣　⠜

(1)小括號通常有中文括號 ⠪　⠕ 、英文括號 ⠶　⠶ 和數學括號

⠣　⠜ 三種。

(2)小括號內有中文、數字混合點寫時，原則採數學括號。例：

（3隻狗） ⠣⠼⠉　⠁⠮⠞⠛⠥ ⠜

(3)小括號內有英文、數字混合點寫時，若為數學概念時原則採數學括號。例：

（p.27） ⠣⠏⠲　⠼⠃⠛ ⠜

3.豎線（劃記）｜ ⠳

劃記時豎線以五根為一組，但最後一組可少於五根。每組間空一方，但同組中豎線間不空方。例：

⠳⠳⠳⠳⠳　⠳⠳⠳　⠳⠳

四、運算符號

1.加號 + ⠖

加號不論是運算式或性質符號，其符號之前或後，均不需加標點記號或數字記號。例：

(1)3 + 2　⠿　⠿　⠿　⠿　（加號前後不加任何記號；數字3是一行點字開始，故加數字記號）

(2)2％ + 3％ = ＿＿＿％　⠿⠿⠿⠿⠿⠿⠿⠿⠿⠿⠿⠿

⠿⠿⠿⠿⠿⠿⠿⠿⠿

（等號 ⠿⠿ 前後均須空一方；長破折號

⠿⠿⠿⠿ 表示空格號）

2.減號 – ⠿

減號或性質符號在一運算式中不加數字或數字標點記號，但減號出現於一行點字的開始或空方之後時，則須於減號和數字符號之間加點字記號。例：

(1)9 – 3 = 6　⠿⠿⠿⠿⠿　⠿⠿　⠿⠿

（減號前後不加任何記號；數字6前面是空方，故須再加數字記號）

(2)　　2.31　　　⠿⠿⠿⠿

　　－ .04　　　⠿⠿　⠿⠿⠿⠿　（小數點 ⠿ 須對齊）

　　　　　　　⠿⠿⠿⠿⠿⠿⠿

3.乘號 × ⠿ ⠿

乘號之前後不加任何標點記號或數字記號。例：

(1)5×3 = ?.　⠿⠿⠿⠿⠿⠿　⠿⠿⠿　⠿⠿⠿

（問號 ⠿ 後接句號 ⠿，中間須加標點記號 ⠿）

(2)　462
　　×30

4. 乘點 ⠐⠔

乘點之前後不必空方，亦不必加標點記號。例：

(1)2・(2・x) =

(2)x・y

5. 除號÷　⠲⠂　⠐⠲　或　⠐⠒

(1)除號和被除數、除數連書，不加任何標點或數字記號。

(2)除法橫式運算時，用除號 ⠲⠂ ⠐⠲ 。例：

　　50÷5 = 10.

（50除以5等於10。數字10接句號 ⠐⠆ ，中間須加標點記號 ⠰⠂ ）

(3)除法直式運算時，用除號 ⠐⠒ 。例：

　　　 8
　6) 48

　　　　　　　　　　　　　　或　　　　　　　　　　　　　（6除48）

(4)一列運算式被括入大、中、小括號中。例：

　　｛〔（1+2）÷3〕+2×5｝= 11

6.基準號 ⠿

(1)正負號在同一基線上，在兩個符號之間要加基準號 ⠿ 。例：

$+2-+3$ ⠿⠿⠿⠿⠿⠿

(2)餘數 r 和數字在同一基線上，之間要加基準號 ⠿ 。例：

$$25\overline{)452}^{\,18\ r\ 2}$$

⠿⠿⠿⠿⠿⠿⠿⠿⠿⠿⠿⠿

7.絕對值 ⠿   ⠿

(1)絕對值內之數字不須加數字記號。例：

$|3|$ ⠿⠿⠿ （3的絕對值）

(2)兩個絕對值之間須加基準號 ⠿ （多重目的記號）。例：

$|x||y|$ ⠿⠿⠿⠿⠿⠿⠿

8.分數記號

(1)簡易分數記號：

開始 ⠿，結束 ⠿，橫除線— ⠿，斜除線/ ⠿⠿ 。例：

① $\dfrac{1}{3}$ ⠿⠿⠿⠿⠿

（分子1之前點簡易分數開始記號 ⠿，分子之後點橫除線 ⠿，分母

3之後點結束記號 ⠼ ）

② a＋b/c＋d　⠨⠆⠁⠲⠃⠸⠌⠉⠲⠙⠨⠰

（分子 a＋b 之前點簡易分數開始記號 ⠨⠆ ，分子之後點斜除線

⠸⠌ ，分母 c＋d 之後點結束記號 ⠨⠰ ）

③ $\dfrac{1+2}{2+4}$

（簡分數以直式排列，橫除線 ⠤⠤ ⠤⠤ 前後加分數記號。直式

排列時，分子和分母的數字須加數字記號 ⠼ ）

④ $\dfrac{5}{8}$

　　$+\dfrac{3}{4}$

（兩個簡分數相加，加法以直式排列，但兩個簡分數均以橫式排列）

(2)繁分數記號：

開始 ⠨⠦ ，結束 ⠨⠴ ，橫除線— ⠨⠤ ，斜除線／ ⠨⠸⠌ 。

例：

① $\dfrac{\frac{3}{8}}{5}$

（分子$\frac{3}{8}$之前點繁分數開始記號 ⠨⠦ ，分子之後點橫除線

⠨⠤ ，分母5之後點結束記號 ⠨⠴ 。其中分子$\frac{3}{8}$為簡易分數，

須使用簡易分數記號）

② $\dfrac{\frac{1+3}{4+5}}{\frac{3+4}{5+6}}$

（繁分數直式排列運算時，繁分數記號點在中間。其中分子$\dfrac{1+3}{4+5}$和分母$\dfrac{3+4}{5+6}$均為簡分數，須使用簡分數記號）

③ $\dfrac{1}{2}/\dfrac{3}{4}$

（分子$\dfrac{1}{2}$之前點繁分數開始記號 ⠿⠿，分子之後點斜除線 ⠿⠿⠿，分母$\dfrac{3}{4}$之後點結束記號 ⠿⠿ ）

(3)帶分數記號：

帶分數開始記號 ⠿⠿，結束記號 ⠿⠿，帶分數橫除線— ⠿，斜除線/ ⠿⠿。例：

① $4\dfrac{3}{8}$

②　　$10\dfrac{2}{3}$

$+\ \ 4\dfrac{1}{3}$

$14\dfrac{3}{3}=15$

⠀⠘⠀⠩⠀⠑⠀⠃⠀⠙⠀⠑⠀⠃⠀⠱

③　$12\dfrac{1}{2}\%=12.5\%=.125=\dfrac{125}{1000}=\dfrac{1}{8}$

(4)高度繁分數：

　高度繁分數開始記號 ⠀⠀⠀⠀⠀⠀，結束記號 ⠀⠀⠀⠀⠀⠀，高度繁分數

橫除線— ⠀⠀⠀⠀⠀⠀，直式排列之橫除線 ⠀⠀⠀⠀⠀⠀。例：

①　$\dfrac{1\frac{1}{4}}{\ \ 1\frac{3}{5}\ \ }{5}$

$$② \quad \dfrac{(1-x)\dfrac{d}{dx}(2x)-2x\dfrac{d}{dx}(1-x)}{(1-x)^2}\Bigg/\left[1+\left(\dfrac{2x}{1-x}\right)^2\right]$$

（高度繁分數橫式排列。其中冪號說明見10）

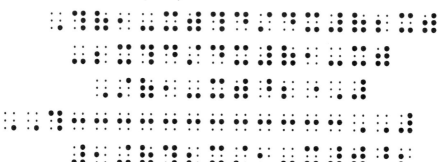

$$③ \quad \dfrac{(1-x)\dfrac{d}{dx}(2x)-2x\dfrac{d}{dx}(1-x)}{(1-x)^2}\Bigg/\left[1+\left(\dfrac{2x}{1-x}\right)^2\right]$$

（高度繁分數直式排列中參用橫式排列）

9.約分記號

(1)約分開始記號 ⠰ ，約分結束記號 ⠆ 。

(2)約分通常以直式排列進行。數字記號依其規則點寫。例：

① $\dfrac{\overset{1}{\cancel{5}}}{\underset{5}{\cancel{25}}} = \dfrac{1}{5}$

② $\dfrac{\cancel{(x+y)}}{\cancel{(x+y)}\,(y+z)} = \dfrac{1}{y+z}$

10.冪號與底號

(1)冪數位於基準線的上位部分，冪號 ⠘。底數位於基準線的下位部分，

底號 ⠰。基準線記號 ⠐ 表示前面的指數記號效力終止，跟在其後面

的符號或數字恢復其基準線位置或層次。冪數或底數間使用之逗號，

⠂。

(2)底數不論是文字或數字，其指數均須加冪號。文字（英文字母的底數是阿拉伯數字時，不加下位記號）。

(3)冪數的冪數 ⠘⠘ ，冪數的底數 ⠘⠰ ，冪數的底數的冪數 ⠘⠰⠘

⠿ ，底數的冪數的底數 ⠿ ⠿ ⠿ ，依此類推。例：

① $x^2 + y^2 + z^2 = r^2$

⠿ ⠿ ⠿ ⠿ ⠿ ⠿ ⠿ ⠿ ⠿ ⠿ ⠿ ⠿ ⠿ ⠿ ⠿ ⠿ ⠿ ⠿

② $(1 - sin^2x)^2 = cos^4x$

⠿ ⠿ ⠿ ⠿ ⠿ ⠿ ⠿ ⠿ ⠿ ⠿ ⠿ ⠿

⠿ ⠿ ⠿ ⠿ ⠿ ⠿ ⠿ ⠿ ⠿

③ nx_{Y_z} ⠿ ⠿ ⠿ ⠿ ⠿ ⠿ ⠿ ⠿ ⠿ ⠿ ⠿

④ $2^x < 3^x$ ⠿ ⠿ ⠿ ⠿   ⠿ ⠿ ⠿   ⠿ ⠿ ⠿ ⠿ ⠿

（＜符號 ⠿ ⠿ ，＞符號 ⠿ ⠿ ）

⑤ Na_2CO_3 ⠿ ⠿ ⠿ ⠿ ⠿ ⠿ ⠿ ⠿ ⠿

（英文字母的底數是數字時，不加下位記號）

⑥ log_2x ⠿ ⠿ ⠿ ⠿   ⠿

（文字的底數是數字，不加下位記號）

⑦ $\Sigma_0^n a_k$ ⠿ ⠿ ⠿ ⠿ ⠿ ⠿ ⠿ ⠿ ⠿ ⠿

（Σ是總合 S 的記號 ⠿ ⠿ ⠿ ，底數0是數字，不加下位記
號）

⑧ （CO_3）$_2$ ⠰⠼⠶⠦⠰⠉⠼⠕⠦⠶⠂

              （2之前是數學括號而非文字，故須加下位記號）

⑨ $\sin 30° \cos 45° + \cos 30° \sin 45°$

（點字三行）

（度數 ⠰⠲⠴ ，在基準線上位，故加冪號 ⠘ ）

⑩ $100℃ = 212℉.$

（點字兩行）

11.根號

(1)根號記號 ⠬ ，結束記號 ⠜ 。

(2)開方根時用 ⠬ ，如開立方根以上時，則加根號指數記號 ⠜⠆ 。

(3)根號的層序，由外向內數。根號的層序記號，第一層內根號 ⠐ ，第二

    層內根號 ⠐⠐ ，第三層內根號 ⠐⠐⠐ 。

⑷根號內的數字無須加數字記號，但數字之後要有結束記號。例：

① $\sqrt{3}+6$ ⠿⠿⠿⠿⠿ （＋6在根號之外）

② $\sqrt{60}ft$ ⠿⠿⠿ ⠿⠿⠿ （ft在根號之內，後接結束記號）

③ $\sqrt{x^2+y^2}$ ⠿⠿⠿⠿⠿⠿⠿⠿⠿

④ $\sqrt[m+n]{p+q}$ ⠿⠿⠿⠿⠿⠿⠿⠿⠿

（先點根號指數記號 ⠿⠿）

⑤ $3\sqrt[3]{x+y}-5$ ⠿⠿⠿⠿⠿⠿⠿⠿⠿⠿⠿

⑥ $\sqrt{x+\sqrt{x+y}+z}$ ⠿⠿⠿⠿⠿⠿⠿⠿⠿⠿⠿⠿⠿⠿⠿

（第一層內根號 ⠿）

⑦ $\sqrt{x+\sqrt{y+\sqrt{z}}}$

⠿⠿⠿⠿⠿⠿⠿⠿⠿⠿⠿⠿⠿⠿⠿⠿

（根號層序由外向內數，第一層內根號 ⠿，第二層內根號 ⠿⠿）

12.集合符號

⑴小括號（　）

前 ⠿，後 ⠿。前擴大 ⠿⠿，後擴大 ⠿⠿。例：

$$\begin{pmatrix} \dfrac{1}{A} & 0 & 0 \\[2ex] 0 & \dfrac{1}{A\sin^2\beta} & -\dfrac{\cos\beta}{A\sin^2\beta} \\[2ex] 0 & -\dfrac{\cos\beta}{A\sin^2\beta} & \dfrac{1}{C}+\dfrac{\cos^2\beta}{A\sin^2\beta} \end{pmatrix}$$

(2)中括號〔 〕

前 ⠿ ⠿ ，後 ⠿ ⠿ 。前擴大 ⠿ ⠿ ⠿ ，後擴大 ⠿ ⠿ ⠿ 。前粗體 ⠿ ⠿ ⠿ ，後粗體 ⠿ ⠿ ⠿ 。例：

①
$$\begin{bmatrix} a_{11} & a_{12} & \cdots & a_{1n} \\ a_{21} & a_{22} & \cdots & a_{2n} \\ \cdots\cdots\cdots\cdots\cdots\cdots\cdots \\ a_{n1} & a_{n2} & \cdots & a_{nn} \end{bmatrix}$$

②$y = \begin{bmatrix} x, \text{if } x \leq 0 \\ 0, \text{if } x > 0 \end{bmatrix}$

(3)大括號 ｛ ｝

前 ⠿⠿ ，後 ⠿⠿ 。前擴大 ⠿⠿⠿ ，後擴大 ⠿⠿⠿ 。例：

① $\begin{cases} 4x - y = 3 \\ 3x - y = 1 \end{cases}$

② ｛［（1＋2）÷3］＋2×5｝＝11

(4)豎線｜

單｜ ⠿ ，單擴大 ⠿⠿ ，單粗體 ⠿⠿ 。

雙‖ ⠿⠿ ，雙擴大 ⠿⠿⠿⠿ ，雙粗體 ⠿⠿⠿⠿ 。例：

① $\begin{vmatrix} 1 & 2 \\ -3 & -4 \end{vmatrix}$

（單擴大）

② ‖f‖　　　　　　　（雙豎線）

13.圖形與修飾記號

(1)角∠ ⠦⠠ ⠦⠠ 。例：

　　∠90°＋∠120°＝∠210°

（國內用法，角記號與數字間不空方；基準線 ⠆ 亦省略）

(2)弧凹面向下⌒ ⠦⠠ ⠦⠠ ，弧凹面向上⌣ ⠦⠠ ⠦⠠ 。修飾記號開始 ⠆ ，上附記號 ⠦ ，下附記號 ⠠ ，結束記號 ⠦ 。例：

　　$\widehat{AB}$　⠦⠠ ⠦⠠ ⠦⠠ ⠦⠠ ⠦⠠ ⠦⠠

(3)箭號向左← ⠦⠠ ⠦⠠ ⠦⠠ ⠦⠠ ，箭號向右（短縮型）→ ⠦⠠ ⠦⠠ ，箭號向右（標準型）⠦⠠ ⠦⠠ ⠦⠠ ⠦⠠ 。例：

　　①A→B　⠦⠠ ⠦⠠ ⠦⠠ ⠦⠠

　　②$\overrightarrow{AB}$　⠦⠠ ⠦⠠ ⠦⠠ ⠦⠠ ⠦⠠ ⠦⠠

(4)正方形 ⠦⠠ ⠦⠠ ，圓形 ⠦⠠ ⠦⠠ ，三角形 ⠦⠠ ⠦⠠ ，菱形 ⠦⠠ ⠦⠠ ，平行四邊形 ⠦⠠ ⠦⠠ ，梯形 ⠦⠠ ⠦⠠ ，長方形 ⠦⠠ ⠦⠠ ，橢圓形 ⠦⠠ ⠦⠠ ，星形 ⠦⠠ ⠦⠠ 。例：

①□＋○＝5　⠿⠿⠿⠿⠿　　⠿⠿　　⠿⠿

②$\dfrac{\triangle ABC}{\triangle EFG}$　⠿⠿⠿⠿⠿⠿⠿⠿⠿

⠿⠿⠿⠿⠿⠿⠿⠿⠿

（簡分數寫法）

（國內用法，圖形符號後面不空方）

(5)平行記號 ⠿⠿ 。例：

$L_1 /\!/ L_2$　⠿⠿⠿⠿　　⠿⠿⠿　　⠿⠿⠿

（平行記號前後空一方）

(6)不平行記號 ⠿⠿⠿ 。例：

$AB /\!\!\!/ CD$　⠿⠿⠿⠿⠿　　⠿⠿⠿⠿⠿　　⠿⠿⠿⠿⠿

(7)垂直記號 ⠿⠿ ，不垂直記號 ⠿⠿⠿ 。例：

$AB \perp L_1$　⠿⠿⠿⠿⠿⠿　　⠿⠿⠿　　⠿⠿⠿

(8)修飾記號開始 ⠿ ，上附記號 ⠿ ，下附記號 ⠿ ，結束記號 ⠿ ，橫線 ⠿ 。例：

①$\overline{X}$　⠿⠿⠿⠿⠿

②$4.5\overline{927}$　⠿⠿⠿⠿⠿⠿⠿⠿⠿⠿⠿

14.比較記號（前後均須空一方）

(1)等號 ＝ ⠿⠿⠿ 。例：

9 - 5 = ?　⠿⠿⠿⠿　　⠿⠿　　⠿

(2)全等≅ ⠿⠿⠿⠿ 。例：

　△ABC≅△DEF

　⠿⠿⠿⠿⠿⠿⠿　　⠿⠿⠿⠿

　⠿⠿⠿⠿⠿⠿⠿⠿

（國內用法，圖形後面不空方）

(3)相似～ ⠿⠿ 。例：

　△ABC～△A′B′C′

　⠿⠿⠿⠿⠿⠿⠿⠿⠿　　⠿⠿

　⠿⠿⠿⠿⠿⠿⠿⠿⠿

(4)近似值≒ ⠿⠿⠿⠿⠿⠿⠿⠿ （等號加修飾記號，上下各附

　一點）。例：

　1.27≒1.3

　⠿⠿⠿⠿⠿　　⠿⠿⠿⠿⠿⠿⠿⠿

　⠿⠿⠿⠿

(5)大於＞ ⠿⠿ ，小於＜ ⠿⠿ 。例：

　x＞y ⠿⠿　　⠿⠿⠿　　⠿

(6)比例： ⠿⠿ 。例：

　1：2＝3：6

(7)因為∵ ，所以∴ 。例：

$$\because \angle A + \angle B = 180°$$

$$\therefore \frac{1}{2}\left(\angle A + \angle B\right) = 90°$$

（國內用法，角記號後面不空方）

15.其他運算符號

(1)聯集∪ 。例：

A∪B

(2)交集∩ 。例：

A∩B

(3)或∨ 。例：

x∨y

(4)且，與 ∧ ⠈⠦ 。例：

x ∧ y ⠭ ⠈⠦ ⠽

(5)星標號 ＊ ⠔⠔ ，例：

y ＊ ⠽ ⠔⠔ ⠽

第二節　中國盲文數理化符號（中國大陸版）

中國盲文數理化符號係以馬爾堡符號爲基礎，計有1766個符號。限於篇幅，本節僅編選部分符號及範例供參考（表6－2爲數學符號，表6－3爲物理符號，表6－4爲化學符號），詳細符號及規則見中國盲文書社出版之《中國盲文數理化符號集》及華夏出版社之《中國盲文》。

壹、中國盲文數學符號

一、中國盲文數學符號表

表6－2　中國盲文數學符號

一、數字與數字符號			二、標點及其他符號		
1	2	3	逗號，	句號。	問號？
三、基本運算符號			四、絕對值與不等式符號		
加號＋	減號－	等號＝	大於＞	小於＜	絕對值
五、括號符號			六、分數與分式符號		
小括號（）	中括號〔〕	大括號｜｜	開分式	閉分式	分式線－
七、標注符號：㈠指數方向符			七、標注符號㈡：標誌方向符		
下指數	上指數	正下方指數	下方標誌	上方	正下方
八、冪與根符號			九、對數符號		
冪指數號	根指數號	根冪結束符號	任意底數 log	常用對數 lg	

十、初等幾何符號

角∠　　　　　圓○　　　　箭頭向右→

十一、三角函數符號

正弦 sin　　　餘弦 cos　　　正切 tg

十二、排列組合符號

選排列 A　　　組合 C　　　階乘！

十三、數列符號

等差數列÷　　　公差 d　　　公比 q

十四、和與總符號

和Σ　　　　下限　　　　上限

十五、複數符號

虛單位 i　　線（共軛）—　　星號＊

十六、數學分析符號

極大值 max　　極限 lim　　趨近於→

十七、高級幾何符號

向量模‖‖　　　　　叉（向量積）×

十八、特殊函數符號：雙曲、積分、橢圓

雙曲正弦 sh　　對數 li　　幅角 am

十九、距陣和行列式符號

主對角線　　　行列式　　　行分隔式

二十、集合論與一般拓撲符號

屬於∈　　不屬於∉　　包含於⊂

二十一、概率符號

對立事件　　　條件概率　　概率符號 P

二十二、數理邏輯符號

等值＝　　　等價↔　　　形式推理⊢

二十三、數論與連分式符號

同餘號≡　　　整除號　　最大公約號 D

二十四、群倫與抽象代數符號

直和號⊕　　直積號⊗　　同構號≅

二十五、圓論符號

空心點○　　右箭頭→　　斜線段／

二十六、箭頭符號

雙右箭頭⇒　下箭頭↓　左下斜↙

二十七、其他數學符號

圓內有一點⊙　　　上面帶點等號≐

二十八、計算機程序設計代碼符號	二十九、函數和變量語句
二進制 B　　八進制 O　　十六進制 H	LOG（X）求 x 的自然對數值

二、中國盲文數學點字範例

詳細規則見中國盲文書社出版之《中國盲文數理化符號集成》及華夏出版社之《中國盲文》。

例1：　$\dfrac{1}{2}+\dfrac{2}{3}+\dfrac{4}{5}=\dfrac{59}{30}$

（數號→分數的分子數→降點位寫分母數）

例2：　$\log_{100}1000=\dfrac{3}{2}$

（底數→下指數→降點位寫數；因底數是整數，可省去數號和指數結束符）

例3：　$\sin^2\alpha=\dfrac{1}{2}\left(1-\cos2\alpha\right)$

（sin→上指數→平方→α→等於→$\dfrac{1}{2}$（1－cos2α）

例4：　$\lim\limits_{x\to0}f\left(x\right)$

（極限 lim→下指數→x→趨近於→0→指數結束符→f（x）

例5： 一個四邊形對角有直線連接

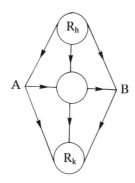

R_h 和 R_k 分別標在兩個空心點內

說明：[1]空心點→R→下指數→h→指數結束符→空心點
　　　 [2]空心點→R→下指數→h→指數結束符→空心點

貳、中國盲文物理學符號

一、中國盲文物理學符號表

表6-3 中國盲文物理學符號

類別			
一、國際制單位的基本單位和輔助單位符號	安培 A	開爾文 K	坎德拉 cd
二、國際單位中具有專門名稱的導出單位符號	牛頓 A	帕斯卡 Pa	焦耳 J
三、中國選定的非國際制單位符號	天 d	度°	分貝 dB
四、用於構成十進倍數和分數單位的詞頭符號（含單位）	M 兆 10^6	c	厘 10^{-2}
五、空間、時間的量和單位符號	平面角 α	立體角 Ω	程長 s
六、周期及有關現象的量和單位符號	周期 T	頻率 f	角波數 K
七、力學的量和單位符號	質量 m	力矩 M	功率 P
八、熱學的量和單位符號	攝氏溫度 t	熱容 C	內能 U
九、電學、磁學的量和單位符號	電流 I	電荷量 Q	電能量 W
十、光及有關電磁輻射的量和單位符號	輻射能 W	輻射能密度 w	曝光亮 H

十一、 聲學的量和
單位符號

聲壓 p　　　　　　聲強度 I　　　　　力質量 M

十二、 物理化學、
分子物理學
的量和單位
符號

物質的量 n　　　　熱擴散比 K_T　　　離子強度 I

十三、 原子物理
學、核物理
學的量和單
位

質子數　　　　　　中子數 N　　　　　核本徑

十四、 核反應、電
離輻射的量
和單位符號

反應能 Q　　　　　照射量 x　　　　　線能量 y

十五、 固體物理學
的量和單位
符號

布喇格角 θ　　　　功函數　　　　　居里溫度 T_C

十六、 無量網參數表符
號：①動量傳遞、
②熱量傳遞、③雙
組分混合物中的質
量傳遞、④物性常
數

馬赫數 $M_a = \dfrac{v}{C}$

十七、電路符號

導線（水平）　　　導線（垂直）　　　元器件符號

接線柱 ⌀　　　　　電容器 ⊣⊢　　　　線圈 ⌇⌇⌇

二、中國盲文物理學符號範例

例1：J = N‧M

（一焦耳等於一牛頓乘以一米）

例2：由三個電阻組成的串並聯電路

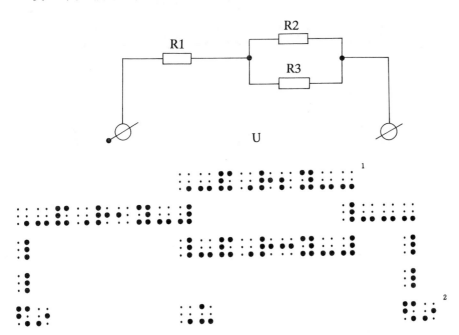

說明：[1]導線→元器件→R[2]→元器件→導線

　　　[2]接線柱→U→接線柱

例3：由電阻、電容、電感組成的振盪電路

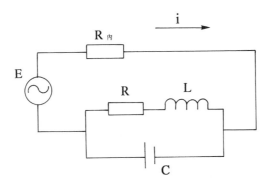

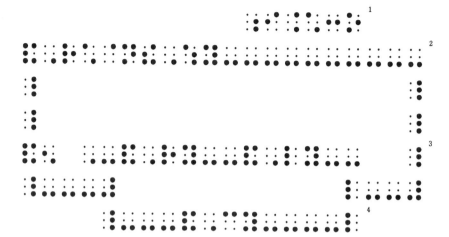

說明：¹i→正下方指數→箭頭向右

²元器件 R→下指數→文字號→內→指數結束→元器件→導線

³理想電源→導線→元器件 R 元器件→導線→線圈 L→導線

⁴導線→元器件→電容器 C→元器件→導線

參、中國盲文化學符號

一、中國盲文化學符號表

表6-4　中國盲文化學符號

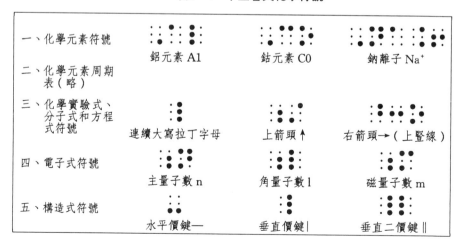

二、中國盲文化學符號範例

例1：硫酸鋁　$Al_2(SO_4)_3$

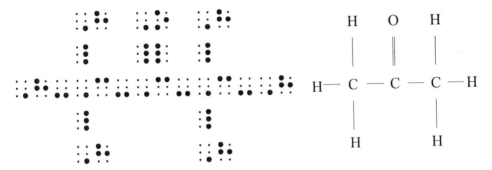

例2：丙酮分子的構造式

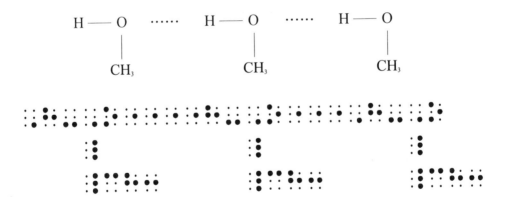

例3：甲醇分子因氫鍵而締合

例4：石灰石和鹽酸的反應過程

$$CaCO_3 + 2HCl = CaCl_2 + H_2CO_3$$

$$\longrightarrow H_2O + CO_2 \uparrow$$

例5：氯化鈉的電子式 $Na^+ [\ :\overset{..}{\underset{..}{C}}|\ :\ ]^-$

資料來源：改編自滕傳民、李傳洪主編：中國盲文，1996，96－317頁。
＊經中國盲協和華夏出版社同意。

第七章
音樂點字記號

第一節 音樂點字記號規則

（遵照教育部盲人點字研究小組音樂點字記號會議之規定編寫，統一採音符式系列記號）

壹、音符

1.全音符及16分音符 。♪

2.二分音符及32分音符 ♩ ♪

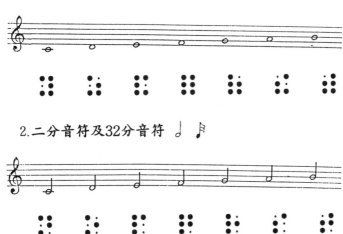

3.四分音符及64分音符

4.八分音符及128分音符

貳、休止符

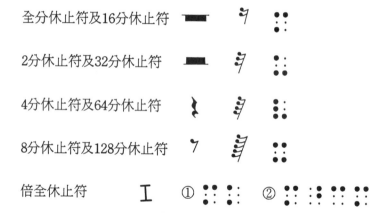

全分休止符及16分休止符

2分休止符及32分休止符

4分休止符及64分休止符

8分休止符及128分休止符

倍全休止符 ① ②

說明：

(1)休止符記號與前一音符連接點寫。

(2)兩小節（兩個全分休止符）連續點寫時，點寫為

參、音層記號

說明：

(1)音層記號點在音符之前。

(2)旋律順音階上、下行時，除曲始第一個音符需點寫音層記號，其餘各音符前，音層記號均可省略。

(3)同音層音程的距離超過六度（包括）以上，須再點寫音層記號。

(4)不同音層音程的距離超過四度（包括）以上，須再點寫音層記號。

(5)凡是換行、換段、換頁、或易誤認的音，在音符前須重新點寫音層記號。

(6)音符前附加術語時，術語後第一個音符須加音層記號。

肆、附點與複附點

1.附點

將一個音符由原來的實際音質延長二分之一。例：

四分音符為一拍時，附點四分音符為一拍半。

2.複附號

將一個已加附點的音符，由第一個附點所延長出來的二分之一音質再延長二分之一。例：

四分音符為一拍時，複附點四分音符為一又四分之三拍。

伍、變位與調號

1.變位（臨時）記號

(1)升記號♯：將某個音由原來的音高升高半音。例：

升C

(2)重升記號 × ⠠⠡⠠⠡ ：將某個音由原來已升高半音的音再升高半音。例：

重升 D ⠨⠡⠨⠡⠿

(3)降記號　♭　⠣ ：將某個音由原來的音高降低半音。例：

降 E ⠣⠋

(4)重降記號　♭♭　⠣⠣ ：將某個已降低半音的音再降低半音。例：

重降 F ⠠⠣⠠⠣⠛

(5)還原記號　♮　⠡ ：又稱本位記號，將某個已變位（升高或降低半音）

的音高回復本位。例：

G 還原 ⠡⠛

2.調號

(1)將若干升、降和還原記號，附予樂曲開頭之前，或一樂段開頭，即爲調號。

(2)某樂曲在中途轉換其他調號時，須將該調號點寫在轉調樂段之前。例：

(3)各種調號，係依一個固定音高的大音階而定（除 C 調音階不必附加任何升降記號外）。調號名稱與位置示例：

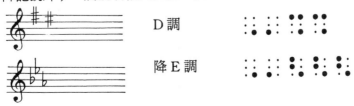

D 調　⠩⠩⠩

降 E 調　⠣⠣⠣⠣

B 調

陸、節拍記號

1.表示樂曲節拍的記號，稱之為拍號。

2.強弱拍子的音表示方法：

(1)強拍—音符後點寫 ⠲ 。

(2)中強拍—音符後點寫 ⠆ 。

(3)弱拍—音符後點寫 ⠒ 。

3.節拍記號點法示例：

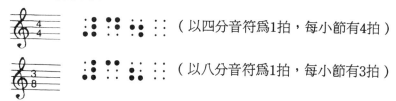

（以四分音符為1拍，每小節有4拍）

（以八分音符為1拍，每小節有3拍）

柒、其他音樂點字記號

歌譜記號　歌詞記號　小節線（空方）　短滑線　三連音　樂曲完結號

雙縱線　　　小節反覆 或

（ ⠶ 為音符式反覆記號的記法，⠶ 為音程式反覆記號的記法。依教育部音樂點字會議決議，此後採音符式記法）

第二節　音樂點字範例

壹、一部譜詞

太陽出來了

施斯　詞

左仲　曲

公雞啼，　小鳥叫，　太陽出來　了。

太　陽　當空照，　對我微微　笑。

他笑我，　年紀小，　又笑我，　志氣高。

年紀小　，　志氣高，　將來做個　大英　豪。

歌譜：

說明：

(1)標題（歌名）空四方。

(2)詞、曲作者，空十七方。

(3)譜開始空二方；譜開始點譜號 ⠶⠶ 點。

(4)不同音層音程的距離超過四度（包括）以上，須重新點寫音層記號；換行時，在行頭須重新點寫音層記號。

(5)詞開始空二方；詞開始點詞號 ⠒⠂ 點。

貳、二部合唱

太湖船

（二部合唱）

稍快板

中國民歌
劉德義和聲

山青 水明 幽靜靜，　　　　湖心 飄來 風一陣，
行啊行 啊！進呀 進！

行啊行！行啊行！　進呀進呀進呀進！　　黃 昏 時 候人 行少，
行 啊行 啊！進呀 進！

半空 月影 水面搖，　　　行啊行！行啊行！　進呀進呀進呀進！

歌譜：

說明：

(1)標題（歌名）空四方。　　(2)二部合唱，空四方。

(3)詞、曲作者，空十七方。　(4)速度，空四方。

(5) 表示第一部。　　(6) 表示第二部。

(7) 表示譜號。　　(8) 表示延長記號（或暫停記號）。

(9)每一行譜的前面，均須加點音層記號。

(10) 表示換氣記號（本譜省略）。

歌譜：

說明：

(1) 表示詞號。

(2)詞號後面標上第幾段，後面空一方。例如：

　　第二段歌詞 。

參、二部合唱（加表情記號）

懷 古

（二部合唱）

中板　　　　　　　　　　　　　　　　　　　　　　　伊令眉　詞

mf　　　　　　　　　　　　　　　　　　　　　　　　陳田鶴　曲

懷古，懷古，我們的歷史是

這樣光榮，（一代又一代新的創

造，）一代又一代新的文明。

懷古，懷古，我們的先驅是

這樣英雄，我們要續完歷史的工

程，莫盡在紀念碑前作夢。

歌譜：

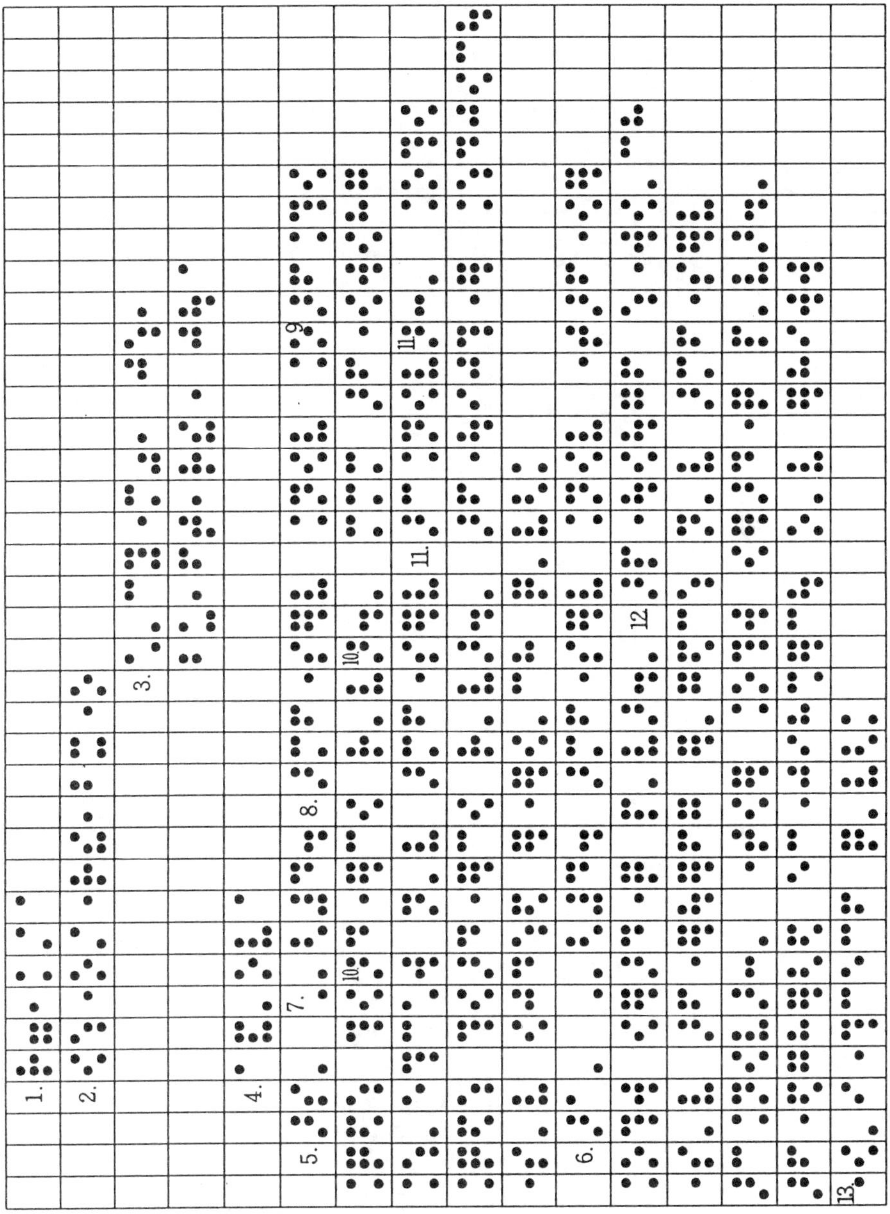

歌詞：

1.

歌譜說明：

(1)歌名，空四方。

(2)二部合唱，空四方。

(3)詞、曲，空十七方。

(4)速度，空四方。

(5) ⠿⠿⠿ 表示第一部。

(6) ⠿⠿⠿ 表示第二部。

(7) ⠿⠿ 表示譜號。

(8)mf 為 ⠿⠿⠿ ＋音程。

(9)f 為 ⠿⠿ ＋音程。

(10)＞為（漸弱）開始 ⠿⠿ ＋音程＋譜＋ ⠿⠿⠿ 結束。

(11)＜為（漸強）開始 ⠿⠿ ＋音程＋譜＋ ⠿⠿⠿ 結束。

(12)P 為 ⠿⠿⠿ 。

(13)每一行譜開始均須點寫音層記號。

歌詞說明：

(1)只有一段歌詞時，詞號 ⠿⠿ 後即接歌詞，不空方。

本篇參考書目

● 中文部分 ●

毛連塭（1973）：視覺障礙兒童混合教育之理論與實際。台南：台灣省視覺障礙兒童混合教育計畫師資訓練班。

毛連塭等（1991）：視覺障礙學生升學輔導與安置措施之研究。台北：教育部教育研究委員會。

王亦榮（1995）：台灣區視障教育之發展與現況分析。台南師院學報，28期，509－531。

日本文部省（1965）：點字樂譜之解說。

古萬喜、劉佑星（1992）：國民中小學數學點字記號彙編。教育部盲人點字研究小組數學組。台南：國立台南師範學院視障師訓班。

沈雲裳（1987）：盲文教學指南。上海：中國少年兒童出版社。

余月霞（1984）：音樂點字記號彙編。盲人點字研究叢書第四輯。台南：省立台南師院視覺障礙兒童混合教育師資訓練班。

李正（1988）：中國殘疾人手冊。地震出版社。

何華國（1986）：特殊兒童心理與教育。台北：五南圖書出版公司。

何東昌（1988）：全國特殊教育工作會議講稿。

吳武典（1992）：第二次全國特殊兒童普查結果綜合報告。第二十次教育部特殊教育委員會報告。

杞昭安（1991）：台灣地區未來（八十年至八十五年度）師範院校特殊教育師資需求推估研究。彰化師範大學特殊教育學報，6期，113－146。

沈家英、陳雲英、彭霞夫（1993）：視覺障礙兒童的心理與教育。北京：華夏出版社。

林孟宗（1989）：特殊教育名人略傳。台北：國立台灣師範大學特殊教育中心。

林寶山（1991）：特殊教育名人傳。台北：五南圖書出版公司。

林寶山（1992）：特殊教育導論。台北：五南圖書出版公司。

柳斌（1988）：全國特殊教育工作會議閉幕式講稿。

郭為藩（1984）：特殊兒童心理與教育。台北：文景出版社。

教育部（1994）：點字樂符精解。台北：教育部盲人點字研究小組音樂點字組。

柯金源（1993）：點字出版之過去現在與未來：電腦在台灣對盲胞革命性之影響。
　　載於台中啟明叢書之九：視障教育專輯，43－58。台中縣：台中啟明學校。

徐白崙、胡建中（1987）：送你一把金鑰匙。上海：盲童學校盲文出版社。

徐白崙（1996）：視障兒童隨班就讀教學指導。北京：華夏出版社。

徐白崙（1996）：低視生隨班就讀初探。北京：華夏出版社。

袁東（2000）：目盲的古漢語意義。寧波市教育學會特殊教育分會2000年學術研討
　　會交流論文。

張訓誥（1988）：我國視障教育的回顧與展望。載於中華民國特殊教育學會編印，
　　我國特殊教育的回顧與展望，27－46。

張訓誥（1976）：台灣盲童教育之革新。盲人教育叢書第十一輯。台南：師訓班。

張自（1985）：淺談視障學生回歸主流。特殊教育季刊，17期，22－24頁。

張遐齡（1983）：點字簡介。載於台中啟明叢書之四：視障教育專輯，150－152。
　　台中縣：台中啟明學校。

陳文雄（1973）：英文點字。教育部盲人點字研究小組。台南：台灣省視覺障礙兒
　　童混合教育計劃師資訓練班。

黃乃（1992）：漢語雙拼盲文方案之介紹。大陸和港台的點字學術交流會。

黃乃（1999）：建設有中國特色的漢語盲文。北京：中國社會出版社。

黃順金（1993）：新世紀中文點字系統之研究。載於台中啟明叢書之九——視障教
　　育專輯，21－41。台中縣：台中啟明學校。

國務院（1988）：中國殘疾人事業五年工作綱要。

陳雲英（1988）：對中國未來特殊教育的展望，國際特殊教育學術會議論文集（北
　　京）。

陳雲英、華國棟（1998）：特殊兒童的隨班就讀試驗。北京：教育科學出版社。

湯韻輝（1980）：湯氏點字彙編。載於台中啟明叢書之一：視障教育問題專輯，82
　　－84。台中縣：台中啟明學校。

滕傳民、李傳洪主編（1996）：中國盲文。北京：華夏出版社。

葉立群、朴永馨（1995）：特殊教育學。福州：福建教育出版社。

萬明美、李乙明（2000）：大專校院輔導身心障礙學生工作報告。彰化：國立彰化

師範大學。

萬明美、張素禎（1993）：改進與發展啓明學校教育之研究。特殊教育學報，8期，143－146。彰化：國立彰化師範大學特殊教育系所。

萬明美（1993）；大專有聲圖書教材製作專案成果報告。彰化：國立彰化師範大學特殊教育系所。

劉岩華（1997）：盲校在隨班就讀工作中的地位與作用。載於北京盲校教育論文選編。北京：北京市盲人學校。

鄧樸方（1988）；團結奮鬥開創殘疾人事業的新局面，中國人殘疾人聯合會第一次全國代表大會文件彙編。

• 英文部分 •

Abel, G. L.（1959）. *Concerning the education of blind children*. New York, N. Y.：American Foundation for the Blind.

A.P.H.（1974）. *English braile – American edition*, 1959；Reindal 1962, 1974. Louisville：American Printing House for the Blind.

A.P.H.（1965）. *Code of braille textbook formats and techniques*. Louisville：American Printing House for the Blind.

A.P.H.（1981）. *The Nemeth bruille code for mathematics and science notation 1972 revision*. Louisville：American Printing House for the Blind.

Best, A.B.（1992）. *Teaching children with visual impairment*. Philadelphia：Open University Press.

Bischoff. R.（1978）. The lesat restrictive educational program：the residential school. *Education of the Visually Handicapped*. winter, 106 – 108.

DeMario, N.C., & Lian, M.J.（2000）. Teachers' perceptions of need for and competency in transcribing braille materials in the Nemeth Code. *Journal of Visual Impairment & Blindness*, 94, 7 – 14.

Hannnen, K. A.（1982）. *The horizons of blindness*. Michigan：Blindness Publications.

Harley, R. et al.（1987）. *Communication skills for visually impaired learners*. Illinois：Charles C Thomas.

Illingworth, W.H. (1910) . *History of the education of the blind* . London：Sampson Low.Marston and Company, Ltd.

Jones, J. W. (1 9 6 9) . *The visually handicapped child at home and school* . Washington, D.C.：U. S. Department of Health, Education and Welfare.

Kirk, S., & Lord, F. (1972) . *Exceptional children* . Boston：Houghton Mifflin Company.

Kirk, S., & Gallagher, J. (1 9 8 3) . *Educating exceptional Children* . Boston：Houghton Mifflin.

Koestler, F. (1976) . *The unseen minorily：A social History of blindness in the United States* . New York：David McKay Co.

Krebs,B.M. (1964) . *Transcribers' guide to English braille* . New York, N.Y.：Jewish Guild for the Blind.

Krebs, B. M. (1968) . *Braille in brief* . Louisille：American Printing House for the Blind.

Krolick, B. (1 9 7 5) . *How to read braille music* . Illinois：Stipes Publishing Company.

Lowenfeld,B. et al. (1969) . *Blind children learn to read* . Illinois：Charles C Thomas.

Lowenfeld.B. (1975) . *The changting status of the blind* . Springfield,3：Charles C Thomes.

Lowenfeld, B. (1981) . *Berthold Lowenfeld on blindness and blind people* . New York. N. Y.：American Foundation for the Blind.Inc.

Mack, C. (1984) . How useful is braille？ Reports of blind adults. *Journal of Visual Impairment & Blindness, 78* (7) , 311－313.

McIntire, J. (1985) . The future role of residential schools for visually impaired stodents. *Journal of Visual Impairment & Blindness* . April,161－163.

Moore, M. W. (1972) . *Braille transcription for teachers* . Pennsylvania：Department of Special Education and Rehabilitation.School of Education, University of Prittsburg.

Roberts, F. (1986) . Education for the visually handicapped：Asocial and educational history, In School (Ed.) . *Foundations of elucation for blind and visually handicapped children and youth* . New York.N.Y. : American Foundation for the Blind.Inc.

O'brien R. (1973) . The integrated resource room for visually impaired children. New Outlook, 363 – 368.

Roberts,F. (1986) . Education for the visually handicapped : A social and educational history. In G. Scholl (Ed.) , *Foundation of Education for Blind and Visually Handicapped Children and Youth* . New York, N.Y. : American Foundation for the Blind.

Scholl. G. T. (1986) . *Foundations of education for blind and visually handicapped children and youth* . New York : American Foundation for the Blind.

Schwartz.H. (1956) . Samual Gridley How. Cambridge. Mass. : Harvard University Press.

Spanner. H. V. (1 9 5 6) . *Revised international mannual of braille music notation : American edition* . Louisville : American Printing House for the Blind.

Spungin, S. (1977) . Competency – based curriculum for teachers of the visually handuapped : A national study, New York : American Foundation for the Blind.

Spungin,S. (1982) . The future role of residential schools for visually handicapped children. *Journal of Visual Imperirment & Blindness.76* (6) ,229 – 233.

Xu. B., He.J., & Yang,C. (1992) . *Integrated education for visually impaired children in China* . Early Childhood Comference. Bangkok, Thailand.

第參篇

定向與行動

第八章
定向與行動理論

第一節　定向與行動的意義

壹、定義

1.**定向**（Orientation）

能在任何特定時刻，利用個人存有的各種感官，去了解個人在環境中的位置。

2.**行動**（Mobility）

能輕易移動之能力。

3.**定向與行動**（Orientation and mobility；簡稱O&M）

教導視覺障礙者行走的概念與技能，使其在任何環境及各種情境狀況下均能安全、有效且優雅地行走（Jacobson，1993；Jacobson & Bradley，1997）。

貳、淵源

正式的O&M課程始於第二次世界大戰之後，因應盲退伍軍人復健技能

訓練之需求，美國陸軍在四所醫院設立復健課程。公元1929年美國田納西州嚮導犬訓練學校（The Seeing Eye）首先提供盲人有系統的O&M訓練課程（Whitstock, 1980）。1940s，眼科醫師兼復健計畫負責人胡佛（Richard E. Hoover），為賓州霍洛村陸軍醫院（Valley Forge Army Hospital）中因第二次世界大戰戰役而失明的退伍軍人研發一套利用手杖步行（Foot travel）的訓練計畫，稱為胡佛技能（The Hoover Techniques）。胡佛的訓練方法及手杖技巧於1950s被伊利諾州漢斯退伍軍人醫院（Hines Veteran's Hospital）的退伍軍人試用並加以改良（Hill, 1986）

1960s初期美國波斯頓學院和西密西根大學開始為後天失明的成人盲者儲訓O&M指導員，課程內容包括感覺訓練活動和正式的定向與行動技能。1960s晚期，其他大學漸將師資培訓重點由成人盲者擴充為視障兒童，而概念發展亦成為O&M統整課程內容的一部分（Blasch, Wiener, & Welsh, 1997）

至1970s，提供低視者O&M服務成為眾所關注的焦點；功能的遠距視力之診斷與訓練，以及低視輔助器之使用成為O&M專家的重要課題，在此之前低視者通常是矇眼罩接受O&M訓練。1970s晚期至1980s，學前視障兒童和多重障礙者的O&M服務漸受重視。1980s晚期至1990s，年老盲者基於經濟、健康、社會等因素，對O&M服務亦有強烈的需求（Straw et al., 1991）。

1990s晚期至2000年，除O&M課程外，復健教學（Rehabilitation teaching）課程漸受重視，學習所缺損的技能，包括使用適合的設備和方法重新學習職業和日常生活技能。所培育的專業人員和教師包括復健諮商員（Rehabilitation counselor），提供諮商與輔導，協調就業安置，追蹤和就業後的服務，並發展和完成個別化復健計畫（Individualized written rehabilitation programs；IWRPs）。復健教師（Rehabilitation teacher），則是教導補救和適應技能，促使視障者能獨立而有功能地生活。

有關O&M專家的州證照（State license），全盲和視覺損害者教育與復健協會（AER；The Association for Education and Rehabilitation of the Blind and Visual Impaired）首度於1986年國際會議中提出討論。至1990s，各州對

提供 O&M 服務者的資格均有所規定，例如須取得 AER 所頒發的 O&M 專家執照（License）或具有州視障類教師證書（Certificate）且修畢大學 O&M 訓練課程者，或取得 AAWB（The American Association of Workers for the Bind）所頒發的證書，以確保 O&M 的服務品質（Hill et al., 1994；Sardegna & Paul, 1991）。

　　根據我國特殊教育相關專業人員及助理人員遴用辦法（教育部，1999）第二條，定向行動專業人員屬特殊教育相關專業人員。第五條對於政府未辦理專業證照或考試之特殊教育相關專業人員，得聘用下列人員之一擔任：(1)國內外大學校院該專業本學系、所畢業後，曾任該專業工作一年以上者。(2)國內外大學校院該專業相關系、所畢業，且於修畢該專業課程三百六十小時後，曾任該專業工作一年以上者。

　　我國定向行動師資一向由師範校院特教系培育。學校系統外的定向行動人員（如盲人重建院的指導員），並無類似美國 AER 等專業協會可頒發定向行動專家執照。台灣盲人重建院曾協同國立台南師範學院（由教育部主辦）於1994年與1995年暑期邀請美國西密西根大學李亞俊博士（Dr. James A. Leja）來台為我國定向行動教師舉辦十週的定向行動研習，成績合格者由台南師院發給結業證書與學分證書。早期美國海外盲人基金會遠東區辦事處主任 Dr. S. E. Bourgeault 亦曾於1969年協助台灣省教育廳為「台灣省盲生就讀國校計畫師資訓練班」規劃定向與行動訓練課程，培訓不少優秀的視障輔導員，繼續推動定向與行動工作。此外，中華視覺障礙教育學會於2000年接受台北市政府社會局及勞工局委辦定向行動師資培訓班。由於國情不同，日後我國在發展定向與行動訓練課程時，除擷取歐美日等先進國家的理論基礎外，在實務應用方面應朝向本土化，以切合我國獨特的交通狀況及障礙環境。

參、價值

　　Hill（1986）認為 O&M 教學有下列五層面的價值：

1.心理的（Psychological）

O&M 可增進個人積極的自我概念（Self concept）。一個人在各種環境均能有效且獨立地移動，不僅提升自我尊重（Self－esteem），亦有助於自信心（Self－confidence）的增長。

2.身體的（Physical）

因 O&M 涉及在空間活動，故身體在活動過程中得以充分運動。在整個 O&M 的訓練過程中，大肌肉運動（如走路）與精細動作技能（如使用手杖）均持續被教導和增強。

3.社交的（Social）

個人若具備良好的 O&M 技能，即能創造較廣泛的社交機會；反之，若未具備良好的 O&M 技能，則其社交際遇將受到限制。

4.經濟的（Economic）

良好的 O&M 技能有助於個人的經濟展望：一方面因行動自如而可創造較有利的工作機會；另一方面能以步行或搭乘公共運輸系統取代計程車，將可節省可觀的交通費用。

5.日常生活技能（Daily living skills）

無數日常生活的活動有賴於 O&M 技能，例如購物時須藉由 O&M 技能以找尋商店的位置；其他如尋找失落物和掃地等日常生活的活動均須運用 O&M 教學中的系統尋找模式。

第二節　感覺訓練（Sensory Training）

定向和感官能力的發展有助於視障者獨立行走。感覺訓練包括七種主要感官知覺——視覺、觸覺、聽覺、本體感受器系統和前庭系統、嗅覺和味覺

之訓練，綜合如下：（ Guth & Rieser , 1997 ；Jacobson , 1993 , 1997 ；
LaDuke , 1995 ；Lydon & McGraw , 1973 ；Rosen , 1997 ）。

壹、視覺訓練

一、視力低下對定向行動的影響

　　視力正常的人只需一瞥，即可判斷周圍180度大小、遠近的事物。可觀
察到事物間自我與物體（ Self－to－object ）及物體和物體（ Object to
object ）之間的空間關係。視力低下對定向行動有不同功能的含義（ Guth &
Rieser , 1997 ）：

1.視野缺損的範圍影響對外界物體形狀的觀察

　　例如許多視障者周邊視野缺損，僅留有狹窄的中心視野，如管狀視力
（ Tunnel vision ）的視野窄縮至殘留2至20度的中心視野（ 伸直握拳約5°）。
反之，有些視障者中心視野缺損，向前看時僅有一點點視野，但卻有正常的
周邊視野；或有些缺損是分散在整個視野。能看到寬廣的視野有助於在即時
的情境中察覺大物體的形狀（ 如建築物 ）和察覺物體和物體的關係（ Millar ,
1994 ）。而狹窄視野者要完成相同的任務則需對環境逐一掃描再作統整；即
使是鑑定熟悉的建築物仍可能冗長費時，因一次只能看到建築物的一小部
分。

2.視覺敏銳度是觀察物體細微內部的能力

　　視覺敏銳度有賴於視覺對比（ Visual contrast ）。較小的細節在高對比情
境中較低對比情境中較易看清楚。對比感受度和視覺敏銳度相關但並不相
當。經常有些年老者或視障者，在高對比的情境下診斷有接近正常的視覺敏
銳度，但在昏暗或其他低對比情境下行走則視覺功能像是盲者。

二、視覺功能評估（ Assessing functional vision ）與視覺訓練

　　視覺是高層次的知覺，較聽覺及觸覺更能發揮遠距離的功效。其實多數

視障者（除醫學盲外）都存留有一些可用的殘餘視覺，程度差距很大，有的僅存光覺或物體知覺；有的視覺敏銳度正常但視野缺損。定向行動指導員須先診斷視障者的視覺功能，再依個別狀況實施視覺訓練。

1.視覺凝視（Visual fixation）

讓視障者在不同的距離注視目標物，測其移動視線固視目標物的速度及能力。

2.辨認物體（Identifying objects）

讓視障者在不熟悉的情境中，依指示固視目標物，測其是否能依目標物的尺寸、形狀、顏色、位置及先前的視覺經驗辨認出物體。

3.視覺追蹤（Visual tracking）

讓視障者循著室內的路線，辨認沿線的物體；或讓視障者站在室外，注視移動的目標（例如路過的行人、汽車），並指出其移動的位置。

4.視野測定（Assessing visual field）

讓視障者坐在體育館內，以單眼固視前方目標物（另一眼遮蓋住）。指導員在不同的距離自右側（然後自左側）走進視障者的視野範圍內。在視障者能看清指導員的位置，放置一個標誌物。再以同樣的程序測量另一眼，如此可大略評估視障者兩眼的視野功能。

三、配置低視輔助器（Low vision aids）以提高視覺的功能使用

1.非光學低視輔助器（Nonoptical low vision aids）

係指不需低視專家處方的輔助器材，例如太陽眼鏡、遮陽帽舌、輔助燈光等。

2.光學低視輔助器（Optical low vision aids）

係指需低視專家處方的光學儀器，例如眼鏡、視野擴大稜鏡、看遠距離物離的單眼望遠鏡（Monocular telescope）、看小字體的放大鏡等。這些輔助器雖可直接在儀器行或照相機商店採購，但仍應先經過低視專家（例如眼科醫師、驗光師）的檢查與處方，以配置最符合個別需求的輔助器。

貳、觸覺訓練

一、以觸覺探索周圍事物

1.觸覺涉及皮膚的感覺如壓力、振動、溫度、痛的感覺，可用來發現即時環境的特性。

2.觸覺亦涉及物體相對位置和移動的偵測，例如操作和探索路邊的一個冷的金屬物體，以手指和手偵測物體的相對位置，即可判斷該物體是郵筒，而不是停車計費錶。這種涉及皮膚深層的神經末稍組織（包括肌肉、筋鍵、關節等本體感受器 Proprioception）的特性，即為運動知覺（Kinesthesis）。手杖可讓盲行人延伸超過其手臂的觸覺，而察覺質地、坡度、上傾路面、障礙物的位置和範圍、道路的開口等，是有用的知覺工具。

3.經由觸知覺（Tactile perception），視障兒童對外界事物產生可靠且恆久的最初印象。明眼兒童在出生第一年即可理解物體恆久性（Object constancy）——「物體即使不能被看見，它依然存在」；視障兒童學到相同的原理——「物體即使不能被觸及，它依然存在」（Scholl, 1986）。

二、觸覺訓練的內容

觸覺訓練主要在指導視障兒童探索物體的形狀、大小及空間位置，並能以手或足部加以辨別：

1.結構（Textures）

(1)能辨別物體的粗細、軟硬、冷熱。

(2)能辨別草地、水泥地、柏油路、碎石路、毛氈、地毯、瓷磚、砂及泥土等步行道表面。

(3)能辨別絲、棉、毛、人造纖維等質料。

2.尺寸（Size）

(1)能比較不同的重量，例如輕重。

(2)能比較不同的形狀，例如圓形、方形、矩形、三角形、及平日常接觸的物體形狀。

(3)能比較物體的長度及寬度。

(4)能比較物體的相對尺寸，例如那一個物體最小。

3.物體辨認（Object identification）

(1)能辨認日常生活常接觸的物體、錢幣。

(2)能辨認並比較縮小的模型（非功能性的形式），例如能辨認娃娃屋的玩具洗物槽，再與真實的洗物槽作比較。

4.關係（Relationships）

(1)能辨認物體的相似性，例如相同體重或長度。

(2)能辨認物體的相似和差別，例如形狀相同但重量不同。

5.溫度（Temperature）

(1)能從空氣的感覺中辨認氣候狀況的改變，例如下雨前、下雨後、高濕度等。

(2)能辨別陽光與陰影。

(3)能利用陽光、風、氣流對皮膚產生的冷熱感覺以判定方位和方向。

參、聽覺訓練

一、聽覺訓練的內容

倘若視障兒童僅依賴觸知覺來認識環境，她的知識廣度和範圍將受到侷限。因此她必須學習辨認和定位環繞她四周的聲音，以延伸身體範圍外的知識領域。

1.聲音辨認（Sound discrimination）

(1)聽覺敏銳度（Auditory acuity）：能接受並區別不同的聲音。
(2)聽覺追蹤（Auditory tracking）：能辨別聲音的方向，並將聲音移動的軌跡予以視覺化（Visualziation），形成心理影像或心理地圖。
(3)聽覺記憶（Auditory memory）：能辨識並將過去的聽覺經驗再生，例如重述聽到的電話號碼。

2.聲音定位（Sound localization）

(1)能確認聲音的定點，例如掉落物的落地點。
(2)能判定移動聲音的方向及距離。聲音到達兩耳的時間和聲音的強度，因聲源的位置而有所差異，此為判斷聲源方向很重要的線索。
(3)能聽音定向，例如利用車聲的方向（單行道）而辨認出街道（杭州南路）。
(4)能判別音影（Sound shadows），即利用聲音部分被遮蔽，以定位聲源和自己之間的物體，如公車亭。

3.回聲定位（Echolocation）

視障者在行走時經常自製一些聲響（例如彈指頭、拍手、重力踏步等），藉著環境中所產生的回聲以判定障礙物的存在（例如牆面）及了解周圍物體的空間關係。當耳朵接收到兩道快速傳回的音波，第一道音波遇到障礙物所產生的回音掩蓋過第二道音波，即可感覺所謂的音影（Sound shadows）。這種學習得來的能力，過去被認為是盲人的第六感，後來被稱為是顏面視覺（Facial vision），現在則被正名為回聲定位（Echolocation）。技術精湛的視障者可藉回聲定位而提升行走的品質與效率，例如當她進入走廊時，毋須以手背循牆面追跡即可聽辨走廊的交叉處；她能區別另一邊門是敞開或關閉；甚至她能走入房間，朝前、後、左、右方彈指頭，藉發出聲響的回音（或無回音）而判斷房間的大約尺寸和形狀。

Echolocation 能協助視障者避免大的障礙物，和定位沿牆的開口或其他表面（在碰觸之前）。

以往學者（Kohler，1964；Bassett & Eastmond，1964；Arias，1993）認為回聲定位是頻率（Frequency）和強度（Intensity）的差異結果。目前的研究（Carlson－Smith & Wiener，1996）進而指出，回聲定位可能是基於反射聲音在強度和頻率極小量的差異。低頻聲音線索對於回聲定位尤其重要；而高頻聲音線索（10,000－12,000Hz）雖然有用，但不是必要的。由於從隨機環境的噪音、腳步聲、長杖敲擊聲所得到的聽覺線索都是複雜的聲音（例如：包含許多不同的頻率），其中即可能有一些有用的聽覺線索存在，甚至對那些有聽力損失者亦能有幫助。一般而言，盲者同時也是雙耳聾者的，人數很少，多數盲者的聽力正常，他們的敏銳度即足夠在低頻偵測到有關障礙物和出口的小頻率和強度改變。

二、發展 O&M 的聽覺技能

(一)在自然情境中訓練

聽覺訓練最初且最廣泛使用的方法是在自然情境──實際的經驗伴隨立即回饋是最有效改進聽覺功能的方法。Wiener（1993）提供一系列的聽覺訓練練習，藉以增進視障學生的技能並增強其自信。

1.聲音定位（Sound localization）

⑴在一大房間內練習聲音定位。讓學生站在房間的中間，而指導者繞著學生走動，在不同的位置鼓掌，要學生指出指導員移動的位置。

(2)用錢幣定位或用有聲音的球玩遊戲，以練習聲音定位。

2.室內聲音鑑定和區別（Indoor sound identification and discrimination）

(1)練習室內聲音鑑定：讓學生穿過建築物內，要他鑑定各種聲音，例如電話聲響、開門、人們走路、人們打電腦或彈鋼琴的鍵盤聲、電梯門打開等聲音。

(2)練習決定房間的特性：讓學生和指導員走經過可聽到聲音的房間（沒隔音設施）或斷音材質的房間（厚窗簾、軟沙發、厚地毯等），要學生聽環境吸收材質的聲音而辨別房間的特性。

(3)練習解析室內的聲音：創造日常活動的聲音，例如撥電話聲、開和關抽屜、打開書、移動東西、開燈，讓學生逐一鑑定。

(4)練習物體的鑑定：用長杖敲擊很多平常的物體，敲出聲音，要學生鑑定這些物體。

3.室內回聲定位（Indoor echolocation）

(1)讓學生坐著，將板子帶近他的面前，要學生鑑定板子的呈現。

(2)讓學生在行走的路途上，走向定位板或其他表面，以練習使用回聲定位。

(3)練習使用回聲定位在屋內行走：鑑定打開的門口、走道終端的走廊交界及牆面。

4.室外探測（outdoor sensorium）

(1)練習室外聲音鑑定和定位：讓學生穿過住家的鄰近，要他鑑定行人（人聲、腳步聲）、汽車（引擎、刹車聲）、環境聲音（樹上滴水、風吹動聲）和其他發出聲物體，藉以作街道的定位。若物體本身不發聲，可經由人類探索行動而出聲，如草和碎石和混凝土，可藉由腳步聲或手杖敲擊、滑動而辨別。而水、油、穀類可藉由倒入容器的聲音來辨別。安全而優雅的行走需確定即時環境的位置或事物的位置和表面（Guth & Rieser, 1997）。

⑵在一個小商業區，帶學生散步，讓學生定位和鑑定公車、卡車、
　車、機車、人們進入車、車由綠燈啓動聲、車慢下來和其他典型的聲
　音。

⑶練習利用音影來定位聲源和學生之間的物體，例如桿柱、公車亭、沿
　街或轉角的停放車等。

⑷練習聲音追跡（Sound tracking）：讓指導員移走到各種路面，要學生
　追蹤並指出其移動。

⑸練習車聲追跡：要學生以心理追蹤移動車輛的路面，當汽車開經過交
　叉路口，能追蹤並指出其移動。

⑹練習和交通對齊：讓學生以心理追蹤車輛的道路，並調整和改變位
　置，讓臉的位置是和行走交通平行。

⑺練習利用室外回聲定位：帶學生沿一條街走，讓他鑑別出靠近人行道
　和巷子或建在建築線凹處的建築物。盲生和低視生皆需要訓練，問題
　是低視生是否要用眼罩？經驗顯示最好不要，而取代的是教學生如何
　交互使用聽力和殘餘視力。只有當視力干擾或當持續性視力退化時，
　用眼罩才有幫助。

㈡以錄製的聲音訓練

使用多軌錄音機錄製聲音，亦可用來訓練和改進聽覺技能。

1.優點

⑴提供環境的聲音而不用擔心交通和其他危險情境。

⑵允許對訓練情境的環境聲音有較好的控制。不是隨機經驗，而是循有
　計畫、促進學習的原則。

⑶能重複聽和學習。

⑷可用來補充實際街道行動訓練之不足。

2.限制

⑴用錄音帶替代實際環境聲音，剝奪學生在實際行動中使用線索的必要

經驗。

⑵諸如前後定位的問題，似乎被預錄的錄音帶所隱藏。經過訓練的學生表示，他們可輕易區別來自左方對右方的聲音，但無法決定是否有聲音源自前方或後方。在實際聽的情境，可藉由頭部稍微移動，改變兩耳間的差異以獲得正確的定向（因為雙耳聲音定位有賴於聲音到達兩耳的時間、強度、振幅和光譜的差異）。在錄音帶的情境使用耳機，轉頭並不能改變兩耳的信號，而無法解決定位問題。有些學生依賴較多的頭部移動以定位聲音，也因而較難在錄音帶上定位。

為了預備讓學生能獨立行走，O&M 指導員必須實際了解每位學生的聽覺功能，確保除了社會、醫學、眼科等資料外，每位學生的檔案還必須包括有效的聽力資料。對於聽力有缺損的視障學生，應由醫師配置助聽器，以提高其聽覺功能。

肆、本體感受器系統和前庭系統

一、本體感受器系統（Proprioceptive sensory system）

1.本體感受的接受器位於身體的肌肉、肌鍵和關節，它們提供各時刻身體靜態位置的察覺（身體在空間的位置之察覺）。連續的本體感受輸入提供移動的察覺（Rosen，1997）。

2.在非障礙兒童，本體感受的發展開始於嬰兒期，且經由移動經驗和視覺回饋的組合而發生。在一天內，家人和照顧者反覆移動孩子的身體，被動刺激本體感受器系統和以照明刺激視覺系統是類似的（Barraga，1986）。當嬰兒自發地移動他們的末端和軀幹，這進一步刺激肌肉的接受系統（在肌肉、肌鍵和關節），提供額外的互動在接觸和移動之間（Schiff & Foulke，1982），此外嬰兒還可有興趣地觀察每一身體移動。盲童缺乏視覺回饋的機會，無法使此系統精細化，故無法充分發展移動技能，直接影響行動能力。例如執行手臂上防技能（Upperhand and forearm technique）時，可能有困難讓手肘彎到120度。亦有可能在執行節奏手杖法（Touch technique）時有困難保持一致的和中心的弧形曲線（Arc）。此外，未能區別手腕是向後或向前

微彎或中立的，這對孩子也很難自我監控其手杖技能。更由於盲童缺乏身體活動的機會，進一步限制其本體感受發展的途徑。研究比較盲者與明眼者的本體感受能力，發現視障者在本體感受的精確度較為不足（Toole，McColskey，& Rider，1984）。

　　3.本體感受能力在其他的動作功能領域亦扮演重要的角色。它提供身體察覺的一個基礎，進而發展側面（Laterality）、方向（Dir-ectionality）和空間知覺（Spatial awareness），它也是觸知覺（Haptic perception）的主要因素。觸知覺是能由大小、形狀和感覺區別物體的能力，它是由觸覺的（Tactile）和本體感受的（Proprioceptive）輸入之統合，且是盲人區別和操作環境中物體的方法。

　　4.O&M指導員要協助視障者發展明眼人經由視覺學習和模仿學到的感覺動作技能（如姿勢、步態）：以運動知覺和視觸覺塑造來指示技能，鼓勵其作有意義的移動，並執行動作技能。

二、前庭系統（Vestibular system）

　　1.前庭系統位於內耳，除可感覺聲音的器官（蝸牛）外，還有司平衡作用的三半規管，裡面有液體隨著身體的運動，可感應到頭部的傾斜或移動，因此可以察覺到頭部在空間的位置和移動。耳朵不僅有聽覺功能而已，耳朵內的三半規管可將訊息傳至腦部，幫助人體保持平衡。

　　2.一般孩子經由動作活動（Motor activities）學習到有效運用前庭的感官資訊，並提供機會讓他們將前庭的輸入資訊與視覺的、本體感受的、及觸覺的感官輸入資訊相配合。視障兒童因缺乏這種機會可能無法完全發展使用前庭資訊的能力，對孩童期和成年期的發展皆有影響（Rosen，1997）。研究顯示，孩子若未學會使用前庭輸入，會導致後續的遲緩，包括需身體兩側協調之大肌肉動作活動、以單腳或在平衡桿之平衡動作、眼手協調、精細動作等（Pyfer，1988）。這些孩子亦可能顯現較差的肌肉緊張度，遲緩的姿勢反應和行動（Jan，Freeman，& Scott，1977；Jan，Robinson，Scott，& Kinnis，1975），及至成年，亦可能導致行動發展、職業和生活自理技能之遲緩（Pyfer，1988）。

3.提供適合各年齡階段的前庭經驗（例如搖擺、盪鞦韆、旋轉木馬等），將有助於兒童發展前庭功能，積極影響其肌肉緊張度、大肌肉動作技能、精細動作技能、協調、神經反射和反應等，乃至成人行動的發展、職業和自理技能的正常發展等。

伍、嗅覺與味覺

一、嗅覺（Olfactory）

1.嗅覺對定向的作用

嗅覺對於在環境中定位極有幫助，校園內特殊的氣味如教室內的粉灰、木頭、油漆，實驗室、家政室、醫務室、餐廳、體育館、游泳池等均有其獨特的氣味。校園外的自助餐廳、麵包店、醫院、披薩店、魚販店、洗衣店、理髮店、鞋店等所散發出的氣味，均是最佳的定向陸標與線索。

2.嗅覺訓練的內容

(1)能察覺氣味、異味和香味（例如：聞到一股臭味）。
(2)能分辨不同的氣味（例如：是瓦斯的臭味）。
(3)能辨認氣味的來源及地點（例如：是廚房瓦斯筒漏氣）。

二、味覺（Tastes）

有關味覺的訓練，仍應先以嗅覺辨認食物的性質，輔以觸覺、視覺檢驗食物的新鮮度，用以指尖沾微量成份送由舌尖品嚐。若能培養多重感官的敏感度，當可避免誤食腐壞或有毒性的食物。

其他有用的知覺輸入來源，包括風的感覺（例如透過身體頭髮、衣物的移動，可測知風向而判定所面臨的方向）；溫度改變的感覺（例如經過敞開門的冷氣車、經過蔭涼處等）；陽光的照射（例如由陽光照在頭、臉和肩膀的熱感，可判斷太陽方位）等。

第三節　感覺動作的發展與功能

壹、運動知覺（Kinesthetic awareness）

　　1.個體藉由肌肉及關節的活動而察覺出身體的位置與動向，例如偏向、轉彎、上下坡等知覺能力，即為運動知覺。

　　2.運動知覺（Kinesthesia）常用來描述移動的察覺。實際上運動知覺是觸覺、本體感受器系統、和前庭系統輸入的交互，而提供身體在空間移動的察覺。

　　3.本體感受器和運動知覺對視障者的移動扮演很重要的角色。因為所有移動都操作在回饋系統，視覺的或是本體感受的，而後者是提供盲者鑑定和精確協調移動唯一的途徑（Rosen，1997）。

　　4.透過對運動知覺的基本名辭之了解，O&M 指導員較能精確的分析行動和其他動作技能的表現，包括彎曲、伸展、背彎向上、背彎向下、手臂外展、手臂內收、內轉、外轉、反掌（手掌前後內轉）、反掌（手掌上下內轉）、尺骨偏向（腕部彎向小指方向）、橈骨偏向（腕部彎向大拇指方向）、倒轉（足轉向中線）、外翻（足轉離中線）、平行外展（從先前彎的位置向外展）、平行內展（從先前彎的位置內收）、循環外展（由臂/腿/頭到組合之循環動作）等。

貳、感覺動作功能（Sensorimotor function）

一、感覺動作統合（Sensorimotor integration）

　　感覺動作技能是日常生活功能的基礎，對 O&M 尤其重要，感覺動作統合包括感覺輸入和動作輸出，形成感覺回饋環。

㈠感官察覺（感覺輸入）

　　人腦有七種主要的感官察覺（Sensory awareness）——視覺、觸覺、聽

覺、本體感受器系統、前庭系統、嗅覺和味覺。前五種在感覺動作發展和功能扮演很特殊的角色：視覺讓孩子透過視覺模仿而學習到動作技能；觸覺、聽覺、本體感受器系統協助孩子對自我環境形成概念；視覺協同前庭及本體感受器系統，提供回饋機制，藉此讓孩子在日常功能中發展、自我監控、改善和整合動作技能。

(二)移動（動作輸出）

1.移動（Movement）是人體骨骼、神經（中樞神經 CNS 和周邊神經 PNS）和肌肉系統（有彈性的組織，含隨意肌和不隨意肌）之互賴。

2.移動是我們在日常生活中隨時都在進行的動作，從刷牙到過街道。對兒童而言，移動同時也是自然的學習媒介，藉此，孩子探索環境，並學習如何與環境互動。

(三)感覺回饋環（Sensory feedback loop）

1.感覺動作統合係由感覺輸入和動作輸出形成感覺回饋環。感覺輸入包括視覺、聽覺、觸覺、本體感受的和前庭的功能。動作輸出包括肌肉緊張度和各種複雜的動作反射（原始及非自願反應）和反應（成熟的動作反應）。感覺輸入和動作輸出的整合，決定一個人執行某項任務的身體效率。若感覺動作系統發展遲緩，亦可能會影響知覺認知領域（Perceptual cognitive area）之發展速度（Scholl, 1986）。

2.感覺回饋環如圖8-1：

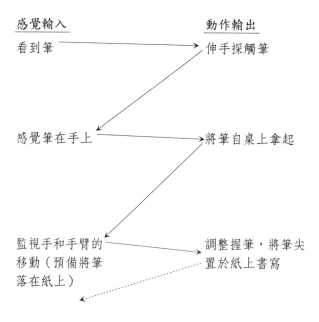

圖8-1　感覺回饋環

資料來源：Reprinted, by permission of the publisher, from the American Foundation for the Blind, *Foundations of orientation and mobility*（Rosen, 1997, p.172）.

＊經美國 AFB Press 同意。

二、動作能力的層級（Hierarchy of motor abilities）

　　1.感覺動作功能的建構基礎，係由肌肉緊張度（Muscle tone）、感官察覺（Sensory awareness）和協調（Coordination）所組成，這些要素形成日常生活及行動所涉及的大動作技能和精細動作技能之基礎。動作能力的階層如圖8-2，每一階層的動作功能都是基於先前技能的最佳發展，即適當的基本建構。

　　2.所謂肌肉緊張度是指動作的「移動預備度」（Readiness for movement）。神經系統持續送出低量的神經衝動到肌肉，保持它們處於一種基本程度的緊張度。當移動發生時，腦只需傳送一些額外的衝動給肌肉，讓它們收縮（太衝動將產生強烈的收縮）。很多先天盲者有高度肌肉緊張度的

問題，或是不正常的低度肌肉緊張度。

　　3.本體感受能力在肌肉緊張度（Muscle tone）和平衡（Balance）扮演很重要的角色，用以發展和保持良好的姿勢。先天盲童的研究已發現盲童在軀體知覺、肌肉緊張度、協調、姿態和步態及平衡皆有困難，這些都需要本體感受的知覺，才能達到較適宜的發展。

　　4.有效的活動計畫，可促進孩子感覺動作的發展，其關鍵包括主動移動、移動品質、掌握發展時機、將技能整合入日常生活、讓父母和家人參與計畫。

　　5.主動移動（Active movement），是自發的，而非被動的移動，對發展動作技能是不可缺少的。唯有經由主動的移動，孩子才能發展良好的肌肉緊張度、前庭察覺和協調。有些 O&M 專家建議讓視障孩童使用變通的行動輔具，以減少恐懼、憂慮、擔心，使孩子感覺移動是有保障的。

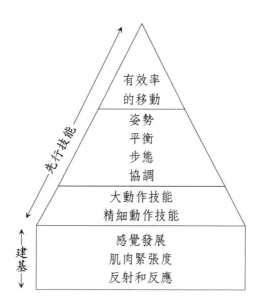

圖8－2　動作能力的階層

資料來源：Reprinted, by permission of the publisher, from the American Foundation for the
　　　　　Blind, *Foundations of orientation and mobility*（Rosen，1997）。
＊經美國 AFB Press 同意。

6.移動的品質很重要，高階動作技能的建立，有賴於低階技能的穩固基礎，如圖8-2。首先要多鼓勵孩子爬行；沒有爬行經驗的孩子可能會有困難發展軀幹旋轉，此為成熟、有效步態不可缺少的因素，進而影響往後的行動。同樣已在走路，但尚未達步伐平穩的孩子，可練習適合其年齡的動作技能，併入軀幹旋轉，例如攀爬或跳舞，可改進孩子的步伐模式和增加軀幹知覺及協調。

參、影響視障兒童動作發展的因素

㈠視覺損害本身並不會阻礙身體的成長與發展，實際上嬰兒期最初幾個月，視障兒童學習頭部控制、直坐、翻滾等動作，與一般嬰兒並無顯著差異（Warren，1984）；但往後幾個月，當孩子開始由靜止狀態移轉成動態的行動技能時，視障兒童較同齡兒童就明顯落後了（Fraiberg，1977）。相關因素是因動作發展（Motor development）包含移動和定向兩要素：視障兒童不能輕易地偵測自己的移動，因此移動肢體時便無法理解可能發生的狀況；不能清楚地觀察別人的動作，因此沒有模仿的對象；缺乏清楚的視覺，因此無法對周邊環境形成的心理地圖，故產生定向的問題；對環境的不確定感，使他對移動缺乏信心；挫敗和創傷的摸索經驗使上述困難更為惡化，因而失去移動的動機；只憑聽覺很難使遠方之物吸引他移動抓取；因此視障兒童在動作發展方面明顯落後。Reynell（1978）研究發現，視障兒童動作發展的遲滯始於6-8個月，持續於學前階段，至五歲，他的視障樣本平均均較明眼兒童落後十二個月。Warren（1977）認為視覺障礙者對空間位置和空間關係的知覺較差，這些身體和環境的特性造成視障者，尤其是先天盲者，不良的姿勢和特殊的行走姿勢。

Scholl（1986）將影響視障者動作發展之相關因素歸納如下：

1.視覺損害的特性（Characteristics of the visual impairment）：

⑴造成視覺損害的原因可能亦是造成動作遲緩的原因，例如腦傷或腦性麻痺。

⑵失明時期是很重要的因素，據 Griffin（1980）研究發現，出生即盲將使早期動作技能之獲取較為遲緩。Garry and Ascarelli（1960）則發現

先天盲童傾向俯伏的姿勢以獲得較大的安全感和穩定性，長久的俯伏會延誤其行走。失明時期的年齡愈大，愈可能經由視覺管道學得基本動作技能，在技能發展上就較少有障礙。

(3)視障程度，即視覺敏銳度是另一個因素。殘餘視覺越多，越能利用視覺管道學習，則越能發展動作技能；即使僅剩有限的視覺，亦能利用來觀察他人動作而成為模仿學習；全盲者則有較多的限制。

2.缺乏視覺刺激（Lack of visual stimulation）：一般嬰兒透過視覺追蹤，會激發其移動抓取物體的動機；缺乏視覺刺激，嬰兒探索的誘因被剝奪，動作技能的獲取便較為遲緩，特別是軀體的運用、手眼協調、大肌肉發展、及精細動作協調等。一般嬰兒接受刺激後，會抬頭欣賞外界事物；視障嬰兒較難經由抬頭觀察而發展頭、頸、軀幹肌肉的控制與協調。缺乏一般經由爬行、撿拾玩具等經驗所發展出的肌肉協調能力、動機、與信心，視障幼兒在「走路」上就顯得遲緩或戒慎恐懼。

3.缺乏模仿學習（Lack of imitative learning）：早期的學習通常是經由模仿，尤其是視覺模仿而習得（Mills, 1983）。任何程度的視覺損害都可能對此學習模式造成限制，及至青少年期，在遊戲或其他身體活動等精巧技能都有相當大的困難。人們終其一生的學習大多經由觀察和模仿成人及同儕的行為，視覺障礙者缺乏模仿學習的機會，在身體技能上的發展便受到較大的限制。

4.環境的因素（Environmental factors）：環境和社會心理因素往往會阻礙視障兒童的身體成長與發展。許多家長基於安全理由，對視障兒童的行為加以設限或過度保護，致缺少動作活動的機會，及長將影響其獨走技能之學習，加深其生活的依賴性（Scholl, 1986, pp.73 - 74）。

㈡Rosen（1997）指出，盲童因失去視覺模仿的機會，在環境中自發探索和移動明顯減少。這種身體活動的缺乏，會使後來的動作技能（如走路和精細動作協調）延緩。進一步，此延緩是很關鍵的，因為伸手觸及、爬行、行走是幼兒和環境互動的方法，且此動作活動的大部分是形成認知（Thompson, 1993）和知覺發展（Bushnell & Boudream, 1993）的基礎，因此，盲童動作技能的遲緩會轉而影響其認知和知覺的發展。

肆、習癖動作

㈠由於缺乏身體活動的機會，視覺障礙兒童往往會耽迷於挖揉眼睛、搖擺軀幹等反覆的自我刺激動作（Self-stimulation）或固定不變的活動，即所謂「常同反覆行為」（Stereotypic behaviors）；或稱「習癖動作」（Mannerisms）（Tait, 1972）。當這些習癖動作是由盲人表現出來，即被稱為「盲行為」（Blindisms）（Blasch, 1978）。雖然這種行為在一般人或其他有缺陷的人都可觀察到，但比較同年齡的孩童，視障兒童出現的比率較高（Sandler, 1963）。推測可能產生習癖動作的原因包括：

1. 缺乏充分的知覺刺激，而以自己的身體取得刺激和活動（Burlingham, 1967；Cutsforth, 1951）。當外在刺激不足時，孩童藉此方法獲得感覺刺激（Knight, 1972；Scott, 1962；Warren, 1984）。出生盲童常見的搖擺軀幹、轉頭、擦揉眼睛、拍掌等習癖動作，與前庭、本體感受器，視覺系統（至少含有觸覺成份）等感覺動作發展有關（Rosen, 1997）。

2. 行動和活動受限制，僅能在身體可觸及的範圍中尋求刺激，滿足身體活動的需求，由此，身體本身構成刺激環境的極大部分（Guess, 1966；Smith et al., 1969；Tait, 1972）。

3. 早期發展階段缺乏視覺回饋確實會導致習癖動作，但並非唯一的因素；長期被隔離，缺乏與他人互動的機會，因社會刺激的特別缺損或環境和社交的剝奪才是產生習癖動作的主因（Berkson, 1973）。

4. 家長對視障兒童的管教態度過份保護或蓄意隔離，使孩子喪失學習的經驗與機會，因缺乏社會刺激而產生習癖動作（Hoshmand, 1975）。不良的親子交互關係亦會使盲童產生類似自閉症的行為問題，所引起的習癖動作常因家長處理不當而形成次級增強（Ferster, 1966）。

5. 缺乏視覺模仿能力，不能學習到為社會所接納的行為模式，亦不知自我矯正不當行為（Smith et al., 1969）。

6. 是一種變通的適應模式，當視障兒童在發展的過渡期或變遷期若發生適應或學習困難，往往會由環境退回而陷於孤立，因而產生習癖動作（Smith et al., 1969）。

　　7.是學習得來的行為，Blasch（1978）認為習癖動作雖起源於缺乏充分的刺激或是生理機轉的反應；然而延續的原因則是學習得來的行為。Higenbottom and Chow（1975）認為孩子在成長的過程中所受到增強，例如電動搖籃、搖擺木馬、搖抱哄睡的方式等，會使孩子產生並增強前後搖擺的習癖動作。而這種習癖動作會因父母的關注方式，例如口頭糾正、觸摸制止、取代活動等而受到次級增強。

　　8.因試圖提供感覺輸入而增加的肌肉緊張度（Lewis，1978；Montogmery，1981）。盲童最常見的搖擺軀幹、轉頭、擦揉眼睛、拍掌等習癖動作，與前庭、本體感受器、視觸、觸覺等感覺動作發展有關聯（Rosen，1997）。

　　㈡Troester，Brambring，& Beelmann（1991）以問卷調查學前視障兒童的父母得知，較易呈現習癖動作的情境為無聊時，激動時、需求時、飲食時。不同情境所呈現的習癖動作類別不盡相同。Eichel（1979）歸納習癖動作的矯正方法如下：(1)行為改變技術（懲罰、正增強等）；(2)過度矯正或反向矯正法（Overcorrection method；Autism reversal）；(3)早期經驗的再刺激；(4)取代活動；(5)鬆弛法；(6)精神療法；(7)矯正手術；(8)隨時提醒；(9)加強軀體形象（身體結構與動作）的感覺；(10)加強心理表像。

　　㈢Scholl（1986）建議教師和家長應先研判孩子產生習癖動作之主因，然後才能改善環境以減輕症狀。有效的預防措施是讓孩子對周邊的情境產生興趣，維持頻繁的身體活動，儘可能四處移動。Rosen（1997）建議，無論是提供額外的感覺刺激或提供任何矯正方法，應先了解引起個別孩子習癖動作的模式和原因。

　　筆者（萬明美，1982）曾以台灣三所啟明學校的視障學生320人為調查對象（低視生155人，盲生165人，視多障學生90人），調查其習癖動作的狀況，調查結果如下：

　　1.27％的低視生，42％的盲生，75％的視多障學生具有習癖動作，視力狀況（視障程度）及障礙狀況（伴隨其他障礙）確實與習癖動作有密切的關聯存在，此現象與 Strain（1978）的研究發現「重度障礙和多重障礙的孩子較易呈現習癖動作」，及 Chikami et al.（1976）的發現「伴隨智能不足的

視障者較易呈現習癖動作」很類似。

2.習癖動作的型態,以身體部位來區分,依次爲臉部、頭部、手部及腳部;若以動作類別來區分,依次爲傾頭、挖眼睛、搖頭、按揉眼睛、搖擺軀幹、點頭及流涎。

3.較易呈現習癖動作的情境,依次爲獨處或無所事事時、課堂上或厭煩學習時;較少呈現習癖動作的情境,依次爲遊戲或康樂活動時、專注於有興趣的工作時、及飲食進餐時。

4.較易呈現習癖動作的情緒,依次爲興奮、不耐煩、挫折、焦慮、及憤怒;較少呈現習癖動作的情緒,依次爲痛苦、悲傷、及專注興趣。

5.較易呈現習癖動作的姿勢,依次爲坐姿、站姿、及行走;較少呈現習癖動作的姿勢,依次爲仰伏、側伏及蹲姿。

6.習癖動作的方向以「前後向」及「垂直方向」較多;以旋轉及水平方向較少。

7.習癖動作的頻率(平均每三分鐘的動作次數),以低於10次以下者爲最多;其次是高於50次以上者,以30－40次之間者爲最少。

8.習癖動作的強度,以中度爲最多;其次爲微弱;以強烈爲最少。

9.習癖動作的期間,以偶發爲最多;其次是間歇產生,以持續不斷爲最少。

10.個性內向的視障者最易呈現習癖動作;反社會適應行爲的視障者較少呈現習癖動作。

11.習癖動作極少是先天伴隨;多數是後天養成。

12.教師所採取的方法,以取代活動爲最多;其次爲懲罰、及隨時提醒。

基於以上的發現與結論,筆者提出下列建議供教育及輔導人員參考:

1.重視親職教育

親子間的交互關係與家長的管教態度對視障兒童的習癖動作有決定性的影響力。啓明學校的學生以住校生居多,幼小的年紀得同時承受失明與離家的淒苦。啓明學校的教職員工雖擔起看顧孩子課業的和生活起居的重責,但很難替代父母的角色功能;今後啓明學校應重視親職教育,加強學校與家庭

的聯繫工作，使孩子在健全和諧的心境中發展良好的行為。

2.充實休閒生活

個性內向的孩子在獨處或無所事事時最易呈現習癖動作。啟明學校的孩子較偏向靜態的活動，例如玩樂器、聽收音機、聽錄音帶、閒聊、下棋、閱讀點字書籍等，然而有些孩子（尤其是重度或視多障兒童）卻不知如何排遣漫長的閒暇時光，心靈無所寄託，精神顯得怠倦、散漫、封閉、自怨自艾，甚至轉向自我刺激而呈現習癖動作。在盲童早期給予知覺動作的遊戲是很重要的，因為充分的刺激可幫助孩子正常發展並給予他在過渡期所需要的活動機轉。滿足孩子軀幹和全身活動的需要，或提供孩子有興趣的取代活動，確實可轉移目標而停止習癖動作（Burlingham, 1965）。因此若能指導孩子充實休閒活動，必有助於重建其自信與自尊，發展新的自我形象，預防或減少習癖動作的產生。

3.實施個別化教學

視障學生在課堂上或厭煩學習時較易呈現習癖動作。啟明學校雖採小班制，但學生個別間的視力狀況、智力程度、及障礙程度皆有很懸殊的差異，教師很難兼顧各個學生的學習需要；因此有些學生不免會因學業或生活適應困難而頓生挫折、不耐煩、焦慮、厭煩學習等情緒，進而轉向自我刺激而呈現習癖動作。因此，啟明學校應針對每一位盲生、低視學生、視多障學生擬訂「個別化教育計畫」，以實現「因材施教及適應個別差異」的教育理想。

4.實驗各種矯正方法

啟明學校教師對習癖動作所採取的矯正方法通常是取代活動、懲罰、及隨時提醒。而據國外的研究報告，反向矯正或過度矯正法對諸如搖頭、拍手、咬手或咬東西等問題行為有其效果（Foxx and Azrin, 1973）；若將「反向矯正法」與「行為改變技術」合併使用，更可減輕自我刺激行為及自傷行為（Measel and Alfieri, 1976）。究竟何種矯正方法最有效且持久，有待學者專家及教師們進一步的實驗與比較。

伍、姿勢、平衡與步態

感覺動作發展的下一階段,有一些特定的動作領域,包括姿勢、平衡、步態,在行動(Mobility)中扮演主要的角色。

保持良好的姿勢與正確的步態可促進整體動作技能的平衡與協調,使行走路線不偏離。視覺障礙者在環境移動時常因不安、害怕而產生不良的姿勢,例如頭部向前低垂、頭部傾斜、彎肩、駝背、腰背向後傾斜、凸腹、骨盤傾斜等,進而影響一個人的步態(Jacobson,1993)。正常的步態可分為離趾期、遊腳期、接踵期及立腳期四期;當配合手杖行走時,手杖輕叩地面時兩腳分別是離趾期與接踵期,手杖擺動弧時兩腳則分別是遊腳期與立腳期。視覺障礙者(尤其盲童)常為試探地面而忽略離趾期或接踵期,故缺乏明顯的腳期,呈現拖曳或踏步般的步態,呆板而不自然(劉信雄,1981)。不良的姿勢與步態往往會干擾有效、安全、獨立的行動能力,亦會影響外表美觀,故應及早矯正(DiFrancesco Aust,1980)。良好的姿勢與步態通常須經由視覺模仿學習;視覺障礙者看不見示範,故須以個別指導的方式提供觸覺回饋課程(Jacobson,1993)。

一、姿勢(Posture)

圖8-3為先天盲童和成人常見的偏差姿勢。

二、平衡(Balance)

1.平衡有兩種類型:(1)靜態的平衡(Static balance),用來保持靜止的姿勢,例如坐或站。(2)動態的平衡(Dynamic balance),用在移動當中,例如當走路或跑步時。動態平衡是若干感官和動作功能統合的結果,包括前庭、本體感受的、視覺輸入的、肌肉緊張度和神經平衡反應。研究顯示先天視障者的動力平衡有障礙,且伴有腳趾朝外和寬腳距等不良步態。某些肢障者,甚至聽障者,亦有動力平衡的障礙(Periera,1990;Rosen,1989)。

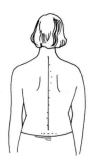

(1) 腰椎前凸
　　（lumber lordosis）
(2) 臀部過度彎曲
　　（excess hip flexion）

(3)駝背
（dorsal kyphosis）

(4)脊柱側彎
（scoliosis）

(5)頭下垂傾斜
（head hanging down）
(6)削肩
　（rounded shoulders）
(7)軀幹往後傾斜
　（back lean of the trunk）

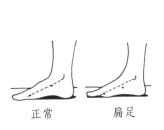

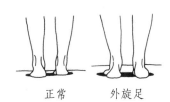

正常　　　扁足

(8)扁足；平底足
（pes planus; flat feet ）

(9)膝蓋過份彎曲或
　向後延伸
（knee hyperextension）

正常　　　外旋足

(10)足踝向外轉，把身
　　體重量置於腳背
（foot eversion）

圖8−3　常見的偏差姿勢

資料來源：Reprinted, by permission of the publisher, from the American Foundation for the Blind, *Foundations of orientation and mobility*（Welsh and Blasch, 1980, p. 67；Rosen, 1997, p.187）。

＊經美國 AFB Press 同意。

2.研究顯示，老人的動力平衡有障礙，無論是否視障，或其他障礙。研究進一步顯示，老人的動力平衡障礙和前庭、視覺、本體感受的統合能力及較差的肌肉反應有關。對老人而言，視覺扮演很重要的角色。若老人的視覺敏銳度和對比敏銳度有缺損，就較難保持平衡，而較易跌倒和骨折（Pyykko，Jantti，& Aalto，1990）。為減低老人跌倒的可能性，提供行動技能訓練、消除居家障礙、維持良好照明皆是很重要的。

三、步態（Gait）

1.步態是行走的儀態。典型的，在早期生活中無功能視覺者，其空間步態形式未完全發展，而是停滯在不成熟的程度（如同明眼嬰兒蹣跚行走）。

2.不成熟的步態對行動有負面的影響。有些研究證據指出，當速度減少及腳趾朝外（Out－toeing）發生時，會增加直線行走偏移的傾向。其他如過寬的步法（Wide stride width）等不成熟步態，亦會減少行走的耐久性（推論可能是低效率的動作表現需要耗費較高的精力）。

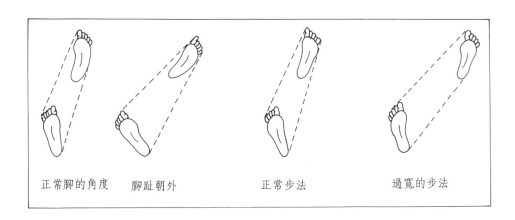

正常腳的角度　　腳趾朝外　　　　　正常步法　　　　過寬的步法

圖8－4　不成熟的步態

資料來源：Reprinted，by permission of the publisher，from the American Foundation for the Blind，*Foundations of orientation and mobility*（Rosen，1997，p.192）.

＊經美國 AFB Press 同意。

第四節 概念的發展（Concept Development）

壹、明眼兒童概念的發展

概念發展是一個人學習了解不同物體的特性及其相互關係，及與環境的關係（Jacobson, 1993）。概念形成的過程通常是刺激（Stimulus）→知覺（Perceive）→同化（Assimilate）及評估（Evaluate）→更多刺激（Stimuli）→經驗（Experience）→概念形成（Concept）。

Zweibelson（1967）認為明眼兒童概念的形成經由三種層次的學習過程——具體層次（Concrete level）、功能層次（Functional level）和抽象層次（Abstract level）。一般而言，明眼兒童於出生四至六週時即開始運用視覺探索四周環境，直至成年多以視覺為主要感官。明眼兒童利用視覺可觀察遠處物體，並可獲得整體的概念。經由對物體的探索與操作，明眼兒童較盲童早獲得物體恆久概念。

貳、盲童概念發展的障礙

Lydon and McGraw（1973）進而指出，盲童因缺乏視覺途徑，僅能由部分去探索整體，無法認識物體的整體性（Wholeness）。觸覺和聽覺是盲童主要的學習途徑；但以觸覺操作物體很難察覺物體實質上的深度（Depth）、錯綜性（Intricacy）或全體性（Totality），且一旦物體在盲童觸及範圍之外，物體即不存在；同樣，無意義或來源不明的聲音，對盲童而言亦是來去無影蹤，因此盲童需有較長的時間以發展對物體恆久的概念。此時盲童對物體的知覺仍停留在「具體層次」，直至年齡增長，物體的經驗與熟悉度增加，漸能與「功能層次」相連結，但對「抽象層次」的概念仍有相當大的限制與困難。

參、視障兒童應學習的定向概念

定向（Orientation）涉及知覺和認知的過程，Hill and Ponder（1970）及

Rieser，Gruth，& Hill（1982）提出學習空間定向過程的三項要素：(1)我位於何處？個人須先了解其目前在空間的位置（Updating）；(2)何處是我的目標（Layout knowledge）？可利用尋找模式以確定物體與物體的關係，例如周邊法（Perimeter method）、格柵法（Gridline method）和格子模式（Grid pattern），如圖8－5；(3)我如何抵達該處（Spatial concepts and systems）？

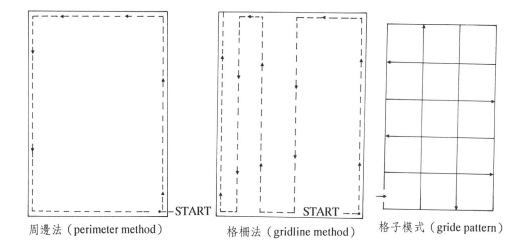

周邊法（perimeter method）　　格柵法（gridline method）　　格子模式（gride pattern）

圖8－5　系統的尋找模式（Systematic search pattern）

資料來源：Reprinted，by permission of the publisher，from the American Foundation for the Blind，*Foundations of education for blind and visually handicapped children and youth*（Hill，1986，p.326）.

＊經美國 AFB Press 同意。

一、與定向有關的概念

與定向有關的概念很廣泛，茲綜合如下（Hill & Blasch，1980；Jacobson，1993；Long & Hill，1997；Lydon & McGraw，1973）：

(一)身體形象（body image）的概念

身體形象係指個人對於身體各部位及其功能的認識，以及各部位在個人

空間環境的關係之知覺。

　1.Gratty（1968）將身體形象分成五類：

　⑴身體之各面（Body planes）：了解個人與身體各面的相關位置，如側
　　面、前面及後面；

　⑵身體之部位（Body parts）：認識身體各部位的名稱、位置及功能，
　　如手、腿、上下臂等；

　⑶身體之活動（Body movement）：軀幹及四肢的活動，包括大肌肉活
　　動及身體各部關節的活動，如走路、跑步、跳踏、抓握等；

　⑷左右側面之概念（Laterality）：除認識身體的左右部位外，尚能分辨
　　左右方之側面感覺；

　⑸方向之認識（Directionality）：了解自己身體左右、前後、上下之方
　　位；了解自己與物體移動的方位關係；了解環境中物體間的方位關
　　係。

　2.Jacobson（1993）認為身體形象可能包括不隨意的（Involuntary），
如夢、幻覺；或隨意的（Voluntary），如記憶、想像、對環境的知覺、日常
生活經驗、問題解決、預測未來、對環境的安全感等。隨意的身體形象有助
於個人對空間定向的理解。

　3.Long and Hill（1997）認為認識身體各部位對身體形象概念很重要，
有助於空間概念的認識。視障孩子要能依指示觸摸身體前、旁、後、上、下
各部位。建立身體的概念，有助於孩子建立並維持定向。例如：行人必須依
陸標調整身體的部位（如郵筒在我的旁邊，街道在我的前方）。

㈡大肌肉活動（Gross motor movement）的概念

　包括移動身體所需的運動模式，如走、跑、跳躍、跳舞、奔馳、輕跳
過、滑過、滾、坐、爬等動作，和操作身體常見的投擲、抓接等動作。活動
的選擇均在於發展視障兒童的平衡、協調、彈性及強度等活動能力，並能訓
練良好的姿勢（Posture）與正確的步態（Gait），以求整體動作技能的協
調。

(三)方向與方位（Directionality）的概念

包括方向概念（前後、左右），方位概念（東西南北），方向與方位概念（上下、頂底、距離、轉彎）。

(四)空間概念（Spatial concept）

1.空間概念涵蓋距離、方向、方位、位置、地點、內外、頂底、底下、越過等概念。一般而言，空間知覺（Spatial awareness）有三層次：

(1)自我對自我（Self to self），即自我比較；

(2)自我對環境（Self to environment），包括自我對他人及自我對物體（Self to object）；

(3)環境對環境（Environment to environment），或物體對物體（Object to object），是最困難的層次。

2.自我對物體的空間關係（Self－to－object spatial relationship）係指能知道自我與四周物體之相關位置，這些物體或場地可能是在桌面上，跨過房間，在建築物的其他地面，或好幾個區之遠。即時的安全及有效的行走，有賴於自我對障礙物和環境出口的方向及距離的知覺，而能沿著道路，繞過障礙物，以到達目的地。Long and Hill（1997）將自我對物體的空間關係以下列詞彙形容：

(1)自我中心參考系統（Egocentric reference system）：例如側面位置、左與右（桌子在我右邊）。

(2)場地中心（Topocentric）：例如用介系詞——越過、其下、其間（我在麵包店旁邊；我在麵包店和洗衣店之間）。

(3)製圖（Cartographic）：在環境中對場所作系統的空間安排（如數字編號）。建築物和街道號碼的組織有助於定向（我現在位於中正路5號，財經大樓9F－10）。

(4)極中心（Polarcentric）：利用羅盤方位（我在麵包店的南方）。

個體對物體的空間關係，隨著觀察者在空間的移動而改變，上述詞彙有時會混淆、不精確，例如左右、東西南北，未顧及觀察者的面向。要維持此

關係，個體需知道他在環境中的移動如何影響所要到之處的距離和方向，超越他所能觸及的，此有賴於觀察者的觀點。想像一個大房間內有一個物體，一個個體探索此物，然後將他自己移靠著牆而面對物體，此物體在他之前。若他移到對面的牆而保持原來面向，則此物體在他後面。假若被要求指出物體的位置時他能指著後面，此反應表示他知道他的自我移動（跨過房間行走）如何改變個體對物體的空間關係（從前到後）。但他可能並不了解他的移動如何影響他的位置相對於在房間中間的物體。

　　3.物體對物體的空間關係（Object to object spatial relationship）係指能知道兩種或更多物體或場所之間的關係，超越自我在空間的位置。

(1)要到達目的地，行人需知道物體在環境中的配置，即物與物之間的距離與方向。行人若缺乏物與物關係的知識，則其走向目的地僅是靠嘗試錯誤的探索，或靠使用系統的探索方法，或靠請求協助。即使是尋求協助，行人仍是得獲取物與物關係的資訊，例如到達目的地最近交叉口的方向。

(2)前述用來形容自我與物體空間關係的詞彙，除自我中心外，其他如場地中心（麵包店在藥店旁邊）、製圖（中正國中在杭州南路與愛國東路口）、極中心（百貨公司在捷運出口的西側）等，皆可用來形容物體對物體的空間關係。而這種關係不因觀察者在環境中的移動而受影響，例如麵包店永遠在藥店北方，即使未顧及觀察者的面向。想像一個人在房間內有兩個物體，一個物體（如鞋櫃）靠近門，另一個物體（如茶几）在房間中間。無論此人是否在房間內，兩個物體的空間關係皆是相同的，此關係可不顧此人的觀點，而用羅盤方位來描述（例如鞋櫃一直在茶几的北方）。一個人對物與物空間關係的知識有助於他計畫由一處移向另一處的有效路線，這種空間關係的組織即所謂認知和心理地圖（Cognitive or mental map）。以此隱喻，乃因地圖保存物和場地的關係，且是描述物與物空間關係較熟悉的方法。

(3)Warren（1994）發現視障兒童有困難從自我中心參照系統（如側面或Self－to－object）轉到獨立於自己身體之外的外在物體的空間關係之了解，例如視障孩子可能很快知道物體在他的右邊或左邊；但可能有

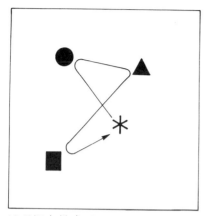

循環探索模式（cyclic patterns）

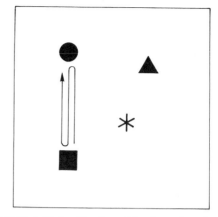

來回探索模式（back and forth exploration）

圖8－6　探索模式（Exploratory patterns）

資料來源：Gaunet and Thinus Blanc，1995．

困難了解一個物體在另一物體旁邊。對側面和方位的熟悉度是定向建構的關鍵，可協助行人追循方向，閱讀地圖。

(4)盲行人較一般行人更需要記住物體對物體的空間關係。Gaunet & Thinus Blanc（1995）的研究發現盲行人在陌生情境中，使用來回探索模式（Back and forth exploration）所得的物體對物體資訊，較使用循環探索模式（Cyclic patterns）精確。

4.Stone and Church（1966）認為學習空間概念有五個步驟：

(1)活動空間（Action space）：兒童舉手投足的位置。

(2)身體空間（Body space）：兒童了解與其身體有關之方向、距離等空間關係。

(3)物體空間（Object space）：根據身體空間所體會出的方向與距離以估計物體間的存在關係。

(4)地圖空間（Map space）：應用基本座標方法，將所獲得之具體空間經驗，擴展成較廣泛之心理地圖（Mental map），藉以運用到室內及室外之定向。

(5)抽象空間（Abstract space）：能處理抽象的空間概念。

Jacobson（1993）指出，能了解物體在空間的關係及其相互間的關係對個人的定向能力極為重要。視障兒童若能經由發展健全的身體形象而了解其身體和身體部位，便較能預備來探索圍繞他的空間物體。這些物體可能是在他的前、後、下、上、鄰近、旁邊、遠離、接近、在內、在外、反向、平行、垂直；其他空間概念描述與羅盤方位有關的空間關係，如北、南、東、西、西南、東北等；或和經緯有關，如平行、垂直、斜置等；或和物體形狀有關，如圓形、方形、圓柱形；或以字母表示街道形式，如 T 交叉口、H 走道、Z 路線；或和測量有關，如長度、時間、重量、寬窄、厚薄、較少、較多、高度、長短、大小等。當視障兒童發展對這些概念的理解後，便能用來自我比較（Self to self），及自我和物體的比較（Self to object），比較物體和自我的距離、大小、形狀等，進而作物體間的比較（Object to object）。

㈤時間—距離（Time – distance）的概念

1.時間的概念可分為兩種：

(1)實際時間（Actual time），即根據鐘錶所計算的時間。

(2)個人時間（Personal time），即個人所感覺或估測的時間，涉及情緒的想像，例如焦慮時感覺分秒難熬，一分鐘彷彿一小時長；而忙碌時感覺時間飛逝，一小時彷彿只是一分鐘。

2.距離的概念與長度的概念密不可分，練習時須從短距離開始，漸擴充到長距離的概念。當教導時間與距離的關係時，視障兒童不僅須察覺行走的距離，且須判斷行走的時間。視障兒童須了解時間—距離的比例會受外界變項所影響，如行進速度、坡度（上下坡）、天氣狀況等；若涉及個人時間的概念，其比例亦會受影響，視障兒童須學習估計並掌握其間的關係。

㈥轉彎與羅盤方位（Turns and compass directions）的概念

1.正確的轉彎須把握轉彎的角度和轉彎的方向。先熟悉前、後、左、右的概念後，由較確定的角度開始練習，如轉90°，180°，360°等，再作角度的變化。待轉彎的角度熟練後，即可與羅盤方位（東西南北）相連結，以練

習轉彎的方向，因羅盤方位是恆常的，故可作為方位基準。直線的概念（Linear concepts）須同時被建立，包括垂直線、斜直線、曲折線等線條概念；並應練習偏離路線（Veering）之調整。學會東西南北四個方位後，可進一步教導東北、東南、西南、西北等概念，及物體與物體的相對方位（變動的參照點）。

　　2.運動知覺的回饋，對偏離路線之調整及轉角時均可利用，要記住轉90°，180°，45°的感覺，在熟悉或不熟悉的地方均可應用。

(七)物體和環境的概念（Object and environment concepts）

　　1.物體的概念：能知道物體的各種物理和功能的特性。例如孩子知道某些物體能移動，某些物體保持不動、固定的。物體能藉由它們的物理特性來分類（如形狀、結構、顏色、功能用途，及其動作），例如能由形狀的特徵來辨別社區的信箱（儘管信箱種類很多），即可以此信箱作為定向的陸標。

　　2.環境的概念：能知道環境的特徵（大小、形狀、顏色、結構等），並知道這些特徵的空間規劃，以建立環境概念。例如：停車計費錶通常位於人行道和街道之間且與之平行。環境的規則和可預測性對視障者的定位很有用，能讓他們正確地決定什麼在道路之前，什麼在旁，和將面臨什麼路。知道環境的特徵例如地形、坡度、各種路面的物理特徵也很有用，例如人行道邊石通常有為輪椅行人所設的向下坡度的斜坡道，視障者即可由向下的斜坡道而預知邊石的來臨（Long & Hill,1997）。

　　3.環境的概念可藉由物體的形狀、溫度、觸感及位置等獲得辨識（Hill & Blasch, 1980）。與行走有關的環境概念很廣泛（Hill & Ponder, 1976；Jacobson,1993；Welsh & Blasch, 1980；Blasch, et al., 1997），包括：

　　(1)陸標（Landmarks）：陸標是任何熟悉的物體、聲音、氣味、溫度、觸覺或視覺的線索，容易辨識且是持續、固定的，在環境中有其區隔、永久的位置，為行走者所知曉的，可協助視障者確定位置與方向。主要陸標（Primary landmark）是經常呈現，且經常為行人所遇到的。次要陸標（Secondary landmark）不是經常呈現，且不是經常為行人所遇到的，兩者對視障行人皆很重要，皆可讓行人確認其在環境

中的位置。若能知道陸標的名稱和功能，且能描述其細節，將有助其
求助路人。例如知道雕像的名字、知道其騎馬、店名和住址或視、
聽、觸、嗅覺特徵（如粉紅色的百葉窗、有特色的音樂、鋪地毯的入
口通道、燒咖啡豆的香味）。咖啡香味可能僅在某段時間呈現，未必
經常呈現，此即為次要陸標。環境中幾個物體合併運用（例如郵筒與
延伸地面的樹幹）亦可成為條件性陸標。

(2)資訊點（線索）（Information points）：兩個或更多的感官刺激，當
連結時，可助行走者決定他的確定位置，即所謂線索（Cue；clues）
或主要的線索。陸標與線索的差異在於陸標恆存，線索會移動或不持
續。一般而言，陸標是在較固定的地點，而線索則是較游離的或缺乏
一致性的。資訊點（線索）雖也是聲音、氣味、溫友，或視觸刺激，
但有別於陸標。單一的資訊點無法提供行人足夠的訊息以辨別其確定
的位置；當兩種空間資訊或更多的資訊點被連接，行人即可決定其精
確的位置。例如灌木和邊石缺口在環境中皆很尋常，單一呈現無法辨
識，兩者連接即可知道是某條道路。

(3)邊界線（Shoreline）：任何可作為引導線的一條延續線。

(4)社區圖形概念：將基本幾何圖形的概念應用到社區環境，如圓形的圓
環、方形的街區、垂直的十字路口等。

(5)交通工具：包括公共汽車、火車、計程車、捷運、飛機等大眾運輸工
具及其路線，以及汽車、機車、腳踏車等個人交通工具。

(6)交通號誌與交通規則：可作為定向的參照。

(7)公共建築與設施：如火車站、圖書館、公園、百貨公司、警察局、學
校、醫院、郵局等公共設施。

(8)社區型態：如住宅區、商業區、工業區、農業區等型態，及房屋、籬
笆、圍牆、花、草、盆栽、草邊緣等。

(9)馬路的概念：如單行道、雙線車道、安全島、交叉路口、陸橋、地下
道、人行步道、輪椅斜坡道、停車位等。

(10)編碼系統（Numbering system）：包括室外（街道、房屋門牌）及室
內（房間、樓層）之編碼與代號。

⑾地圖概念：包括實際地圖之認識及心理地圖之構圖。

⑿自我熟識過程（Self－familiarization process）：在不熟悉或新的環境，應自我探索三個問題：①我需要哪些資訊？②我如何取得這些資訊？③我如何利用這些資訊？

二、空間定向的要素(Components of spatial orientation in O & M)

綜合上述與定向行動有關的概念，Long and Hill（1997）將空間定向的要素歸納成兩類：

㈠知動要素（Perceptual－motor components）

1.例如轉彎概念的建立（90度、180度），涉及本體感受（Proprioception）和運動知覺（Kinesthesis）。肌肉和關節的神經刺激所產生的身體移動的感覺，可與其他感官資訊連結，以協助其定位。

2.例如直線概念的建立，可利用運動知覺的回饋與其他感官資訊連結（例如陽光照在身體的部位），以調整偏離路線，維持身體直線的方向。

㈡認知要素（Cognitive components）

1.概念是空間定位的基本要素，Hill and Blasch（1980）將概念（Concept）廣義定義爲心理表現、形象或觀念。他們將概念分成三類：(1)身體概念（Body concept），(2)物體和環境概念（Object and environment concepts），(3)空間概念（Spatial concept）。

2.概念知識之類化（Generalizing conceptual knowledge）：若要有效地使用定向概念，視障行人必須能類化其概念知識到新的場所和情境。例如孩子學會將形狀的概念類化到許多物體和情境，選擇顯著的知覺特徵以判斷是否此特定的概念描述了空間安排，如社區內的街道是矩形，自助餐廳的桌子亦可能是矩形，經由對各種物體和行動的經驗，孩子發展了對各種概念的類化。概念常被定義成某種程度的不精確，若只是將物體分派到某一概念分類，而無其他特徵，則是灰色地帶。物體可由屬性、功能、意義等作較精確的分類（Lydon & McGraw, 1973）。

3.視障者利用他們的感官來探知四周環境,然後利用他們的認知能力（Cognitive abilities）特別是推理和記憶,以決定這些感覺資訊的意義,以作爲空間定向。簡言之,當他們移動時,他們聽、觸、嗅和感覺,然後連結某些感覺和知覺經驗以沿線定向。利用陸標（Landmark）和資訊點（Information points）或線索（Clues）均涉及知動要素與認知要素。

4.記憶（Memory）、認知地圖（Cognitive map）和空間新知（Spatial undating）是空間定向重要的認知要素（Guth & Rieser,1997；Long & Hill,1997）。

⑴記憶是發展心理地圖或心理形象重要的因素。地圖是由空間配置所組成,得以組織化的式樣記憶。

　①短期記憶（Short – term memory）,用來回憶行走中知覺事件（Perceptual events）的次序或順序（例如我已走過……但還沒走過……）。

　②長期記憶（Long – term memory）,用來回憶特定的陸標和特徵（Landmark and features）。即 Guth and Rieser（1997）所謂的對特定事件的知識（Episodic knowledge）。

　③程序的記憶（Procedural memory）,在行走中記得如何執行動作的移動。

　④保留環境的概念知識,例如行人可回憶人行道和街道平行;或當在鎮上由北至南或由東至西行走時,可預知編碼系統的呈現。

⑵認知地圖是物體和物體空間關係（Object to object spatial relationships）被以心理的方式學習和呈現。認知地圖（Cognitive map）是各個物體在空間配置的關係和距離之心理形象,且在行動中用心理地圖（Mental map）來保留定向。例如一位盲者走在熟悉社區的人行道,當接近十字路口時,他很清楚麵包店在他的右邊,藥店在過街的左邊。由烤麵包的香味他知道自己和麵包店的相關位置。他也知道他面對北方,因爲他回想麵包店是在街道的東邊,而麵包店在他的右邊。他聽到車聲在他前方街道經過,而藥店就在過街左邊。雖然他不能直接知覺到藥店,但經由認知地圖,他知道藥店就在那裡。他知道自己

的位置、面對的方向、和四周場所的位置。經由指出麵包店和藥店方向，顯示他具有自我對物體空間關係（Self－to－object spatial relationship）之空間知識。經由面對方向、精確轉彎和距離的估計等概念知識，他可走到任何這些場所。他能以前述自我中心、場地中心、製圖、極中心等詞彙來描述自己的位置。他甚至能想像自己站在藥店面對北方，且從他想像的位置指出麵包店的方向。這些回憶和描述空間關係及有效移動的能力，即是他認知地圖能力的指標。他甚至能將場所畫出或作一個模型，精確地描述 Self－to－object 和 object－to－object spatial relationships。

⑶空間新知（Spatial updating）：能追跡場所在環境中的空間配置，包括目前路線之新訊息。

三、建立和維持定向的方法（Strategies for establishing and maintaining orientation）

1.視障者的定向涉及知覺、推理、問題解決和目標導向行動的循環。重新建立定向可被認定為問題解決或作決定的活動，有四個時期：⑴鑑定定向問題的性質；⑵鑑定解決問題的變通方法；⑶選擇現有的方法並執行；⑷評估選擇的方法之效果。

2.鎖定某一特定路線，反覆行走練習。

3.以求助創造一個認知地圖。

4.以求助獲取空間新知。

5.藉由判斷行走距離以保持定向。

6.運用建築物和街道等之環境規則（Environmental regularities）和編碼系統（Numbering systems），以解決定向問題。

7.運用有系統的探索方法和自我熟識（Self－familiarization）方法去協助新環境的定向。

8.運用問題解決的策略去處理空間定向。例如 Drop－off 課程，將視障者放在熟悉環境的某處（如人行道），讓他運用陸標、資訊點（線索）、系統的尋找模式，去確定開始的位置及目的地的定位。

四、對定向行動指導員之建議與含義

1.當一個人朝向目的地行動時，建立和維持定向是成功行走的關鍵因素。

2.視覺障礙（盲和低視），導致獲取有用定向資訊的限制。

3.盲者必須利用聽、觸、運動知覺、本體感受器、內耳前庭系統和嗅覺等資訊以維持定向；低視者可同時使用視覺訊息。

4.定向能力好的行人，能知道無法直接知覺的場所之距離和方向，且知道到相關位置時，自我移動應如何改變。

5.對場所有正確認知地圖的個人，知道由一處到另一處的距離和方向，且能在從未去過的場地間作心理的建構。

6.主要陸標是指被視障行人所偵測的物體或環境的特徵，經常呈現且經常為行人所遇到，它們傳遞空間資訊給行人，提供有關一個人現在位置的資訊。當行人心理上將他們現在的位置和其他的位置相連以有效地行動，他們即是利用 Self－to－object 的認識以協助定向。

7.次要陸標是物體或環境的特徵，可能不是經常呈現也不是經常為行人所遇見。

8.資訊點（線索）是兩個或更多的感覺刺激，當連接在一起時，能讓行人決定其正確的位置。

9.感覺資訊（Sensory information）和認知能力（Cognitive abilities），例如身體、物體和環境概念，連同一個人回想空間資訊（Spatial information）和解決空間問題（Solve spatial problem）的能力，皆是有效定向的基礎。

10.許多更複雜的定向相關活動，例如從失去的方向中回復（重新定向），或在道路上轉向後，或計畫新的路線，都是問題解決的活動。需先鑑定欲解決的空間問題之性質和有效解決問題的方法，完成方法後，再評估其效率。了解所遇到的問題及使用的解決方法，有助於了解盲者和低視者的空間定向。

11.重新定向的方法包括系統地尋找陸標，重建心理地圖和求助他人等。

12.有些視障者僅在特定的路線反覆行走（Route traveler），他們僅能在熟悉的環境中有效行走，但他們的認知地圖能力較差，且不了解環境中路線或場所之間的空間關係。這類行人有問題解決的困難，行動沒彈性，沒變通。

13.視障者和明眼者求助尋路的方法不盡相同。視障行人必須先知道所需尋求的資訊，且需開口請求協助。

14.能判斷行走的距離和轉彎的角度，對維持空間定向是很有用的，特別是在缺乏陸標以建立定向的地方。

15.建築物和辦公室的編碼系統通常是有規則的，且是可預測的。若視障者能知道一般的編號方式，將有助於尋路。

16.對新環境不同的自我熟識方法，顯示一個人對環境中 Object－to－object 空間關係知識的差異。觸覺地圖、聽覺地圖、引導探索、衛星導航系統等，皆是學習新場所空間配置的有效方法。

17.在 Drop－off 課程，視障者被要求決定他在熟悉環境的位置和目的地的定位，是一種有效的工具，可評估與空間定向有關的問題解決能力。

肆、行動系統與路線圖（The travel system and route patterns）

視障者在行走時須將所有可資利用的訊息加以統整，以達安全有效的行動目標。Jacobson（1993）提出「五點行動系統」（The five point travel system），即：⑴路線圖、⑵羅盤方位、⑶走道或街道名稱、⑷路線沿途的陸標、⑸返程路線的反向順序（指前述系統）。

1.基本的路線圖（Route patterns）可以四個英文字母代表：I、L、U、Z。視障者從一處移動到另一處時，指導員可依視障者喜好的視覺化平面在其手掌或背後描繪出基本路線圖。畫在手掌時，由掌底向手指方向畫；畫在背後時，由背下方往上方畫；兩者所畫出的圖形均與印刷字母相互顛倒。路線圖亦可藉由點字符號表示，例如 I 路線為點6－5－4的連接，L 路線為6－5－4點連接後再連4－1點。學習路線概念時可運用插板練習（圖8－7）。

2.當視障者學會路線圖後，指導員再將羅盤方位的觀念（Cardinal compass direction）與路線圖相配合，例如面對北方時，L 路線的走法是先朝北再朝南走。

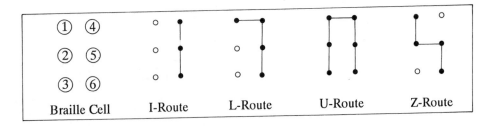

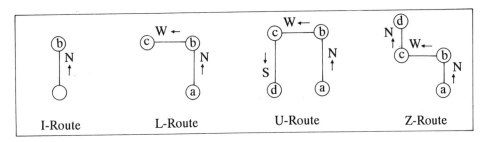

圖8-7 點字路線圖與羅盤方位

資料來源：Jacobson，1993，pp.54－55.

＊經美國 AFB Press 同意。

3.要完成路線圖的轉彎，須能辨別走道或街道的名稱（The names of the hallways or streets），例如電梯走道、化妝室走道等。以 Z 路線爲例，視障者朝北走過電梯走道，再沿西邊的牆走直到接觸第五扇門，然後繞過東邊的走道，再轉向往北的電梯走道，直到找到化妝室走道的北邊牆面。

4.路線沿途的陸標（The landmarks alone the route）能提供最佳的定向基準。

5.要回到原來的出發點，須以反向順序牢記返程路線（The reverse order on the return trip），包括路線形狀的想像、羅盤方位、走道、陸標等系統，然後依序完成路線。

指導員應提供視障者往返行走於各種路線的機會。剛開始當視障者全神貫注於定向技能時，可能會感受到動作技能與認知技能的衝突，直到動作技能熟練後，此現象即會消失。五點行動系統可融入各種定向行動課程，訓練學生於行走時掌握思路，達成安全、有效的行動目標。

第九章
定向與行動實務

第一節　輔走工具

　　視障者步行時所使用的輔走工具（Mobility aids）包括明眼嚮導、手杖、電子感覺輔走工具、嚮導犬等。自第二次世界大戰之後，定向行動指導課程由後天失明的退伍軍人，擴展至各視障者，包括學前及小學兒童、年老者和多重障礙者，為適應這些視障者的需求，乃發展出第五種輔走工具AMDs（Alternative Mobility Devices），即變通的行動輔助器。以上五種輔走工具各有其優點及限制，分述如下：（Skellenger，1999；Blasch, et al.，1997；Farmer & Smith，1997；Hill,1986；Jacobson，1993）

壹、明眼嚮導；人導法（The sighted guide；The human guide）

　　人導法是視障者最基本的步行方法，係藉由明眼者引導而行走。人導法在傳統的 O&M 課程通常被列為入門技能，視障者學習如何接受引導及拒絕引導，並學習如何控制行走的環境。人導法的優缺點如下：

　1.優點

是最安全有效的步行方法，能提供最多環境的訊息。

　2.缺點

易養成依賴性，使自我概念退化，故不宜全天候依靠明眼人嚮導。

貳、手杖 (The long cane)

㈠手杖的優缺點

1.優點

手杖是視障者（尤其是盲人）最常使用、最簡便、最經濟、應用最廣、最具獨立性的輔走工具。手杖可成為手的延伸，藉以探索環境中的相關資訊。

2.限制

⑴無法偵測所有的障礙狀況，尤其是上半身的撞擊較難防護；⑵易受風雨、雷、雜音的干擾；⑶在陌生環境中較沒安全感，不易抵達目的地；⑷須較長的訓練期間。

㈡手杖的功能

1.探索作用

能從環境中獲得回饋，了解自己的位置及周圍情境。

2.保護作用

能測知障礙物或落差，避免身體受碰傷或跌倒。

3.識別作用

持白杖可作為盲人身份的認定。西元1930年美國伊利諾州的獅子會首先主張制訂白杖法，讓持白杖者優先穿越馬路，防止交通事故，並能獲得路人的協助。日本之道路交通安全法第十四條亦規定「失明者於道路行走時，應按規定攜帶白杖或嚮導犬」（張勝成，民1991），惟視障者常因心理障礙（不願被標記為盲人）而拒絕使用手杖，如何將手杖由識別記號轉為獨立自

主的記號是步行訓練最重要的課題。

㈢手杖的構造

1.握柄部

持杖把握處，位於手杖上端，由皮質、塑膠或橡膠等材料所製造。有些舊式的手杖有彎曲部，新式的手杖則多為平直。

2.柄部

為手杖本體的主要部分。

3.柄端

為石尖部及柄插入柄末的部分。

㈣選擇手杖應考慮的因素

1.外觀

⑴易認定（白杖）；⑵美觀；⑶可摺疊收藏於皮包，便於攜帶（摺疊式手杖，collapsible or folding canes）。

2.硬度

⑴柄部不易折彎，以免影響效用；⑵柄端尖部須不斷與地面磨擦，故質料須堅硬。

3.長度

應適合個人的身體。手杖垂直於身前，其高度約及心窩。

4.重量

須配合長度，約168－224公克。以輕巧為佳，但不可太輕，以免影響回

饋效果。

5.傳導度

由傳導度良好的可導物製成,能將地面狀況回饋給持杖者。

6.聲響的輸出

能敲出回聲,偵察障礙物。

7.耐用度

須堅固耐用,能持續使用數年。當持杖者熟悉其手杖的回饋模式後,除非毀損通常都不願輕易更新。

8.握柄部

(1)易於把握;(2)質料舒適,夏天不潮濕、冬天不冰涼,雨天不滑溜。

(五)手杖教學法(發現法對指導法)

傳統的手杖教學法係採「指導法」(Guided instruction;Guided learning),由指導者提供所有的學習內容和實施步驟,視障學生僅能被動的接受所提供的內容(Ausubel, Novak, & Hanesian, 1978)。在新的「發現法」(Discovery instruction;Discovery learning),學習內容並非由指導者提供,而是在指導者編撰的問題情境中由視障學生主動發現;指導者所呈現的僅是問題及提示,視障者必須尋求解決的途徑。Mettler(1994)舉例說明「發現法」的教學模式:指導者要求視障學生沿人行道向西方走(該人行道漸轉向北方)而終止於 T 交叉口。當視障學生抵達人行道終點時,依假設他可能認為自己朝西走所以仍面對西方;但此假設與其他訊息相衝突(例如陽光線索、邐近距離無北─南走向的街道等)。此時指導者可詢問若干問題讓視障者思考、澄清、獲得解答。視障學生經由解答無數問題的過程中,漸發展出以知覺經驗抗衡既有知識或假設之「認知特性」(Mettler, 1994),亦即「認知」傾向的教學方法(Wiener et al., 1992)。Jacobson(1993)則將

「以學生為中心的經驗」（Student - centered experiences）稱為「創造性的方法」（Creative approaches）。

Mettler（1994）指出傳統的「指導法」較強調行為學習理論，專注於外來的回饋（Extrinsic feedback），通常是語文的回饋；而「發現法」較能運用內在的回饋（Intrinsic feedback）以培養重要的知覺認知技能（Perceptual cognitive skills），故能提升問題解決的能力，且因要求的成就水準相同故亦能保留或轉移技能。惟極端使用指導法或發現法均有其限制；極端的指導法由指導員提供所有資訊，故剝奪學生對技能或資訊的深度理解；極端的發現法指導員未直接教學，故在基本技能和提供真實資訊方面較無效率。折衷的教學方法稱為「結構的發現學習」（Structured discovery learning）（Dodds，1984）或「指導發現法」（guided discovery）（Dodds，1985）。Mettler（1994）將「結構的發現模式」定位為藉著修改指導者的教學內容，而將焦點由指導者所知轉移到學生所學；指導者的角色除提供重要的基本資訊外，不直接教導盲技巧（Blindness skills），而是指導學生如何獨立學習盲技巧。

選擇何種方法取決於學生的準備度（Welsh，1980），新學生可能需要從指導者得到較多的協助以形成部分的資訊並獲得鼓勵；當學生變得更有自信，有把握，則可期待更獨立的發現法（Jacobson，1997）。

參、電子感覺輔走工具（Electronic travel aids；ETAS）

1.功能

電子感覺輔走工具（ETAS）是視障者行動的輔具，藉以延伸指尖、手杖、嚮導犬等無法觸及的感官知覺範圍。ETAS 通常是手持型或頭胸部位的裝置，其原理是放射超音波或雷射光以探測環境；當物體被偵測時，配戴者即能接收到聽覺或觸覺的感覺警訊。配戴者須學習解析各種訊號以決定要接觸或迴避道路上的物體。不同形式的 ETAS 各有其特定功能，有些主要偵查懸高的物體，有些偵查低處或人行道之界石、凹洞、邊界、角落等。有些 ETAS 可單獨使用，有些則搭配手杖或嚮導犬使用。

自西元1960s 以來，無數 ETAS 產品陸續上市，但僅有少數幾種為定向

行動專家及視障消費者所採納，包括雷射手杖（The Laser Cane）、超音波眼鏡（The Sonicguide）、手持型感應器（The Mowat Sensor）、胸掛型感應器（The Palaron or the Pathsounder）、輪椅用道路感應器（The Wheelchair Pathfinder）等如圖9-1。

2.限制

(1)價格昂貴且購置不易。
(2)須費時學習且師資不足。
(3)須經常充電且攜帶不便。
(4)恐會干擾各感覺器官對外界資訊之蒐集。

3.未來發展

未來ETAS必須朝向產品小型化、更穩定、更輕巧、更簡易使用、更經濟、更易購置，且結合GPS衛星導航系統。微量衝力雷達（Micropower impulse radar；MIR）是新的技術，使用極低量（1 Microwatt）的無線電波，以快速且隨機的衝力（每秒1 Million pulses），偵測物體和移動。此$1\frac{1}{2}$英吋的微小電路板可裝置入新的ETAS，因可量產而降低售價（Stover，1995），但符合精巧條件的ETAS尚未開發出來，須再繼續研發。

肆、嚮導犬（導盲犬；Dog guides）

㈠國際歷史

公元1819年，Johann WIlhelm Klein於維也納成立一所盲人機構，並訓練狗來引導盲人行走於老舊城市的拼湊街道，他出版一本書描述此方法，但其理念並未被持續發展。

直到一百年後，因第一次世界大戰（1914-1918）期間，有很多年輕人遭毒氣（Mustard gas；芥子氣）侵害致盲，使用狗引導盲人的想法又被重新燃起。在瑞士，Dorothy Harrison Eustis女士（圖9-2），一位富裕的美國愛犬者，也是德國牧羊犬飼養者，預見此服務的潛力，乃設立一所嚮導犬訓

雷射手杖（the laser cane）

超音波眼鏡（the sonic guide）

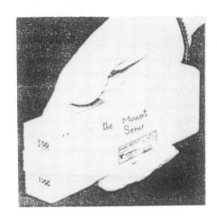

手持型感應器（the mowat sensor）

胸掛型感應器

（the palaron；the pathsounder ）

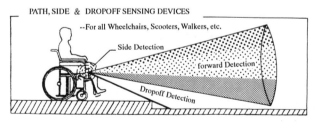

輪椅用道路感應器（the wheelchair pathfinder）

圖9－1　電子感覺輔走工具（ electronic travel aids；ETAS ）

資料來源：Reprinted，by permission of the publisher，from the American Foundation for the Blind，*Foundations of orientation and mobility*（ Farmer & Smith，1997，pp. 240－248 ）．

＊經美國 AFB Press 同意。

練學校，並於1920年末期邀請德國、英國、美國的代表到瑞士訓練爲嚮導
犬的指導員。

圖9－2　Dorothy Harrison Eustis 女士

資料來源：Reprinted, by permission of the publisher, from the American Foundation for the
　　　　Blind, *Foundations of orientation and mobility* (Whitstock, Frank, &
　　　　Haneline, 1997, p.261).
＊經美國 AFB Press 同意。

　　德軍在第一次世界大戰期間訓練軍犬，主要是從事邊界巡邏、傳遞訊息
及擔任其他特殊任務。大戰之後，一些有遠見的人士開始訓練狗來協助盲退
伍軍人和民間盲人。公元1923年，一所正式的嚮導犬訓練中心在波茨坦（德
國東部）成立，嚮導犬的訓練體系才眞正建立。公元1929年，美國最大且最
成功的嚮導犬訓練學校（The Seeing Eye）在田納西州由 Eustis 和盲者 Mor-
ris Frank 共同成立，後遷移至紐澤西州。至今世界上已有許多國家立法規定
嚮導犬（導盲犬）得進出公共場所、建築物、商店、餐廳、及各種交通工具
等，嚮導犬成爲無數盲人自由與獨立的象徵。

　　我國台灣盲人重建院亦於1993年起開始推動導盲犬的培訓工作。由澳洲
引進育種用的拉布拉多幼犬和示範用的黃金獵犬，並已繁殖育成國內第一代
的導盲犬。另由日本、澳洲延聘導盲犬訓練師來台指導。目前已有柯明期、
張國瑞等盲者率先使用導盲犬引導，效果良好。將來在「導盲犬是盲人的一

部分」前提下，可促請政府制定法規，方便導盲犬進入公共場所及交通工具，並建立導盲犬的證照制度。最重要的，要改善國內大都會的交通狀況及人行步道，如此導盲犬才能暢行無阻，發揮嚮導功能。

圖9－3　嚮導犬 Dog guides

資料來源：澳洲昆士蘭盲人協會。

The Blind Association of Queensland, Australia, 2000.

(二)嚮導犬的優缺點

1.優點

(1)安全性高；(2)行動範圍廣；(3)迅速有效率；(4)可在陌生環境中安全行走；(5)可代尋失落物；(6)有犬相伴，較不孤獨寂寞；夜行時可壯膽。

2.限制

(1)出入公共場所常受限制；(2)在混亂的交通環境下受限制（例如台北市的交通狀況即不適合嚮導犬）；(3)在工作場所等待較不方便；(4)管理與照顧均需花費；(5)需有足夠的空間（有些公寓規定不准養狗）。

(三)嚮導犬的條件

一般嚮導犬均選自優良的品種，且需具備相當嚴格的遴選條件和訓練過程，方能勝任嚮導的重任。

1.品種

最常採用的是拉布拉多犬（Labradors）和黃金獵犬（Golden Retrievers）。有時德國牧羊犬（German Shepherd）和獅子狗（Poodles）亦是有資格的品質。拳師犬（Boxers）則是適合對長毛過敏的盲人。

2.性別與年齡

狗的性別不拘（以母狗居多）。拉布拉多犬有各種不同尺寸及性別的狗供選擇，以適合不同高度、生活型態、個性、職業和體力的飼主。狗指派出去前要先行結紮。當狗齡13至18個月，高度約24吋，體重約45至70磅，此時生理成熟，情緒亦預備好，即可接受訓練的挑戰。據 Seeing Eye 嚮導犬學校統計，嚮導犬可為飼主工作到10至12歲，平均服務年限高達8至10年。

3.特質

狗必須健康狀況良好，智力佳，有健全敏銳的神經系統，有溫和穩定的個性，和強烈的責任感。

四飼主的條件

並非所有視障者皆適合使用嚮導犬，飼主的基本條件如下：

1.健康狀況良好

嚮導犬行走的時速可高達5哩，配對行動須跟得上步調；嚮導犬須經常被牽出戶外散步、練習、靈活運用所受的訓練，以維繫嚮導的功能，因此若非體力充沛者，將難以駕馭嚮導犬活躍的步調，且無法適合其日常生活需求。

2.聽覺敏銳

嚮導犬不會主動決定路線，它被訓練反應飼主某些特定的指示，例如「右轉」、「左轉」、「前進」，故飼主必須明瞭自身所在處，給予嚮導犬

明確的方向指示。因視障者須靠聽覺決定交通方向，若聽覺不敏銳則無法辨別四周的事物和往來交通的聲音，難以確定自身的方位。

3.視覺穩定

最好是全盲，因爲受過訓練的嚮導犬會引導視障者繞過危險地帶；若飼主本身尚存相當程度的殘餘視力，可能不會完全信賴嚮導犬，因而干擾相互間的關係，尤其面臨障礙物或危險物時常會僵持不下。

4.智力佳

視障者學習使用嚮導犬的過程當中，必須做各方面的調適、熟練「定向與行動」技巧、並得牢記無數不同目的地之新路線。無可置疑，要符合這些特殊訓練，視障者須具備相當程度的智力。

5.情緒穩定、個性成熟

飼主必須具有穩定的情緒和理性，才能完全駕馭嚮導犬，並能應對任何突發的窘困情境。對狗有恐懼感和厭惡狗的人絕對不宜使用嚮導犬。

6.年齡因素

專家們主張飼主的年齡以介於18歲至55歲之間爲宜（但仍應視個別差異），原因是年齡低於18歲者身心尚未成熟，缺乏責任感，無法獨立飼養、清洗、負擔飼料費；而年齡超越55歲者其健康和情緒的穩定度都難以處理嚮導犬。

7.動機和需求

視障者對嚮導犬的需求度有兩個決定因素，一是日常行走的頻繁率，一是對目前輔走工具的滿意程度。若目前的行走模式限制他的社會活動、工作機會或未能實現他的個人目標和理想，則可能有較強烈的動機改變行動的工具，而考慮以嚮導犬解決困境。嚮導犬絕對禁止被利用來行乞。

8. 會使用手杖

嚮導犬的功能如同手杖，視障者須主導行走的路線。當嚮導犬生病時，受過定向與行動訓練的視障者仍可使用手杖獨立行動。

9. 良好的定向行動能力

視障者在使用嚮導犬之前，須已具備良好的定向行動能力和篤定的自信心，才可引導嚮導犬完成牠安全及有效率的任務。不良的定向行動能力會使視障者產生不確定和不安的感覺，而將此感覺傳導給嚮導犬使其感到不安與困惑，因而減低嚮導功能，甚至危及視障者的行動安全。

10. 其他考慮因素

(1)經費：狗的來源及訓練均需足夠的經濟能力；(2)飼養、照顧及清潔責任；(3)不能忽略狗的存在（例如到音樂廳）；(4)文化背景與交通狀況等。

㈤嚮導犬的訓練

1. 一位合格的教練須具有多年的實習經驗。首先他應探究嚮導犬和飼主的習性，再經由實際訓練使兩者完全配合適應。

2. 嚮導犬未與飼主會面之前即應完成某些基本的訓練，包括：(1)聽從「坐下」、「左轉」、「右轉」、「停止」、「前進」等指示；(2)觀察路邊、行人、交通、階梯、低懸掛物等情境；(3)應付頻繁的交通量、擁擠的人行道、突發事物的出現等；(4)處理路途上的障礙物和危險物；(5)進出電梯、旋轉門、商店、餐廳、公共建築物、交通工具等。

3. 完成基本訓練後，嚮導犬即應具備「智慧的不服從」，例如：當紅燈亮起或前有車輛駛過，即使飼主下令「前進」，嚮導犬仍能立即判斷並作不服從的決定，裹足不前，以維護安全。

4. 在澳洲，訓練一隻嚮導犬約需費時18個月，費用約＄18,000澳幣（約33萬台幣）。通常幼犬在滿2個月大時，先寄養在志願義工家庭，約12至14個月期間，學習與人類相處的互動模式及社會技能。當狗齡13至18個月時開

始接受18個月的訓練。首先必須先通過生理和性情的評估，以決定是否適合可接受訓練。前12個月是安置在幼犬照顧計畫下，緊接著6個月則在訓練中心接受密集的訓練，而後才讓盲人和配對的狗共同訓練。在美國，同樣是在狗齡13至18個月大時，先接受教練訓練3至5個月，再與視障者配對受訓一個月。首先在嚮導犬學校廣場訓練，然後到鄰近城鎮實地練習，再進一步到密集地區試驗，直到通過成就測驗確保安穩後，視障者與嚮導犬才開始獨立作業。訓練期間仍由教練飼養和照顧狗，直到視障者和狗彼此熟悉後，才逐漸接替照料狗的責任，成為新的飼主。

　　5.飼主與嚮導犬之間的語意與情感交流，經過訓練與長期相處後，漸能形成默契良好的互動模式。開始訓練時，讓嚮導犬走在飼主的左前方，飼主藉由皮製導盲鞍（皮帶、U形握把）傳遞非語言溝通訊息，聰明的嚮導犬經反覆練習後即能明瞭飼主的語意。固定的路線往返多次後，嚮導犬亦能不加指示而帶領飼主抵達目的地。

伍、變通的行動輔助器（Alternative mobility devices；AMDs）

㈠AMDs 的適用對象

　　1.學前及小學視障兒童：主要是手杖之預備（Precane），一方面提供簡單易學的保護工具；另一方面是藉以發展未來學習手杖所需的技能。

　　2.多重障礙和年老視障者：作為永久的行動輔走工具。

　　3.體力、協調能力、認知能力、本體感受和運動感覺受限者。

㈡AMDs 的種類

　　基本上，AMDs 的設計是涵蓋身體的寬度，且能持續和地面接觸，以獲取最佳的觸覺和聽覺回饋。多數的設計在底端有一橫的保險桿，作為清除道路的緩衝。使用者只需朝著行走方向按 AMDs，而不需要類似長杖所要求的強度和協調度。AMDs 的種類如圖9－4。

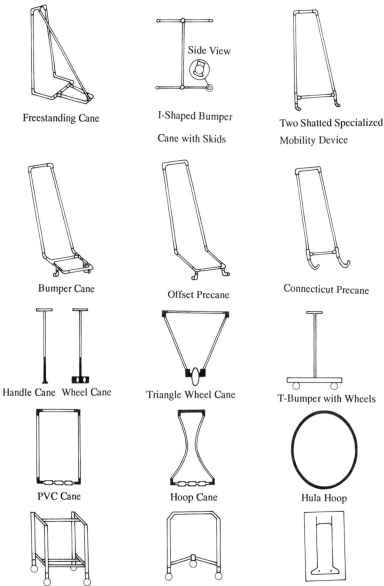

Freestanding Cane

I-Shaped Bumper
Cane with Skids

Side View

Two Shatted Specialized
Mobility Device

Bumper Cane

Offset Precane

Connecticut Precane

Handle Cane　Wheel Cane

Triangle Wheel Cane

T-Bumper with Wheels

PVC Cane

Hoop Cane

Hula Hoop

Commercially Produced Walk Alone　Commercially Produced Push Pal　Commercially Produced Autofold

圖9－4　變通的行動輔助器 AMDs

資料來源：Reprinted, by permission of the publisher, from the American Foundation for the
Blind, *Foundations of orientation and mobility*（Farmer & Smith, 1997, pp.
236－237）.

＊經美國 AFB Press 同意。

(三)AMDs 的優缺點

1.優點

(1)簡單易學，適合學前、小學、重度視障兒童使用，增進其行走能力及行動的自信力。

(2)可防護身體碰觸障礙物。

(3)可改善不良的步態。

2.缺點

(1)累贅、笨重、收藏不易。

(2)和手杖一樣，無法偵測所有障礙狀況（尤其是手部以上的區域），且無法在接觸體物的一瞬間或之前，立即傳遞訊息（搭配電子感覺輔走工具可解決某些問題）。

(四)AMDs 的使用情形

Skellenger（1999）調查120位定向行動指導員，發現有75％的指導員曾教導他們的學生使用 AMDs。最常用的類型是雙杆的設計（如 Connecticut precane），其他的類型包括騎坐的玩具、豎式壓動的玩具和探測的設計等。指導對象包括一般視障學生及視多障學生。年齡層以出生至5歲最多，其次為6至17歲，18歲以上者最少。使用的情境以僅在監督下使用者最多，其次為日常生活行動，及僅在 O & M 指導課程時使用。

第二節　定向行動技能

本節係參考國內外定向行動相關研究編寫而成（Blasch, et al., ；Hill & Ponder, 1976；Hill & Blasch, 1980；Jacobson, 1993, 1997；LaDuke & Leja, 1996；杞昭安, 1999, 2000；梁成一、莊素貞和陳思韻, 1999；張勝成, 1994；張千惠, 1999；劉信雄, 1998, 1999）。另由筆者訪問台灣四十

位經常獨立行動的視障者（包括全盲和重度低視者），就其珍貴的生活體驗，擇其共通觀點，彙整如下，供定向行動指導員和視障者參考。

壹、人導法──明眼嚮導技能（Sighted guide）

一、目標

　視障者能藉由明眼人的嚮導，在各種不同的環境或情況下安全有效的行動。茲將定向行動技能分為人導法、自我防衛及蒐集情報技能、手杖技能、低視者的行動技能、社區獨走技能、及生活自理技能等，分述如下。

二、人導法技能

㈠基本動作

　1.嚮導者以口語提示「你要不要握我的手肘讓我帶你走？」；視障者亦可主動提出「我可不可以握你的手肘跟你走？」。若雙方同意以人導法行

圖9－5－1　人導法

資料來源：萬明美攝。

走，嚮導者即以手背輕觸視障者的手臂（初步接觸）。

　　2.視障者將手移放在嚮導者的手肘上方，很自然地穩握住。視障者的大姆指握在嚮導者的手臂外側，其餘四隻手指握在嚮導者的手臂內側。視障者的手臂上肘略靠近身體，手臂前肘約與地面平行，肘處彎曲形成90度角的 L型。嚮導者的手臂應放鬆，於肘部略彎曲下垂，不隨意擺動。

　　3.嚮導者可以平常的方式行走，走在視障者的左前或右前方半步。讓視障者輕握其手臂肘關節處，隨著路徑不同而略調整手式，兩者之間應培養默契，可事先溝通引導方式。嚮導者須注意配合視障者走路的步伐和速度，行走時不要太快，與視障者的距離最好維持半步左右，太遠、太近、忽遠、忽近均不宜。讓視障者走在安全的一側，任何情況下均不可讓視障者走在嚮導者前面，以策安全。

　　4.嚮導者將前臂微抬向上、向下或向左、向右，以指示視障者上下階梯、斜坡道及左右轉，且應在上下階梯前不遠的距離即發出指示。

　　5.行進間嚮導者須留意視障者另一邊的路況，以免視障者撞到障礙物、懸掛式公共電話、或汽車的照後鏡等。

　　6.在路況改變時，先以口頭告知視障者，並稍停頓，再繼續前進（例如：前方有台階、凹陷處、水溝等）。

　　7.遇有電線杆、突出物、樹木、水溝等障礙物時，嚮導者切忌自行閃避，而忽略視障者的存在，使其碰撞受傷。

　　8.遇到水溝或路面水坑時，應讓視障者的腳尖或手杖探到水溝或水坑前緣，及於對岸的距離，才讓視障者跨腳，以免踏入水中。

　　9.介紹新地方時，應避免帶領視障者團團轉，而改由視障者主動探索，嚮導者在旁協助指引即可。

　　10.若要停止握臂接觸，嚮導者可用口語提示或將手臂向外方迴轉，視障者獲暗示後即自動將握臂放開。

　　11.終止引導時，嚮導者須向視障者解說當時的位置及周圍的情境。若留下視障者獨自一人時，應將其引至安全的固定物旁邊，例如牆、桌椅、柱子等，而不是讓他站在開放空間中央，以免定位困難，且易被來往人車碰撞。

㈡轉彎、轉身和換邊

1.轉彎

⑴以口語提示；⑵以嚮導者或視障者當中心點，另一人則繞著此中心點轉彎。

2.轉身（在擁擠場所向後轉180度）

⑴以口語提示；⑵兩人轉向面對面（轉90度），但仍保持握臂接觸；⑶嚮導者以另一臂碰觸視障者的另一臂（空著的手）；⑷視障者將空著的手移至嚮導者空的手肘上方握緊，旋即終止原先的握臂接觸；⑸兩人繼續轉90度，直至完成向後轉180度；⑹若兩人手中攜有手杖或物品時，則可各自向後轉，將物品換到外側手臂攜帶，再重新建立握臂動作。

3.換邊（視障者從嚮導者的一邊移換位置到另一邊）

⑴以口語提示；⑵視障者將另一臂的手背接觸嚮導者握臂處的上方，手指頭朝向嚮導者的另一臂；⑶視障者放掉握臂轉90度朝向嚮導者的另一臂；⑷視障者的手臂沿移過嚮導者的背部直到接觸到嚮導者的另一臂為止。

㈢通過窄道和門

1.通過窄道

⑴嚮導者將握臂的手肘夾緊貼在身旁，暗示視障者前有窄道應移近嚮導者；⑵若要通過非常狹窄通道（只容一人通過或須走在一直線）時，嚮導者將握臂的手臂移到身後，放在近背中心處，並以口語提示；⑶視障者領會前有狹窄道，將手臂伸直下移，緊握嚮導者的手腕。

2.通過開啟的門或自動門

⑴依通過窄道的方法通過，不須接觸或控制門；⑵若有門檻，應稍停並

告知視障者。

3.通過關著或半開啓的門

(1)以口語提示（例如：門向右邊往外開）；(2)給予通過窄道的訊號，視障者應就指定的位置跟隨；(3)嚮導者先開門並走過門；(4)若門開向視障者空著的手那一邊，則視障者將此手高舉伸展到身體前側以接觸嚮導者的肩部（防衛技能）；嚮導者進門後即將門交給視障者；視障者以手掌控制門，並用此手將門關上；(5)若門開向握臂的那一邊，視障者須先變換位置以控制門（移位到嚮導者的另一邊），再將空著的手放在嚮導者的握臂處上方，使原來的一手空出來定位；同樣以防衛技能控制門，並於通過門後將門關上，然

換邊

通過窄道

進門（向右邊開）

出左門

圖9－5－2　換邊、通過窄道和門

資料來源：James Leja，盲人定向行動師資訓練教導手冊，1996，pp.12－14。

＊台灣盲人重建院提供。

後移回原來的一邊；(6)兩人都通過門後，嚮導者將後擺的手臂移回原來的位置，暗示視障者回復原來的握臂接觸。

四上下樓梯、電扶梯和箱形電梯

1.上下樓梯

(1)嚮導者引導視障者接近樓梯，並描述樓梯的上下方向。(2)嚮導者的身體與階梯垂直接觸。嚮導者將手臂向前移動，視障者可感覺嚮導者手肘上升（或下降）的信號，即知要上（下）樓梯。(3)上下樓梯時，視障者走在嚮導者的後一階梯。(4)嚮導者在第一階梯處稍停，視障者以一腳向前滑以尋得階梯的邊緣，作為第一步的參考。(5)嚮導者在最末一階梯稍停（走完階梯）；視障者接著走完最末一階梯。(6)必要時視障者可以空著的手扶樓梯的扶手。

2.電扶梯

(1)嚮導者引導視障者接近電扶梯，以口語描述電扶梯的方向及扶手的位置。(2)嚮導者帶領視障者在階梯前的平台上稍停，視障者以一腳向前滑，探測平台邊緣位置，並讓移動的扶手自指間滑過直到穩住身體為止，始可預備上下電扶梯。(3)嚮導者走上移動的階梯，視障者應跟進在後一階梯，並保持握臂接觸，另一手緊握滑動的扶手，以支持身體。(4)上升時，視障者站在嚮導者身後一階，並以一腳放在嚮導者所立的一階上；下降時，視障者以一腳在所立的一階邊緣上。接近電扶梯終點時，嚮導者以口語提示，視障者可感覺扶手水平移動和階梯及嚮導者向前移動的相等高度。視障者與嚮導者始終保持握臂接觸。(5)抵達終點時，視障者應稍抬高前一腳的腳趾，以免被終止處卡到或碰撞，然後以舒適而自然的腳步上下電扶梯。

3.箱形電梯

(1)嚮導者以「通過窄道技能」引導視障者進出電梯；(2)嚮導者應讓視障者靠壁站立，並保持握臂接觸，以免被進出電梯的人潮推倒；(3)電梯擁擠時，可用「向後轉的技能」面對門（或相對）。

㈤上下轎車、公共汽車（或捷運、地鐵、飛機）

1.上下轎車（計程車、汽車）

(1)嚮導者以口語提示。(2)嚮導者引導視障者的手碰觸車門的上邊，另一手觸摸椅背或椅座。(3)視障者舉高一手以防衛技能安全就座（避免頭部撞到車身）。(4)若兩人都坐在後座，則讓視障者先入座並將身體移進後，嚮導者再就座，以利下車嚮導。(5)上下轎車應保持優美的儀態。上車時臀部先就座，雙腳併攏同時移進車內；下車時，雙腳併攏，先抬到地面，再移動臀部。

2.上下公共汽車

(1)嚮導者以口語提示。(2)由嚮導者帶領，上高階梯（上車）時，視障者的握臂接觸可由指定位置降低到嚮導者的腕處或前臂；下高階梯（下車）時，視障者的握臂接觸可由指定的位置升高到嚮導者肩部，以保持接觸。(3)上車時，先刷卡或投幣（有時是下車收票）。嚮導者先抓住車門前的扶桿，再以「換邊技能」將扶桿交給視障者，以支持身體；(4)若有座位，則以「就座技能」引導視障者就座；若無座位，須站立時，讓視障者一手抓住扶手或扶桿，另一手始終與嚮導員保持握臂接觸。

㈥就座

1.一般椅子及沙發

(1)嚮導者帶領視障者走近座位，並描述椅子的構造及方位。若是單人座，且由後接近椅背，引導視障者的手碰觸椅背，另一手觸摸椅面；若是沙發長椅，則由正面接近椅子，說明椅子的狀況（幾人座，有無人坐等），並將視障者的手引導至椅背上，使其入座。(2)視障者放開握臂，朝向椅子，直到腳接觸到椅子。視障者面對椅子，舉起一臂作防衛技能，保護頭部及身體，另一手掃過椅面，以確定椅座有無障礙物。(3)視障者轉身以腿或膝背與

椅座接觸並坐下。

2.桌子前的椅子

⑴嚮導者描述桌椅的情況及方位。⑵嚮導者引導視障者的手碰觸椅背，另一手觸摸桌邊。⑶視障者放開握臂，將椅子拉出桌子，將椅背的手向下滑到座位上，並掃過座位，另一在桌邊的手則作防衛技能。⑷視障者移坐在椅前，並調整座位。

3.戲院座位

⑴嚮導者以「通過窄道技能」引導視障者走過通道。⑵若需通過一排座位，嚮導應先進入，並以通過窄道的技能（或同時側身）行走，但仍保持握臂接觸。⑶到達空位後，嚮導者引導視障者的手碰觸椅座扶手。⑷視障者拉下座位，確定無他物後，轉身以腿或膝背與座位接觸並坐下。⑸當要離開時，嚮導者起立與視障者建立握臂，向通道移動。

㈦婉拒或接受嚮導

1.漢斯換手法（The Hines Break）

⑴當嚮導者引導錯誤（例如抓住視障者的手臂），視障可高舉錯誤的握臂，朝向另一邊肩膀，兩腳站定，以確保平衡。⑵視障者用他空著的手抓住嚮導者的手腕，向前略施壓力，嚮導者的錯誤握臂即中斷。⑶視障者仍保持在嚮導者手腕處的把握，並以空著的手重新建立在嚮導者手肘上正確的握臂接觸（接受嚮導），或放掉嚮導者的手腕而終止接觸（拒絕嚮導）。⑷漢斯換手法，源自美國伊利諾州漢斯（Hines, Illinois）的退伍軍人行政（美國退伍軍人事務部）醫院，研發此手法的目的在於讓視障者在臨時的狀況中能自己決定被引導的方式及篩選嚮導者。

2.簡要說明引導方法

⑴視障者往往因未將引導方式解說清楚，而與明眼人在路上產生推拖拉

扯的尷尬場面。視障者可用簡單明瞭的方式說明，例如：「我可不可以握著您的手肘，跟您一起走？請讓我走在後面，遇到台階時請記得告訴我。」。

(2)另一方面可藉由大眾傳播媒體的宣導，讓明眼人知道如何引導視障者行走。

貳、自我防衛及蒐集資訊技能（Self－protection and information gathering techniques）

㈠手臂防衛技能

1.手臂上防技能（Upper hand and forearm techniques）

(1)目標是保護頭部、頸部及胸部。(2)手臂抬高，朝向另一邊肩膀處，與地面平行。(3)肘彎曲，上臂與前臂在肘彎處形成鈍角（約120度），斜置胸肩高度。由於手的位置較肘向前，故手將觸及障礙物，可防止肘部受撞傷。(4)上臂與胸線形成略大於直角的鈍角。(5)手掌心向外，手指合併稍向內。若碰到障礙物，將先觸及手掌多肉柔軟部分，而非以骨頭或指節接觸。(6)手掌與身體之間有充裕的距離，可適機應變、停頓。

2.手臂下防技能（Lower hand and forearm techniques）

(1)目標是保護身體中部及下部（約腰部高度）；(2)手臂橫過身體向下伸直；(3)前臂與上臂自肩處伸展成一直線；(4)手放在身體中線，離身體約6～8英吋處；(5)手背及指節朝向身體（朝內），以免被障礙物折損。

3.手臂上下防技能合併使用（Upper and lower hand and forearm techniques employed together）

(1)目標是在空地行走而須同時保護身體上、中、下部時使用；(2)方法是兩手分別作手臂上防技能及手臂下防技能。

㈡追跡（Trailing）

1.目標

⑴維持行走路線的平行方向；⑵自環境中的一處移至另一處時，可測知自己在環境中的位置；⑶測出陸標的位置並獲得物體觸覺的情報。

2.方法

⑴沿物慢行，以手追跡。⑵身體朝向行走的方向，手臂向下伸直與追跡面平行。⑶手臂與身體垂直線的角度約為45度。⑷手自腕處向下伸展，手背輕觸追跡面，手掌略向身體。⑸手指微彎，以無名指及小指的指尖背部或指甲與追跡面接觸。⑹當遇到開放通道時，可將追跡與防衛技能合併使用（如圖9-6），例如在走廊行走而追跡到開著的門時，①以一手追跡，另一手作手臂上防技能；②上身略朝向開孔道，直向前走，直到手臂碰到開孔道的另一端；③恢復追跡姿勢。

㈢尋找掉落物件的技能（Dropped objects）

1.目標

敏捷、安全而有效的尋回失落物件。

2.方法

⑴物件掉落地時，應立即停步，靜聽物件掉落點及靜止點，並面對之。⑵估計失落物件的位置，走到該位置之前停止。⑶垂直蹲下，保持背部挺直（直下法），頭部不可前彎，以免撞擊障礙物。⑷可以一膝彎曲，另一膝跪地，以保持平衡。⑸彎身搜索物件或站起來時，為保護頭及臉部，可以手臂上防技能將一手置臉前約一呎處，手掌心向外，肘靠胸與前臂垂直（保護法）。⑹用一手（或兩手），以圓形或長方形的尋找方式，有系統的自外而內，自遠而近自一邊到另一邊搜索，尋遍此一區域，確定腳周圍及兩腳間都

曾尋過。(7)若未尋找到,可向前(後)或左(右)移動一步,再有計畫、有系統地找尋,手臂仍作防衛技能。(8)掉落物若是有聲音之物,由聽音辨位即可判定落點的方位遠近,應立即撿拾,否則時間一久,所辨得的位置會有偏移,較難找尋。掉落物若屬紙張、布匹等無聲之物品,只好求助於他人,以免被自己踐踏。(9)豎起耳朵聽聲音,輔以殘餘視覺判斷物品掉落的大略位置,以手保護面部,慢慢直立蹲下,然後以雙手在身體周圍的地面做地毯式的搜尋,漸漸往外圍摸索。(10)若掉落物很遠,或無法聽出物品的落點時,可利用手杖、掃把、長尺、木棒、鞋子等工具,貼著地面慢慢做圓弧狀的來回搜索。若仍無法尋得,則記住掉落地面範圍,再請他人協助。

圖9-6　追跡與自我防衛技能(手臂上防技能)併用

資料來源:萬明美攝。

四確定方向技能（Direction taking）──取直線行走

1.目標

(1)能利用方向的線索（直線的物體或音源，垂直或平行），在環境中建立直線行走方向的路線。(2)線索包括任何可供行走方向參考的環境資訊，例如觸覺線索（人行道邊界、桌邊、椅、牆、溫度）、聽覺線索（交通、音樂、其他音響）、視覺線索（光源、色）、高度線索（山丘、斜路、斜車道、坡路）和其他線索。

2.方法

(1)平行直線調整，取平行直線（Paralled alignment）：①取身體部位與方向線索平行的位置，例如以轉彎角的牆線為平行取向；②對準目標，依線索取直線行走；③若在無線索的空曠地，仍須訓練如何取直線對準方向行走。

(2)垂直直線調整，取直角──垂直取向（Perpendicular alignment）或調整（Squaring off）：①取身體部位與方向線索垂直的位置。例如：背部靠牆、腳靠人行道邊界等（可以一手掃描、對準）；②以方向線索為基準，對準目標，採垂直直線方向前進；③利用鐘面的位置作聽覺準線取向（如圖9-7）

五室內定向

1.目標

能辨別並熟悉室內物體的相關位置。

2.方法

(1)讓視障者站在門口，面向室內；(2)嚮導者（指導員）舉起視障者的手，以口語提示，讓視障者用食指指出並辨別方位；(3)口語提示室內重要物

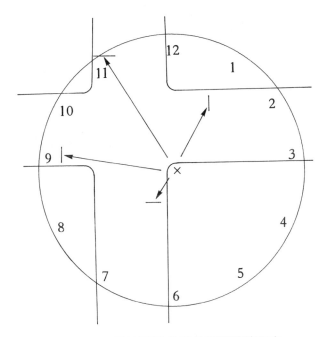

圖9-7　利用鐘面的位置作聽覺準線取向

資料來源：Jacobson，1993，p.124.
＊經美國 AFB Press 同意。

體及可供參照的基準點；(4)先帶視障者沿四周的牆做周圍的探索（特別提示基準點）；(5)讓視障者自行探索，再以基準點（參照點）連接其他基準點，了解相互間的關係。

㈥握手

1.目標

提供社交介紹、致候方法。

2.方法

(1)視障者可在適當的時候，主動將右手伸向眼明人，手臂應於肘處彎曲。(2)兩人握手時，可各將右手放在左邊齊腰處，以肘爲中心點，將前臂和

手向自己身體的中心移動，兩人的手在中心會合。

㈦求助技能

1.向路人求助時可循下列步驟

⑴找尋求助對象；⑵表明求助原因；⑶說明求助事項。

2.找尋求助對象方式

⑴傾聽路邊攤或店舖或路過的行人聲音，把握適當距離，根據他們談話的語言（如國、台語），很有禮貌的請求協助；⑵利用殘餘視覺判斷路人，通常行動中的人較易辨識；⑶舉起右手，大聲請問路人，多半會停下腳步來協助；⑷使用「求助器」引起路人注意；⑸視障女性在夜晚求助，最好選擇女士或學生。

3.表明求助原因方式

⑴告訴對方自己視覺不佳，需要協助；⑵若對方猶豫或質疑，可拿出殘障手冊徵信。

4.說明求助事項方式

⑴簡短、清楚說明自己的需求；⑵告訴對方如何提供協助；⑶態度要溫和有禮，對方若有為難之處，不可勉強或動怒，仍應致謝後再尋求他人協助。

參、手杖技能（Cane skills）

一、目標

視障者能藉由手杖的輔助，在熟悉及不熟悉的環境中安全、有效、獨立行走。

二、手杖法

㈠基本的手杖法（如圖9-8）

1. 節奏手杖法（兩點觸地法；兩點式杖法；The two-point-touch cane technique）

(1)以食指法握杖（The index finger grasp），食指在上，其餘四指呈環狀在下，以食指、拇指、中指輕輕夾住手杖握柄部，手臂自然下垂而前伸於下腹部前正中部位。一般以右手握杖，但最好訓練兩手都能持杖。(2)以腕部為支點，左右擺動手杖成一弧形曲線（Arc），其寬度約與肩同寬，高度約離地面二吋。(3)以手杖尖端左右有節奏的輕叩地面。(4)手杖輕叩地面時，兩

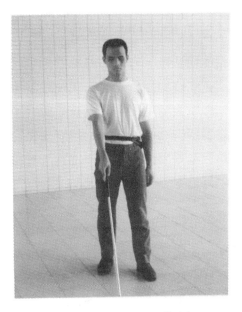

節奏手杖法（兩點觸地法）

斜置技能（對角線法）

圖9-8　基本的手杖法

資料來源：萬明美攝。

腳的步伐分別是離趾期與接踵期；手杖擺動劃弧時，兩腳則分別是遊腳期與立腳期。

2.斜置技能（對角線法；The diagonal cane technique）

(1)在某環境中無法使用節奏手杖法行進時，可採斜置技能，將手杖斜置，以大姆指控制法（The thumb grasp）、鉛筆握法（The pencil grasp）及食指握法（The index finger grasp）持杖。(2)主要作用有二：①緩衝作用：如開門、扶欄杆上樓梯時使用；②追跡作用：如沿著草地、牆、泥濘地、深溝邊界線追跡行走時使用。將手杖斜置，橫過身體前面，使其與另一邊的邊界線接觸。

(二)變通的手杖法（Modifications）

1.持續觸地法（Constant－contact cane techniques）

(1)當視障者學會以固定姿勢進行兩點觸地法後，有時想讓擺動的手杖杖端持續接觸地面，例如為探測高低差，或在瓷磚地面行走時，手杖敲擊地面的聲響太大，為避免產生干擾，乃讓手杖持續接觸地面。(2)此技能對盲多障者及不諳如何以節奏手杖法探測地形改變者或有助益。(3)惟此技能須保持腕肌肉控制和靈巧度，對腕力不足者較不適合；且因缺乏杖端叩地的觸覺和聽覺回饋，視障者很難以此方法一般情境中行走。

2.觸滑法（Touch－and－slide cane techniques）

(1)視障者以兩點觸地法運杖，但讓杖端於觸地時向前滑行，彷彿邊走邊戳地面。(2)此技能通常是視障者想讓杖端持續觸地，但地形又不夠平滑。常用在探測地形的改變，例如從人行步道的邊石走入泥濘地或砂石地，或人行步道上遍佈潮溼的樹葉或水坑。視障者以杖端在地面戳滑，藉以分辨乾地或溼地，並可避免偏離行走路線。

3.觸曳法（Touch – and – drag cane techniques）

(1)此技能通常是沿室外的邊界線追跡，或在行走時和落差地形保持平行。(2)例如視障者在寬廣的樓梯頂端找尋扶手的位置，首先他以樓梯邊緣平行取向，然後將杖端沿著樓梯邊緣拖曳，與階梯落差保持一定的安全距離，直到走到樓梯旁邊，即可找到扶手。

4.三點觸地法（Three – point – touch cane techniques）

(1)若視障者無意間走出人行步道邊石（Curb），誤入人行道交叉口的馬路，可使用三點觸地法，重返人行步道邊石上。超過邊石時最好倒回找到邊界線，而不要轉身，以免產生方向偏差。(2)視障者站在馬路邊，與邊界線平行，首先將手杖杖端抵著邊界線，前腳跨近邊界線，同時手杖擺離邊界線接觸地面（第一點），配合後腳步伐，手杖接觸邊界線底端（第二點），旋即將手杖提高跨觸邊界線上端（第三點），然後又回到第一點，反覆程序，直到找到目標物（如人行道邊石、陸標、扶手、人行步道等）。(3)此技能亦能在室內通道行走時用來辨別玻璃門或鐵門。(4)三點觸地法比其他手杖法要求較多的協調，宜由指導者示範手杖的擺弧及步伐的配合。示範時，指導員站在視障者的旁邊（靠近邊界線），以一手扶住視障者持杖的手，另一手則控制手杖的擺弧。

5.一下一上觸地法（One down and one up – over）

(1)使用此技能的理由和三點觸地法相同，但使用方法則類似兩點觸地法，故較為簡單。(2)唯一不同的是，兩點觸地法沿邊界線行走，而一下一上觸地法則跨觸邊界線上端，在高低差地面各觸一點。

三、手杖的放置（暫時不使用時，避免干擾他人的擺法）

1.擱放

(1)將手杖的吊線或彎曲部掛在門上或架上的掛鉤上；(2)將手杖插入特製

的木架洞內；⑶將手杖垂直靠在牆或角落。

　2.當坐著時

⑴將手杖放在座位下，平行或垂直放在腳邊；⑵將手杖附靠在肩上；⑶將手杖垂直放在兩腳之間。

　3.當站著時

⑴將手杖平行靠在身邊；⑵將手杖垂直地面斜塞在臂下（腋下）。

　4.當持杖與嚮導者同行時

⑴和有經驗的嚮導者同行時，手杖可暫時不用，垂直斜塞在未被引導的臂下（腋下）。⑵和無經驗的嚮導者同行時，可以基本的斜置技能持杖，以獲得額外的資訊和防護。⑶持杖換邊時，視障者先將手杖移到握臂處上方，手指朝嚮導者的另一臂，再循換邊技能，重新建立握臂接觸及持杖位置。⑷當持杖的手被錯誤抓住時，可先將手杖換到空的手，再採漢斯換手法，拒絕或接受嚮導。

四、基本運杖技能

㈠上下樓梯的技能（採斜置法）

1.平時行走時，持杖的方式是以手握住手杖向左右兩邊點的節奏手杖法，範圍略寬於肩。當知道前面可能接近樓梯時，改以滑行法，探測到階梯的第一階。

2.先以手杖測試樓梯的寬度及每一級的高度。上樓梯時，可採鉛筆握法的斜置技能，手杖垂直於身前以感知樓梯的位置，沿著階梯一階一階往上走。下樓梯時，可採食指握法的斜置技能，先以腳尖輕觸樓梯邊緣，預作下階梯準備，以防跌倒，然後將手杖斜置於地面，沿著階段的邊緣，一階一階往下走。轉彎時樓梯可能不會連續銜接或不在相同位置，須以手杖測試左右兩邊。如圖9－9。

上樓梯（採鉛筆握法的斜置技能）　　　下樓梯（採食指握法的斜置技能）

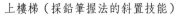

圖9－9－1　上下樓梯技能

資料來源：萬明美攝。

圖9－9－2　持杖上下樓

資料來源：James Leja，盲人定向行動師資訓練教導手冊，1996，pp.45－46。

＊台灣盲人重建院提供。

3.上下樓梯時，如有明眼人在身後行走，可稍靠右邊或在轉角處停頓，讓他先行，再慢慢行走。

4.上下樓梯時亦可扶著樓梯的扶手，除有安全感外，尚可協助自己判斷樓梯何處結束，並可藉以控制上下樓梯的速度。

5.感覺到樓梯快結束時，速度應減緩，以手杖或腳試探前方。有時最底階是平台，其下仍有階梯，應予注意，以免踏空跌倒。

(二)行進間的技能

1.行進間，手杖與腳步作相反的左右有節奏的點地，寬度約與肩部同寬。

2.有人聲的路段，杖端左右擺動高度約與膝蓋同高，無人路段，杖端擺動高度則提高與胸部齊，以便探測隨意停放路肩的大卡車或障礙物。

3.如地面有水，可以手杖磨地，探測水深及水窪的寬度，以便避開積水，繞道而行；要探測前方路面或水溝時，便在正面前方密集點地；探到水溝時，須點到水溝兩岸的岸邊，測得距離才可跨腳。

4.快步行進時，手杖的探測距離身體較遠；慢步時距離較近；行人多時手杖握在一半處，以免碰觸到行人。

5.在熟悉的地方可將手杖斜置或垂直於身前；在陌生的地方或路況不時，則須以兩點式打法。

6.尋找目標或轉彎時，可以斜置法將手杖沿邊界線或牆邊向前滑行。

7.上樓梯時手杖垂直於身前，下樓梯時手杖斜置，沿著階梯邊緣一階一階行走。

8.出外郊遊爬山，上坡時可藉手杖支撐，下山時可藉手杖探觸而確定何處適於踩踏。

9.低視者日間極少使用手杖；夜間視線較差，宜持杖輔走，一方面可探測障礙物，另一方面可讓車輛駕駛者注意到前有視障者而放慢車速。

(三)人行道、騎樓或邊界線行走技能

1.在人行道行走時

(1)必須充分運用手杖技能，特別注意坑洞、消防栓、公車站牌、停放機車、與快車道接界的高低邊界線等之察覺與閃避。(2)儘量走鋪有導盲磚的路，但要注意有些導盲磚鋪設錯誤反而會誤導。(3)若路邊有水溝，則將手杖斜置，沿著水溝邊緣行走，以了解水溝與身體的距離，避免跌傷。(4)注意巷口的來車及地面的高低差距。(5)儘量訓練視障者在人行道中央直線步行的能力。(6)若發現路線偏離，可伸直手杖左右兩邊探測，尋得邊界線，重新調整直線位置，再前進（與邊界線保持一定間隔）。(7)走到路盡頭或交叉口處應暫停，探取進一步的線索，以確定行走方向。

2.在騎樓行走時

(1)注意各戶地基的高低落差；有坡度不一的斜坡道，有高低不等的台階，應以手杖或腳底探測沿途的起落，以免扭到足關節或跌倒；(2)儘量走在騎樓中間，以免碰撞到室內出來的人或騎樓兩邊的障礙物，例如店家堆放的商品、機車、公共電話。有時走廊旁會有狼犬趴伏，不小心踩到會被反咬一口，故應放緩走路速度，以策安全；(3)若因騎樓太陰暗、潮濕或障礙物太多，而繞道走馬路邊時，應留意突然轉入騎樓的機車及倏忽停車開門的計程車；(4)高低不平的起伏走廊及各具特色的店家，均是可利用來辨識目標物的線索及陸標。

3.利用邊界線的走法（Shorelining）

(1)安排各種邊界線作練習（如草地、石子路邊緣、牆），利用單邊的邊界線行走。(2)練習時身體與邊界線平行，杖端的弧形輕觸路面及邊界線（含少部分邊界物），直到找到邊界線的盡頭及交叉口。若超過交叉口，最好退回而不轉身，才能確定方向。

㈣穿越馬路的技能

1.走到人行道盡頭的邊石，先站在邊石上，以手杖探測穿越馬路的第一步，然後將手杖伸回邊石上，垂直握著，靜候穿越馬路。由邊石的角度可對準方向，採直線穿越方式。

2.若無邊石，則利用聲響或物體（邊界線）確定方向及調整。

3.穿越馬路前，先了解此街道是單線道或雙線道（或多線道）。

4.以聽覺的線索為主，靜聽左右兩方，確定相當距離沒車輛時再過街（須小心右後邊或左後邊轉彎來的車輛）。

5.若車輛頻繁（設有黃色閃光燈），須確定前方所有車輛煞車停行後方可通過（可跟隨同方向的行人同行）。

6.過街後，車聲應在身後，應重新尋找邊界線或路標及其他線索（例如陽光），修正方向後再行動。

7.儘量走地下道、天橋或行人穿越道，不可任意闖越馬路。若不知道斑馬線的確定位置，可以慢慢走、仔細聽，每隔一段時間會有紅綠燈轉換，當聽到煞車聲排成一道線，即可判定是斑馬線的位置。

8.穿越非十字路口的路段，須先傾聽左右來往的車輛聲，確定左右車聲絕對在安全距離之外，方可穿越。行進中並注意左右來車的速度，若聽到有接近的車聲，應即停步，等可通行的狀況下，才繼續前行。

9.行人穿越道的路口很少裝設有聲號誌或導盲磚，故要注意車行的方向與自身的定位，以免受噪音的干擾而誤辨方向。穿越時須等垂直方向的車確實停好後，再前進。若有其他行人，則可跟隨腳步一起過馬路。

肆、低視者的行動技能（Low vision & mobility）

一、低視者常經驗的行動問題

低視者常經驗的行動問題和盲者一樣，包括偵測地形和深度的改變、避免碰撞、通過街道、沒有足夠的聽、觸資訊可作決定。有一特別的問題，即是低視者必須處理照明狀況的改變和眩目的效果。廣泛的行動評估需評量這

兩點式修正措施

三點式修正措施－1

三點式修正措施－2

三點式修正措施－3

圖9－9－3　穿越馬路的修正方法

資料來源：James Leja，盲人定向行動師資訓練教導手冊，1996，pp.65－66。

＊台灣盲人重建院提供。

些因素（Geruschat & Smith，1997，pp.63－64）。

1.照明狀況改變和眩目的問題

⑴刺眼強光的眩目（Glare）是最大的行動困擾，白日眩目如光亮地板反射、面對落日行走，夜晚眩目如來車強烈頭燈或街燈反射在店面玻璃。⑵從室外走入室內或反之的光適應問題（暗適應或明適應）。⑶暗淡或夜晚的照明。⑷在環境中移動時頻繁改變的照明。⑸了解和處理各種照明效果和功能視覺表現是低視和盲者最大的差異。

2.偵測地形和深度改變的問題

⑴低視者對偵測階梯、邊石、不平地形，和盲者一樣困難。⑵低視者和盲者的差異是，當他沒拿長杖或沒嚮導犬時，常會忽略地面的深度或誤判視覺線索。

3.碰撞的問題

⑴特別是在喧鬧、擁擠的地區行走時，易與人或物衝撞。⑵頭部高度和低掛的物體造成很大的困難，尤其是頭部高度的障礙物最易碰撞。

4.跨越馬路的問題

⑴低視者跨越馬路和盲者有相同的問題，包括普遍的焦慮、速度、距離、最佳跨越時間的判斷、在紅燈時右轉的汽車所造成的混淆等。⑵低視者較盲者有利的條件是，能以視覺鑑別交通號誌顏色、斑馬線、看到相對角落、鑑定交通狀況等。但低視者存在的問題是，不能隨時分辨交通號誌顏色和交通狀況，例如面對陽光時，可能就無法以視覺分辨紅綠燈。

5.不同視力狀況所產生的問題

⑴視覺敏銳度低下者，在看精密細節時較困難，例如讀號誌符號或辨識臉孔。⑵視野缺損者，常有光適應的問題，特別是從室外進入室內的暗適應問題。由於周邊視野桿狀細胞缺損，在昏暗照明或夜晚視力，其視覺功能往

往降低,甚至全都看不見,依照明度和個人病理程度而有所差異。(3)視野狹窄者,無法作快速而有效的行動決定。因環境因素所產生的視覺混亂、精密細節和視覺變動,對視野狹窄者是種混淆,對行動的影響和困難度甚於盲者。(4)O & M 指導員需評估上述情況如何影響視覺表現。臨床的低視評估,包括視覺敏銳度、視野、視路和屈折異常等,皆能提供有用的資訊,以了解行動者的視覺表現。

二、常見的眼病理及其功能問題

1.認識眼病理有助於了解視障者的功能性問題,及其對行動的影響。低視者的功能問題包括眩目、視野喪失、盲點、夜盲、光適應、屈光不正、眼球震顫、變動的視覺、深度知覺等。

2.表9-1是常見的眼病理及其功能問題。此表顯示,照明(Lighting)和深度知覺(Depth perception)是低視者行動上最常見的功能問題。過度的照明,或經常變化或快速變化的照明所產生的眩目效果,都會造成障礙。對多數低視者,調整照明(增減照明或減少眩目),是充分運用殘餘視力的基本要求。

3.環境的評估,特別是照明的問題,對不同眼病理的低視者意義重大,包括照明的量、照明的種類(自然光、白熱光、螢光)、採光的角度和位置、光適應對功能視覺的改變及所需的適應時間。對多數低視者而言,調整照明量及照明狀況(增減照明或減少眩目),是充分運用殘餘視力的基本要求。

三、如何提升低視者的行動技能

㈠增進視覺的功能使用

1.加強基本的視動技能訓練

例如讓低視者站在十字街口視覺追跡(Visual tracking)移動的行人、車輛,並有系統地移動頭和眼作視覺掃描(Visualscanning),以建立方向的

表9－1　常見的眼病理及其功能問題

病理 ＼ 功能問題	Glare 眩目	Visual Fieid Loss 視野喪失	Scotoma 盲點	Night Blindness 夜盲	Light Adaptation 光適應	Refractive Error 屈光不正	Nystagmus 眼球震顫	Fluctuating Vision 變動的視覺	Depth Perception 深度知覺
Achromatopsia 色盲	X			X	X		X		
Albinism 白化症	X				X	X	X		
Aniridia 無虹膜	X				X				
Aphakia 無晶體症	X					X			X
Cataracts 白內障	X				X			X	
Coloboma 眼器官裂開	X	X							
Diabetes 糖尿病	X	X	X		X			X	X
Glaucoma 青光眼	X	X		X	X			X	X
Hemianopsia 偏盲（半盲）			X						
High myopia 高度近視	X	X						X	X
Keratoconus 圓錐形角膜	X					X		X	X
Macular deg 黃斑退化	X		X						X
Optic atrophy 視神經萎縮	X	X	X				X	X	X
Retinal detachment 視網膜剝離	X	X						X	
Retinopathy of prematurity 早產兒視網膜病變	X	X	X				X	X	X
Retinitis pigmentosa 色素性網膜炎	X	X		X	X			X	X

資料來源：Reprinted, by permission of the publisher, from the American Foundation for the Blind, *Foundations of orientaion and mobility* (Geruschat & Smith, 1997, p. 65).

＊經美國 AFB Press 同意。

直線和尋找目標物。

2.利用深度知覺的線索，以協助定位

例如：(1)偵測階梯向上或向下，可利用的線索：扶手或欄杆的傾斜，前面行人高度的改變，有缺口或破邊緣影子從物體投射出來，沿著邊緣出現正角或三角形狀，對比顏色的線條（在階梯邊緣），向上或向下的講話聲或腳步聲等。(2)偵測邊石可利用的線索：邊界線，車輛（停放或移動）在附近的垂直階，街道路面和邊石的視覺對比，建築物的終點和草邊緣，塗有鮮明對比顏色（如黃、藍）的邊石，以長杖作邊石深度的偵測（摺疊式，必要時使用），停在路旁汽車的輪胎是提供邊石深度最好的線索（由邊石隱蓋汽車底部輪胎的程度，可估計邊石的深度）。

3.利用視覺線索，以偵測突然的地形改變

例如：(1)利用人行道深線、不平或厚的部分，偵查突起的水泥石板。(2)利用輪胎痕跡和深的腳印，偵查深的水泥地。(3)利用雨滴投影在地面的漣漪效果，可偵查水坑。

4.利用視覺陸標，以促進定向

例如：(1)有特色的外形，如麥當勞餐廳的拱形標誌。(2)亮紅色的門，沿門的藍色箭頭顯示餐廳的路線。(3)不同高度的建築物或教堂尖塔，可重建一個人的方向。(4)記住向前或相反順序的視覺陸標，可預測下一個視覺線索，可促進學習路線，並保持定向。

㈡改善眩目和光適應的問題（配置非光學裝置）

1.戴有吸收力的陽光濾光鏡以隔絕眩光，或戴鴨舌帽以減低強光照射。

2.若因眩目或亮光而無法區別標誌時，可改變視物的角度，以避免刺眼亮光。若因眩目無法區別紅綠燈的顏色，可轉向看相反方向的交通，以協助辨識。

3.在昏暗和夜晚的情境進行行動課程時，長杖訓練亦是必要的，因為很

多學生在夜晚的視力會減退。

　　4.評估光適應的狀況及所需的適應時間，O & M 指導員要協助視障者了解那些情況會改變，及其對功能視覺的影響，及有效的適應方法。

(三)改進遠近距視覺敏銳度（配置光學輔助器）

　　1.多數低視者有視覺敏銳度低下的問題，配置為低視者所設計的光學輔助器，可協助低視者改善遠近距的視覺敏銳度，提高視覺的功能性使用，包括定向、閱讀地圖、公車、捷運、地鐵時刻表等，對行動經驗有密切的關係。

　　2.低視者的視力狀況差異性很大，使用何種望遠鏡或放大鏡，依其目標和動機而定。台灣可購置到光學的輔助器，詳見筆者所著《眼科學與視障工學》一書。

　　3.圖9－10為鑲上望遠鏡的眼鏡，即眼鏡型望遠鏡（Bioptic Telescope Spectacular；簡稱 BTS），其用途可協助視障者開車、騎機車、騎腳踏車時辨識遠處交通號誌或建築物，以確保行車安全。自1970年以來美國已有加州、紐約州等州核准視障者配戴 BTS 考駕照開車，但此措施的安全性仍有很大的爭議。美國多數州的標準是要求20/40的視覺敏銳度以獲取駕照，有些州則提出限日間駕駛的駕照給視力20/70者。目前美國至少有26州允許駕車使用 BTS（包括讓視障者考駕照的州）。最平常的問題是視力低於20/20或20/40者的駕車安全問題（Corn & Koenig，1996；Corn & Sacks，1994；Geruschat & Smith，1997）。檢驗駕車的視覺需求，Huss（1988）建議周邊視力才是駕車的關鍵，例如留在正確的車道，看來車和對街車輛涉及周邊視力多於中心視力。好的中心視力和視覺敏銳度的要求則是在相當特定的活動，例如鑑定十字路口的交通號誌，讀符號資訊，交流道出口標示，和決定前方小棕色的東西是紙袋或小狗。而事實上，多數低視駕駛者，都是在熟悉的地區駕駛，用可見的陸標多於資訊符號，且知道交通號誌的位置，留下來未預期的事件才需要好的視力，約僅10％需要好的視覺敏銳度，90％駕駛涉及周邊視力。進一步的文獻指出周邊視力比中心視力重要，20/40視力要求並非安全駕駛的要求，如同許多年老的駕駛和所有的駕駛都能在不理想的環

境下開車（如黃昏和天未亮及昏暗時，視力降低）。低視者配戴 BTS 確有助於在熟悉的地區駕駛；但行車的安全性仍是不容忽視。

圖9－10　眼鏡型望遠鏡（Bioptic telescope spectacular；BTS）
資料來源：萬明美攝。

伍、社區獨走技能

㈠認識社區環境技巧

　　1.以自己的家為中心，先認識左鄰右舍及生活中最需要的路段，然後逐步擴大到整個社區環境。

　　2.請親友略述住處附近的道路、商店、站牌名稱、公車路線、重要建築物及可利用的社區資源（例如郵局、市場、百貨公司、車站、醫院、學校、公園、圖書館等），詳細說明如何抵達（可在視障者的背上描述道路的方向）。先由親友引導，沿途解說相關位置及特殊路況，建立熟悉的心理地

圖；然後獨自持杖往返探索，若有疑問立即請教鄰居或路人，反覆辨認路線和建築物，直到熟識為止。

(二)行走時防衛技巧

1.出門行走時精神狀態必須正常，隨時保持警戒心，集中注意力，耳聽八方，並充分運用其他感覺器官。行走時重心下沉至兩腳，行進的速度不可太快，以免發生狀況時來不及應變。

2.行進時儘量不要太靠近人行道邊緣或騎樓的牆壁，以免頭部被隨意停放路邊的大卡車或懸掛式公共電話撞傷。與頭部等高的太卡車最危險，因車身下面空間大，手杖若打不到車尾即打空，頭部最易受碰撞。

3.行進間，儘量跟隨行人或腳踏車後面行走，可避開坑洞，避免跌傷；同時腳底亦要提高敏感度，若感覺路面有異樣，可能前面有工程在施工，應即提高警覺。

4.穿著輕便的服飾，將攜帶的物品裝在背包，騰出雙手。儘量穿平底鞋以免扭傷腳踝。

5.選擇較安全、安靜、光線充足及熟悉的路行走。對於不熟悉的路段，須事先打聽路況，經過危險地段時預先以手防護臉部。

6.低視者在室外行走時，應隨時攜帶望遠鏡以補足視力之不足。若路面高低不平難以辨別時，亦可以備用的手杖輔助行走。

(三)穿越十字路口技巧

1.先了解該十字路口的狀況（包括交叉情形、陸標、汽車行駛情形、安全島、斑馬線、交通號誌等）。

2.由前方垂直車輛的停車位置及同方向平行車輛的停車位置，可確定自己站立的位置是否適當。

3.遇到十字路口時，可傾聽同向身旁車輛引擎的發動聲，若已開始加油或前進，表示綠燈，則慢慢跟隨前進；同時耳聽八方，留意左轉的來車及違規車。前方垂直車輛煞車停行時是黃燈，可預備等候本方的綠燈；待同方向汽車發動引擎，加足馬力欲前進時，即為綠燈，可隨之過街。

4.若走近斑馬線時，同方向的車輛正行走中（綠燈中），最好稍候，等下一次綠燈（同方向車輛重新發動引擎）再通行，以免通行途中轉為黃燈、紅燈，不及應變。

5.同方向的車輛也可能朝右或左轉，所以須同時注重垂直及平行的車輛。

6.過街後，應即修正方向。若要到對角的街角，不可直接由對角穿越，而應遵守交通規則，穿越兩條街後抵達，以維護交通安全。

四夜間行走技巧

1.夜間行走應穿顏色亮麗的衣服或反光背心，或將手杖貼上反光紙。行經交通頻繁地段，可攜帶有閃光的警示器，使來車駕駛看清楚，以防被撞。

2.夜間行走須提高警覺，隨時準備閃躲乘黑飆車的汽機車。過十字路口更不可大意，因為夜間行人少，某些不守交通規則的駕駛人可能會快速闖紅燈。儘量停下來讓車輛先行。

3.夜間沒有陽光的自然引導，方向感較差；但夜間通常較沈靜，較能發揮聽覺功能。

4.夜間行走可將手杖的聲音敲響一點，一方面引起路人注意，一方面提供自己回聲定向。

5.選擇較熟悉、路況和照明良好的路線行走。

五風雨中行走技巧

1.在風雨中行走是視障者最沒把握的行動，因為四面八方的風雨聲及雨傘的雨點聲，完全封住聽覺，使其失去掌握周遭環境的能力；再加上路上積水的干擾，使其失去方向感，感覺和晴天不一樣，常會撞到平時不可能撞上的障礙物。因此，風雨天儘量避免出門，若須外出遠行，則以計程車代步，解決在風雨中行走的困難。

2.在風雨中行走以撐雨傘為宜，以免穿雨衣雨帽妨礙聽覺。雨傘須高舉，傘頂離耳朵越遠越好，使雨點打在雨傘的聲響對聽覺的干擾減至最低程度。雨傘除遮雨外，亦可阻擋掉落物，但雨勢不大時儘量少用雨具。

3.在風雨中行走時，左手撐傘，右手持手杖，風大時可將傘緊貼背部，雨傘宜選擇堅固耐用的自動傘，手杖須隨時磨擦地面，以防走進水坑裡。由於風雨聲會干擾聽覺，必須集中精神，注意來往車輛，特別留意橫巷裡衝出來的汽機車，儘量走騎樓。

4.低視者可藉車子的燈光判定方向及前面路面狀況（例如反光表示有積水）。

5.為避開積水或因轉彎幅度太大而迷失方向時，切莫驚慌失措，先定下心再循線回到原來的地點，重新出發。

㈥搭乘昇降梯技巧

1.搭乘箱形電梯技巧

(1)平時應請敎明眼人有關電梯控鍵的使用方法，在明眼人的指導下實際操作至熟練為止，才可獨自行動。(2)獨自到某棟建築物時，最好事先打聽該棟建築的樓層配置及電梯按鍵排列情形，先按往上或往下的按鍵，電梯門打開時，須先以手杖向前探測，確定裡面有昇降機才可跨入。出入電梯門均須以手杖探測，以策安全。(3)電梯內若有語音系統或在按鍵旁邊加有點字記號，即可直接使用，最為安全。若無任何設備，則須依經驗判斷按鈕的排序，取一定位，以五指分放在按鍵上，較能快速移動按到想去的樓層。若電梯內有其他乘客，可請其協助按鍵；無人時只好自行以觸覺或殘餘視覺辨認，經常搭乘的電梯，應記住其按鍵位置，以後搭乘即可以手直接觸摸按鍵。(4)電梯停止時再按一次該樓層的按鈕，確定無誤後再出電梯。

2.搭乘電扶梯技巧

(1)在公共場所（例如百貨公司、機場）行走時，如在地面踏到鐵片或粗糙的踏板，同時耳朵聽到隆隆的機械轉動聲音，以手杖探測扶手處，即可知前有電扶梯。(2)先以腳尖探到踏板邊緣，感覺到扶梯滑動頂到腳尖時，把握時機，一腳往前踏，身體微向前傾，另一腳隨後踏上站穩。若發現踩在階梯邊緣，應即扶著電梯扶手，向下或向上移一階，確定踏在平面的安全位置，

另一腳隨即跟上。(3)同時以手扶著電扶梯扶手，順扶手轉動而前進，使重心穩定。(4)手杖的握法與上下樓梯時略同（上扶梯時，手杖直立於上一階；下扶梯時，手杖斜置於下一階）。(5)將至終點時，感覺扶手逐漸平坦，且手掌心可感受強烈的齒輪轉動和振動。此時可將一腳先往前踏一階，重心放在後腳，即兩腳分別踏在前後兩階，從兩階高度逐漸一致可知抵達終點，立即轉移重心，往前跨一步，後腳同時跟進。

㈦搭乘交通工具技巧

1.搭乘公車技巧

(1)確定所要到達的地點，請教朋友或打電話到公車處或上網查詢路線，了解擬前往之目的地可搭乘之公車。決定搭乘某路公車後，須掌握該路公車所經路線的每一站名，並確定該路公車是上車收票或下車收票，及上車的車門（由前門上車或後門上車）。

(2)詢問站牌的位置，剛開始不熟悉時可請朋友解說附近的地形及行走的方向（儘量不依賴人導法）。走到公車站牌附近後，前後走動，看看是否有候車的路人。若四處無人，就站在站牌附近，等有人下車時，立即上前詢問。低視者可使用望遠鏡辨別站牌及遠方行駛中的公車；但天色昏暗時無法使用望遠鏡，亦得請求路人協助，故視障者均期盼政府設置公車導盲系統，能預知公車抵達、開門播報車號、到站播報站名等。

(3)通常公車很少停在正確的站牌位置前面，尤其是車多繁忙的上下班時刻或僅有視障者單獨候車時，若未招手，公車往往過站不停，此時就得借助路人協助，請其在某路公車來時告之。

(4)上車時先向駕駛員詢問，確定是所要搭乘的路線無誤及上車或下車收票後，才刷卡或投幣，同時請駕駛員到達目的站時招呼一聲，自己亦要留意時間和路線，因為駕駛員可能會忘記。上車前應準備好儲值卡或零錢，注意聆聽刷卡箱和投幣箱的正確位置，左手扶欄杆，右手刷卡或投幣，然後緩緩向車內移動。

(5)上車後不要急促尋找座位，以免對其他乘客造成騷動，引起一般人對
視障者產生不良印象或誤解。若感覺前面有空位，可輕聲詢問：「請
問這裡有沒有人坐？」，確定無人時才入座。若無座位，則以手握緊
車頂的把手站穩。站立的姿勢，可將身體的重心放在靠車後面的一隻
腳上，將靠車前的一隻腳膝蓋彎曲，當車子剎車時，彎曲的膝蓋隨之
伸直，便可將向前衝的力量化除於無形；若重心的一腳站酸了，可將
身體轉向，換另一腳做重心的支撐點。若有善心人士指點找座位或讓
座，應欣然接受並予致謝，以免對方尷尬。

(6)儘量搭乘固定的公車路線，較能掌握路況。第一次搭乘的路線須事先
了解沿路的特徵、線索及陸標，並估計所需的時間。儘量選擇無須過
馬路的站上下車，注意聆聽公車內語音站名播報。一路上若無塞車或
其他事故耽擱，可依照心理地圖及經驗，在預期時間內快到目的站
時，請問鄰座乘客或自動提醒駕駛員「請問某站到了沒？」，下車
前，再度確認無誤，致謝後才手抓車門右邊的鐵柱，從容下車。若是
經常搭乘的熟悉路線，僅需在下車前確認站名即可。

(7)不要搶先上、下車，但也不要等到最後才上、下車。

(8)萬一搭錯路線或下錯站時，切莫驚慌失措，可詢問路人或改搭計程
車。

2.搭乘捷運系統技巧

(1)截至2001年2月，台北捷運已通車路段包括木柵線、淡水線、中和
線、新店線、板南線、新埔線等，可在櫃台取得「捷運列車運行路線
圖」、「車站周邊公車路線表」、「轉乘月台」及「票價表」，可請
明眼人報讀，以獲得正確的資訊。

(2)第一次進捷運站，可搭乘老殘專用電梯，請明眼嚮導或「詢問台」的
服務人員協助。熟記投幣購買車票、刷卡驗票、搭乘電扶梯、候車入
站、刷卡出站等流程及相關位置，反覆練習幾次，即可獨自搭乘捷
運。

(3)搭乘捷運電扶梯要「靠右站立」，以利趕時間的民眾「快速通行」，

並避免被碰撞。列車進站時亦要遵守「先下車、後上車」的乘車禮儀。

(4)捷運內禁止飲食、禁止吸煙，不可隨意丟棄垃圾。

(5)注意搭乘捷運安全，例如小心月台間隙，防止跌入軌道。建立防災知識，例如列車失火、化學災變及旅客疏散路線等。

(6)善加利用「悠遊卡」、「捷運接駁公車」及「捷運單向免費一段票轉乘公車」之優惠措施。

(7)若有任何疑問可至車站詢問處請求協助，台北市的捷運可至市政府交通局網站（www.dot.taipei.gov.tw）查詢。

3.搭乘計程車技巧

(1)呼叫計程車的方式有三：①直撥車行的電話號碼，約定一個明顯且容易找到人的地點，須問明車子的顏色及車號，並說明自己的特徵及衣服的顏色。②由查號台查詢無線電計程車的呼叫號碼（記下常用號碼），打電話召無線電計程車，此種方式較安全，且價格合理，但大都市才有這種服務。③在路邊等候計程車，可站在明顯的位置舉手搖動，或注意聽辨四周的聲音，當左方來車的引擎聲音很像計程車之類時，則舉手攔車。計程車多為黃色，有殘餘視覺者可以顏色辨認，若是計程車即會停靠過來。必要時可請經過路人幫忙招呼，或自行走到較多人的地方尋求協助。

(2)對於持杖的盲人，司機先生通常會幫忙開門。自己應先將手杖摺好，以右手扶住車門，左手曲肘豎起，接觸到車頂邊緣時，側身入座，注意防備頭部碰撞車頂，坐妥後再關上車門。

(3)告訴司機先生要到達的目的地，同時告知容易尋找的標誌或公共目標物。一路上與司機先生建立良好的關係，聊天的話題可圍繞關懷及同理心的主題，避免論及政治意識問題，以免政治立場不同而傷感情。若司機先生抽煙，不可要求他停止抽煙，而是自己將車窗稍搖下，呼吸窗外新鮮的空氣，以免產生爭執傷和氣。

(4)行進中隨時注意路況的變化與方向的轉移，可依照自己的心理地點，

在有把握的行車位置,以詢問的口吻請問「現在是否到哪裡了?」,讓司機先生明瞭自己對路線很熟悉而不致繞道而行。默記旅程表跳動的聲音次數,可核對車資是否超收,付錢找零時要數清零錢才下車。

4.搭乘機車技巧

(1)通常是由家人或朋友搭載;亦有收費機車,但安全較無保障。

(2)搭乘機車一定要以跨坐方式乘坐,兩腳先踏好安全踏板,一手搭在騎士的肩膀或腰部,另一手緊握後面的橫桿,如此可避免煞車時自己和騎士的頭相碰(尤其戴著安全帽時),亦可避免急轉彎或突然加速時,身體往側面或往後面倒。坐妥之後才請騎士開動。

(3)行進間不可隨意將腳向輪子靠攏,以免被高熱的排氣管燙傷或被車輪絞傷;雙腳膝蓋緊靠座位,不可向外張開,且身體須保持重心平穩,不可向外偏出,以免超出車頭寬度而撞及錯車或障礙物而受傷。停車時仍須等騎車者指示可以下車才能行動,以策安全。

5.搭乘火車技巧

(1)打電話到火車站服務台或上網查詢火車班次。請教朋友,建立火車站內部的心理地圖。

(2)詢問旅客,擬前往目的地的票該在哪個窗口購買。

(3)身心障礙者及其陪伴者一人,憑身心障礙手冊購票,可半價優待,並得優先乘坐。

(4)購票後再詢問旅客,如何到達剪票入口。

(5)剪票進月台時須詢問剪票員或乘客,確定車種、班次時刻、路線及該班車停靠的月台,無誤後才可行動。

(6)若是持杖的盲人,旅客通常會自動幫忙上車、尋找車廂、座位,否則亦可禮貌的向旅客請求協助。上車時要特別留意月台和車廂之間的空隙,以免跌落鐵軌。

(7)入座後,將手杖摺疊放置於行李中,然後將行李安置在座位的下面,以免擺在行李架上,因剎車而滑動,便不易尋找了。若經過兩道門才

到車廂內，所經過的通道即是化妝室所在。

(8)火車開動時應核對車程時間，推估抵達目的地的時刻。快到站時仔細聆聽服務人員的播音。停靠時間較短暫的車站，須預先到車門附近等候。車門有兩邊出口，人聲吵雜的一邊即是要下的月台。最好先讓其他乘客下車，再跟隨其後，跨出的腳須先踏實月台，身體的重心落實才向外移出，以策安全。

(9)下月台後，根據所乘車廂所在的位置及傾聽人聲的流向，跟隨其他乘客出站。同時辨明方向位置，建立心理地圖，以利下次搭乘。必要時可預訂返程車票與座位，充分掌握行程。

6.搭乘公路客運技巧

(1)打電話到公路客運服務站或上網查詢客運班次。

(2)確定搭車站別，可請教朋友或打電話到公路局詢問。

(3)台汽客運的班次時間和票價通常是固定的，公布於購票處上方或服務台，略分為國光號和中興號，可直接向窗口的售票員詢問。

(4)確定上車的月台和班次，若非在終點下車，應事先請駕駛員到站時通知，但自己亦要留意時間和路線，以免耽誤。票根須妥善保存，於下車時繳回。

7.搭乘飛機技巧

(1)機場的範圍太廣泛，所有資訊均是以電子佈告欄方式呈現，視障者很難建立熟悉完整的心理地圖，最好有親友陪伴同行。

(2)打電話到航空公司詢問飛機班次，並預先以電話或網路訂票。

(3)到機場後，可請旅客協尋航空公司的劃位處及候機處。身心障礙者及其同行一人，搭乘國內班機可半價優待，須記得攜帶身心障礙手冊。

(4)若是持杖的盲人，航空公司的服務員通常會主動帶領上飛機；同時可請求航空公司聯絡目的地的服務員，於下機後協助出關、轉機、領行李、出飛機場等。

(5)在所有的行李包貼上獨特的標誌或繫上容易辨認的標籤，以便同行親

友或機場服務員協尋，以免拿錯行李，徒增困擾。

陸、生活自理技能

㈠錢幣使用技巧

1.辨識錢幣

⑴不同幣值的舊版新台幣紙幣，其大小、形狀、厚薄均很相似，且無任何浮凸記號可供辨識。2000年7月所發行的千元新鈔，及往後將發行的國幣，增加盲人點，且尺寸亦不同，有利於觸覺辨識。

⑵將紙幣依寬窄分成兩類，五十元和一百元放在皮夾的一邊，五百元和一千元放在皮夾的另一邊，以殘餘視覺依顏色分辨或請明眼人協助辨識。

⑶將已辨識的紙幣以不同的摺疊方式分開存放在不同的口袋或皮包夾層，以便隨時取用。

⑷提款時順便換鈔，儘量讓口袋的紙幣單純化，例如只有一百元和一千元，分開放在兩個口袋或夾層。

⑸不同幣值的新台幣銅幣，可從直徑的大小，及其厚薄、輕易來辨識，惟銅幣五十元的大小介於五元和十元之間，較易混淆，須仔細分辨。新版五十元硬幣，外觀大小和質感均別具特色，且背面所附有盲人點字，深具意義。

2.使用錢幣

⑴對陌生的流動攤販或不熟悉的商店，若物品價格不高，儘量使用小鈔或零錢付款。

⑵熟悉的商店通常都誠信不欺，可用事先分開摺疊存放的鈔票付錢。

⑶付錢時，為避免誤會或被騙，拿出大鈔時便說：「這是一千元鈔票，請您找錢。」拿出小鈔時便說：「這是一百元鈔票，請您找錢。」

⑷拿錢給盲人時，最好請第三者（明眼人或低視者）過目，且應當面點

清，以免產生誤解。

(5)出門購物之前，先預估擬購物品所需之額度，將鈔票依幣值大小分開摺疊存放，結帳付錢時再清點一次，如此便不會在忙亂中遺失或誤付鈔票。

(二)飲食技巧與餐桌禮儀

1.辨別食物的新鮮度

(1)平時即應吸取食物保鮮的基本常識和避免食物腐壞的正確方法。注意食物的保存方式和保存期限。

(2)透過嗅覺、味覺、觸覺判定食物的新鮮度：①聞聞看，有無怪味；②嚐嚐看，有無變味；③摸摸看，有無異樣。

(3)熟食和水果絕不可接觸切割生鮮魚肉的砧板、菜刀和容器，以免被肉毒桿菌或葡萄球菌污染而造成食物中毒。肉類冷凍時應事先分裝成小包，解凍後不可再冷凍。

(4)用餐完畢，應先將冷卻的殘羹剩飯封好，放在冰箱冷藏，保存期間不宜超過三天；再加熱時仍應熟透後食用。甜點蛋糕類若未存放冰箱時，應以容器裝妥，置於盛水的盤碟中間，以防螞蟻爬食；食用時再手指輕探，以免未察覺而誤食其上的螞蟻。

2.單獨用餐

(1)先思考自己想吃的飲食種類，再向別人詢問相關的餐飲店。食物的香味、炒菜的聲音、洗碗盤的聲音、老闆的吆喝聲、抽油煙機的聲音，均是分辨餐飲店所在的參考依據。

(2)儘量選擇非尖峰時段到熟識且服務親切的餐飲店用餐，請服務生引導入座。

(3)請服務生介紹餐館的主食和菜餚，及大概的價碼。若服務生沒空時，可請鄰座的顧客協助點菜。

(4)當服務生寫好菜單時可請其告知櫃台的位置。結帳時若有疑慮，應及

時澄清。

⑸自己料理三餐時，可參考食譜（點字或有聲食譜），以最簡便的方式
　處理。使用電氣炊具（電爐、電鍋、微波爐）較瓦斯炊具安全，可避
　免瓦斯中毒或火災。

3.餐桌禮儀

⑴餐桌禮儀是視障者融入一般人際互動很重要的社會技巧。

⑵餐具的擺放和進餐方式，因中、西式餐飲，個人私餐或團體宴席而有
　所差異，平時要多加演練，可請鄰座協助夾菜。

⑶注意不同宴會場合的服飾，不可穿拖鞋入席。席間不可抽煙、敲擊碗
　盤或高聲喧嘩。與鄰座低聲交談，並以自然和自信的方式從容進餐。

㈢衣著技巧與個人衛生技巧

1.選購衣服

⑴有固定價格、規格、樣式的衣服或內衣褲可由自己購買，但大部分衣
　物仍須由親友或店員協助選購。

⑵選擇人潮較少的時段購物，告訴親友或店員擬購買的衣服類型，例如
　長褲、襯衫、套裝、洋裝等。以手觸摸衣服的質料和款式，並向店員
　詢問價格、顏色、洗滌方法。

⑶挑選好的衣服最好能試穿，請隨行的親友觀看是否合適，並檢查有無
　瑕疵。

⑷儘量選購相同款式和顏色的襪子。

⑸將買回的衣服依顏色和款示在衣角的內側縫上自己可辨識的記號，分
　類放在固定的位置，或將可互相搭配的衣服放在一起。平日可做大類
　的區隔，將洋裝、外套、褲裙、襯衫、套頭毛衣等分類存放，可減少
　尋找的時間。

2.搭配衣服

(1)平時即應吸收服飾和色彩學的基本概念，例如橫條文的衣服顯胖，直條文的衣服顯得修長；穿西裝須搭配皮鞋，而著休閒服則配運動鞋。參加婚喪喜慶時的裝扮應合禮儀，例如參加葬禮不可濃妝艷抹或穿著鮮艷的衣服。

(2)穿著衣服以合身為宜，注意顏色搭配的基本概念，主要色調不超過三種以上。先從衣領、口袋、鈕扣、布邊、質料等觸覺設計及預留的記號分辨適合搭配的顏色及樣式，然後請親友評論搭配情形並提供修正意見，使穿著更搭調。

(3)適當的穿著方式可顯得精神煥發，例如穿西裝結領帶（較正式），將襯衫紮進長褲內（較莊重），將外套拉鏈拉到領下第三個扣子左右的高度（較穩重）。同時應學會穿著的技能，例如能結出漂亮的領帶樣式或襯衫的蝴蝶結；並能以針線補釘縫鈕扣。

(4)為保持衣著的整潔，應勤更換、勤洗滌。留意衣服的污漬，從一天的活動中略可推測髒污的部位（例如曾坐在地上、曾打翻醬油等）。以嗅覺可判斷衣服是否洗過。清洗衣物時，將最容易弄髒的地方（例如領口、袖口、口袋處、鈕扣或拉鍊邊緣等）加強清洗。洗滌時避免將不同顏色的衣服混雜泡洗，以免互相染色。

(5)女性在生理期間應穿防漏的生理褲，同時應避免穿白色或淺色的裙子或長褲，以免污漬滲漏太明顯。除保持潔淨外，可請女性親友檢視衣服是否有污漬。

3.個人衛生技巧

(1)注重衛生習慣的養成，包括定時刷牙、洗臉、洗手、洗澡、洗頭、修剪指甲等，保持清爽整潔。

(2)吸取性教育和生理衛生知識，知道如何處理女性生理期及男性夢遺等清潔事宜。

四居室佈置技巧

1.佈置室內

(1)室內的佈置應以整潔清爽、方便生活爲原則,注意採光、色調、通風、隔音等相關因素。

(2)隨時以手杖作爲測量空間大小、距離之工具。

(3)以磁磚間線設定目標,作爲傢俱定位之參考。

(4)傢俱的放置以方便使用爲原則,最好選購不易破碎、不易碰撞的傢俱。若空間太大,可利用現有傢俱作適當之區域分隔,構成能產生回聲定位及觸覺回饋之動線,以利定向行動。

(5)室內擺設以簡樸實用爲原則,避免懸空的傢飾,例如吊燈、吊籃等。日常用品應分類定位放置。門和抽屜應隨時靠攏。三十公分左右的傢俱腳柱,儘量放置箱子或其他填充物,使其與地面平面相接,以免突出的橫面傷及小腿骨。

(6)訓練基本的電器修護技巧,能自行更換或修理燈泡、水龍頭、電插頭、電扇等簡易家電。

2.清掃環境

(1)室內的擺設儘量固定位置,不要經常變動。傢俱儘量靠牆壁或集中擺放,以利行動和清掃。

(2)清掃室內時使用吸塵器較掃帚效果佳。先以吸塵器清潔地板、紗窗、窗台,再以海綿拖把拖地;前後院才使用掃帚掃地;掃地時動作不要太大,儘量朝同一方向掃,從窄狹地方朝寬廣地方掃,再以向心方式將灰塵、垃圾集中在腳前,掃入畚斗,集中放在垃圾箱內。

(3)用餐後應立即收拾餐桌,剩菜或果皮先以購物留下的小塑膠袋封好,再丟入垃圾桶;甜飲料空罐以水沖洗,再丟入資源回收袋,一方面可斷絕蟑螂、螞蟻、老鼠的糧食,一方面可免其腐爛所散發的臭味污染室內空氣。擦拭桌面前須先將細小或容易翻倒的物品移開。

(4)淋浴完畢後應隨手沖刷浴室，以免污垢沉積日久，較難清潔；廁所亦應定期以浴廁清潔劑刷洗，以保持乾爽無異味。

(5)使用「滅蚊燈」和「蟑螂屋」可解決捕捉蚊蟲和蟑螂的難題。

㈤居家生活技巧

1.輔具使用方面

(1)學習使用各種通訊設備，包括電腦網路及電子郵件，電話、答錄機及手機，收音機、錄音機、電視機及錄放影機。

(2)學習使用各種生活輔具，包括手錶、鐘錶、體重器、溫度計、微波爐、烤箱、鍋爐、洗衣機、冷氣機等現代化生活輔具。

2.進修方面

(1)向各視障圖書館辦理借書證，借閱點字圖書與有聲圖書；訂閱有聲雜誌。

(2)收聽廣播、電視節目，選修空大課程、空中英語雜誌、演講錄音帶。

(3)利用電腦網路蒐集資料。

(4)請義工報讀。

(5)參加政府或民間辦理的短期進修研習或專題講座。

(6)參加讀書會。

3.休閒方面

(1)與視障社團或其他服務性社團保持密切接觸，以便有活動時能及時報名。

(2)儘量參與一般社會活動，結交明眼朋友，擴展生活領域。

(3)欣賞音樂、玩樂器、歌唱，逛音響公司、唱片行。

(4)視障者因外出行動不便，故經常以電話和朋友聊天，或相約泡茶聊天、下棋。

(5)到健身房運動，或在家中使用健身器材運動；進行慢跑、游泳、跳

舞、打球等體能活動。

(6)由明眼朋友陪同登山旅遊、觀賞電影、戲劇、畫展，請明眼朋友協助解說。

4.理財方面

(1)使用電話查詢系統或上網查詢，即可得知各行庫的利率變動情形。定存銀行安全可靠，活存郵局取款方便。定期存款最好選擇有參加存款保險的銀行。

(2)參加同事或親友的互助會（倒會風險大）。

(3)收聽股市分析，長期投資績優股票或海內外基金。

(4)投保儲蓄保險。

(5)吸收有關經濟、投資、房地產分析等資訊。

(6)按照收入預算量入為出，撙節開支，養成儲蓄的習慣。每日記帳、每月決算，隨時檢視收支開銷情形。

(7)熟練自動櫃員機的按鍵操作方法，可自行在各處郵局及銀行的自動櫃員機跨行提款，較為便利。

5.購物方面

(1)到超市百貨公司和便利商店購物，通常可採購到所需的生活用品。首次須由明眼人引導，進行定向行動。先蒐集各種線索，熟悉環境後，即能獨自購物。

(2)可資利用的定向線索：①聽覺線索，如擴音喇叭、收銀機、冷氣機、電梯、顧客與服務員的對話……等聲音；②嗅覺線索，如蔬果魚肉、熟食、家俱木料、化妝品、肥皂粉、皮件、文具書香、化妝室……等氣味；③觸覺線索，如鐵櫃、玻璃櫃、冷凍貨架、磁磚地面、塑膠地板、地毯、樓梯口、固定的大擺設等均有參考價值。

(3)選購物品有賴觸知覺、嗅覺和殘餘視覺精挑細選。

(4)不同區域各有其不同的整體感覺，事先擬訂採購清單，多問多探索，交替利用各種線索，澄清、確認，當能享受獨自購物的樂趣。

6.就醫方面

(1)平常多吸取醫學知識。

(2)選擇住家附近的大型醫院或已參加健保的診斷就醫,指定固定的醫師就診,不要時常更換。

(3)就醫前,將自己的症狀、病情及所要問的問題綱要,以點字或大字體寫成筆記,帶到醫院。

(4)初次看診時,先到服務台請義工或服務人員協助。對於持杖的盲人,服務人員通常會親自引導就診。

(5)請服務人員交待護理人員,輪到視障者時能特別關照。若是以電子顯示器通告號碼,可將自己的號碼告訴旁人,請其協助。

(6)看診時,將自己預擬的問題逐一提問,有備而來,較能獲得醫師的尊重。

(7)請醫師於當日或某日內完成所需的檢查項目,以免多次往返奔波。

(8)請醫師告知所開的處方,用藥時若有疑慮,可打電話到醫院詢問。此外,可請別人查閱藥典,使自己更了解藥物的作用及副作用。

(9)就診完畢後,請護理人員指引,或通知服務人員引導繳費、領藥及出院。

(10)離開醫院前,將醫院的電話、醫師的代號姓名及看診時間、掛號處及候診處位置、自己的掛號證號碼抄錄下來,俾供下一次掛號及看診參考。

柒、定向行動能力檢核

　　培養良好的定向行動能力應從心理建設著手,唯有自信、負責、有勇氣的視障者才可獨自面對障礙環境的挑戰。身體的健康程度、對環境的熟悉程度、在環境中行動的方式和習慣、感官能力的運用等均會影響自我獨立的可能性。由於定向行動技能並無法完全彌補視覺的缺陷,因此加強視障者的溝通技巧,使其勇於求助,並能於求助後有感謝的心態,更是定向行動訓練的重要課題。表9－2為視障者定向行動能力檢核表,限於篇幅僅列出檢核項

目；每一檢核項目可再分出檢核能力細目。

表9－2　定向行動能力檢核表（檢核項目）

檢核領域	檢核項目
(一)感官能力	
1.視知覺	(1)視力狀況（有無殘餘視力？視野缺損部位：中央或周邊？是否利用視覺行走？何時視功能受限：夜晚、眩光？），(2)辨別光源，(3)凝視物體，(4)辨認物體，(5)追視物體，(6)對低視輔助器的適應能力（太陽眼鏡、望遠鏡、放大鏡等）。
2.觸知覺	(1)辨別結構（物體材質、步道表面），(2)辨別尺寸（大小、長寬、厚薄、形狀），(3)辨認物體（日常物體、模型、錢幣、點字），(4)辨認關係（物體間的相似和差異），(5)辨別溫度（氣候、陽光與陰影、冷熱覺）。
3.聽知覺	(1)聲音辨認（區別不同聲音、聲音追跡、聲音記憶），(2)聲音定位（掉落物、音源方向及距離、聽音定向辨認——街道、判別音影），(3)回聲定位。
4.本體感受器和前庭系統	(1)運動知覺（轉彎、上下坡、偏向知覺），(2)平衡感覺，(3)感覺動作（姿勢、平衡與步態、有無習癖動作）。
5.嗅覺與味覺	(1)察覺氣味，(2)區別不同氣味，(3)辨認氣味來源及地點，(4)以味覺分辨酸甜苦辣味道及各種食物味道。
(二)概念能力	
1.身體形象概念	(1)身體各面，(2)身體部位，(3)身體活動，(4)左右側面，(5)方向認識。
2.大肌肉動作	(1)移動身體所需的運動模式（如跑跳），(2)操作身體的動作（如投擲、抓接）。
3.方向與方位	(1)方向（前後、左右），方位（東西、南北），方向與方位（上下、頂底、距離、轉彎）。
4.空間概念	(1)自我對自我，(2)自我對物體，(3)物體對物體的空間關係與空間定位。

檢核領域	檢核項目
5.時間—距離	(1)時間概念（實際時間與個人時間），(2)估計及掌握時間—距離、時間—速度的關係。
6.轉彎與羅盤方位的概念	(1)轉彎角度與方向，(2)直線概念，(3)偏離路線之概念與調整。
7.物體和環境的概念	(1)陸標，(2)資訊點或線索，(3)邊界線，(4)社區圖形及特殊符號，(5)交通工具，(6)交通號誌與規則，(7)公共建築與設施，(8)社區型態，(9)馬路概念，(10)編碼系統、序列、顏色概念，(11)地圖概念，(12)自我熟識過程與重新定向能力。
(三)人導法	
1.基本動作	(1)能提示嚮導者，以配合正確握臂姿勢，行走位置、步伐和速度，(2)上下階梯、斜坡道和左右轉，(3)避開障礙物，(4)請求解說新環境，(5)終止引導。
2.相關動作	(1)轉彎、轉身和換邊，(2)通過窄道和門，(3)上下樓梯、電扶梯和箱形電梯，(4)上下轎車、公車、捷運、地鐵、飛機，(5)就座，(6)拒絕或接受嚮導（漢斯換手法、說明引導方法）。
(四)自我防衛及蒐集資訊技能	
1.手臂防衛技能	(1)手臂上防，(2)手臂下防，(3)手臂上下防併用。
2.蒐集資訊技能	(1)追跡，(2)尋找掉落物，(3)建立直線方向，(4)室內定向，(5)握手，(6)求助技能。
(五)手杖技能	
1.基本手杖法	(1)節奏手杖法，(2)斜置技能。
2.變通手杖法	(1)持續觸地法，(2)觸滑法，(3)觸曳法，(4)三點觸地法，(5)一下一上觸地法。
3.手杖的放置	(1)擱放，(2)持杖與嚮導者同行。
4.基本運杖技能	(1)上下樓梯，(2)行進間，(3)人行道、騎樓或邊界線行走，(4)穿越馬路技能。
(六)低視者的行動技能	(1)基本視動技能，(2)利用深度知覺線索，(3)運用光學輔助器（望遠鏡、放大鏡）行走的能力，(4)配戴BTS駕車（自行車、機車、汽車）的能力及安全評估。

檢核領域	檢核項目
(七)社區獨走技能	(1)認識社區環境技巧，(2)行走時防衛技巧，(3)穿越十字路口技巧，(4)夜間行走技巧，(5)風雨中行走技巧，(6)搭乘交通工具技巧（公車、捷運、計程車、機車、公路客運、飛機），(7)使用嚮導犬的技能，(8)身心狀態（身體的體能、姿勢、步態；心理的動機、自信、穩定、問題解決能力）。
(八)生活自理技能	(1)錢幣使用技巧，(2)飲食技巧與餐桌禮儀，(3)衣著技巧與個人衛生技巧，(4)居家佈置技巧，(5)居家生活技巧（使用通訊設備和生活輔具、進修、休閒、理財、購物、就醫等）。

資料來源：萬明美編，2000。

第十章
無障礙環境理念與
特殊教育福利服務措施

第一節　無障礙環境之理念與設計

壹、無障礙環境之法令規章

　　傳統之公共設施通常是針對一般身體健全者而設計；無障礙環境理念即是在公共設施之規劃與設計時能考慮身心障礙者的特性，讓身心障礙人士及其他行動障礙者（例如老人、孕婦、疾患者、意外傷害者等）都能如同一般人，可達、可入、可用各種公共建築、公共設施、活動場所及交通工具，以達到殘障人士與一般人士共用之目標。

　　歐美各國自1960年代以來，積極推動暢行無阻（Accessibility）運動，即無障礙環境運動（Barrier－free environment movement）。美國1968年公布《建築障礙法》（Architectural Barrier Act），規定公共建築設施之設計應考慮身心障礙者的暢行性：(1)每棟建築物一樓至少應有一處可自由通行的出入口；(2)每棟建築物除階梯外，應另設坡道；(3)出入口寬度須能便於輪椅通行；(4)盥洗室應有足夠空間供輪椅迴轉；(5)在安全便捷處設置停車場。美國於1973年公布之《復健法案》（Rehabilitation Act of 1973）中成立了「建築與交通障礙執行局」（The Architectural and Transportation Barriers Compliance Board）。1976年的《賦稅改革法案》（The Tax Reform Act of 1976）對排除建築和交通障礙的納稅者給予扣除額優待，採美國國家標準機構 AN-

SI 標準（The American National Standards Institute）；另一《減稅及簡化法案》（The Tax Reduction and Simplification Act of 1977）對僱用身心障礙者的雇主再給予減稅優待。兩種減稅措施使雇主僱用身心障礙者及改善障礙設施之意願大爲提高（Duncan et al.，1977）。聯合國將1981年訂爲「國際殘障年」，提出「機會均等、完全參與」的主題，世界各國掀起一股關懷身心障礙者的熱潮。

我國於1980年公布之《殘障福利法》第二十二條即明定身心障礙者之暢行權：「政府對各項公共建築物及活動場所，應設置便於身心障礙者行動之設備。」爲配合國際殘障年，乃於1981年公布實施《殘障福利法施行細則》。由於《殘障福利法》對新完成公共建築物並無約束力，內政部乃於1988年於《建築技術規則建築設計施工編》，增訂第十章公共建築身心障礙者使用設施，條文共計十一條。1990年通過《殘障福利法修正案》，其中第二十三條對於各項新建公共設施、建築物、活動場所及交通工具規定「應設置便於身心障礙者行動及使用之設備、設施。未符合規定者，不得核發建築執照。」對於舊有公共設備與設施（即該條文修訂前完工者）不符規定者，條文明訂「各級政府應編訂年度預算，逐年改善。但本法公布施行五年後，尚未改善者，應撤銷其使用執照。」

我國於1997年4月修正公布《身心障礙者保護法》，第五十六條規定「各項新建公共建築物、活動場所及公共交通工具，應規劃設置便於各類身心障礙者行動與使用之設施及設備。未符合規定者，不得核發建築執照或對外開放使用……。」交通部爲執行《身心障礙者保護法》第五十六條第二項規定，乃於1999年頒布「公共交通工具無障礙設備與設施設置規定」。其中與視障者社區獨走技能有關的輔助設施（輔助身心障礙者使用公共交通工具之設施）包括：

1.運行資訊標示設施：以文字或圖案標示該交通工具之路線、班次、航班或機船名等資訊以資識別之設施。

2.入站播報設施：以音響播報，告知站上視障者入站車輛所提供之路線、班次及到站名稱等資訊之設施。

3.聲音導引設施：以音響引導與告知視障者車門之位置及開閉之設施。

4.昇降設備：可上下活動之機械式平台，供負載輪椅進出公共交通工具之設施。

5.站名播報或顯示設施：以音響播報或文字顯示，告知公共交通工具上視、聽障者即將或已到站名、目的地等資訊之設施。

6.上下階梯、輪椅停靠、固定設施、博愛座、服務鈴、衛生設備、扶手及防滑地板。

貳、視障導引設施範例

(一)導盲磚鋪設參考（如圖10-1）

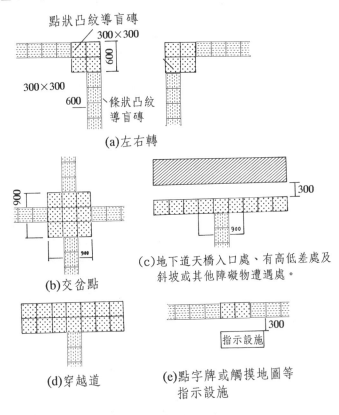

圖10-1 導盲磚鋪設參考圖例（單位：公釐）

資料來源：交通部運輸研究所，1993，82頁。

(二)觸覺地圖

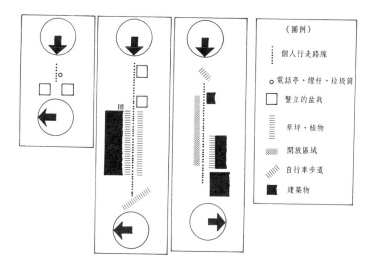

（圖例）

‧‧‧‧‧ 個人行走路線

○ 電話亭、燈杆、垃圾筒

□ 豎立的盆栽

草坪、植物

開放區域

自行車步道

建築物

圖10－2－1 校園地圖（ U . of California – Santa Barbara campus ）

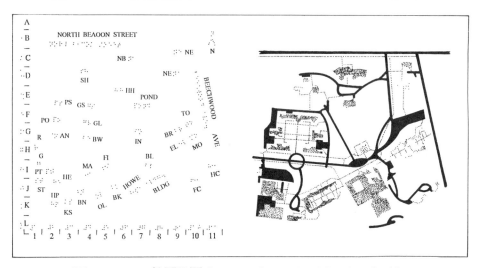

圖10－2－2 校園地圖（ The Perkins School for the Blind ）

圖10－2 觸覺地圖

資料來源：Bentze, 1997, pp.292－303。圖10－2－1複製自 Journal of Visual Impairments & Blindness, 85（1991）, pp.299－300。圖10－2－2 S. Emrich 複繪自 Welsh and Blasch, 1980, pp.316－319.

＊經美國 AFB Press 同意。

巪可觸辨的浮凸符號(凸點、線、警告、標示、區域符號)

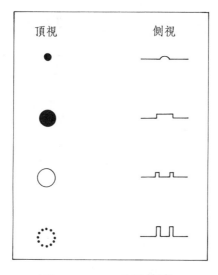

圖10-3-1　凸點符號

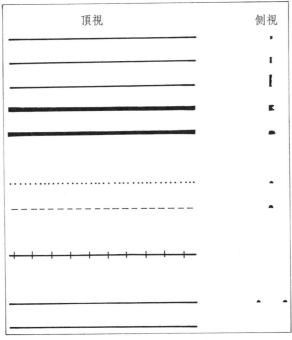

圖10-3-2　凸線符號

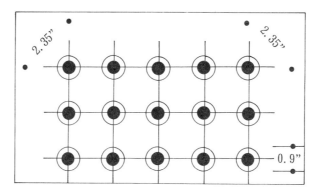

圖10-3-3　警告符號

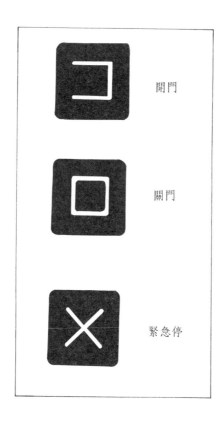

圖10-3-4　CABS 電梯標示符號

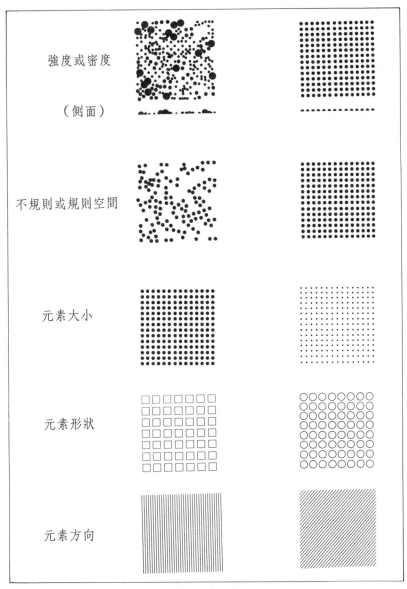

強度或密度

（側面）

不規則或規則空間

元素大小

元素形狀

元素方向

圖10－3－5　區域符號

圖10－3　可觸辨的浮凸符號

資料來源：複繪自 Bentzen, 1997, pp.299－328. S. Emrich 複繪自 Welsh and Blasch,
　　　　　pp.308－319。圖10－3－5改編自 Liddicoat, Meyer, and Lozano, 1982, p.194.
＊經美國 AFB Press 同意。

參、為視障學生建立無障礙校園環境

所謂無障礙環境，未必得四處鋪設導盲磚或設置點字告示牌，而應從減少危險性及不便性著手，例如：清除不該出現在通道上的障礙性、減少騎樓的落差、水溝凹洞填補加蓋、路邊車輛停放整齊等，這些措施並不需要龐大的經費，而只要人們多加一點體諒心和公德心。環境的障礙或可藉由定向行動技能減低其障礙程度，然而人為、政策與制度所造成的障礙，卻是視障者難以克服的。建立無障礙生活環境，除改善硬體設施外，更應加強溝通觀念，增進社會大眾對身心障礙者的接納態度。

為視障學生建立無障礙校園環境，最重要的是提供一個溫馨安全可發展潛能的學習環境，包括完善的資源室設備與專業人員，良好的師生互動與同儕關係，及充分的行政配合與支持。至於校園建築設施方面，主要是減除環境的危險性及不便性，可先行檢測校園的障礙狀況，並予改善。導盲磚和點字標示，是為新入學的盲生和盲訪客而設置，主要功能是定向引導。由於校園範圍不大，舊生經過每日的探索之後，對校園環境通常很快熟悉，若能給予適當的定向行動指導，即能獨立行走，而不依賴同學嚮導。導盲設施能提供舊生安全而快捷的引導，其功能是行動引導甚於定向引導。

一、建築設施方面

(一)校門口

1.在校門口鋪設導盲磚或粗糙路面，引導視障學生順利通過入口。校門入口採人車分離方式，以減低危險。

2.在校門口內側附近（導盲磚終點），設置可觸摸的校園地圖，並附加點字、大字體或語音說明，以利視障學生辨認校園內所有建築物之方位。

3.校門口禁止停放任何車輛或堆積物品，以免妨礙視障學生通行。若有「行人慢行」的鐵牌或「禁止通行」的木牌，則應擺置於適當位置，以免形成路障。

4.禁止汽車或重型機車在校園徒步區內行駛。腳踏車騎士到校門口應即

下車或緩行，以免突然衝撞到視障學生。

　　5.校門口和馬路兩旁的路燈，夜間應有足夠的照明，以利夜間視力困難的低視學生看清路況，安全行走；並可避免車主因視線不佳而撞到視障學生。

(二)校園內建築物

1.標示

(1)全校辦公室、特別教室、禮堂、圖書館、男女盥洗室門前，及其他公共設施，加貼點字及大字體標示（註明名稱即可），有門之處即需張貼，同一地點若有前後門，則前後皆應張貼。點字標示的規格與標貼位置須全校統一，以利辨識，例如可將點字牌嵌在一般開關板的空框上，統一貼在大門入口左側。

(2)在建築物入口適當的位置，以點字及大字體說明各樓層的用途，及各辦公室、教室的相關位置。

2.出入口與門

(1)建築物出入口的階梯，每梯之間的深度、寬度、高度應一致，梯次間避免有空隙，太高或落差較大的階梯應另加一階，以利視障學生行走。

(2)建築物大門避免使用旋轉門或玻璃門，以策安全。門的開關形式以自動門為最佳，其次為拉門、折疊門或外開門。若裝設玻璃門或自動門，其門框與背景顏色應有明顯之區別，以利辨識。大片玻璃應貼上彩色對比的花樣，貼紙高度以臉或胸部高度為宜，以防視障學生撲撞到玻璃門。若已裝設旋轉門，因其易使視障者失去方向感且阻擋輪椅者進出，故應予改建或在旁側另闢一通道。

(3)出入口處的照明度不應少於5呎燭光（Ft－candles）。

(4)大門的寬度須容雙人（人導）或人狗（犬導）共同進入。

(5)門檻突起處不可超過0.6公分，且應有顏色對比的線索。

(6)門握柄顏色與門的其他部位顏色應可區別。門把以簡易操作的水平把手、有深痕的把手，及推拉式門把爲宜。

(7)地板顏色的差異或大小適當的門墊，可引導視障者辨識門的位置。

(8)開往樓梯或斜坡道的門，預先應有觸覺警示訊號，以利辨識。

(9)未設欄干的斜坡道與平台，應以對比顏色及觸覺警示區別，以免落差太大，誤導視障者跌落斜坡道。

3. 通道與走廊

(1)牆面避免有凸出處或不規則的柱子。轉角處儘量以平滑曲面處理，轉彎的直角部分應削平或防護，以防視障學生碰撞受傷。

(2)地板具有引導和警告功能。行進間易發生危險的區域，預先應有固定形式的觸覺警示訊號，能以腳底及手杖前端辨識。

(3)地板應採防滑材料，並避免使用強烈反射或複雜花紋的裝璜材料。

(4)走廊的公用電話以內嵌入牆內爲宜，以防視障學生碰撞受傷。

4. 樓梯

(1)樓梯應設有安全穩固的扶手或護欄。其寬度、質地及高度應適合各年級的視障學生和肢障學生把握。扶手或護欄的末端向內或向下延伸，以免產生危險。

(2)在各樓層的樓梯扶手處以點字或浮凸數字標示樓層。介於樓與樓之間轉彎處扶手可免貼標示。

(3)任何階梯的起訖處或落差處，應以對比顏色區別。

(4)每一階段的邊緣應加設防滑帶。

(5)避免設計迂迴旋轉式樓梯，以免視障學生失去方向。舊有的旋轉梯盡頭應以點字或浮凸字體標示方位。

(6)避免設計開放式或延伸突出式的階梯。舊有的開放性階梯附近可以人性化的方式，置放固定的盆栽以利辨識。

(7)接近往下樓梯的路面應有觸覺警示訊號，以策安全。

5.昇降機（電梯）

學校大樓的電梯應加設觸覺及語音系統，以利視障學生使用，參考規格如下：

(1)點字標示部分：

　①電梯外的「上」、「下」按鍵，及電梯內的「開」、「關」、「緊急」按鍵，均以中文點字表示。

　②電梯內按鍵可採浮凸數字的大鍵盤，與明眼人共用；亦可在按鍵兩旁加設點字標示，如點①④點

　　　　　　　　　　字②⑤字。

　　　　　　　　　↓③⑥↑

　③樓層按鍵以數學點字表示，如

　④地下室（Basement）的符號以英文點字大寫 B　⠠⠃　表示。

　⑤點字設施的質地和硬度須耐磨損，一般打版用的鋁板可適用，但須貼牢以免脫落。所有點字的大小應如同打版機打出之凸點。

(2)語音合成部分：

　①電梯升到預定樓層時依序播報：「×樓到」、「開門」（噹）、「電梯往上」或「電梯往下」（供電梯外的視障者辨識）、「關門」（嗶）。

　②電梯門應裝設保護及重開門之裝置。使用身心障礙者專用按鍵時，因視障學生移動速度較緩慢，門之開啟時間延長為10秒。

(3)引導設施：

　①在每層樓的電梯門口前方30公分鋪設導盲磚，讓視障者以腳踏或手杖觸知已到電梯口，並確定已進入電梯內。若以踏墊替代導盲磚，則應避免使用厚重突起或有空隙的踏墊，以免妨礙輪椅前進或讓手杖及拐杖陷入空隙。

②電梯抵達各樓層時,電梯內外地面之高度差不得超過1.3公分,電梯口溝縫應小於1.5公分。

③緊急控制鈕應置於按鍵盤最底端,以不同形狀、大小及顏色區別。

(4)電梯寬度:學校大樓的電梯通常是普通學生與身心障礙學生共用,故應同時考慮輪椅學生的需求(另設降低高度的按鍵盤,但點字仍設於一般鍵盤上)。電梯內的面積不得少於150公分×140公分,出入口淨寬不得小於80公分,且應預留深度及寬度各1.7公尺之輪椅迴轉空間。

6.緊急出口

(1)緊急出口的路線應裝設聽覺警示系統(如導盲鈴)及觸覺警示系統(如導盲磚、導盲扶手、觸摸地圖、點字告示牌等),引導全學生迅速逃離危險場所。標示板和指示牌的字體應放大且色彩對比,並加裝燈光(避免採用眩光或反射光),以利低視學生辨識。緊急出口在緊急時所發生的警示系統應標準化。

(2)一般大樓的緊急逃生指示系統大多設在天花板下方位置,而火災發生時,大火及濃煙通常會往上竄升而覆蓋原有標示牌,加上逃生者習慣低頭向四處逃生而忽略指示標誌,故建築物應在「地板」附近加裝逃生指示標誌。

(3)逃生門啓開處及緩降機附近應有明顯的觸覺引導設施。

(4)通往危險地區的門應加鎖(如實驗室、高壓電房),以免倉皇逃離時誤闖進入。

7.廁所

(1)男女廁所應有明顯的標示區別。

(2)廁所燈光至少應有30呎燭光(Ft－candles)。

(3)廢紙箱應置於拭手紙巾之下,以免視障學生找尋。

(三)校園內的道路

1.校園內的水溝應一律加蓋，以防視障學生不愼跌落。

2.凹凸不平的路面應鋪平。

3.道路旁勿停放車輛。

4.道路中間不得堆積物品，以免視障學生被絆倒。

5.路旁凸出的樹枝應修齊，以免刺傷視障學生。

6.校園內一些特殊的設施如飲水機、郵筒、消防栓、垃圾箱，都可能是視障學生行動的陸標，若要移動應通知視障學生。

7.標誌指示牌應附觸覺文字與符號；標誌內容及符號的顏色與背景顏色成對比。爲顧及色盲學生的辨認，避免純以顏色符號表達訊息。標誌指示牌的置放位置以眼睛的高度爲宜，以便視障學生靠近閱讀或摸讀。

8.施工修路時應事先通知視障學生，並在四周設置安全防護。施工欄柵的高度至少爲1公尺，護桿下緣不高於35公分，連接處不得留空隙，欄柵或鷹架圍籬應漆上明顯顏色，以阻擋視障學生誤進。

9.視障學生於下雨天或夜晚在校外馬路行走時，應穿著黃色雨衣或螢光背心，或在手杖貼上螢光貼紙，讓車主看到前有持杖盲生行走，以增加安全性。

10.學校附近的行人穿越道兩端應鋪設導盲磚及音響號誌，並延長行人通行時間。交叉路口應劃設顏色鮮明的穿越標線。

11.人行步道的導盲磚應依實際需要重點式鋪設，但須連續鋪設，不可突然中斷。開放式的人行步道易使視障學生迷失方向，可於步道邊緣規劃花圃或草坪，以利視障學生辨識。

(四)體育設施

1.操場的運動設施應儘可能加設有聲響或可觸摸之裝配，例如跑道繩、籃框發聲器等，以擴大視障學生的活動範圍。

2.購置盲用桌球、自動發球器，鼓勵明眼學生和視障學生一起打桌球。

3.購置盲用棋盤、點字撲克牌等益智用具，並鼓勵視障學生參與各項課

外活動，以充實其休閒生活。

4.游泳池的水道應加設引導浮標和求救訊號，輔助視障學生安全游泳。

二、學習環境方面

㈠設立資源教室並配置資源教師

1.在學校較安靜的角落，爲特殊學生佈置一間資源教室，並配置諳視障教育（如點字、定向行動、盲用電腦等）的資源教師。

2.資源室依需要購置可供視障學生使用的特殊設置，列舉如下：

⑴盲用電腦系統、點字列表機、光學閱讀機。

⑵低視閱讀機、放大鏡、望遠鏡。

⑶放大影印機、熱印機、立體影印機。

⑷有聲計算機、盲用算盤、點字漢英字典、語音電子字典。

⑸點字機、點字板、點字紙、熱印紙、史氏板。

⑹立體地圖、盲用數學教具、科學儀器。

⑺獨立閱讀桌，及小組教學桌。

⑻有聲圖書、點字圖書、大字體書籍。

⑼收錄音機、雙卡拷貝機、耳機。

⑽盲用象棋、點字撲克牌。

⑾手杖、市區地圖。

⑿學校行事曆（點字及大字體）。

3.主動與國內視障機構取得聯繫，充分應用社會資源。

4.提供視障學生及其家長相關的特殊教育及福利服務訊息。

㈡考試配合措施

1.考試時應有專門人員爲視障學生翻譯或放大試題（可請資源老師或教育局的視障輔導員協助）。考試試題應事先譯成點字、錄音或將試題放大。

2.考試時間酌予延長。

3.試題內容依實際困難予以刪減或變更（例如「改錯字」，因盲生沒字

型概念，無法作答，可變更成「改錯音」）。

4.考題中插有圖片或無法點譯的內容，應以口頭詳加說明。

5.答題可採下列幾種方式作答：

(1)盲生以點字作答，視障輔導員翻譯成國字，供任課老師批閱。

(2)盲生將答案錄在錄音帶（備妥錄音機），直接交給任課老師批閱。

(3)任課老師直接對盲生口試。

(4)盲生口述，輔導老師將答案寫在試卷上交給任課老師。

(5)盲生直接在盲用電腦上作答。

6.允許盲生到資源教室作答，以免因使用點字機或錄音機干擾到其他同學作答。

7.施測方式彈性實施，但成績計分則不必給予特別優待。

(三)師生互動及同儕關係

1.老師不必處處護著視障學生，以免造成他和同學之間的隔閡，或剝奪其學習機會。應讓視障學生在學校培養獨立、自主、負責的態度。

2.所有同學均應為班上盡義務，視障學生亦不例外；應讓視障學生也有為班級服務的機會。

3.安排熱心同學為盲生講解上課情形、報讀書報，並協助他處理在學校的瑣事。

4.導師應與科任老師充分溝通，讓每一位老師都能主動關心視障學生，詢問其上課困難所在，並進一步予以輔導解決。

5.老師對所有學生之要求應儘量一致，有些作業若盲生不便作答時，可以其他方式替換，或延長繳交期限，但不可免除作業。

6.老師在課堂上可塑造情境，讓學生角色扮演，模擬看不到的情形，體會看不見的感受。

7.老師應鼓勵視障學生多參與學校活動及社團活動，使其認識更多的朋友，拓展生活領域。必要時可安排同學相伴參加，以策安全（例如登山露營活動）。

8.入學時，應安排同學引導視障學生熟悉學校環境和重要設施，並提示

可能造成傷害之障礙物及危險地區。

9.上下課路隊,安排鄰近同學相伴同行,沿途說明交通狀況,逐漸培養視障學生的定向行動能力。高年級盲生須加強手杖法及獨走技能,俾能自行上下課。

10.有些老師不經意忽視學生的視覺障礙,有些老師則刻意與普通學生作比較,兩者都可能傷害視障學生的自尊心。

11.老師應提醒視障學生保持儀容整潔,例如拭除眼睛分泌物、衣服污漬、流涎等。

12.老師應特別指導視障學生認識生理期,並能作適當的處理。

13.老師應注意矯正視障學生的習癖動作,例如搖擺、搖頭、挖眼、敲擊等常見反覆行為。

14.帶領盲生走路時,只須將他的手引導到你的手臂肘彎處上端,跟隨你行走,不可用力拉、推盲生。

15.帶領盲生坐椅子時,應先引導他的手觸摸椅背,不可用力推他下坐。

16.帶領盲生搭乘汽車時,應先告訴他汽車的基本構造,並引導他的手觸摸車門的邊緣,尤其是車門的高度,以免撞到額頭。

17.和盲生一起用餐時,可將菜單和價格唸給他聽,讓他自己點菜,並向他說明碗筷、湯匙、杯子的位置。如果是吃西餐,可將餐盤當作時鐘,依順時針方向為他解說各種菜色的方位。如果是共吃和菜,可詢問他的喜好,將各樣菜餚夾一些放在他面前的盤子,讓他自行取用。

18.鼓勵同學和盲生一起欣賞電影、電視、戲劇,並為盲生解說劇中情節。

(四)教學策略

1.老師應主動閱讀有關視障教材教法之書籍,充實特殊教育專業知能。

2.老師可向教育局視障輔導員學習點字的技能。

3.教育局視障輔導員應排定「每週輔導時間表」,確實輔導每一位視障學生。

4.教具之使用應顧及視障學生的限制與需要。必要時給予適當的調整,

例如以電鈴替代電燈顯示電流接通與否。示範操作時，應儘量以口語詳加講解，並讓盲生直接觸摸。對低視學生示範操作時，應考慮他的視力狀況，儘可能在他面前或近距離示範。

5.自然實驗課在安全的範圍內，應儘量讓視障學生實際操作，若有困難，亦要為其解說實驗過程。

6.老師書寫黑板時，應同時讀出書寫的內容。

7.盲生用點字課本，老師用印刷課本，頁數不一樣，老師應預先對照頁數，以茲配合。

8.老師常用方向指示詞如：這邊、那邊，視障學生不易領會。應改用肯定的方向指示詞如：在你的左手邊，在你右邊第二個窗口，以利視障學生辨識。

9.老師指定視障學生回答問題時，應指出學生的名字，例如：這題請陳〇〇回答。

10.老師常用肢體語言如點頭、搖頭、手勢來表達，視障學生看不到，無法達到老師的要求，應改用口頭指示或接觸性肢體語言。

11.視障學生的個別差異很大，老師應深入了解學生的性向能力，以免低估或高估學生能力。

12.低視學生常有視覺形象背景的困難，因此老師的板書應儘量簡要清晰，去除不必要的背景文字。板書字體和揭示板的字體不可太小或潦草。

13.依視障學生個別視力狀況及採光需要，妥善安排其座位。一般而言，以教室中間前幾排為最佳選擇；但有些學生有畏光的現象，座位應避開窗口強光的照射；有些學生的座位需以輔助檯燈增加人工採光；有些學生則習慣坐後排，以望遠鏡看板書。

14.低視學生到高年級後，很多科目均缺乏大字課本，老師應要求學生使用放大鏡（可將放大鏡鑲在眼鏡上，以利閱讀）；或以放大影印機製作大字體教材，以利其學習。

15.學校應購置低視擴視閱讀機及電腦視訊放大軟體，鼓勵具有殘餘視力的學生放大倍數閱讀國字，不可輕易放棄學習國字的機會，改學點字，以免將來無法直接擷取資訊，獨立學習。

16.對於進行性的視覺障礙，預後不良且可能持續惡化致盲者，可排定時間教他點字和方向行動技能，協助他渡過適應期。

17.視覺障礙學生係以聽力為主要學習管道，老師上課講述應注意聲調的變化，以生動的口語、親切的聲音、清楚正確的發音，提高學生學習的效果。

18.視障學生在整理筆記、翻閱點字書或大字課本時速度較慢，老師講課應顧及視障學生的進度。

19.安排優秀的同學當小老師，於課後指導視障學生課業，作補救教學。

20.有些視障學生因伴隨其他障礙（如聽力、智力、肢障、情緒等障礙），造成多重障礙，在學習上困難較大，應予重視。

㈤行政配合與支援

1.每學年新生訓練及學期始業式時，由校長或輔導室主任講述關懷身心障礙生之觀念。

2.每學年訂定愛心週，舉辦各種關懷身心障礙學生之活動，例如演講、作文、辯論、海報設計等競賽，透過座談和討論等方式，讓全校學生一起投入關愛身心障礙學生的行列中。

3.不定期邀請模範身心障礙人士到校演講，講述其奮鬥成功的歷程。

4.每學期學校行政人員應主動召集全校身心障礙學生及其老師與家長，共同開會討論輔導事宜，以廣泛了解各方之意見。學校並可促成身心障礙學生之家長組織聯誼會，相互扶持，交換教育殘障子女的心得。

5.舉辦身心障礙學生才能發表會。

6.學校可敦請教育局的視障輔導員，為老師和學生講授定向行動及點字課程，直接有效幫助視障學生。

7.刪除教科書中歧視殘障人士的內容和用詞（例如瞎子摸象），並酌增殘障人士成功的範例。

8.建立完整的學生個案資料。

9.協調各任課老師有關視障學生的教學與評量等事宜。

10.與家長及相關醫療機構密切聯繫，隨時了解其生活與健康狀況。

11.就讀普通學校學業適應不良的視障學生，不可任其休學，應轉介到啟明學校，學習職業課程；而啟明學校中獨立性較強或有意升學的視障學生，應鼓勵其轉到普通學校就讀，加強兩種制度的交流互動。

㈥視力保健

1.定期舉辦保眼愛盲講座，放映有關之錄影帶或影片，喚起全校師生對視力保健的重視。

2.鼓勵視障學生充分運用殘餘視力，以提高視知覺功能。

3.了解視障學的眼疾症狀，依個別需要作下列處理。

⑴提醒學生照規定時間點眼藥水（例如青光眼）、作遮眼治療等。

⑵避免作激烈的運動或撞擊動作（例如高度近視、視網膜剝離）。

⑶配戴適合的光學矯正眼鏡（低視鏡片）。

⑷定期到眼科診所追蹤檢查（檢查眼底變化、量眼壓）。

⑸裝配義眼。

⑹協助家長為視障學生安排矯正手術（白內障手術、角膜移植手術、視網膜剝離手術、青光眼手術、斜視矯正手術等）。

⑺疑似先天遺傳性的視覺障礙學生及其父母（例如色素性視網膜炎、白化症），可到醫院作「遺傳諮詢」。

⑻聽覺和觸覺是盲生最重要的學習管道。老師應提醒盲生遠離噪音音源，或以耳塞保護耳膜；而且不可以戴著耳機聽收錄音機入睡，以防聽障。盲生的手指頭，尤其是食指，要特別保護，以免受傷影響點字摸讀。

第二節　特殊教育及福利服務措施

視障學生及其家長往往因不諳法令規章而未能享有政府所提供的特殊教育及福利服務措施（如表10－1）。視障學生之教師應隨時掌握最新法規訊息及社會資源訊息，主動提供視障學生及其家長；亦可指導學生上網查詢最新訊息，以確保自身的權益。

表10-1　特殊教育及福利服務措施

項　　目	內容重點
1.特殊教育學生獎助辦法（教育部，1999）	(1)大專校院具學籍之特殊教育學生：①上學年學業平均成績八十分以上，且品行優良者發給獎學金；成績七十分以上，且品行優良者，發給助學金。②輕度視障學生獎學金三萬元，助學金一萬元；中度及重度視障學生獎學金四萬元，助學金二萬元。 (2)就讀高級中等以下學校者，由主管教育行政機關另定規定予以獎助。
2.身心障礙學生、身心障礙人士子女及低收入戶學生就學費用減免辦法（教育部，1999）	(1)極重度、重度：減免全部學、雜費；或全部學分費、學分學雜費。 (2)中度：減免十分之七學、雜費；或十分之七學分費、學分學雜費。 (3)輕度：減免十分之四學、雜費；或十分之四學分費、學分學雜費。
3.高級中等以上學校提供身心障礙學生教育輔助器材及相關支持服務實施辦法（教育部，1999）	(1)提供教育輔助器材（調頻助聽器、盲用電腦、擴視鏡、放大鏡、點字書籍等），並設立資源教室。 (2)提供相關支持服務，其內容包括學習及生活協助（錄音、報讀等）、復健治療、家庭支援、家長諮詢等。
4.大專校院輔導身心障礙學生實施要點（教育部，1999）	(1)輔導方式包括始業輔導、個別與團體輔導、社團與義工制度、研習營與自強活動、座談、個案與輔導紀錄。 (2)經費補助項目包括兼職輔導人員、工讀生、資源教室輔導人員及點字工作費，資源教室開辦費，教材及耗材，課業加強班鐘點費，學生活動費，自強活動費，會報經費等，由教育部專案補助。
5.完成國民教育身心障礙學生升學輔導辦法（教育部，1999）	(1)各級主管教育行政機關每學年應辦理一次升學甄試。 (2)年齡在二十二足歲以下，完成國民教育階段之身心障礙學生得依本辦法之規定，申請參加甄試輔導升學高級中等學校。 (3)身心障礙學生具有參加大專校院入學考試資格者，得申請參加甄試輔導升學大專校院。

項　　目	內容重點
6.特殊教育學生申訴服務設施辦法（教育部，1999）	(1)為保障特殊教育學生教育權利，各級學校處理校內特殊教育學生申訴案件，除依一般學生申訴之規定處理外，應依本辦法之規定提供申訴服務。 (2)學校通知該申訴學生出席說明時，應依其個別需求，提供所需之輔具及相關支持服務。 (3)學校應將評議決定書送達申訴學生，並報請主管教育行政機關備查（負監督學校之責，並得視實際需要組成專案小組進行了解）。
7.教育部補助身心障礙者樂團（合唱團）演出活動申請要點（教育部，1999）	(1)團員除指導、指揮、伴奏外，其持有身心障礙手冊人數需符合本要點所列條件。 (2)申請補助之演出場所，以國內學校、醫療機構、老人院、育幼院、監獄、看守所、軍營等地點為限。 (3)補助項目以辦理演出活動基本需求經費（硬體設備除外）為限，並以部分補助為原則。
8.教育部獎勵特殊教育研究著作實施要點（教育部，1999）	(1)為鼓勵特殊教育實務工作者、學生家長，從事特殊教育學術研究及改進教學實務，提升特殊教育水準，造福特殊教育學生。 (2)獎勵組別分為學術研究組與實務工作組；獎勵等第分為特優、優等、甲等、佳作、入選；獎勵項目依等第分為獎金十萬～二萬及獎狀一張。
9.身心障礙手冊核發辦法（內政部，1998）	(1)身心障礙手冊之核發、換發、補發、等級或類別變更、註銷及管理作業由戶籍所在地直轄市區公所或鄉（鎮、市、區）公所辦理。 (2)申請補發需檢具一吋半身照片二張、國民身分證影印本或戶口名簿影印本，由本人或法定代理人（檢附授權書及身分證影本）申請辦理。
10.身心障礙者醫療及輔助器具費用補助方法（內政部，1999）	(1)醫療補助係指尚未納入全民健康保險給付範圍內之醫療復健費用。 (2)輔助器具係指協助身心障礙者克服生理機能障礙，促進生活自理能力之器具。補助項目、最高補助額、最低使用年限及各補助對象資格訂有標準表（如點字機、點字板、收錄音機、盲用手杖、安全杖、低視特製眼鏡或放大鏡等。台北市另有補助盲用電腦）。

項　　目	內容重點
11.身心障礙者就業輔助器具補助辦法（勞委會職訓局，1998）	(1)就業輔助器具係指恢復、維持或強化身心障礙者就業能力之器具。輔具如為電腦，應包括工作者在其工作上所需之軟體。 (2)身心障礙者參加職業訓練或就業所需輔具，其購置、製造、租用及改裝等費用，得由其本人、訓練單位或雇主依本辦法申請補助。
12.身心障礙者創業貸款補助辦法（勞委會職訓局，1998）	(1)創業貸款之補助，以貼補創業貸款之利息方式為之，每人以核貸一次為限。 (2)申請人資格為：①年滿二十歲至六十歲、領有身心障礙手冊者。②具工作能力、創業意願與能力之身心障礙者。③未曾獲中央或地方創業性貸款者。
13.視覺障礙者從事理療按摩資格認定及輔導辦法（內政部、衛生署，1999）	(1)理療按摩係指應用按摩手技或輔助工具，為患者舒緩病痛維護健康之按摩行為。 (2)從事理療工作者之資格：①領有身心障礙手冊。②取得按摩乙級技術士證並領有按摩技術士執業許可證。③於符合規定之國內外學校修習理療按摩相關專業技術領有證書；或參加政府機關自行或委託辦理之理療按摩專業訓練領有證書。
14.視覺障礙者就業基金管理及運用辦法（勞委會，1999）	(1)本基金為預算法所定之特種基金，隸屬於就業安定基金項下，以行政院勞委會為主管機關。 (2)本基金之用途如下：補助或辦理視覺障礙者：①職業訓練，②就業服務及安置，③創業貸款，④示範按摩中心（院），⑤就業促進相關事項，⑥管理、總務、其他支出。
15.身心障礙者生活托育養護費用補助辦法（內政部，1999）	(1)生活補助費每月核發標準：極重度、重度及中度身心障礙者每人每月核發新台幣三千元；輕度核發新台幣二千元。 (2)托育補助費係指社會福利機構、精神復健機構或護理之家、榮譽國民之家收托辦理身心障礙者日間照顧訓練之補助費。養護補助費係指收容辦理身心障礙者住宿照顧訓練之補助費。 (3)托育及養護費繳交額度，依家庭總收入，分別以當年度最低生活費標準、三分之一、三分之二繳費，其差額由政府補助。

項　　目	內容重點
16.身心障礙者參加社會保險保險費補助辦法 （內政部，1998）	身心障礙者自付部分保險費補助標準如下： (1)極重度及重度身心障礙者全額補助。 (2)中重身心障礙者補助二分之一。 (3)輕度身心障礙者補助四分之一。
17.身心障礙者租賃房屋租金及購屋貸款利息補助辦法 （內政部，1999）	(1)房屋租金補助按每月每坪最高新台幣三百元，並以租金總額百分之五十為上限，但租屋保證金、公共管理費等相關費用不予補助。 (2)申請貸款利息補助者需購買自用住宅未滿五年，並於取得所有權之日起三個月內辦妥金融機構超過七年之長期住宅貸款，尚未全部清償且未曾接受政府相關利息之補助。貸款利息補助，一生以一次為限，且與房屋租金補助擇一辦理。
18.身心障礙者購買或承租商店攤販國民住宅停車位低利貸款辦法 （內政部，1999）	(1)購買商店或攤販、停車位低利貸款之額度，每人每年最高為新台幣一百六十萬元。但不得超過承購總價百分之八十。償還年限最長不超過三十年。 (2)承租額度，每人每年最高為新台幣二十四萬元，最長補助六年。但不得超過承租金額百分之八十。償還年限最長不超過七年。 (3)借貸人員擔之利率依照國民住宅貸款優惠利率計算。
19.身心障礙者專用停車位設置管理辦法 （內政部、交通部，2000）	(1)身心障礙者本人或其家屬一人得申請身心障礙者專用停車位識別證。 (2)備齊下列文件，向戶籍所在地社政主管機關辦理：①身心障礙手冊正反面影本。②駕駛執照影本（機車須註明特製車，以經監理單位檢驗合格者為限）。③汽車或機車行車執照影本（機車須註明特製車）。
20.身心障礙者搭乘國內公民營公共交通工具優待實施辦法 （交通部，1999）	(1)國內公民營鐵路、公路、捷運、船舶或民用航空運輸業，對於身心障礙者及其監護人或必要陪伴者一人，應予半價優待並得優先乘坐。 (2)應出示身心障礙手冊，以備查驗。

項　　目	內容重點
21.電信事業提供身心障礙者特別服務實施辦法（交通部，1998）	(1)市內電話業務經營者及行動電話業務經營者應對視障者提供視障專用電話機之租用。 (2)視障專用電話機：指電話機按鈕盤數字鈕「 」之上方或四周附加凸點，使視障者得由觸摸辨位而正確撥號之電話機。 (3)另有聽障專用電話機，如振響電話機、閃鈴電話機，及聽語障者電訊轉接服務（利用傳真機及電話，由服務台人員代轉訊息）。
22.公共交通工具無障礙設備與設施設置規定（交通部，1999）	(1)公共交通工具上應設置輔助身心障礙者的設施，如運行資訊標示、入站播報、聲音導引、上下階梯和昇降設備及出入口符合規定；公共交通工具內設置站名播報或顯示設施、輪椅停靠及固定設施、博愛座、服務鈴、可供身心障礙者使用之衛生設備、扶手及防滑地板等。 (2)計程車客運業、計程車無線電台經營者或計程車駕駛人依規定組織之團體得提供身心障礙者特約運輸服務。
23.盲人文件郵資優待（交通部郵政局，1996）	(1)盲人所用凸點文件，或發自或寄交盲校之錄音帶、特殊紙張，每件重量在七公斤以下，封面註明「盲人文件」字樣，得享「盲人文件郵資優待」。 (2)國內互寄收免收水、陸、路普通資費；國外郵件（英文或法文）露封寄交，免收水、陸、路普通資費；航空郵件，國內應付航空費，國際應付新聞紙航空資費；限時、快遞或掛號郵件，應付特別處理資費。
24.盲人用品免徵關稅規定（財政部關稅署，1980）	海關進口稅則第八十章增註六規定：「經政府立案之盲人救濟機關，輸入規則第八四三五㈠（盲人用點字製版機、點字印刷機），八四五一㈡（盲人點字打字機）及九八○三㈡號（盲人用點字筆）以外其他各章所屬稅則號別專供盲人用之物品免稅，但以內政部證明屬實者為限。」
25.其他福利服務措施 •進入文康設施優惠	身心障礙保護法（內政部，1999）所規定的福利服務措施，除前述措施外，再列舉幾項如下： (1)身心障礙者及其監護人或必要之陪伴者一人進入收費之公立風景區、康樂場所或文教設施，得憑身心障礙手冊予以免費。其為私人者，得予半價優待。

項　　　目	內 容 重 點
• 減免稅捐	(2)對於身心障礙者或其扶養者應繳納之稅捐，政府應按障礙等級及家庭經濟狀況，依法給予適當之減免。納稅義務人或與其合併申報納稅之配偶或撫養親屬為身心障礙者，應准予列報身心障礙特別扣除額，其金額於所得稅法定之。身心障礙者或其扶養者依本法規定所得之各項補助，應免納所得稅。
• 國民年金優先	(3)政府規劃國民年金制度時，應優先將身心障礙者納入辦理。
• 居家服務	(4)為協助身心障礙者得到所需之持續性照顧，直轄市及縣（市）政府應提供或結合民間資源提供下列居家服務：①居家護理，②居家照顧，③家務助理改善，④友善訪視，⑤電話問安，⑥送餐到家，⑦居家環境改善，⑧其他相關之居家服務。
• 社區服務	(5)為強化家庭照顧身心障礙者之意願及能力，直轄市及縣（市）政府應提供或結合民間資源提供下列社區服務：①復健服務，②心理諮詢，③日間照顧，④臨時及短期照顧，⑤餐飲服務，⑥交通服務，⑦休閒服務，⑧親職教育，⑨資訊提供，⑩轉介服務，⑪其他相關之社區服務。
• 提供交通工具或補助交通費	(6)各級政府應根據身心障礙者人口調查之資料，規劃設立各級特殊教育學校、特殊教育班或以其他方式教育不能就讀於普通學校或普通班級之身心障礙者，以維護其受教育之權益。前項學齡身心障礙兒童無法自行上下學者，應由政府免費提供交通工具；確有困難，無法提供者，應補助其交通費；地方政府經費不足者，由中央補助之。
• 不得拒絕入學	(7)各級教育主管機關應主動協助身心障礙者就學，各級學校亦不得因其障礙類別、程度、或尚未設置特殊教育班（學校）而拒絕其入學。

項　　目	內容重點
• 無障礙校園環境	(8)各級教育主管機關辦理身心障礙者教育及入學考試時，應依其障礙情況及學習需要，提供各項必需之專業人員、特殊教材與各種教育輔助器材、無障礙校園環境、點字讀物及相關教育資源，以符公平合理接受教育之機會與應考條件。
• 學前療育	(9)各級政府應設立及獎勵民間設立學前療育機構，並獎勵幼稚園、托兒所及其他學前療育機構，辦理身心障礙幼兒學前教育、托育服務及特殊訓練。
• 支持性或庇護性就業服務	(10)勞工主管機關對於具有工作能力，但尚不足於進入競爭性就業市場之身心障礙者應提供支持性及個別化就業服務；對於具有工作意願，但工作能力不足之身心障礙者，應提供庇護性就業服務。主管機關及各目的事業主管機關得設立或獎勵設立庇護工場或商店。
• 進用身心障礙者人數	(11)各級政府機關、公立學校及公營事業機構員工總人數在五十人以上者，進用具有工作能力之身心障礙者人數，不得低於員工總人數百分之二。私立學校、團體及民營事業機構員工總人數在一百人以上者，進用具有工作能力之身心障礙者人數，不得低於員工總人數百分之一。前二項各級政府機關、公、私立學校、團體及公、民營事業機構為進用身心障礙者義務機關（構），其進用身心障礙者人數，未達前二項標準者，應定期向機關（構）所在地之直轄市或縣（市）勞工主管機關設立之身心障礙者就業基金專戶繳納差額補助費；其金額依差額人數乘以每月基本工資計算。依第一項、第二項進用重度身心障礙者，每進用一人以二人核計。警政、消防、關務及法務等單位定額進用總人數之計算，得於本法施行細則另定之。
• 身心障礙人員特種考試 • 取消體位限制	(12)各級政府機關、公立學校及公營事業機構為進用身心障礙者，應洽請考試院依法舉行身心障礙人員特種考試，並取消各項公務人員考試對身心障礙人員體位之不合理限制。

項　　目	內容重點
• 同工同酬，不得低於百分之七十	(13)進用身心障礙者之機關（構），應本同工同酬之原則，不得為任何歧視待遇，且其正常工作時間所得不得低於基本工資。身心障礙者就業，薪資比照一般待遇，於產能不足時，可酌予減少。但不得低於百分之七十。前項產能不足之認定及扣減工資之金額遇有爭議時，得向本法第七條成立之保護委員會申訴之。
• 補助進用必要費用 • 超額進用獎勵	(14)直轄市及縣（市）勞工主管機關對於進用身心障礙者達一定標準以上之機關（構），應以身心障礙者就業基金專戶，補助其因進用身心障礙者必須購置、改裝、修繕器材、設備及其他為協助進用必要之費用。對於私立機構並得核發獎勵金，其金額按超額進用人數乘以每月基本工資二分之一計算；其運用以協助進用身心障礙者必要之支出為限。
• 優先採購福利機構產品	(15)身心障礙福利機構所生產之物品及其可提供之服務，於合理價格及一定金額以下者，各級政府機關、公、私立學校、團體、公營事業機構及接受政府補助之機構或團體應優先採購。各級主管機關應定期公告或發函各義務採購單位，告知前項產品訊息。
• 設立庇護工場	(16)身心障礙福利機構或團體申請在公共場所設立庇護工場、福利工廠或商店；申請在國民住宅設立社區家園或團體家庭者，應保留名額，優先核准。前項核准者，須親自經營、居住或使用並達一定期間；如需出租或轉讓，應以身心障礙福利機構或團體為限。
• 非視障者不得從事按摩業	(17)非本法所稱視覺障礙者不得從事按摩業。但醫護人員以按摩為病患治療者，不在此限。視覺障礙者經專業訓練並取得資格者，得在固定場所從事理療按摩工作。前項資格之認定、輔導辦法、執行事項及第一項按摩業管理規則，由中央主管機關會同中央衛生主管機關定之。
• 醫療復健 • 早期療育	(18)中央衛生主管機關應整合全國醫療資源，辦理嬰幼兒健康檢查，提供身心障礙者適當之醫療復健及早期醫療等相關服務。各級衛生主管機關對於安置於學前療育機構、相關服務機構及學校之身心障礙者，應配合提供其所需要之醫療復健服務。

項　　目	內容重點
• 豐富文化及精神生活	⒆各級政府及民間應採取下列措施豐富身心障礙者之文化及精神生活： 一、透過廣播、電視、電影、報刊、圖書等方式，反映身心障礙者生活。 二、設立並獎助身心障礙者各障礙類別之讀物，開辦電視手語節目，在部分影視作品中增加字幕及解說。 三、舉辦並鼓勵身心障礙者參與各項文化、體育、娛樂等活動、特殊才藝表演，參加重大國際性比賽和交流。前項實施辦法，由中央主管機關會同各目的事業主管機關定之。

資料來源：萬明美編，2000。

本篇參考書目

● 中文部分 ●

毛連塭（1973）：盲童定向移動研究。台南：省立台南師專視障師訓班。

交通部運輸研究所（1993）：無障礙環境之規劃總摘要報告。

杞昭安（2000）：定向行動教材教法。台北：國立台灣師範大學特殊教育學
　　系。

杞昭安（1999）：定向行動能力檢核手冊。台北：國立台灣師範大學特殊教育
　　學系。

杞昭安（1999）：視覺障礙學生定向行動能力之研究。載於中華視覺障礙教育
　　學會所編：視覺障礙教育之理論與實務，29－52。

周怜姮、陳慧娟譯（1996）：該如何教導學齡前視障兒童父母手冊。台北：台
　　灣盲人重建院。

梁成一、莊素貞、陳思韻（1999）：人行地下道觸覺地圖和點字標示牌設置位
　　置之調查研究。載於中華視覺障礙教育學會所編：視覺障礙教育之理論與
　　實務，81－102。

張勝成（1994）：定向與行動訓練。彰化市：復文書局。

張千惠（1999）：淺談美國視障教育老師與定向行動老師之服務內容。載於中
　　華視覺障礙教育學會所編：視覺障礙教育之理論與實務，131－141。

張興華、戴文允（1998）：談視障學生學前定向行動評量表。載於台北市啟明
　　學校所編：視障教育理論與實際。啟明教育叢書第二十二輯，67－73。

莊素貞（1999）：盲聾多重障礙之溝通輔助器——觸感式助聽器。載於中華視
　　覺障礙學會所編：中華視覺障礙教育學會會刊創刊號，13－14。

萬明美（1982）：視覺障礙者習癖動作之研究。教育學院學報，7期，257－
　　285。

劉信雄（1975）：如何指導視覺障礙兒童定向移動。台南：省立台南師院視障
　　師訓班。

劉信雄（1981）：盲童定向行動訓練。台南：台灣省視覺障礙兒童混合教育計

畫師資訓練班。

劉信雄（1999）：訊息處理理論對視障學生教學之啟示。載於中華視覺障礙教育學會所編：視覺障礙教育之理論與實務，1-20。

藍武王（1989）：無障礙交通環境規畫之研究。行政院研考會委託交通大學運輸研究所。

LaDuke, R. O., & Leja, J. A.（1996）.盲人定向行動師資訓練教學手冊。新莊：台灣盲人重建院。

● 英文部分 ●

Bentzen, B.（1997）. Orientation aids. In B.B. Blasch, W.R. Wiener, & R. L. Welsh（Eds.）. *Foundations of orientation and mobility*（2nd ed., 284 -316）. New York：AFB Press.

Blasch, B.B., Wiener, W.R., & Welsch, R.L.（1997）. *Foundations of orientation and mobility*（2nd ed.）. New York：AFB Press.

Clar, K.L., Sainato, D.M., & Ward, M.E.（1994）. Travel performance of preschoolers：The effects of mobility training with a long cane verus a precane. *Journal of Visual Impairment & Blindness*, 88, 19-30.

Corn, A., & koenig, A.（1996）. *Foundations of low vision：clinical and functional* perspectives. New York：AFB Press.

Farmer, L.W., & Smith, D.L.（1997）. Adaptive technology. In B. B. Blasch, W. R. Wiener, & R. I. Welsh（Eds.）, *Foundations of orientation and mobility*（2nd ed., pp. 231-259）. New York：AFB Press.

Frency, N., Patrick, H., & May, C.（2000）. Selecting and purchasing clothing：the experience of visually impaired people in Hong Kong. *Journal of visual Impairment & Blindness*, 94, 34-41.

Foy, G.J., Von Scheden, M., & Waiculonis, J.（1992）. The Connecticut precance：Case study and curriculum. *Journal of Visual Impairment & Blindness*, 86, 178-181.

Gaunet, F., & Thinus-Blanc, C.（1995）. Exploratory patterns and reactions to spatial change：The role of early visual experience. In B.G. Bardy, R.J.

Bootsma, & Y. Guiard (Eds.) , *Studies in perception and action III.* Mahwah, NJ：Lawrence Erlbaum.

Geruschat, D. , Deremeik, J. , & Whited S. (1 9 9 9) . Head － mounted displays：are they parctical for school － age children？*Journal of visual Impairment & Blindness, 93*, 485 － 497.

Geruschat, D. , & Smith, A. (1 9 9 7) . Low vision and mobility. In B. B. Blasch, W. R. Wiener, & R. L., Welsh (Eds.) , *Foundations of orientation and mobility* (2nd ed., pp.60 － 103) . New York：AFB Press.

Guth, D. , & LaDuke, R. (1995) . Veering by blind pedestrians：Individual differences and their implications for instruction. *Journal of Visual Impairment & Blindness, 89*(1), 28 － 37.

Guth, D. , & Rieser, J. (1997) . Perception and the control of locomotion by blind and visually impaired pedestrians. In B. B. Blasch, W. R. Wiener, & R. L., Welsh (Eds.) , *Foundations of orientation and mobility* (2nd ed., pp. 9 － 38) . New York：AFB Press.

Higgins, N. (1999) . " The O & M in my life "：perceptions of people who are blind and their parents. *Journal of Visual Impairment & Blindness* , *93* , 561 － 578.

Hill, E. , & Ponder, P. (1976) . *Orientation and mobility techniques：A guide for the practitioner.* New York：American Foundation for the Blind.

Hill, E. W. (1986) . Orientation and mobility. In G. T. Scholl (Ed.) , *Foundations of education for blind and visually handicapped children and youth* (pp.315 － 340) . New York：AFB Press.

Hill, E. W. , Rieser, J. J. , Hill M. － M. , Hill, M. , Halpin, J. , and Halpin, R. (1 9 9 3) . How pesons with visual impairments explore novel spaces：Strategies for good and poor performers. *Journal of Visual Impairment & Blindness, 93*(8), 295 － 301.

Hill, M. M. , Dodson － Burk, B. , Hill, W. W. , & Fox, J. (1995) . An infant Sonicguide intervention program for a child with visual disability. *Journal of Visual Impairment & Blindness, 88* , 329 － 336.

Jacobson, W.H. (1993) . *The art and science of teaching orientation and mobility to persons with visual impairments* . New York：AFB Press.

Jacobson, W.H., & Bradley, R.H. (1997) . Learning theory and teaching methodologies. In B. B. Blasch, W.R. Wiener, & R.L. Welsh (Eds.) , *Foundations of orientation and mobility* (pp.359 – 382) . New York：American Foundation for the Blind.

Joffee, E. , & Ehresman, P. (1997) . Learners with visual and cognitive impairments. In B. B. Blasch, W.R. Wiener, & R. L. Welsh, (Eds.) , *Foundations of orientation and mobility* (2nd ed. , pp.483 – 497) . New York：AFB Press.

LaGrow, S.J. , & Weessies, M.J. (1994) . *Orientation and mobility：Techniques for independence.* Palmerston North, New Zealand：Dunmore Press.

LaGrow, S. , Blasch, B. , & De I'Aune, W. (1997) . The efficiency of the touch technique for surface and foot placement preview. *Journal of Visual Impairment & Blindness, 91, 47 – 52.*

Long, R.G. , & Hill, E.W. (1997) . Establishing and maintaining orientation in mobility. In B. B. Blasch, W.R. Wiener, & R.L. Welsh (Eds.) , *Foundations of orientation and mobility* (2nd ed. , pp.37 – 59) . New York：AFB Press.

Mettler, R. (1994) . A cognitive basis for teaching cane travel. *Journal of Visual Impaiment & Blindness, 88, 338 – 347.*

Melzer, J. E. , & Moffitt, R. (1997) . *Head mounted displays – Designing for the user.* New York：McGraw – Hill.

Reimer, A. , Smits – Engelsman, B. , & Siemonsma – Boom, M. (1999) . Development of an instrument to measure manual dexterity in children with visual impairments aged 6 – 12. *Journal of Visual Inpairment & Blindness, 93, 643 – 658.*

Rosen, S. (1997) . Kinesiology and sensorimotor Function. In B.B. Blasch, W. R. Wiener, & R.L. Welsh (Eds.) , *Foundations of orientation and mobility* (pp.170 – 199) . New York：AFB Press.

Scholl, G.T. (1986) . *Foundations of education for blind and visually handicapped children and youth* . New York ： AFB Press.

Sforza, C., Eid, L., & Ferrario, V.F. (2000) . Sensorial afferents and center of foot pressure in blind and sighted adults. *Journal of Visual Impairment & Blindness, 94*, 97 – 107.

Siffermann, E., & Blasch, B. (1996) . A curriculum gide for teaching the adaptive cane. In J. Tellevick & G. Haugum (Eds.) , Conference proceedings ： *International Mobility conference No. 8* (Vol. 2 , pp. 4 3 3 – 4 3 5) . Trondheim, Norway ： Tambartun National Resource Center.

Skellenger, A.C., & Hill, E.W. (1997) . The preschool learner. In B.B. Blasch, W.R. Wiener, & R.L. Welsh (Eds.) , *Foundations of orientation and mobility* (2nd ed., pp.407 – 438) . New York ： AFB Press.

Skellenger, A. (1999) . Trends in the use of alternative mobility devices. *Journal of Visual Impairment & Blindness, 93*, 516 – 521.

Smith, A.J., De I'Aune, W., & Geruschat, D.R. (1992) . Low vision mobility problems ： Perceptions of O&M specialists and persons with low vision. *Journal of Visual Impairment and Blindness, 86*, 58 – 62.

Straw, L.B., Harley, R.K., & Zimmerman, G.J. (1991) . A program in orientation and mobility for visually impaired persons over age 60. *Journal of Visual Impairment & Blindness, 85*, 108 – 112.

Tellevik, J., Storlilokken, H., & Elmerskog, B. (2000) . Development and evaluation of a procedure to assess mobility route learning. *Journal of Visual Impairment & Blindness, 94*, 197 – 203.

Welsh, R.L. (1997) . The psychosocial dimensions of orientation and mobility. In B.B. Blasch, W.R. Wiener, & R.L. Welsh (Eds.) *Foundations of orientation and mobility* (pp.200 – 227) . New York ： AFB Press.

Wiener, W.R., & Carlson – Smith, C. (1996) . The auditory skill necessary for echolocation ： A new explanation. *Journal of Visual Impairment & Blindness, 90*(1), 21 – 35.

Wiener, W.R. & Lawson, G.D. (1997) . Audition for the traveler who is visually impaired. In B.B. Blasch, W.R. Wiener, & R.L. Welsh (Eds.) , *Foundations of orientation and mobility* (pp.104 - 169) . New York : AFB Press.

Whitstock, R., Franck, L., & Haneline K. (1997) . Dog Guides. In B.B. Blasch, W.R. Wiener, & R.L. Welsh (Eds.) , *Foundations of orientation and mobility* (pp.260 - 274) . New York : AFB Press.

第肆篇

學習輔導

第十一章
視障兒童的心理特點

第一節 盲童的心理特點

壹、盲童在學習上的限制

視覺是人們獲取資訊的主要感官，估計有百分之八十至九十的資訊是經由視覺而獲取；沒有一種感官能像視覺般的速度和量，且可遠距離獲取資訊（Geruschat & Smith，1997）。經由視覺，人們可判斷遠近距離物之關係與相對位置，因此缺乏視覺對兒童的發展與學習有相當大的影響。Lowenfeld（1981）檢驗「眼盲」對發展的影響，歸納出盲童的三個基本限制：(1)經驗範圍和種類的限制；(2)移動能力的限制；(3)控制環境能力的限制。劉信雄（1995）指出全盲學生對下列的訊息有學習上的困難：(1)太大，如房屋；(2)太小，如螞蟻；(3)太脆，如蜻蜓的翅膀；(4)太高，如巨木；(5)太遠，如星星；(6)太複雜，如工廠內部；(7)太封閉，如手錶內部構造；(8)動態，如飛躍；(9)抽象，如顏色、虹；(10)危險，如火、化學藥品。

許多研究發現，盲童較同齡兒童在認知、語言、動作、和社會發展上有遲滯的現象（Scholl，1986；Warren，1994）。然而每位盲童的發展和特質有很大的異質性，影響的因素包括失明時期、失明原因、視障程度、預後（是否進行性的缺損），以及是否伴隨其他障礙等。以失明時期而言，五歲被認為是關鍵期（Lowenfeld，1981），五歲之前失明者對視覺印象（visual imagery）和顏色記憶（memory for color）的保存較有限，以教育的觀點可視爲先天盲者（congenitally blind）。五歲之後失明者可視爲後天盲者（adventitiously blind），其保存的視覺經驗有助於日後的學習；但由以視覺爲主要學習管道者轉爲觸覺學習者，在適應上會產生很大的困難，尤其在青少年期喪失視覺更會伴隨情緒的反應（Lowenfeld，1980）。萬明美（Wan & Tait，1986）的研究發現，隨著年齡的增長，盲童漸能以「學習經驗」彌補發展上的遲緩，「認知角色」逐漸取代「知覺功能」，成年盲者除視覺障礙外，其他特徵與明眼人的差異就較少了。

貳、盲童在認知發展上的障礙

視覺作用在兒童認知發展的過程中，扮演著決定性的角色。根據皮亞傑（Piaget，1964）的觀點，「兒童早期視覺的喪失，會影響感覺動作期和運思前期的認知功能」。一般而言，兒童心理動作的發展能引導認知發展而擴展成心理能力；嬰幼兒經由對外界事物的「感覺探索」而導致「知覺發展」而形成「概念」，此乃奠定抽象知識之基礎。當孩子發展語言時，概念的成長漸能脫離知覺過程而逐漸豐富。盲童的認知發展處於不利的情況，尤其是感覺刺激、概念發展和溝通領域（Scholl，1986）。Sandler（1963）認爲盲嬰在四個月大時因缺乏對外界事物產生注意力的引導而漸有落後現象。Fraiberg，Siegel，& Gibson（1966）指出觸覺和聽覺雖能提供孩子對外界事物的組合，但未若視覺的功能。Scholl（1986）強調盲童因感覺輸入受限（太大、太細微、或太遙遠的事物均無法觸覺或聽覺探索），故概念發展亦可能受限，有些盲童可能未曾眞正掌握某些概念，如顏色、距離等概念。由於認知發展的歷程是有連續性的，每個階段爲建構次一階段所必需，因此盲童的具體運思功能和邏輯運思功能亦可能產生累積的缺損。

有關盲童認知發展之研究大多集焦於保留能力，其他如系列能力、分類能力等認知能力之研究較少。保留概念（conservation）是兒童在具體運思期的主要思考特性之一，係指「兒童能了解物體的外表雖然改變，但其若干屬性仍具有恆常性」。多數研究顯示盲童較明眼兒童在保留能力方面有顯著的落後（Stephens & Grube，1982）。王小茜（1997）比較視障兒童和正常兒

童類比推理過程中思維發展之特點（二、三、五年級），發現失明給盲童造成的感性經驗缺乏、語意不符現象以及視力損失的年齡和程度、聽語能力和語言水平都影響著他們思維的發展：⑴盲童的推理能力和概括能力明顯略於低視兒童和正常兒童；⑵先天失明的盲生之推理能力和概括能力略低於後天失明的盲生；⑶視力殘疾同時伴有聽力缺陷的盲童，其推理能力和概括能力明顯落後於未伴其他缺陷的視力殘疾兒童。此研究所設計的類比推理問卷分為功用、對比、同類、整體與部分、因果、從屬六類。實施方式，第一步是根據每類的範例找出同類的詞組（如鉛筆/鋼筆），第二步是概括出每類詞組（如糧食/米）的關係。

　　雖然皮亞傑（1964）曾指出「盲童認知發展的遲緩，終究還是會彌補」，但他並未明確指出盲童何時和如何克服這些遲滯（Gottesman，1976）。萬明美（Wan & Tait，1987）的研究發現，台灣盲童有七項保留概念的發展較明眼兒童遲緩一至四年；其中液體量和質量概念遲緩四年，長度、面積及距離概念遲緩三年，重量概念遲緩二年，數目概念遲緩一年；眼明兒童和盲童的置換體積皆遲至十一歲才獲得。盲童除距離和數目概念外，其他六項保留概念的發展亦較低視兒童遲緩一至四年。前述皮亞傑未指出盲童何時和如何克服這些遲緩；萬明美（1987）的研究發現，盲童在十一歲以後才能彌補這些發展上的遲緩——在明眼兒童具體運思期（七至十一歲）之末。這決定性的十一歲證實 Miller（1969）的觀點，即「在六至十歲的年齡，僅觸覺的經驗尚不足以克服認知——視覺功能的缺損」。該研究又發現，十三歲的盲受試者幾乎全都具有數量、質量、重量、長度、面積、距離的保留概念，進一步證實當盲童年齡稍長之後，認知的角色便足以取代知覺的功能了。萬明美（1987）進而指出，有一些因素可能間接影響盲童的認知發展：

　　1.明眼兒童在六歲入學之前通常有一至三年的學前教育，而盲童則較可能滯留家中。

　　2.這和語文差異相複合，因為在學校，即使是幼稚園亦以國語教學為主，而不使用台語或其他方言。國語文是表達抽象思考的重要工具，盲童錯過語言學習的決定性時機，在學習國語文就較明眼兒童遲緩。入學之後，啟

明學校的學生在課堂之外常以台語交談，此亦阻礙國語文的學習。由於我國點字係以國語注音符號拼音，而盲童在六歲入學之後才開始學習國語文，非但在語言學習較明眼兒童落後，閱讀、書寫和其他認知學習亦隨之延緩。

　　3.家庭教育是學校教育的延續，一般兒童的父母和兄長通常很重視兒童的學習和認知發展，這些經驗對住宿的盲童較為匱乏。據研究者觀察，啓明學校的老師都很熱心，經常為學生作課後或夜間輔導；但學生缺乏家長的督促，又無課業及升學壓力，較易將時間耗費在聽收音機、閒聊或遊蕩。

　　4.無論是啓明學校或普通學校，盲童對測驗工具和材料都較明眼兒童不熟悉，包括天秤和積木，研究者在施測時須花費較多時間對盲童解釋材料，而文獻曾提及「受試者對材料的熟悉度會增進或隱藏推理項目的表現」（Cole & Scribner，1974）。

　　5.盲童較少有機會參與實驗活動。一般而言，啓明學校的課程較少涉及實驗，即使實施，低視學生亦較盲生占優勢。盲童在普通學校也是處於不利的立場，因為大班教學（班級人數有時超過四十人）和基於安全的考慮，往往會減低盲童直接參與的機會。如此缺乏親自體驗的科學實驗經驗，易導致盲童獲得不正確的資料或含糊的結論。

　　6.盲童常因較晚入學或中途輟學（例如眼科手術）而後復學之故，比同年齡的明眼兒童較可能安置在較低的年級，因此較晚學到在較高年級才教到的概念。

參、盲童的感知覺

　　感知覺是各種心理活動的基礎，缺乏視覺的盲童必須以聽覺、觸覺、嗅覺、運動知覺等管道替代，以作為主要的認知途徑，因而形成獨特的感知特點。

㈠盲童聽覺感知的特點

　　沈家英、陳雲英和彭霞光（1993）指出，根據前蘇聯學者捷姆佐娃等人之研究，盲童聽覺閾限與視力正常兒童無大差異，而盲童常給人「耳朵特別靈敏」的印象，其原因可能是：(1)盲童有較高的聽覺注意力；(2)盲童有較強

的聽覺選擇性；(3)盲童有較高的聽覺記憶力。

　　對於上述現象，筆者亦有同感，筆者任教的彰化師大有三十多位視障大學生就讀。據筆者觀察，盲生通常是「豎起耳朵」聽課，因為一般同學可以看板書、看教材，或課後再借同學筆記或查閱資料，所以上課可以漫不經心；而盲生若不專心聽講，錯過的部分可能要花費數倍的功夫補救，且必須尋求他人協助，因此培養成較高的「聽覺注意力」。視覺有選擇性，聽覺亦有選擇性，當筆者和盲生漫步在校園，儘管下課聲音喧嘩，盲生亦能專注於所關心的聽覺刺激，用心辨認腳步聲、談話聲，逐一和路過的老師及同學打招呼，連白沙湖畔新孵幾隻小鵝和小鴨都能分辨無誤，盲生確實有較強的「聽覺選擇性」。大學盲生數位式的「聽覺記憶力」和過耳不忘的本事更是不可思議，筆者所主持的一項盲人學習電腦的實驗課程，任課老師係以口述方式授課，沒有板書，沒有立體圖輔助，盲生卻能將聽過的程式設計流程圖徑路倒背如流。盲人還有超強的長期聽覺記憶，筆者曾在一個大雨滂沱的下班時刻，在熙來攘往的台北車站天橋遇到一位外縣市來的按摩師（由背包辨識），筆者看他站在交叉路口猶豫不決，遂前往協助。當他聽到筆者開口說了幾句話，立即反應：「咦！妳是不是二十幾年前到台北啟明學校報讀的萬姊姊？」經過這麼漫長的時光，他的聽覺記憶和聽覺辨識依舊鮮明，讓筆者自歎不如，因筆者的視覺記憶完全模糊，若非經由姓名和其他線索的提示，筆者實在無法辨認眼前壯碩的中年人即是當年瘦弱的小盲童。

(二)盲童觸覺感知的特點

　　觸覺是盲童重要的近距離感覺，盲童以「以手代目」，觸覺靈敏度優於一般兒童。然而以觸覺功能代償視覺功能的作用仍有局限（曹正禮，1997）：(1)受距離限制，手觸及不到的事物，觸覺就無法感受。(2)受時間速度限制，觸覺感受由點到線到面，同時感受到的面積小、速度慢，若要感受較大的事物，則需花費相當多的時間。(3)受空間大小的制約，太大（如山）、太小（如蚊）的事物都無法感受。(4)受整體性的限制，由觸覺獲得的信息零零星星，整體性差。如盲童即便是觸摸了汽車的全部，在腦中也難形成像視覺所觀察到的汽車那樣完整的印象。

　　自幼失明的盲童觸覺感受性較一般人爲高。根據前蘇聯學者捷姆佐娃等人的研究結果（引自沈家英等，1993），盲人的觸覺閾限明顯低於有視覺的人。所謂觸覺閾限簡稱兩點閾，是以觸覺計（兩腳規）的兩個針尖刺激皮膚，以察覺出兩點的最小距離，距離越小，感受性越高。身體表面以舌尖的兩點閾最小，指尖次之，大腿、上臂和背部最大。該研究是將兩腳規的兩腳放在右手手掌一面大拇指的上一指節骨表面上，盲人（自幼失明）的觸覺閾限平均爲1.02mm（其中最低爲0.7mm），而有視覺的人觸覺閾限平均爲1.97mm，盲人的觸覺閾限明顯較低。另一個在上海市盲童學校進行的觸摸點字測驗研究，要求國小學生數出每個字母的點數，結果顯示，盲童的觸覺感受性可通過觸摸訓練而明顯增長，且敏感性的提高又和理解相聯繫的，即理解增加了盲童觸覺的感受性。觸摸感受由點到線到面，由各局部再到整體，觸覺表象未若視覺表象全面、完整且一目了然、主動印入眼簾，此爲觸覺的局限性。

　　盲人的觸覺感受性可通過訓練而提高，自幼失明者較中途失明者的摸讀速度明顯較快。筆者（1999）曾訪問十三名全盲的點字校對員，發現點字校對的熟練程度與盲者開始學習點字的時期有關，中途失明的盲者因摸讀速度慢，較難勝任點字校對工作。然而先天失明盲者因無字形概念，對國字的辨識亦有困難，對不熟悉的領域（如電腦、統計、風水、地理等），亦因專業理解不足而減低摸讀校對速度。對於食指或手部有缺損的盲人，任何一手指、腳趾，甚至身體其他表面皆可透過訓練而提高觸覺感受性，用來摸讀點字。筆者有一位全盲助理，係因糖尿病視網膜病變而於大學期間失明，每當她以食指摸讀一段時間後即會因末稍神經麻痺而失去知覺，於是她訓練自己的十隻手指頭輪流摸讀點字。剛開始感覺遲鈍、辨認困難，一年之後每一隻手指皆能替代食指，速度和正確度都大爲提高。

　　觸覺在盲者的生活應用上有其重要性，一位盲友告訴筆者，有一次他誤食一塊爬滿螞蟻的蛋糕，自此之後，他嘗試任何食物除運用嗅覺和味覺外，都會輔以手指觸摸或用筷子探索。此外，觸知覺在定向行動訓練扮演很重要的角色，手杖等於是手的延伸。

㊂盲童運動知覺、嗅覺等感知的特點

　　缺乏視覺的盲童必須經常運用運動知覺和本體感受器去察覺環境的動態，因而培養出靈敏的空間知覺。讓筆者印象最深刻的是，每次和盲友一起搭車時，他們幾乎可由轉彎、斜坡、凹凸處、圓環等運動知覺（輔以聽覺和時間知覺），沿途說出精確的空間位置。

　　嗅覺和味覺亦是重要的感覺，尤其是嗅覺能感知一定距離的物體，缺乏視覺的盲童經常利用嗅覺所提供的線索去辨認環境中的物體，充分運用在生活上（衣服髒了，魚肉不新鮮）、學習上（實驗課程）及定向行動上（麵包店到了）。然而，環境中的嗅覺刺激有時反而會干擾盲人的定向辨認，例如兩位盲按摩師回憶二十年前沿街吹笛攬客的難忘往事。其中一位誤入垃圾焚燒場，薰臭的味道讓他的感覺混淆，繞了兩天兩夜仍找不到出口，等到被發現獲救時人都虛脫了。另一位聞到鮮花香味，心想這一間間大廳必定是高級住宅區，一定有富貴人家要按摩，於是連續高聲吹笛，管理員被吵醒後怒斥：「三更半夜找往生的人按摩啊！」，原來是踏入殯儀館大廳，嚇得他雙腳發軟，跌跌撞撞走不出大門。

　　有關感知覺的訓練項目詳見本書定向行動篇。

肆、盲童的語言和思維

㊀盲童的語言

　　盲童在說話和語言的獲取過程似乎和明眼兒童相同，但因缺乏視覺經驗，故早期語言發展較為遲緩（Mills，1983）。

　　杞昭安（1991）以「魏氏兒童智力量表語文部分」為工具測量台灣地區240名視障學生，發現「視障學生在記憶廣度項目表現最佳，而類同項目最差」。盲童由於沒有智力方面的缺陷，又由於聽力敏銳，他們語言能力發展的速度與其生理年齡的增長同步，語言水平完全可以達同齡正常兒童的水平。但由於缺乏視覺表象，盲童的語言缺乏感性認識做基礎，導致語言與實物脫節；盲童不懂也不會用表情、手勢和動作幫助語言的表達，且盲童的書

面語（點字）與正常人完全不同，此皆爲盲童語言的弱點（葉立群、朴永馨，1995）。盲童對物體的概念和字義的理解常需依賴別人的描述或取自第二手資料，故易產生「語意不合」（verbalism）的現象（Burlingham，1965；Cutsforth，1932；Dokecki，1966；Tufenkjian，1971）。例如有一次筆者和教育部官員到台中啓明學校訪視，兩位國小盲生慌張地跑進辦公室報告：「老師，操場有人受傷……血流如注……鮮血像泉水般湧出……血流不止，染紅了操場的跑道……。」一群人趕往急救，發現學生僅是刮傷破皮而已。盲生耳聞而非目睹流血狀況，口耳相傳，小小傷口被語言渲染成重傷，虛驚一場。又如一位先天全盲高中生來函叙述陽明山遊記：「……我看到那噴水池被火紅的太陽映照得七彩繽紛……沿途百花盛開，千紫萬紅，放眼望去，彷彿一片花海……。」實際上當時花季已過，盲生的描述（由別人轉述、讀過先前的文章、想像）顯然與實景脫節。

　　盲童語言雖有上述弱點，但若能提供適當的教育，是可克服的。教學中教師應注意詞彙與具體事物的形象形成聯繫，在講解詞彙時，儘可能多讓盲童接觸實務，或用標本、模型及具體、細緻、形象的語言描繪，幫助學生眞正理解各種詞語的含義，使他們在理解的基礎上運用詞彙。學生正確地運用各種表情、姿勢表達語言，可以教師示範讓學生摸，然後讓學生練習，教師糾正（葉立群、朴永馨，1995）。

　　吳文熙（1995）觀察台中啓明學校幼稚部六位全盲兒童（6～7歲）的語言發展情況（語用觀察、語意觀察、語境觀察），發現盲兒的語言發展是有一些特殊問題，主要出現在認知及概念發展有關的語意、語用、語境的掌握上；因此若家庭、學校能提供較好的語言環境、較充分的語用機會、較有效的認知教學方法，相信許多問題都會逐漸化解，甚至不會再發生。

㈡盲童的思維

　　思維，是人腦對客觀事物概括和間接的反應。思維一般經過分析、綜合、推理、判斷幾個過程；思維包括形象思維和邏輯思維。盲童由於缺乏視覺表象，對事物的感知受到局限，通過其他感覺獲得的感性材料往往只反映事物的局部特徵，盲童依此進行分析、推理就很容易產生錯誤的判斷，例如

農村盲童聽到汽車嘀叫喘氣視路，以為汽車有嘴有鼻有眼，而得到結論是：汽車有一個和人一模一樣的頭，此為盲童形象思維能力差的典型例子。另一方面，盲童失去視覺，常獨自沈思默想，長期的勤動腦，使盲童的思維比較敏捷，此又是其邏輯思維方面的特點（葉立群、朴永馨，1995）。

據筆者觀察，缺乏視覺的盲童確實有較奇特的形象思維和邏輯思維，且較易受外界訊息暗示而產生不正確的聯想。例如一位高二盲生很肯定地說：「空氣是扁平的形狀，因為關緊門窗，它一樣可從細長的間隙穿進來。」一位小五盲生說：「青蛙是卵生，王子是胎生，所以青蛙王子是卵胎生。」一位國三盲生說：「兩點間最短的距離是彎曲線，不是直線。因為歷史老師說古人打戰常抄捷徑走近路，而捷徑通常是彎彎曲曲的小徑。」

另一方面，缺乏視覺的盲童必須隨時集中注意力，勤動腦筋解決問題，經過長期的思考訓練，有些優秀的盲生其邏輯思維確實較一般人敏捷。以筆者兩項研究結果為例：

1.筆者（萬明美，1990）曾主持國科會專題研究計畫「盲人學習電腦之研究」。當時台灣的盲人從未接觸過電腦，而盲人為何要學電腦？盲人能學電腦嗎？這些問題一直存疑在一般人的腦海裡。筆者因目睹美國盲人操作盲用電腦（點字觸盤、語音輸出）的便捷性，乃前往舊金山 TSI 公司學習指導課程，並引進國內第一部盲用電腦（VersaBrailler）。經由資策會、工研院、電信局專家的協助與指導，將該部電腦改裝成可以中文發音、中文點字輸入及中文光學掃描中文盲用電腦雛型，而得以進行實驗研究。

該研究以六位大學盲生為主要實驗對象，另取低視生和明眼大學生各兩名作為對照組。該研究採用多重基準線的實驗設計，進行二十二週的教學實驗研究，分別處理六位全盲受試者的實驗效果。並以優等、通過、不及格三等級評定所有參與實驗的受試者，比較不同視力狀況者在學習成效的差異。結果如下：(1)經由盲用電腦的輔助，該研究的全盲受試者均通過磁碟作業系統、英文文書處理、BASIC 語言程式設計三種電腦課程的測驗。中文文書處理因中文電腦軟體尚未完全開發成功，無法評量。(2)經由盲用電腦的輔助，該研究的全盲受試組，在磁碟作業系統、英文文書處理、BASIC 語言程式設計三種電腦課程的測驗成績與明眼受試組沒有差異，甚至有超過明眼受試者

的個案，但須投入數倍的練習時間（教學時間相同）。該研究中全盲受試組的測驗成績顯著優於低視受試組。

　　該研究的全盲受試者顯現出下列超乎常人的學習特徵，令筆者及資訊老師驚歎不已：(1)學習動機強烈，持續力長久；(2)記憶力驚人，過「耳」不忘，聽過一次就牢記；(3)注意力集中，專注不分神；(4)抽象觀念清晰；(5)空間概念和方向定位明確；(6)領悟力和理解能力強，一點即通；(7)有海棉般的吸收能力；(8)對問題追根究底，非求得解答不罷休；(9)有獨特的見解和想法。

　　2.筆者（萬明美、杞昭安等，1993）主持的另一項教育部專題研究計畫「視障學生科學過程技能研究」，係將 Burns，Wise，& Okey（1983）所編訂的「統整科學過程技能測驗」修訂為我國視障學生適用版本，藉以探討其相關變項之關係。

　　該研究以台灣地區三所啓明學校及各縣、市混合教育學校全部國一至國三的視障學生計426名（低視學生364名，全盲學生62名）為主要研究對象（視多重障礙學生除外）；另自混合教育學校分年級隨機各選取5班，計726名明眼學生為對照組。該研究由研究小組會同25名啓明教師實地施測，並針對「高分組盲生」進行質的研究分析。蒐集的資料分別以 Pearson 積差相關、變異數分析、趨向分析加以處理。該研究結果顯示：(1)不同視力狀況的學生在總分及五個分項技能的得分有顯著差異；明眼學生優於低視學生；低視學生優於全盲學生）。(2)低視學生所呈現的難易順序與明眼學生完全相同，由難到易的順序依次為：確認可驗證的假說→操作型定義→數據及圖形解釋→設計實驗→確認變因。(3)全盲學生呈現的難易順序與明眼學生及低視學生大致相同，但在「數據及圖形的解釋」困難度大於「操作型定義」。

　　該研究的全盲學生平均得分顯著落後於明眼及低視學生，但其中有4名盲生的得分高於全體明眼學生及同年級明眼學生的平均數，故列為「高分組盲生」，實施深度訪談，結果略可歸納出這4位高分組盲生的學習模式和邏輯思維：(1)學習策略方面——具強烈的求知慾和主動學習的精神；但過度專注課業，反而漠視人際交往。學習秘訣為課前預習、課後複習、上課專心聽講、錄音、再整理成筆記。在自然學科的學習則是多觀察、多思考，主動發

問、討論，追根究底、尋求解答；了解完整的實驗過程；多利用學習輔助教具。(2)人格特質方面——男生呈現矛盾的雙重個性：內心熱忱、有正義感；表現在外的個性卻是內向、被動、不易與人親近。女生則呈現心無旁鶩、情緒穩定、細心、有條理的特質。(3)志趣性向方面——興趣和性向都偏向理科；不喜歡背誦的社會學科；但因失明而轉變生涯取向。(4)休閒生活方面——囿於靜態的活動，如閱讀、聽收音機、下棋；極少從事動態的活動；如打球、郊遊——主要原因是怕浪費時間，影響課業；又怕行動不便，麻煩別人。(5)家庭背景方面——父母的社經地位對全盲學生的學習表現影響不大；但父母和家人的支持程度卻是盲生學習成功的關鍵因素。(6)社會資源方面——社會的支持系統，包括老師、同學、義工、社區人員、盲人圖書館和有聲圖書中心，對盲生的學習表現有決定性的影響力。

　　科學過程技能屬高階的認知能力，眼盲對科學過程技能之影響，一方面是生理的障礙——限於眼盲，較難作直接的觀察、實驗、與科學活動。另一方面是社會環境的障礙——未能提供盲生無障礙的學習環境。而該研究4位高分組盲生的表現卻能超越明眼學生，除本身資質優異外，眼盲所塑造出的專注、心無旁鶩、冷靜思考、主動學習之學習模式和邏輯思維方式，亦是一般明眼學生所不及的。根據筆者後續的追蹤，這4位優秀的盲生日後皆考取大學。

伍、盲童的社會性發展

㈠盲童的自我概念與個性

　　個體對自我的知覺和感覺，無論真實與否，會累積形成「自我概念」（self－concept），包含認知和情意層面。「自我尊重」（self－esteem）屬自我概念的情意層面，良好的自我概念產生較高層次的自我尊重，包括自我價值、自我關心、自我接納、自足、自信和自愛，其評定等級可自「非常高」至「非常低」（Tuttle，1984）。

　　良好的軀體形象（body image）是健康的自我形象之核心；而不良的軀體形象將導致扭曲的自我形象。一個人對自己軀體的感覺與對其自我的感覺

有直接的相關（Secord & Jourard, 1953；Weinberg, 1960）。當一個人軀體有缺陷，例如眼盲，往往被自己或他人置於低劣的地位，被視為能力較低或能力不足（Tuttle, 1984）。由於視覺缺陷，盲人不但無法觀察外界環境事物，且他的一舉一動卻清清楚楚地呈現在他人的眼中，這種單方面的劣勢，使盲生常感到挫折感、孤獨感，易造成焦慮的心理（劉信雄，1979）。盲生雖具有一般人的天性，但因視覺的不方便常使其自卑、退縮不前（謝炳輝，1980）。筆者（萬明美，1999）曾訪問14位從事樂團演奏的盲友，他們一致表示樂團成員的人際溝通很困難，有二位盲友如此敘述：「……大概是生活環境的關係吧，想法和他人差很多，形成一種自以為是的人格特質，很難相處。」「盲人樂團最難管理，不容易溝通，尤其是學音樂的，每個人都想走自己的路，更何況很多都是大學畢業的，誰也不服誰，合不來的就退出另組一個樂團，所以台灣的視障樂團和合唱團有十多團，樂團中成員的流動性蠻大的。」

葉立群、朴永馨（1995）指出，盲童的個性特點與其生理缺陷相聯繫：(1)由於行動不便，與外界、與其他人交往少，形成一些盲童性格內向，不易與別人融洽相處的特點，此一特點隨年齡增長而變得越明顯。(2)另一特點是容易有自卑心理，對生活態度消極，尤其在臨近青春期，對個人生活出路，甚至婚姻等問題開始意識，加之彼此互相影響，易對前途失去信心。(3)盲童對自己的缺陷很敏感亦是個性特點之一，很注意別人對自己的議論、看法，有時表現孤傲，這實際上是自卑心理的又一種表現形式。

王培峰（1997）指出，由於盲童內部心理矛盾的發展和某些社會作用的不當，造成「盲化症」的綜合效應，是病態的衍生物，不是盲的必然產物，通過教育是可避免和治癒的。今日盲化症已逐漸構成少年期盲童的個性內容：(1)消極極端型──盲童對客觀現實的體驗和自己原來的主觀意識之間發生矛盾，造成內心衝突，而形成盲童抑鬱寡歡、消極悲觀的個性特徵；(2)積極極端型──教育和社會作用不當，對盲童過度照顧和遷就，過度強調殘疾的特殊性，過度維護盲童自尊，因而使盲童變得固執清高、自尊自大、情感淡涼、自私自利、意志脆弱、能力低下等不良的個性思想品德。

(二)盲童的社會適應與同儕的接納態度

盲童在同儕的認同方面有其困難，尤其是青少年時期，看不到流行服飾的款式，看不到同儕特有的動作、表達方式、生活方式而顯得格格不入。一般青少年象徵獨立的行動宣言，例如駕車、自助旅行、打工等行爲，對盲青少年而言均是遙不可及的夢想。此時期的盲青少年常無法面對自己眼盲的事實。後天失明青少年較先天失明者其心理適應歷程顯然較爲困難，但若能調適成功，後天失明者仍可獲得良好的社會適應。

由盲童對自己的看法（自我評價）、對眼盲的看法、對同儕團體的感受及同儕的態度，可了解其適應的狀況。Tuttle（1984）歸納適應良好及適應不佳的盲者之特徵如下：

1.適應良好盲者的特徵

(1)心理穩定，(2)較聰明，(3)能接受自己的視覺障礙，(4)較獨立，(5)人際關係較佳，(6)較有主張、自我肯定，(7)不猜疑別人，(8)喜愛參與休閒活動，(9)願接受更多教育與適應訓練，(10)願使用輔助和技術，(11)有較健康的自我接納和自我尊重，(12)維持社交的統整，(13)獨立的行動能力及充分的日常生活技能，(14)認識盲人社會，但不視爲唯一的認同對象，(15)家庭成員能接受並了解視覺障礙。

2.適應不佳盲者的特徵

(1)對恢復視覺有不真實的期望，(2)較被動且不活潑，(3)常使用否定機制，(4)較冷漠、退縮、孤立，(5)較易自憐、沮喪，(6)對未來充滿焦慮，(7)較易自責，(8)有較低的期望、對盲人持不良的形象、將低劣的地位歸咎於眼盲，(9)相信眼盲是上天對罪惡的懲罰，(10)努力去迎合別人的期望和標準，(11)有過度保護的家人，其對眼盲有不合理的反應。

筆者（萬明美、張照明、陳麗君，1997）曾主持一項國科會專題研究計畫「大學視障學生學校生活適應及大學同儕對其態度之研究」，深度訪談對象包括視障學生84名（盲生23名，低視生61名），專任資源教師10名，問卷

調查對象包括一般大學生1,440名（分為與視障生同班、同校不同班、不同校）。研究結果如下：

1. 大學視障學生的學校生活適應狀況

適應良好的大學視障學生個性較開朗、健談，能接納自己、肯定自己，願拓展生活空間來適應環境，並會主動尋求協助以解決課業問題；適應不佳的大學視障學生則較少和其他同學接觸，活動空間局限在校園，對未來就業較悲觀、消極，且不會主動尋求課業上的協助。大學盲生的學校生活適應較大學低視生為困難。視障生自述之適應問題如下：

- 學業學習方面：(1)課堂聽課困難，(2)資料蒐集困難，(3)學習工具匱乏，(4)基礎學科能力欠佳，(5)就讀科系不符合志趣，(6)評量方式不客觀，(7)學習領域增廣，難以適應。
- 人際互動方面：(1)不希望被標記為視障生，(2)不知如何處理人際關係，(3)極少參與社團活動或擔任幹部，(4)對愛情既期待又害怕受傷害。
- 環境調適方面：(1)校園和社區環境有障礙，(2)對家庭產生疏離感，(3)對前途深感憂慮。

2. 資源教師之輔導策略

- 學業學習方面：(1)實施補救教學，(2)提供有效之學習策略，(3)主動尋求老師和同學的協助，(4)妥善安排考試事宜，(5)培養獨立學習能力。
- 人際互動方面：(1)培養良好的自我概念，(2)加強人際溝通技巧，(3)增進全校師生對視障生的認識。
- 環境調適方面：(1)實施定向行動訓練，(2)消除校園障礙環境，(3)加強生涯規劃與生計輔導，(4)發揮資源教室的功能。

3. 大學同儕對視障生之態度

(1)大學同儕對視障生的整體態度是積極、正向的。分量表得分依次為認知、情感、行為傾向。

(2)與視障生同班的同儕、女性同儕、大一同儕、曾參與服務性社團的同儕，對視障生的態度較為積極。

(3)同班同儕對視障生的評價與期許（480名同班同儕開放性問卷之反應次數），依序如下：

─視障生令人欽佩的表現（625人次）：

• 學業方面：辛苦努力求學的情形（例如使用點字與有聲課本）、上課專注、上課發問。

• 人際關係方面：幫助別人、好相處、參與團體活動、關心別人、有幽默感，能自我解嘲，其他如謙虛、誠懇、感恩、溫和、博學、善於表達自己等，亦被少數人提及。

• 生活方面：獨立不依賴他人、適應環境的能力，其他如敢獨自上街、黑暗中摸索、定向行動能力等，亦被少數人提及。

• 特殊才能方面：音樂才能、超強的記憶力、敏銳的聽覺（能分辨許多人的聲音）、熟練地操作電腦，其他如歌唱、抽象事物的理解能力，亦被少數人提及。

─視障生讓人印象不好的行為（321人次）：

• 人際關係方面：孤僻、自我中心、視他人的幫助為理所當然、猜忌、不善於察言觀色，其他如退縮、脾氣暴躁、不尊重他人、多話、說話不得體、不知察言觀色、冷漠、社交活動少等，亦被少數人提及。

• 生活方面：依賴他人、儀容不整、衛生習慣不好、行為反應笨拙，其他如生活禮儀不佳、餐桌禮儀不佳、不做份內的事、課業找他人代勞、考試前才找人複習等，亦被少數人提及。

• 自我概念方面：不能接納自己、怨天尤人、缺乏信心、自暴自棄，其他如視自己為異類，亦被少數人提及。

• 習癖動作方面：說話時不正視對方、看人的眼神給人不舒服的感覺、奇怪的動作，其他如不小心弄出聲音，亦被少數人提及。

─同班同儕對視障生的期許（如何增進同儕對視障生的接納程度）（541人次）：

• 接納自己方面（健全的心理建設）：心胸開朗、樂觀活潑、面對現實

不視自己爲異類、接納自己、接納別人、積極進取、自我肯定。

• 人際關係方面：多與他人接觸互動、多參與班上活動與社團活動、多
  關心別人、多替別人著想、幫助別人，其他如主動與人打招呼、體貼
  別人，亦被少數人提及。

• 生活方面：多表達自己的需求、適度尋求協助、獨立不依賴別人、常
  微笑、充實自己、向他人請益時要謙虛，其他如不視別人的幫助爲理
  所當然、吸收新知、尋求建議等，亦被少數人提及。

以上資料顯示，同班同儕對大學視障生的人際關係、生活表現與自我接
納三方面，有不同的評價，有批評、有讚美，也有許多期許，從被提及的人
次比較看出，同班同儕對大學視障生的譽（625人次）多於毀（321人次），
尤其是學業方面（285人次）最爲欽佩，顯示大學視障生的行爲表現頗受同
班同儕的肯定。

同班同儕在同儕態度量表的得分，比不同校、不同班同儕積極，其差異
達統計顯著水準（P＜0.1）。其中認知和情感兩個分量表的得分均有顯著差
異，惟行爲傾向量表的得分，三者間並無顯著差異。推測原因，認知和情感
得分有差異，可能是視障生的同班同儕，因與視障生接觸較頻繁，對視障生
有較眞實的認知，發現視障生有許多令人欽佩的表現（見開放性問卷彙
整），並因相處產生情感，由於了解視障造成的不便與需要幫助，居於同窗
之誼，加以惻隱之心，與利他、利社會的體認，在生活、學業、定向與行動
方面，願意相扶持，給予適度的幫助，最重要的原因可能是視障生的表現不
錯，且彼此相處經驗愉快，形成對視障生積極的態度；當然也不排除少數同
班同儕，因經常接觸視障生，有深層的認識，反而對視障生印象不好。反觀
不同班、不同校的同儕，因較少接觸視障生，對視障與視障者所知有限，較
易受社會偏見的影響而有所誤解（例如認視障者只適合從事按摩工作），且
因未曾相處而較缺乏情感互動。至於在行爲傾向方面，三者間無顯著差異，
可能涉及現實考量（如和視障生成爲異性朋友、犧牲假期陪視障生做功課）
或其他因素，有待進一步驗證。本研究同班同儕的態度較積極，可見與視障
生的接觸程度會影響其對視障生的態度，此發現與 Keibaugh（1997）、
Sirisena（1975）、杞昭安（1995）、吳麗君（1987）的研究結論「曾接觸視

障者的學生或教師，其態度較積極」相當一致。

㈢盲童的心理調適過程

Tuttle（1984）將失明者的適應歷程歸納成七個階段：創傷（trauma）、震驚及否認（shock and denial）、悲傷及退縮（mourning and withdrawal）、屈服及鬱悶（succumbing and depression）、重新評估及再肯定（reassessment and reaffirmation）、因應及機動性（coping and mobilization）、自我接納及自我尊重（self－acceptance and self－esteem）。

李季平（1997）依據對中國盲童的了解，驗證 Tuttle 的觀點，認為兒童失明後要經過幾個階段的心理調適過程：⑴精神創傷期──一方面是生理方面，指實際的視力開始喪失，另一方面是社會方面，指由於視覺失明而受到社會的歧視。對先天性盲童而言，創傷期開始於他對失明的意識，意識到他與其他兒童不同；而對後天失明的兒童而言，創傷期開始於受到意外事故或疾病引起的失明，心理開始失去平衡、不和諧，造成嚴重焦慮和沮喪。⑵震驚及否認期──表現形式是不切實際的幻想，有一種孤獨感和不信任感。震驚是一種心理麻醉，預防心理發生最後崩潰；而否認是逃避應付創傷的方法。⑶悲傷及退縮期──整天悲傷、自憐、伴隨退縮和孤立，針對想協助他的人表現出敵意和憤怒，由此而陷入沉重的心理苦惱之中不能自拔。⑷屈服及沮喪期──開始對自己的能力產生懷疑或不切實際的幻想（我簡直是一個廢物），產生嚴重的悲觀，缺乏面對現實生活的勇氣，在心理上蒙上沉重的壓抑感。⑸重新認識期或重新肯定期──盲童開始重新評估自己的生活的意義，生命的價值觀及生活的目標，尋求個人的肯定及生命的意義，此為心理康復的開始。盲童逐漸意識到生理的缺陷可以各種渠道加以克服。⑹適應期或應對期──盲童開始尋求各種途徑和方法，以適應自己的生活環境，包括利用自己的潛在能力和外來的幫助，一旦達成目標，即會重新獲得或恢復自信心。⑺自我接納與自尊期──開始接受自己的視覺障礙，接受自己是殘疾兒童的事實，不再心煩意亂，能與自己和平相處，喜歡自己。這種自我接納可使自己更開放地接納別人，也容許自己為別人所接納，具備了良好的適應能力。並非所有盲童都能達到自我接納期或後三個心理調適階段；且心理調

適過程是動態的，可能會在七個階段中循環或跳躍。

　　失明的挫折會讓盲人產生強烈的情緒和心理反應，尤其是中途失明的成人，原先在社會上有歷練、有事業、有家庭、有一定的成就，突然失明所造成的職業、人際及婚姻適應問題，遠超過先天失明者或青春期之前失明者，然其所獲得的社會資源卻最為匱乏。目前台灣尚未建立中途失明者的通報系統，未能早及對中途失明成人及其家屬提供專業諮詢與輔導。僅有的兩所盲人重建院（台灣盲人重建院及慕光盲人重建中心）皆為私立，辦理視障者的社會基本適應能力和職業養成訓練，訓練期限為兩年。然其所提供的職訓類科僅限於按摩，對於不宜按摩（如多障、病弱）或不想從事按摩者，只提供為期數日至三個月為限的短期研習課程，包括點字、定向行動、電腦、家事等課程，只能暫時解決生活適應的困難，無法學得第二專長賴以謀生或回歸原先的專門領域。

陸、中途失明成人適應歷程之研究

　　筆者（萬明美，2000）提出「中途失明成人致盲原因及適應歷程」研究報告，主要是探討十八歲至四十九歲青壯年期間中途失明者之致盲原因，及其從失明至職業重建，至重返社會自力更生的適應歷程。本研究以質的研究方法對80名中途失明的盲成人進行個別面談。適應歷程的研究結果如下（致盲原因載於《眼科學與視障工學》一書）。

　　根據受訪者所陳述的適應歷程，可歸納出喪失視力、失業失學、人際疏離、尋求資訊、參加職訓及重返社會等六階段的適應歷程（如表11-1），期間長短及順序，依個人狀況及社會資源而有所差異。部分受訪者所經歷的階段同時發生、重疊或倒回。能到盲人重建院的人，多已折騰多年，但通常已度過困境；由於政府尚未有中途失明者的通報系統，在當今交通事故和職業傷害頻繁的工商業社會，必定還有很多失明者困在家裡走不出來，亟需專業的協助。

表11-1　中途失明成人適應歷程分析表

適應階段	適應過程	情緒和心理反應
(一)喪失視力	視力惡化→到處求醫→宣告全盲→陷入黑暗的煎熬→行動受束縛	震驚、恐懼、害怕、痛苦、絕望、不知所措、自殺念頭
(二)失業失學	事業或學業中斷→失業→經濟困境→依賴父母或配偶維持生計	憂慮、沮喪、悲觀、挫折、徬徨無助、無路可走
(三)人際疏離	心態不平衡→人際互動障礙→與外界隔離→自我封閉	自卑、猜疑、頹廢、怨嘆、情緒低落、自暴自棄
(四)尋求資訊	長期坐困家中→苦悶鬱悶→思索出路→找尋資訊→獲職訓訊息	鬱悶、自省、面對現實
(五)參加職訓	家人反對按摩職訓→堅決參加職訓→學按摩或僅研習行動、點字、電腦	調整心態、重拾信心（學會定向行動和謀生技能）
(六)重返社會	從事按摩或其他行業→工作環境封閉→面臨婚姻、子女養育、年老安養、獨立生活、人際適應等問題	無奈（與明眼社會脫節）、期盼（提升復健按摩，或重返原先專門領域）

1.喪失視力的階段

在喪失視力的過程中，通常會經歷視力惡化→到處求醫→宣告眼盲→陷入黑暗的煎熬。剛失明的階段最容易產生輕生厭世的念頭，此階段的專業介入很重要，尤其是團體的支持和社工人員所提供的資訊，特別是經濟方面，若知道將來仍可以經濟獨立，有退路，最差可以去按摩，養活自己，至少會覺得失明雖然痛苦，但不是那麼絕望、可怕，會慢慢冷靜下來。

(1)視力惡化：驟然失明者，如眼外傷或眼內炎者，打擊最大，無法接受視力突然惡化的事實；而退化性失明者，如糖尿病視網膜症、視網膜色素變性，因視力逐漸退化或久病在身，較有心理準備，較能承受。

(2)到處求醫：受訪者視力惡化後，無論有無殘餘視力，都仍抱持著希望，四處求醫。通常是先看西醫，輾轉於各大醫院，手術、治療無效

後，轉看中醫、民俗療法，甚至轉向拜神求佛，尋求奇蹟。在未實施全民健保之前，很多盲者因治療眼睛而負債。

(3)宣告眼盲：當各大醫院的醫師都表示無法醫治，當一切偏方或神蹟都無效時，受訪者絕望了，無論相不相信，無論接不接受，都是宣告眼盲了。當時的情緒和心理反應包括震驚、恐懼、害怕、痛苦、絕望、不知所措、覺得無路可走，而有輕生厭世的念頭。

(4)陷入黑暗的煎熬：從光明到黑暗，每天一睜開眼就看不見，黑黑暗暗，心情沮喪落寞，行動上的不自由，更加深內心的痛苦。有的受訪者即使已無光覺，仍有視幻覺浮現在眼前而感到困擾。

2.失業失學的階段

剛開始的重心都是放在醫治眼睛，經過長期請假或休學後，必須面對現實問題。全盲的在職者通常得辭職或被資遣，尚有殘存視力的盲者即使繼續工作亦因不能勝任而被迫中斷事業。就學者常因學校無輔導措施而輟學，即使勉強完成學業，畢業後亦難找到適合的工作。失業後立即陷入經濟困境，必須依賴父母或配偶維持生計，有時得靠親友接濟。很多男性受訪者育有多位子女，太太原先是家庭主婦，失明後改由太太外出工作，子女則交由雙方父母照顧。此時的情緒和心理反應包括憂慮、沮喪、悲觀、挫折、徬徨無助、無路可走。此階段若有通報系統，在職者即可由就業服務員提供職務再設計的協助，在學者可由鄰近設有資源教室的專業輔導人員提供學習的協助，中途失明盲者或許就不必離職或輟學。

3.人際疏離的階段

(1)父母的態度：許多受訪者表示，父母對中途失明的子女通常是心疼、體諒，願意盡全力協助其生活經濟及子女的照顧，但又因期望落空而悲痛、絕望，竟有一位父親承受不了打擊而自殺。有的父母則是因過份保護或對視障不了解、排斥，而造成親子關係緊張。本研究部分父親顯現的軟弱抱怨和母親的堅韌寬容形成鮮明的對比，而失明子女對母親無怨無悔撫平其傷痛亦有較深的感念。中途失明的父母、配偶和

　　其他家屬亦需要心理重建和專業的協助。

(2)配偶的關係：剛開始配偶通常不會排斥，而且很堅強而認命地承擔一
　　家的生計，然而中途失明者的個性往往變得很不易相處，把失明的嚴
　　重性看得很大、擴大，浮現人性的負面——過度依賴、懷疑、不可理
　　喻的個性，加上經濟的壓力和子女照顧的負擔，久而久之會有衝突，
　　不斷惡性循環。配偶也很委屈，尤其是先生眼睛看不見，凡事都要太
　　太做，太太在外面賺錢養家，回家還要應付先生。失明的挫折讓人對
　　自己沒信心，變得非理性，動不動就用話刺激太太，配偶沒安全感，
　　沒樂趣，配偶也要自由，不要一輩子服侍這樣的先生。有的夫妻先前
　　感情即不好，或經濟本來就拮据，一旦一方失明，就很快步入離婚或
　　分居之途。離婚除了經濟問題外，相處不易亦是重要因素，中途失明
　　者有一段時間會變得有理說不清，最常掛在嘴裡的就是「你要走就
　　走，不用假同情」，久而久之就互相激怒、傷害、無心變有心。

(3)同儕的互動：建立人際網對中途失明者的心理重建很重要，如果能和
　　朋友、同學、同事有正常的人際接觸，較容易走出來。同儕其實不會
　　有歧視，中途失明者自己心理作祟，刻意和外界疏遠，自我封閉，造
　　成人際疏離。

4.尋求資訊的階段

　　經過喪失視覺、失業失學、人際疏離的階段，中途失明成人逐漸封閉自
我，足不出門，不與外界接觸，整天悶在家裡胡思亂想，鬧情緒，聽收音機
廣播，久而久之會覺得很悶，很無聊，同時感受到家人無形的壓力，更增添
心頭的苦悶與抑鬱，開始會思索未來的出路，會留意相關的資訊。收聽廣播
和電視報導是最直接的資訊來源，而親友、醫院、社政單位、宗教和社會團
體，甚至陌生人都可能是間接的資訊來源。由於資訊不足，家人反對按摩職
訓，或自己心態未調整，走不出痛苦的深淵，受訪者從失明到走出來職業重
建，間隔1至32年不等，其中有四成受訪者超過10年以上。目前政府尚未有
中途失明者的通報系統，而社政和醫療人員又常未主動提供職訓資訊，在當
今交通事故和職業傷害頻繁的工商業社會，應該還有很多潛在人口存在。以

2000年領有身心障礙手冊的37,686名視障者推估，每年約有370至750名新近失明的成人（估計約1至2％）；而目前兩所盲人重建院僅容納70名的受訓員額（僅一所招收女學員），剔除以其他管道就業就學者，應仍有許多新近失明者需要職訓和社會適應，值得政府和社會團體關懷與重視。

5.參加職訓的階段

許多受訪者表示，當下定決心想到重建院參加職訓時，通常會遭家人的阻撓，一方面是對僅有的按摩職類排斥，另一方面是捨不得，又擔心生活起居沒人照顧，尤其是女性及高學歷或高社經地位家庭，更是不同意其子女從事按摩工作。已到重建院職訓者通常是自己很堅持，和家人長期爭取，甚至不惜以激將法抗爭得來的。高學歷或不想從事按摩者主要目標是學習定向行動、點字和盲用電腦。

6.重返社會的階段

根據盲人重建院的統計，90％的學員結業後從事專職的按摩工作，有部分學員因盲聾雙障、糖尿病或身體弱病，無力按摩，或因顏面傷殘的陰影，只在家中做兼職的按摩。大學學歷和專業人士較有機會從事非按摩的工作，但多數仍在盲界服務，例如在視障機構擔任社工員、行政助理、點字校對員、按摩教師、視障生的資源教師、啟明學校的教師等；僅極少數能重返失明前的專門領域，在明眼的工作環境服務，例如♯76FDW（女性，眼疾致盲）是大學電算中心的電腦諮詢員，♯75MAW（男性，外傷致盲）是台北市立療養院的精神科醫師。

♯75MAW 是重返專門領域的成功典範，茲將其心路歷程摘述如下：他，高雄醫學院醫學系畢業，在服兵役期間因車禍失明。當時已通過高等考試，具公職醫師資格，考選部竟以無故不報到的理由為藉口取消其分發。經過長達三、四年多次向考試院訴願的過程，考選部終於同意其分發。然而沒有醫院願意接受全盲的醫師，負責分發作業的人事行政局乃要求第一次分發的高雄市立醫院接受，係車禍初期時分發，列管的名額，不能移用。在訴願期間曾在盲人重建院學習定向行動課程，參加藏傳佛教團體的讀書會、帶團

體、到學校演講，並同時考取台灣師大和高雄師大的研究所。為到分發的醫院報到，乃暫時辦理休學。醫院的每一科知其為盲者，都不接受，只好安置在有缺額的婦產科做諮詢工作。實務訓練半年，當成跳板，取得公務人員資格，初步自我實踐，再尋求機會，期能更上一層，有所發揮。透過視障聯盟引見台北市政府的局長，經推薦與台北市立療養院的主管面談後，獲得精神科醫師的職位，迄今三年多，深受患者及同事的肯定，並以在職進修的方式至高雄師大特教研究所就讀。在他就業的過程中所需克服的障礙，一是明眼人對盲人的態度，一是眼盲對工作所造成的障礙：

(1)改變明眼人對盲人的看法：

　　剛開始醫院的同事對盲人不了解，會保護，不要我介入，經由互相了解，願意給機會讓我試試看，我一步一步從心理治療，個別的、團體的，表現都不錯，有了好的回饋，他們發現盲人不是這樣哦，開始讓我看門診、開藥，就這樣一步一步很紮實的踏上去。

(2)克服眼盲對工作的障礙：

　　在克服眼盲障礙的技巧方面，首先我用盲用電腦打病歷、講義、討論題綱，使用無蝦米輸入法加語音箱，取得正確的輸入……在會談時，我運用對音調的敏感度，憑直覺和氣氛去感受晤談者的非語文呈現……帶團體時，我利用回音，以聲音定位及散發的熱氣，去了解每一位成員的位置及發言……帶團體通常是二人團隊，醫師加上護士，若病人突然離座，護士即會給我暗示……病人和我熟悉後，會主動變成我的助手、護法……我除了找一般義工和工讀生協助外，也請病人當工讀生，唸文件、輸入電腦等，工作訓練對精神患者也是一種治療、復健……門診開藥時，護士和同事會幫助我……主治醫師和督導也會提供磁片和指導。
（75MAW）

中途失明成人之心理重建有兩階段，從失明到踏出去重建是第一階段，

從重建院返回社會是第二階段,更需要社會及家庭的支持,給予重新出發的機會與信心。

(1)職業適應:①按摩業者的職業適應——中途失明的按摩師大多受僱於按摩院,亦有自營業者。按摩院的作息日夜顛倒,生活品質欠佳,接觸環境較複雜;而自營業者雖有較自由的個人空間,但因不諳宣傳,客源開發困難,再加上經濟不景氣,收入亦較不穩定。有部分盲多障、身體病弱或顏面傷殘者只在家中兼職按摩,收入很有限。按摩業者皆期盼政府能輔導按摩業提升素質,成為專業的復健按摩。②專門領域的職業適應——具有大學學歷的中途失明者,雖較有機會從事非按摩業的工作,但多仍在盲界從事點字校對、社工、視障教師的工作,有的業餘兼作按摩,以增加收入。受訪者中不乏失明前有專門技能者,期盼政府能透過職務再設計的流程,協助其重返原先的專門領域。

(2)家庭適應:重返社會後,因經濟獨立和行動獨立,其人際接觸與內心情緒皆會有所轉折。未婚者通常隨緣,不排斥婚姻;已婚者開始面對子女的養育問題。

(3)獨立生活與人際適應:由於交通環境和公共設施障礙重重,中途失明成人即使已在盲人重建院學習定向行動,但仍不敢隨意外出獨行。再加上工作性質傾向於與外界隔離的盲界,中途失明成人重返社會後仍有獨立生活適應和人際適應的問題。

第二節　低視力兒童的心理特點

壹、低視力兒童在學習上的限制

1.視力運用困難

(1)低視力兒童雖然有殘存視力,但受到視力弱、視野窄、色覺低等因素的影響,造成視覺功能低,雖看到但不清楚,輪廓不清晰、細部不清

楚、定焦不迅速，造成學習和生活上的不便，亦易造成他人的誤解
（張訓誥，1999）。

(2)低視力兒童在視力運用上有下列困難：①距離的正確估計不易，②物
件的輪廓與清晰度不佳，③遠近感與相對物體速度的判斷不易把握，
④細部的觀察不容易，⑤整體與部分之把握有困難（或太窄，或部分
影像歪曲），⑥手眼協調不佳，⑦知覺速度緩慢。（劉信雄，1995）

2.認知學習困難

低視力兒童受到殘存視力的限制，所以識字、閱讀的速度和分辨能力受
到一定的影響，與社會接觸也較少，積累的社會知識、自然知識、生活知識
很貧乏，在學習上造成障礙，在認知活動方面，因視覺表象缺少，形成完整
概念較難；因感性經驗缺乏，影響抽象概括能力；認識方位、形成空間觀念
亦較困難。（李蓉，1996）

3.課堂聽課困難

(1)任課老師經常呈現的幻燈片、掛圖、投影片、教學影片，低視生因字
體太小、光線太亮，即使坐在前排亦無法看清楚，有時急於了解影片
內容，想請問鄰座同學，但又怕對其造成干擾，且影響他人上課。課
後尚需花費額外時間請教同學，重新整理筆記。

(2)任課老師寫板書時未予口述，低視生常因板書書寫潦草或背景雜亂而
難以辨識。若以望遠鏡看板書，因視野有限，來不及移動，板書即被
老師擦掉。

(3)低視生因書寫國字的速度太慢，上課只能重點做筆記，課後需再向同
學借筆記。上課錄音，課後整理是較理想的方式，但任課老師通常不
喜歡被錄音；雖事先徵求老師同意，但感覺錄音增加老師的心理負
擔，尤其是講到題外話或批判主題時，覺得老師講課受到拘束。

(4)大字課本既龐大又笨重，上課攜帶不方便。

4.資料蒐集困難

⑴一般文獻資料的字體通常縮小、密集,低視生需以放大鏡逐字閱讀,無法一目瞭然,且眼睛易疲累。

⑵文獻資料必須先放大影印後才能決定篩選取捨,因看不清字體且動作緩慢,常需偏勞同學幫忙。

⑶一位已就業的行政助理專業人員說:「因視力的限制,很難把握每個學習機會……例如我想站在同事旁邊,去偷學人家的技巧,但我必須在很貼近的距離才看得到。」

5.書寫溝通困難

⑴部分低視生國字認識有限,錯別字太多,語文程度低落。

⑵考試答卷時,低視生因字跡歪扭不正,且書寫速度較慢,常會影響考試得分。

⑶低視生以電腦處理文書資料常有錯字、跳行的狀況。在學校繳交報告尚能獲得師長體諒(應及時校正);但在社會上做事就會很挫折。一位畢業的校友如此說:「我的工作經常得利用電腦打企劃案……同事會幫我校稿,但只是幫忙,不可能仔細,所以主管拿到我的文稿還是不放心,一定會親自再校稿。」

貳、低視力兒童在行為上的困難

1.辨識環境仍有困難

⑴低視力兒童有不同程度的視力,在環境適應方面尚無問題,但找尋建築物、教室、寢室號碼、公車站牌和來車號碼的辨識仍有困難。

⑵有些低視力兒童,白天視力尚可,但夜視力不佳或視野狹窄,夜間行動有困難,無法辨識人事物。

2.獨立行動仍有安全顧慮

(1)多數校園和社區環境障礙重重，街道燈光不足、工程施工零星、附近車輛流量多、路邊亂停車、水溝未加蓋、階梯邊緣不明顯，低視力兒童因視知覺困難，常會碰撞、跌倒。盲童因有手杖協助探測，且車主看到持杖的盲童通常會減速慢行，一般人看到盲童也會主動引導協助，因此低視力兒童在校園和社區的受傷頻率反而比盲童高。

(2)部分低視力兒童以腳踏車代步，下課後人車皆多，往來急促，因無法正確掌握來車的距離和速度，常會被碰撞、摔傷。有些低視力兒童會畏光（如白化症兒童），夜間騎車遇遠燈刺眼，須一手遮光，單手騎車，安全堪慮。

3.教室內的行動仍有不便

(1)教室內的桌椅、櫥櫃、垃圾桶、清潔用具及同學的雜物常會被移動，低視力兒童即使在教室內亦會因視知覺判斷錯誤而碰撞（如被桌角挫傷，被地上物絆倒，或來不及閃避而和衝進教室的同學相撞）等。

(2)教室座椅不能調整高度，低視力兒童長期貼近桌面閱讀，頸背容易酸痛，眼睛亦易疲勞。

參、低視力兒童的心理及社會適應問題

1.邊緣角色的認同問題

(1)處於邊緣角色（ role marginality ）的低視力兒童，視力較盲童優越，卻又不如明眼兒童，心態如同夾心餅，未若盲童能認同自己的角色，在心理適應歷程較盲童多一份掙扎。尤其是青少年時期，低視力兒童總認為自己仍看得見，往往刻意隱瞞視障的狀況，以免和同儕有差異，甚至編造理由或巧加掩飾，以符合社會期望的常模。低視力兒童雖表現得看得見的樣子，但又無法在每個場合皆能表現得像視力正常人的狀況，因而患得患失，長期處於不安和焦慮的情緒中。低視力者

常拒向視障機構求助（尤其冠有盲字的機構，如盲人重建院），怕被當作盲人看待。（林慶仁，1999；Cook，1992；Corn & Koenig，1996；Freeman，1991；Sack，1996）

(2)根據筆者（萬明美，1997）對61名大學低視力生所作的訪談結果發現，多數大學低視力生（尤其是普通高中畢業者）都不希望被標記為視障生，認為自己除了看東西較困難外，和別人並無差異，不希望被特殊化，或被分類為視障生，或被稱為視障生。他們①認為「視障生」是一個負面的代名詞，若非為了升學甄試、獎學金、身心障礙津貼、設備資源，實在不願被加上視障生之標籤。②認為在別人眼裡，視障生是一群思想封閉、行為怪異的特殊份子而不想與其接近，視障生因而更加封閉，不易與同學相處，局限於原本狹窄的生活圈內。③有些視障生外表不明顯，或刻意不表露，覺得別人較能以平常心待之；一旦被發現自己是所謂的視障生，感覺別人的態度會有明顯的轉變，若即若離，言語之間變得有所顧忌，開玩笑很小心，避免提到與「盲」有關的字眼，因而產生無形的距離感。④他們在別人面前閱讀時，不願用手拿型放大鏡；上課看不到板書時，寧可採傾聽或猜測方式，也不願使用望遠鏡，怕引起旁人注視，感覺不自在。

2.社會的誤解和歧視

(1)低視力兒童因看不清楚別人臉部的輪廓而無法辨識個人，只能憑聲音和服飾認人。走在路上遇到打招呼的同學，因看不到對方的招呼而未予回應，或認錯人叫錯名字，常被同學誤為「不理睬別人，孤傲」。

(2)一般同學比較樂意幫盲童報讀和協助課業。低視力兒童向同學借筆記，常被認為是「投機取巧」、「依賴性強」。

(3)低視力兒童常被老師誤解為懶散、不專心——「看到地上有垃圾也不撿起來」，「作業字體歪扭不正，不用心寫」。

(4)低視力兒童常因眼睛斜視、眼球震顫或眼脂、充血等症狀，而被誤為心術不正——「說話時不正視對方」，「看人的眼神給人不舒服的感覺」，「眼睛總是有眼垢」。一位報考國中主任甄試的低視力老師

說：「口試時，我因外觀斜視和眼球震顫，主考官要我看著他回答，對我印象不佳。」

(5)低視力者應徵工作時，往往會面臨是否要坦承自己視力有缺陷的難題。而事實證明，當雇主發現其為視障者後，連面試的機會都落空了。一位音樂教室的家教說：「當家長發現我不是近視，而是視障的，就想換老師，他會一直站在旁邊看我教學，他不會說孩子學不好，而是怪老師看不見，找個理由把我換掉。」

(6)一般主管對盲人較寬容，對低視力者要求比照一般人，因而對其表現不滿意。一位在有聲圖書館工作的低視力者說：「我是一位外表看不出來的重度低視力者，介於盲人和一般人的尷尬地帶，我的視力狀況根本無法處理一般的文書資料，但主管和其他同事都認我不能有例外……更大的危機是，主管認為點字是盲人才可勝任的專業技能，而我能做的事，換個明眼人說不定可以做得更多、更好、更快、更正確。」

(7)一般人常誤以為低視生「看國字視力會越來越差」，或誤以為低視生是半盲，只能用點字學習。另一方面，有些啟明學校未採分類教學，因國字學習很繁瑣，未若國語點字便捷，且大字課本取得不易，教師為了教學便利性或教師本身眼盲不識國字，而讓低視生隨著盲生使用點字，荒廢了國字學習。今日視障工學和資訊教育日趨發達，即使是重度低視生，亦可透過特製的光學眼鏡、低視閱讀輔助器及視訊放大系統，閱讀一般文件和電腦螢幕的文字資料，對電腦文書處理尤其有幫助（目前點字電腦尚未克服視窗作業）。低視生若不識國字，即使透過放大儀器可看得到文字，也只是文盲。因此除非是退化性視障，醫生已預告最終會眼盲，必須加強點字學習外，一般低視生仍應以國字學習為主，不可輕易放棄。

(8)一般人對「低視者」不了解，懷疑低視者假冒視障者從事色情按摩。

(9)多數銀行不讓視障者獨自開戶，規定要有監護人、保證人。

(10)有些賓館和飯店規定視障按摩師要從後門或側門進出，警衛和服務生常會刁難，傷害視障者自尊心。因此很多重度低視者不願戴輔助鏡或

持白杖行走,怕受到歧視和不公平待遇。

3.低視力者的感情與婚姻

⑴筆者(萬明美、柏廣法,1999)分析182位大學畢業視障者的婚姻狀況(眼盲118名,低視力64名)。發現已婚者占34%,未婚者占63.2%,離婚者占2.7%。其中眼盲男生結婚比率最高,達41.9%;其次爲眼盲女生32%;低視力男生結婚比例偏低,僅26%;而低視力女生最低,僅16.7%。五位離婚者皆是男生,其中有三位再婚。進一步分析已婚者的資料,發現大學畢業視障男生的配偶多數是明眼人,約占七成(37/51),且以大專程度居多;而視障女生僅有二位的配偶是明眼人,不到二成(2/11),其餘皆是全盲或低視者,且學歷亦以高中職居多。配偶爲明眼人的眼盲男生,其職類大多是教師、音樂工作者、民代、行政主管,女方大多是大專高學歷、自我思想成熟、自主性高的女性,有勇氣對抗家人和親友的壓力。配偶爲視障者的眼盲男生,其職類以按摩師居多。

⑵大學畢業低視力男生的結婚比率遠低於眼盲男女生(傾向於晚婚):
①因其尚有視力,也較不易獲明眼人協助而有互動的機會,對婚姻較不積極,一切隨緣;②低視力男生和明眼人交往時,常會面臨是否要坦白說出視力缺陷的壓力;③視力並非分手的主因,個性不契合、話不投機才是分手的導火線。當女方家長堅決反對,低視力男生不像全盲男生會堅持到底。

⑶大學畢業低視力女生的結婚比例最低:①和明眼人交往時常面臨是否要告知視力缺陷的壓力。若隱瞞視障而被發現時,對方往往會選擇離去;②有些低視力女生未隱瞞視力缺陷,而把問題丟給對方,讓對方去作抉擇,男方家長通常會反對;③有些低視力女生大學畢業後,和昔日從事按摩的高中男友漸因個性、觀念、生活圈的差距而分手;④低視力女生處於正常和障礙者的邊緣,較少獲得明眼人主動協助時的互動,造成人際互動的困難;且因學歷高,不願和學歷低的人或視障者結婚,失婚比率最高。

第三節　視障兒童的康復訓練

壹、康復的意義

「康復」的本義是指病體恢復健康，而依據聯合國世界衛生組織（WHO）的詮釋，健康不僅是身體無疾病，而且心理活動和社會適應都正常（引自曹正禮、趙鵬，1997）。因此，盲童的康復要求教師、家長和養護人員給予有計畫的訓練，並通過自身努力，使因視覺缺損所造成的生理、心理兩方面的障礙得到最大限度的消除，使各種缺陷得到最大程度的補償，以達到能和正常人一樣較好的適應社會生活和參加社會勞動的目的。

缺陷補償理論是康復學的基礎（引自錢志亮，1997）：由於視力殘疾，個體不斷地利用其他聽覺、觸覺等代償感知本應由視覺感知的信息，「用進廢退」──代償促進了其他感知覺的發展，而其他感知覺進一步發展又會促進個體代償功能的進一步加強，以至形成一個良性循環。缺陷補償理論一方面強調發展視力殘疾兒童的聽覺、觸覺、剩餘視力以及其他感知覺對視力殘疾兒童個體的發展非常重要；另一方面又強調使視力殘疾兒童像普通兒童那樣全面發展是有可能的。補償包括內部條件（含生物和意識因素）和外部條件（含家庭、社會、教育、現代科技等）。其中教育和科技才是真正的「特別方式」，學校為視力殘疾兒童設計課程時應加入補償內容，以進行更有系統的補償訓練。

貳、視障兒童的生理和心理康復

視障兒童的康復內容包括生理機能的康復，如異常體態和習癖動作的矯正、定向行動能力的訓練和感知功能的訓練，詳見本書定向行動篇。另一方面是心理障礙的康復，如促進心理活動和增進社會適應，使其趨於正常。視障兒童的心理康復重點如下：

1.提供充沛的認知學習活動

(1)雖然導致盲童認知發展遲緩的因素和視力缺損息息相關，但環境刺激

的匱乏卻比視力缺損本身更具決定性。萬明美（Wan & Tait，1987）的研究中有六位盲童通過全部保留概念的測驗，經深度訪談後發現，這些盲童在家都曾有處理和學習各種材料的經驗；孩子的家庭行業中提供孩子發展認知潛能的機會，家長的行業分別是雜貨店、家庭工業（塑膠零件加工）、醫療儀器行、家庭手工副業、和賣菜商。從文獻探討中發現許多文化因素會影響保留概念的形成，包括文明的接觸、專業和工業社會的接觸、對材料的熟悉度、就學情形、語言差異、父母職業、社會差異等（Dasen，1974；Mongan，1979）。這些因文化差異而產生的差別經驗亦在於視障兒童；因為視障兒童不僅視力喪失而被限制學習的經驗，也因社會對眼盲的傳統觀念和刻板印象而限制了他們的學習機會。誠如前述，若提供盲童充裕且適當的學習經驗，仍可使他們及早獲得保留概念。從事視障教育工作者對「缺損」的詮釋，應從當前教育模式是否能提供兒童充裕的學習經驗來考量，而不能完全歸咎於視力缺損對認知發展的阻礙。

⑵Warren（1994）比較分析一系列有關視障兒童保留能力之研究，歸納出兩個影響視障兒童認知能力的變項：一是既存的現狀變項（status variables），例如殘餘視力，亦即「有視覺功能的低視兒童在認知發展的過程中較盲童有利，卻又較明眼兒童不利」；一是環境變項（environmental variables），亦即「刺激學習環境可促進認知能力的之獲得」，如充實課程內容、運用課餘時間、加強訓練活動等。由於「現狀變項」是不可改變的事實，可操作的「環境變項」相對的有其意義——豐沛的背景經驗能協助視障兒童達到較正常的認知發展；利用多重感官輸入的深度經驗（視、聽、觸、嗅、味覺等）可獲得整體感覺的基礎；親職教育與早期療育可減輕視障對認知發展所產生的限制與不利影響；對認知發展遲緩的視障兒童提供適合的學習活動及有順序的課程經驗，可產生正面的影響，「環境變項」被公認為是影響視障兒童認知發展的關鍵因素，若能提供孩子充裕的學習環境，當可使其認知能力趨於正常。

2.培養良好的自我概念

(1)視障兒童的社會適應與父母、師長及同儕的接納程度有關，而視障兒童的自我概念及對視障的接受程度更是良好適應的關鍵因素（Dodds，Pearson，& Yates，1991），尤其是父母對視障兒童的態度及對眼盲的看法，影響視障兒童對自己殘缺的看法，而形成良好或不佳的自我概念。有的父母因過份保護或對視障不了解、排斥，而造成親子關係緊張。故應提供父母專業的協助，使其建立建全的心理與態度。例如兩位中途失明的盲青年描述他們的親子關係如下：

> 父親基本上對視障很排斥……我在家附近拿手杖，他心情就覺得不是滋味……他常怨嘆，原先好好的一個兒子，怎麼會去拿手杖，怎會發生在我身上。

> 父母親對視障不了解，會以眼明人的觀點來對待我，例如在廚房和母親會相對立，因為我擺瓶罐的作業方式，在她以眼看來有礙景觀，常有衝突……環境沒改變，常鬧得一家雞犬不寧，呈現緊張的狀況。

(2)視障兒童除學習上需要同儕協助外，在心理上更希望獲得同儕的接納與重視。視障兒童在同儕團體間的互動經驗，影響其自我概念。成功的經驗使其增加自信心，失敗的經驗亦有助其建立真實的自我概念，因此父母和教師毋需過度保護，而應協助視障兒童面對障礙的事實，並教導其正確有效的社交技巧，使其融入同儕團體，成為其中的一份子。

(3)多數低視力兒童無法面對事實，坦承自己是視障生，而盲童則有自卑、膽小的傾向。可借重社團每週的聚會活動，鼓勵學生參與活動，有機會表現自我；以及透過個別輔導及成長團體的分享與支持，協助其走出自我設限的心理障礙，認識自己的長處與限制，使其能以健康的心態面對生活的挑戰，不將困難歸因於視覺障礙，而能以開朗、自

　　信、眞誠的心面對周圍的人事物。

⑷適時展露視障生的才藝（如音樂才華、電腦知能），以獲得他人的讚
　　賞與肯定，增進其自信心。

3.教導正確有效的社交技巧

⑴鼓勵視障兒童積極參與社團活動和班級活動，從活動中學習社交技巧
　　和人際溝通技巧，增進人際適應能力。

⑵爭取擔任班級幹部或社團幹部，建立服務的人生觀。

⑶儘量配合同學、幫助同學，不僅接受他人協助，亦能回饋他人。

⑷培養應有的禮節、責任心、幽默感，以更開放的態度建立良好的人際
　　關係。

⑸增進全校師生對視障生的認識──視障生最大的人際困難是：①擔心
　　成爲同學的負擔，②擔心在團體活動分組時被遺忘，③擔心被標籤化
　　或特殊化。協助方法有：①藉活動方式讓一般同學更認識視障生，了
　　解其需求和限制，使一般同學在日常生活中即可主動協助視障生；②
　　與導師和任課老師溝通，請老師在課堂上減少以視障生爲範例或特別
　　表揚視障生的傑出表現，以避免將視障生標籤化。

4.增強環境調適能力

⑴新生入學時對於校園周遭環境和上課的教室變動較不易適應，可於開
　　學前幾週或暑假期間爲視障生實施定向行動訓練並舉辦啓明工作營。
　　除由教師指導定向行動技巧外，可讓社團和班級義工或工讀生帶領視
　　障生到校園周遭探索，建立完整的心理地圖，一方面讓視障生認識校
　　園和社區環境，提高獨立行動能力；另一方面讓視障生在開學之際即
　　接觸到熱心的老師、同學及社團成員，建立良好的人際互動基礎。

⑵增強盲生的獨走技能，鼓勵其使用手杖法行走而不依賴人導法。

⑶指導低視力生配戴適合的光學輔助器行走（如低視眼鏡、眼鏡型望遠
　　鏡等），俾能有效觀看路況、車牌、廣告招牌、建築物內外字體和其
　　他目標，使其更具環境調適能力，增進信心，樂與參與各項活動。

(4)經由個別諮商、團體諮商、成長團體，協助視障生了解自己的興趣和性向，積極規劃未來的生涯發展。

5.提高科學文化素質和思想道德素質

視障兒童不健康的個性心理與其生活環境有關，良好的教育與環境的薰陶可使視障兒童克服不良的心理個性，形成樂觀、開朗的性格（葉立群、朴永馨，1994）。針對少年期視障兒童的特點，王培峰（1997）認為學校教育除加強青春期生理衛生教育之外，要切實做好下列工作：①加強科學文化知識的學習，提高視障兒童個人的科學文化素質和思想道德素質；②發展豐富多采的校內外活動，加強聯繫溝通，及時發現，及時教育；③教育指導學生產生比較固定的個性興趣和穩定的行為動機，幫助他們形成科學的世界觀和人生觀；④力求學校教育占主導，排除外界不良影響，並對社會大力宣傳特殊教育事業。

參、中途失明成人的康復

1.社會支持（social support）的重要性

(1)視覺是人們與外界接觸之重要感官，喪失視覺讓一個人必須經歷廣泛的知覺、行為、認知和情緒的適應，此過程需耗費很長的時間，若無特殊形式的介入，可能無法達到完全的適應（Dodds，1994）。

(2)Lukoff（1972）指出，眼盲本身並不是情緒困擾的主因，失明者日常生活中的重要角色——家人、朋友、雇主、同學的態度，及其對眼盲的觀點才是重要的影響因素。Workman（1972）亦認為家庭扮演一個主要的人際影響來源，家人正面的態度可穩定失明者的自我概念，協助其維持積極的展望。家屬亦需要專業的協助，自我調適，方能協同新近失明者面對外在社會的態度和壓力。Hudson（1994）分析二十七篇探討後天失明者情緒和心理反應原因的文獻發現，有二十三篇強調社會或組合社會與個人因素的影響力，遠超過單一個人眼盲經驗的影響力，足見社會支持的重要性。輔導人員要跳脫以往所謂悲傷治療

（grief therapy），而轉向認知和理性－情緒治療（cognitive and ratio－emotive therapies）。早期的介入，包括失明者及其家屬，是成功重建的關鍵（Dodds et al., 1994）。

(3)獨立謀生是職業重建的目標，回歸社會是心理重建的指標，Hanley－Maxwell et al.（1990）的研究發現，經職業重建後的視障者，僅有40％是被安置在競爭的工作環境。Rumrill, Schuyler, & Longden（1997）的研究指出，盲人在職業安置後仍需要四方面的調適：工作環境障礙、工作必要功能（如需閱讀文件）、工作熟練度、工作滿意度。雇主最能鑑定出盲雇員在職場的障礙，且最能決定排除障礙的方法。支持性就業服務員在轉銜輔導時，應先協助盲案主鑑定所需作的調整，並和雇主及同事等自然支持者取得充分的溝通。社會支持（social support）是盲人重返社會就業的關鍵因素。

2.心理與職業重建

對於中途失明成人的心理和職業重建，筆者（萬明美，2000）依據研究結果，提出下列建議：

(1)建立中途失明通報系統及諮詢輔導機構：中央及地方衛生、教育、交通、社福及勞工主管機關應建立通報系統，隨時掌握新近眼盲患者、失明學生、車禍、運動及職業傷害致盲者的個案資料，依個別需求作適當的轉介與輔導。

(2)增強社政及醫政人員之特教專業素養：

①縣市政府社政及社工人員、村里幹事，除辦理身心障礙手冊業務外，應主動提供福利及職訓資訊，並協助轉介與安置。

②醫院眼科醫師、護士、驗光師、社工部門，除告知眼盲結果外，應主動提供職訓與復健訊息，並將個案轉介至區公所和盲人重建院。

(3)加強職訓及福利資訊之宣傳：

①製作公益廣告及愛心節目，於廣播電臺及電視媒體宣導相關資訊。

②盲人重建院可將職訓簡介及招生資料置於眼科醫院及區公所，廣為宣傳。

(4)促進社會團體及社工人員之專業介入：

　①提供新近失明者及其家屬之心理輔導及轉介服務。

　②提供盲人重建院結業學員之義工服務，協助其外出工作，適應職業
　　環境。

　③提供雙盲家庭到宅服務，協助指導子女的課業與行爲。

(5)規劃多元化之職業訓練：

　①盲人重建院宜開發較廣泛的職類，提供不宜從事按摩（如多障、病
　　弱）或不想從事按摩者個別化的職業訓練。

　②勞工主管機關應編列專款或提撥就業安定基金，推動中途失明者的
　　職訓計畫。

(6)提供適性之就業安置與輔導：

　①落實職務再設計的理念，調整輔具、工作項目及作業流程，並設置
　　支持性就業服務員，協助具有專門技能的中途失明成人重返原先的
　　專門領域。

　②輔導中途失明按摩業者，協助其就業安置、經營文宣及提升其技能
　　水準。

　③成立庇護工場或安養中心，安置無法按摩謀生之盲多障或年老體
　　衰、孤苦無依的老人。

(7)推動保眼防盲之觀念：

　①加強安全教育，避免職業傷害、運動傷害及交通事故傷害而導致眼
　　外傷。

　②高度近視、糖尿病、夜盲、眼壓偏高者，應定期作眼科檢查，追蹤
　　眼底變化情形，及早防治視網膜剝離、黃斑變性、視網膜色素變
　　性、青光眼、視神經萎縮等致盲眼疾。

(8)建立無障礙的生活環境：

　①減少環境的障礙性與危險性，提高失明者獨立行走的能力，以利參
　　與社會活動。

　②加強溝通觀念，增進社會大眾對盲人的接納態度。

圖11－1爲視障者的生涯輔導架構圖。

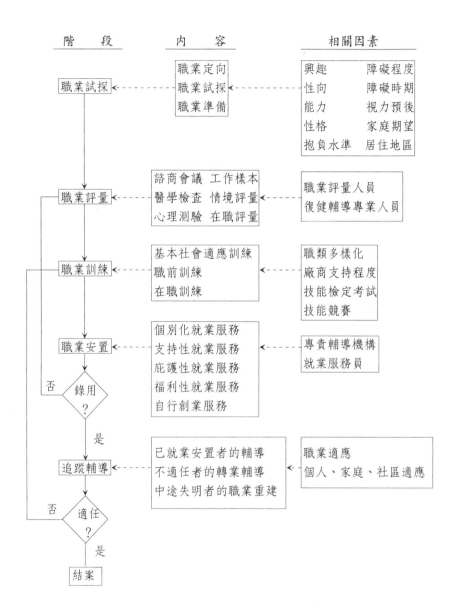

圖11-1 視障者的生涯輔導架構圖

第十二章
課程計畫與課程綱要

本章分別摘述台灣各教育階段視覺障礙課程綱要，及中國大陸盲校課程計畫。

第一節 台灣各教育階段視覺障礙類課程綱要
（教育部，2000年6月修正）

壹、特殊教育學校（班）學前及國民教育階段視覺障礙類課程綱要

㈠國民教育階段課程綱要

1.課程目標

國民教育之學校教育目的在透過人與自己、人與社會、人與自然等人性化、生活化、適性化、統整化與現代化之學習領域教育活動，傳授基本知識，養成終身學習能力，培養身心充分發展之活潑樂觀、合群互助、探究反思、恢宏前瞻、創造進取的健全國民與世界公民。為實現國民教育階段學校校教育目的，須引導學習致力達成下列課程目標：(1)人與自己：強調個體身心發展；(2)人與社會環境：強調社會與文化；(3)人與自然：強調自然與環境。

根據九年一貫之精神及以學習領域取代學科之原則和發展趨勢，本課程綱要除顧及目前實施之考量將科目及時數表列，同時呈現學習領域之規劃，

以因應未來實施之需要。

2.科目及時數

因應週休二日及彈性自主課程新趨勢,訂定教學科目及每週教學時數如表12-1:

表12-1　國民教育階段視障類教學科目及每週教學時數

科目 / 時數 / 學年	一	二	三	四	五	六
國語	10	10	8	8	7	7
數學	4	4	5	5	6	6
社會	10		2	2	2	2
自然			2	2	2	2
藝能學科 體育	2	2	3	2	2	2
藝能學科 音樂	2	2	2	2	2	2
藝能學科 美勞	1	1				
生活技能 生活自理	3	3				
生活技能 定向行動			2	2	2	2
綜合活動	2	2	2	2	2	2
英語					2	2
班(週)會	1	1	1	1	1	1
選修課程			2	2		
電腦			2	2	2	2
合計	24	24	30	30	30	30
部定時數	20-22	20-22	22-26	24-26	26-28	26-28

表12-1 國民教育階段視障類教學科目及每週教學時數（續）

科目 ＼ 學年／時數			七		八	九
國文			5-6		5-6	5-6
英語			3-4		3-4	3-4
數學			3-4		3-4	3-4
社會學科	認識台灣	社會	4	1		
		歷史		1		
		地理		2		
	公民與道理				2	2
	歷史				2	1-2
	地理		2		2	1-2
自然科學	生物		2-3			
	理化				2	2
	地球科學					1
健康教育			2			
家政與生活科技	家政		2		2	2
	生活科技					
藝能學科	體育		2		2	2
	定向行動		2		2	2
	音樂		2		1	1
輔導活動			1		1	1
童軍教育			1		1	1
班（週）會			1		1	1
選修科目					電腦 2	電腦／按摩 2
合計			30-34		31-34	30-35
部定時數			28-30		30-32	30-35

說明：

(1)本表所定時數，在啟明學校每節以四十至四十五分鐘為原則，在普通學校就讀之視障學生則按一般學校作息辦理。

(2)班會及週會合併為一節，列入導師授課時數，隔週輪流實施。

(3)國語科包括說話、讀書、作文、國字、點字五項。

(4)生活技能包括生活自理與定向行動，一、二年級加強日常生活自我照顧能力之訓練。三至九年級加強定向行動訓練，可配合各科實施。

(5)鄉土教學活動、鄉土藝術、認識台灣、人權教育、兩性教育、環保教育等回歸各學習領域，不單獨設科，融入各相關學科實施。

(6)三至四年級選修課程可安排電腦、英語、國字、生活自理……等。

(7)七至九年級選修科目可安排電腦、按摩……等，依地區特性與師資狀況，配合學生特質與需求開課。

(8)各學科為奠定良好基礎，做好學習準備，可視需要採協同、分組、抽離、補救等方式實施，以確收效果。

(9)空白課程可依學生個別需要彈性實施補救教學或知動訓練、語言治療……等相關專業服務。

3.學習領域

　　為培養國民應具備之基本能力，國民教育之課程應以個體發展、社會文化及自然環境等三個面向，提供語文、健康與體育、社會、藝術與人文、數學、自然與科技及綜合活動等七大學習領域。

　　(1)學習領域依學生性向、社區需求及學校發展特色，彈性提供選修課程。

　　(2)學習領域之實施應以統整、合科教學為原則，其學習領域結構如表12-2。

表12-2 國民教育階段視障類學習領域結構

學習 領域　學科　年級	一	二	三	四	五	六	七	八	九
語文	點字	點字	點字	點字	英語	英語	英(外語)	英(外語)	英(外語)
健康與體育	健康教育 體育	健康教育 體育	健康教育 體育	健康教育 體育	健康教育 體育	健康教育 體育	健康教育 體育	體育	體育
藝術與人生	音樂 美勞	音樂 美勞	音樂	音樂	音樂	音樂	音樂	音樂	音樂
社會	生活技能 生活自理 知動訓練	生活技能 生活自理 知動訓練	社會 鄉土教學	社會 鄉土教學	社會 鄉土教學	社會 鄉土教學	歷史 地理 公民 鄉土教學	歷史 地理 公民 鄉土教學	歷史 地理 公民 鄉土教學
自然與 科技			自然 電腦	自然 電腦	自然 電腦	自然 電腦	生物 電腦	理化 電腦	理化 電腦
			定向行動	定向行動	定向行動	定向行動	定向行動	定向行動	定向行動
數學	數學	數學	數學	數學	數學	數學	數學	數學	數學
綜合活動	班(週)會 團體活動 聯課活動	班(週)會 團體活動 聯課活動	班(週)會 團體活動 聯課活動	班(週)會 團體活動 聯課活動	班(週)會 團體活動 聯課活動	班(週)會 團體活動 聯課活動	班(週)會 團體活動 聯課活動	班(週)會 團體活動 聯課活動	班(週)會 團體活動 聯課活動
部定時數	20-22	20-22	22-26	24-26	26-28	26-28	28-30	30-32	30-35
啟明學校 (班)時數	24	24	30	30	30	30	30-34	31-34	30-35

說明：各學習領域授課之比例，原則如下：(1)語文學習領域占教學節課時數的20-30%，教學內容以生活實用為主。(2)其他六個學習領域，各占基本教學節數之10-15%。(3)各校應在每學年上課總時間內，依上述規定比例，彈性安排教學節數。(4)各學習領域由多個學科教師協同教學（team teaching）。

(二)學前教育階段課程綱要

1.課程目標

本課程以融合教育為導向，身心均衡發展為前提，提供——快樂、適性、開放的學習空間，並與家庭教育密切配合，發展視覺障礙（含以視覺障礙為主的多重障礙）幼兒獨立自主的潛能並能克服障礙為目的。

2.實施通則

(1)學習領域包含生活教育、知覺動作、溝通技能、社會適應及認知發展等五領域。各領域課程應配合視覺障礙幼兒生長與發展，及整體活動的需要綜合實施。各學習領域課程綱要結構圖如表12－3（為節省篇幅，改編成表）。

(2)指導時間以半天為原則，下午時間依實際需要安排彈性課程，提供個別指導、早期療育、親職教育，並安排與明眼同儕互動等相關活動。

(3)課程編制原則：正常化原則、社會化原則、統整原則與融合原則。

(4)教材編選原則：實用性原則、多元化原則、興趣原則、彈性原則、循序原則。

(5)教學實施原則：個別化原則、操作化原則、具體化原則、類化原則、活動化原則、同時學習原則、潛能開發原則。

(6)教學步驟：學習前評量，召開個別化教育計畫（I.E.P.）研討會、擬定 IEP、編選教材、設計教學活動、進行教學活動、進行評量。

(7)教學型態與方式：個別指導、小組教學、團體教學、角落教學、情境教學、戶外教學。

(8)教學評量：生態本位原則、功能性原則、動態性原則、全面化原則、完整性原則、多樣化原則、質量並重原則。

表12-3 學習教育階段各學習領域課程綱要結構

目 標	綱 要	項 目	學習領域
1.個人發展	(1)智能發展	①物體恆存、②模仿、③記憶、④配對、⑤分類、⑥推理、⑦符號接收、⑧概念理解、⑨解決問題	認知發展
	(2)粗大動作	①身體控制、②身體移動、③身體平衡	知覺動作
	(3)精細動作	①手部精細動作、②腳步精細動作	知覺動作
	(4)感官知覺	①視、②聽、③觸、④嗅、⑤味知覺	知覺動作
	(5)自理能力	①飲食、②如廁、③衣著、睡眠、④健康衛生	生活教育
	(6)生理健康	①身體構造、②身體功能、③身體保健、④兩性教育、⑤疾病的認識與預防	生活教育
	(7)心理健康	①自我認識、②獨處、③群己關係、④環境探索	社會適應
	(8)語言發展	①言語機轉、②傾聽能力、③語言理解、④表達能力	溝通技能
2.家庭適應	(1)認識家庭	①認識家人、②家庭倫理、③認識家居環境	生活教育
	(2)家居知能	①環境整理、②設備應用、③設備維護	生活教育
	(3)家庭安全	①安全守則、②疾病處理	生活教育
	(4)語言能力	①傾聽能力、②表達能力	溝通技能
3.學校適應	(1)認識學校	①人的認識、②環境的認識	社會適應
	(2)綜合溝通	①基本理解技能、②模仿動作與發音、③口腔運動、④非口語表達、⑤口語表達	溝通技能
	(3)基本學科常識	①語文知識、②數學概念、③社會常識、④自然常識	認知發展
	(4)學校安全	①安全守則、②疾病及事故處理	社會適應
	(5)人際關係	①處事態度、②社交禮儀、③交友技能	社會適應
	(6)團體活動	①參與活動、②活動態度、③互助合作	社會適應
4.社區適應	(1)認識社區	①人的認識、②環境的認識	社會適應
	(2)鄰里生活	①認識鄰里、②互助合作、③敦親睦鄰	社會適應
	(3)社交能力	①互動禮儀、②人際會話、③本土的母語、④通用的國語、⑤國際通行的外語	溝通技能
	(4)定向行動	①感覺訓練、②身體概念、③空間概念、④姿勢矯正、⑤步行訓練、⑥行動技能	知覺動作
	(5)社區安全	①安全守則、②疾病及事故的應變	社會適應
	(6)社會知能	①民俗文化與藝術、②鄉土常識、③時事資訊	認知發展
	(7)休閒活動	①體育活動、②康樂活動、③藝術活動、④休閒態度	社會適應

說明：學習領域包含認知發展、知覺動作、生活教育、社會適應及溝通技能等五項領域。

(三)多重障礙教育課程綱要

1.課程目標

本課程綱要以生活經驗為中心，針對障礙者的智力、感官、肢體、語言和社會情緒等方面的特性與限制，透過適性教學，以期達成下列目標：(1)增進自我照顧及家居生活能力，(2)增進人際互動及互助合作精神，(3)增進概念形成及知能應用，(4)擴展生活領域，(5)促進身心健康，(6)適應現代生活，(7)達到職業及獨立生活適應，(8)增進克服障礙的技能。

2.實施通則

(1)本課程綱要以生活經驗為中心。高年齡層階段應特重職業教育。

(2)教材編選：功能性原則、興趣原則、彈性原則、社區化原則、充實原則、適齡原則、統整原則、融合原則。

(3)教學原則：個別化原則、類化原則、協同原則、安全原則、實作原則、啟發原則、增強原則、精熟原則、小組教學。

(4)教學領域與節數如表12-4。

(5)各學習領域綱要如表12-5（未含細目）。

(6)教學評量：①依個別化教育計畫實施評量；②評量應包括安置性評量、診斷性評量、形成性評量、總結性評量、追蹤評量；③評量原則為生態本位原則、適性原則、客觀原則、完整原則、多元化原則。

表12-4　多重障礙教育教學領域及每週節數分配表

年級節數領域	6歲~9歲	9歲~12歲	12歲~15歲	15歲~18歲	18歲~21歲
生活教育	6-8	5-8	4-7	3-6	2-4
溝通訓練	1-4	2-4	2-4	2-4	0-3
知動訓練	3-7	4-7	2-6	1-4	0-3
認知教育	3-7	4-7	4-8	2-4	0-3
休閒生活	3-5	4-6	5-8	5-8	6-9
社會適應	1-2	2-3	3-6	3-6	4-6
職業生活	0	0-1	1-3	6-10	9-18
總節數	20-26	24-28	28-35	28-35	32-35

說明：
(1)本表所定節數為每週上課節數，各階段每節均以四十分鐘為原則。
(2)朝會、週會等共同活動，未列入本表內，各校視實際情況安排之。
(3)本表所列年齡係以生理年齡為依據。
(4)因學生個別差異極大，除右列各領域節數範圍提供參考外，各校可視學生教育需求與實際情形彈性變動之。

表12-5　多重障礙教育各學習領域綱要

領　域	次領域	綱　目	項　目
A.生活教育	1.自我照顧	(1)飲食	①進食技巧、②飲食習慣、③飲食常識
		(2)穿著	①穿脫技巧、②衣著整飾
		(3)個人衛生	①漱洗技能、②如廁能力、③儀容整飾、④衛生常識
		(4)生理健康	①認識身體、②身體保健、③疾病的認識與預防、④兩性教育
		(5)心理健康	①自我肯定、②個人適應
	2.家居生活	(1)家事能力	①食物處理、②衣物處理、③環境處理
		(2)家庭設備	①房舍、②工具、③家電

領　域	次領域	綱　目	項　目
		(3)家居安全	①危險物品、②意外事件
		(4)家庭倫理	①家庭概況、②家庭活動、③照顧家人
B.溝通訓練	1.接受性語言	(1)聽	①聽能、②內在語言
		(2)讀	①肢體語言、②溝通符號、③內在語言
	2.表達性語言	(1)口語溝通	①口語表達、②社交溝通
		(2)非口語溝通	①肢體動作、②替代性溝通、③輔助性溝通（如溝通板及特殊溝通輔具的使用）
		(3)寫	①基本書寫、②電腦操作
C.知動訓練	1.感官知覺	(1)聽覺	①聽覺敏銳、②聽覺辨識、③聽覺記憶與序列
		(2)觸覺	①觸覺敏銳、②觸覺辨識、③觸覺記憶與序列
		(3)味覺	①味覺敏銳、②味覺辨識、③味覺記憶與序列
		(4)嗅覺	①嗅覺敏銳、②嗅覺辨識、③嗅覺記憶與序列
		(5)視覺	①視覺敏銳、②視覺辨識、③視覺記憶與序列
	2.粗大動作	基本動作與肌力	①基本動作、②下肢肌肉動作、③上肢大肌肉動作
	3.精細動作	雙手動作協調	上肢精細動作
	4.定向行動	(1)環境認知	①身體認識、②環境探索
		(2)行走技能	①人導法、②獨走技能
D.認知教育	1.生活知能	(1)個人	基本資料
		(2)顏色	種類
		(3)日常用品(4)交通工具(5)水果(6)蔬菜(7)植物(8)動物	①種類、②屬性
		(9)節日	重要節日
		(10)環境	①認識環境、②環境衛生
		(11)自然現象	①水、②空氣、③溫度變化、④天氣、⑤季節變化
		(12)生長與教育	①身體、②食物與營養、③疾病的預防
		(13)安全教育	①基本安全常識、②安全與急救、③藥物的使用
	2.實用數學	(1)概念	基本概念（對應、分類、配對、比較大小、對比）
		(2)數與量	①整數、②認數、③量

領　域	次領域	綱　目	項　　目
		(3)量與實測	①長度、②重量、③容量、④速度、⑤時間
		(4)運算與應用	①簡單運算、②四則運算、③計算工具、④數與量的運用
		(5)圖形與空間	①平面圖形、②立體圖形
	3.社會知能	(1)自我概念	群己觀念
		(2)生活環境	①地方文化、②家庭的經濟生活、③家鄉的環境與社會發展、④社會的經濟活動、⑤多元化社會生活
		(3)生活規範	①不成文的規範、②成文的規範
		(4)社會資訊	①時事、②廣告、③人文
E.休閒生活	1.育樂活動	(1)體育	①體能遊戲、②體操、③球類運動、④田徑運動、⑤舞蹈、⑥民俗活動、⑦其他運動
		(2)康樂活動	①視聽娛樂、②益知活動、③戶外活動、④其他娛樂活動
	2.藝術活動	(1)音樂	①欣賞、②歌唱、③樂器
		(2)美勞	①欣賞（聆聽）、②繪畫、③工藝、④雕塑
	3.休閒活動	(1)休閒態度	①興趣培養、②安全須知
		(2)休閒技能	①休閒設施、②活動安排、③意外處理
F.社會適應	1.社會能力	(1)社交技能	①社交禮儀、②人際關係、③社交會話、④社交活動、⑤社交溝通、⑥社會情意
		(2)自然環境	①動物、②植物、③礦物、④季節與氣候、⑤環境與生態保護
	2.環境與資源	(1)自然環境	①動物、②植物、③礦物、④季節與氣候、⑤環境與生態保護
		(2)社區環境	①學校、②社區、③政府組織
		(3)環境維護	①環境整理、②災害防範與應變
		(4)行動能力	①交通安全、②交通運輸
G.職業生活	1.職業知識	(1)工作知識	①工作資訊、②工作安全、③求職能力
		(2)生涯發展	①自我了解、②生涯規劃
	2.職業態度	(1)工作倫理	①遵從指示、②工作責任、③合作共事
		(2)工作調適	①工作習慣、②工作態度
	3.職業技能	(1)職前技能	①體力負荷、②清潔整理、③組合包裝、④接待服務
		(2)職場實習	①生產類、②服務類、③音樂類

貳、特殊教育學校（班）高中職教育階段視覺障礙類課程綱要

1.課程目標

　　為培養視覺障礙學生成為健全公民，促進其生涯發展、貢獻己力服務社會的目標，啟明學校（班）課程綱要可參考「高級中學課程標準」及「各高級職業學校課程標準」施行之，以因應綜合高中或學年學分制之發展趨勢，現階段分為普通科和職業類科。

　　啟明學校高級職業部課程，在於培養健全公民，促進生涯發展，奠定研究學術及學習專門知能之基礎，並養成一技之長，使其能貢獻一己之力服務社會為目的。

2.科目與節數

　　高中職教育階段視障類普通科課程科目與節數如表12－6，職業類科如表12－7。

表12-6　高中職教育階段視障類課程科目與節數（普通科）

科目名稱＼學年		高一 上學期	高一 下學期	高二 上學期	高二 下學期	高三 上學期	高三 下學期
共同科目	國文	5	5	5	5	5	5
	英文	5	5	5	5	5	5
	歷史	3	3				
	地理	3	3				
	數學	5	5	5	5	5	5
	公民			2	2	2	2
	世界文化（歷史篇）世界文化（地理篇）現代社會			2　三 2　選 2　二	2　三 2　選 2　二		
	體育	2	2	2	2	2	2
	家政與生活科技	2	2	2	2		
	音樂	1	1	1	1	1	1
	基礎物理	2	(2)				
	基礎化學	(2)	2				
	基礎生物	2	(2)				
	基礎地球科學	(2)	2				
	物質科學			2-3	2-3		
選修科目	語文類 社會學科類 自然學科類 數學類 體育類 職業陶冶類 家政類 生活科技類 藝術類	2	2	5	5	14	14
	班會及週會	1	1	1	1	1	1
合計		35	35	34-35	34-35	35	35

表12－7　高中職教育階段視障類課程科目及節數（職業類科）

職業類科課程——復健按摩學程						
科目名稱 ＼ 學年		高一		高二		高三	
		上學期	下學期	上學期	下學期	上學期	下學期
共同科目	國文	4	4	3	3	3	3
	英文	3	3	3	3	3	3
	數學	2	2	2	2	2	2
	社會科學導論	2					
	世界文化		2				
	台灣地理			2			
	台灣歷史				2		
	家政與生活科技	2	2	2	2	2	2
	體育	2	2	2	2	2	2
	音樂	1	1	1	1	1	1
專業科目	按摩概論	2	2	2	2		
	按摩實習	6	6	6	6	6	6
	衛生概論	2	2				
	經穴概論	2	2				
	解剖生理概論			3	3	3	3
	病理概論			2	2	4	4
	指壓概論			2	2		
	電療概論					2	2
選修科目	科目請參考普通科課程綱要選修科目表	6	6	4	4	6	4
	班會及週會	1	1	1	1	1	1
合計		35	35	35	35	35	35

表12-7　高中職教育階段視障類課程科目及節數（職業類科）──續1

職業類科課程──資訊應用學程						
學年 科目名稱	高一		高二		高三	
	上學期	下學期	上學期	下學期	上學期	下學期
共同科目　國文	4	4	3	3	3	3
英文	3	3	3	3	3	3
數學	2	2	2	2	2	2
社會科學導論	2					
世界文化		2				
台灣地理			2			
台灣歷史				2		
家政與生活科技	2	2	2	2	2	2
體育	2	2	2	2	2	2
音樂	1	1	1	1	1	1
專業科目　計算機概論	3	3				
資料輸入	3	3				
應用軟體	2	2				
商業概論	2	2				
經濟學概論	3	3				
作業系統			2	2		
程式語言			4	4		
文書處理			2	2		
基礎會計			3	3		
商業禮儀			2	2		
網路概論			2	2		
資料庫					3	3
資訊應用實習					4	4
計算機維修					4	4
網路應用					3	3
國際金融					2	2
選修科目　請參考普通科課程綱要選修科目	5	5	4	4	4	4
班會及週會	1	1	1	1	1	1
合計	35	35	35	35	35	35

表12-7　高中職教育階段視障類課程科目及節數（職業類科）──續2

		高一		高二		高三	
職業類科課程──實用技能學程							
科目名稱 \ 學年		上學期	下學期	上學期	下學期	上學期	下學期
共同科目	溝通學習	2	2	2	2	2	2
	職業適應					2	2
	定向行動	6	6	4	4	4	4
	職能學習	4	4	4	4	4	4
	綜合技能訓練	6	6	8	8	4	4
	體能活動	4	4	4	4	4	4
	音樂	2	2	2	2	2	2
	團體活動	2	2	2	2	2	2
	實用技能實習	8	8	8	8	8-10	8-10
	班會及週會	1	1	1	1	1	1
合計		35	35	35	35	33-35	33-35

說明：

(1)選修科目分為語文、社會學科、自然學科、體育、家政、生活科技、藝術、職業陶冶等八類，每類分設若干科目，由學生在學年規定之選修科目時數範圍內，配合社會及就業的進路加以選修。

(2)選修原則：

①選修科目，各校可視學生需要與實際情況開設。

②選修科目之名稱、目標、教材、時間分配及實施方法等，請參考「高級中學課程標準」及「各高級職業學校課程標準」施行之。

③職業類科復健按摩學程於一年級開設盲用電腦課程。

第二節　中國大陸盲校課程計畫

壹、中國大陸全日制盲校課程計畫－試行（國家教委，1993年頒發，1995調整）

㈠培養目標

全日制盲校是對視力殘疾兒童、少年實施九年義務教育的學校。本課程計畫依據《中華人民共和國義務教育法》和《中華人民共和國殘疾人保障法》，並以九年義務教育全日制小學、初級中學課程計畫（試行）爲基礎制定。

全日制盲校課程計畫包括小學和初中兩個階段。盲校小學和初中要按照國家義務教育的要求，對視力殘疾兒童、少年實施全面的基礎教育、補償視覺缺陷，使他們在德、智、體諸方面生動、活潑、主動地得到發展，具有良好的思想道德品質、基本的文化知識、健康的適應社會生活、繼續獲取知識，成爲社會主義的建設者和接班人奠定基礎。

㈡課程設置

根據盲校小學和初中階段的培養目標和視力殘疾兒童、少年的身心特點設置課程，課程計畫包括學科和活動兩部分，主要由國家統一安排，一部分由地方安排。學科以文化基礎教育爲主，因地制宜地加強勞動和勞動技藝教育；以分科課爲主，適當設置綜合課；以必修課爲主，適當設置選修課程；既開設小學、初中開設的一般性課程，又設置必要的特殊課程。學校在教育、教學工作中，要充分發揮學科和活動的整體功能，爲學生的全面發展打好基礎。學年時間安排見表12－8，全日制盲校小學、初級中學課程安排見表12－9（五、四學制），表12－10（六、三學制）。

1.國家安排課程

⑴學科：①小學階段開設思想品德、語文、數學、社會、自然、體育、定向行動、音樂、美工，認識初步與生活指導、勞動等十一科。②初中階段開設思想政治、語文、數學、外語、歷史、地理、物理、化學、生物、體育、音樂、美工、勞動技藝等十三科。

⑵活動安排：①活動是課程計畫的有機組成部分，與學科課程相輔相成。②活動包括晨（夕）會、班團際活動、體育鍛練、個別矯正、興趣活動、社會實踐活動和學校傳統活動等。

2.地方安排課程

由各省、自治區、直轄市教育委員會、教育廳（局）作出安排，可以開設文化科學或勞動技術的提高課、選修課，以及專題性的短期課，也可授權學校作出安俳，使學校辦出學校的特色。

㈢實施通則

1.盲校對盲生和低視力學生必須實行分類教學；人數不足可採混合編班，但要實行分組教學或個別教學。對於伴有其他障礙的盲或低視力學生，也應採取相應的措施給予專門的輔導。

2.每週按五天安排課程，每節40～45分鐘。保證學生每天有1小時體育鍛練時間。

3.學生進入小學一年級時，學校應安排2週時間進行入學教育，使其熟悉校內環境和有關情況。有師資條件的盲校小學，可在高年級開設外語課。

4.在對盲生進行定向行走教學時，低視生可改上體育課，在初中階段體育課中可繼續進行定向行走訓練。盲生定向行走的訓練要課上與課外結合，集中指導與個別矯正結合。

5.勞動和勞動技術課教學可根據需要集中進行。根據學生的學習成績、特長和志願，學校應對初中四年級（或三年級）的課程作相對調整，實行分流教學。對於準備就業的學生，應安排較多的時間進行勞動技術教育或到掛

鉤單位進行崗前培訓；對於準備升學的學生應安排較多的時間複習功課。在初中最後一年，安排必要時間對學生進行升學、就業的教育和指導。

6.盲校的學期、學年和畢業的終結性考查、考試是對學生合格水平的考核。考試以每期末進行一次爲宜。考查重在平時舉行。考試、考查可採用閉卷、開卷、口試、操作等多種方式。成績評定可採用百分制，也可採用等級制（分合格與不合格兩個等級）或評語制。

7.盲校小學入學年齡同一般普通小學。在特殊情況下可適當放寬，但不應超過10周歲，對超過入學年齡的學生，可採取插班或單獨編班的形式縮短學習年限，著重進行小學階段教育或掃盲教育。

8.盲校小學、初中每班學齡以10～14人爲宜。

表12-8　學年時間安排表

項目　　　　　　時間　　　階段	小學階段	中學階段	備　　註
上　　課	34週	34週	初中階段最後一學年第二學期增加畢業複習考試1週，上課週數相應減少。
期末複習考試	2週	2週	
活動　學校傳統活動與社會實戰活動	2週	2週	
機　動	2週	1週	
學年教學活動總量	40週	40週	
假　　期	12週	12週	包括寒暑假、節日假、農忙假，可組織有意義的活動，但不得用於補課。
總　　計	52週	52週	

表12-9 調整後的九年義務教育「五‧四」學制
全日制盲校小學、初級中學課程安排表

課程			小學					初中				小學總課時	中學總課時	九年合計
			一年級	二年級	三年級	四年級	五年級	一年級	二年級	三年級	四年級			
國家規定課程	學科	思政 思想品德	1	1	1	1	1					170		438
		思政 思想政治						2	2	2	2		268	
		語文 閱讀	5	5	6	6	6					952		2030
		語文 寫字	2	2								136		
		語文 說話	1	1								68		
		語文 作文			2	2	2					204		
		語文 小計	8	8	8	8	8	5	5	5	5	1360	670	
		數學	6	6	6	5	6	4	4	4	4	986	536	1522
		外語						2	2	2			204	204
		社會			2	2	1					170		578
		歷史						2	2	2			204	
		地理						3	3				204	
		自然			1	2	2					170		670
		物理								2	3		164	
		化學								2	2		132	
		生物						2	2				204	
		體育	2	2	2	2	2	2	2	2		340	268	778
		定向行走	1	1	1	1	1					170		
		音樂	2	2	2	2	2	2	2	1	1	340	202	542
		美工	2	2	2	2	2	1	1	1	1	340	134	474
		認識初步與生活指導	3	3								204		204
		勞技 勞動			1	1	1					102		536
		勞技 勞動技術						3	3	3	4		434	
		週學科課時	25	25	26	26	26	28	28	28	24	4352	3624	7976
	活動	晨(夕)會	每天10~15分鐘											
		班團際活動	1	1	1	1	1	1	1	1	1	170	134	304
		體育鍛練 個別矯正作業 興趣活動 自習	2	2	2	2	2	2	2	2	2	340	268	608
		週活動課時	3	3	3	3	3	3	3	3	3	510	402	912
地方安排課程			1	1	1	1	1	2	2	2	6	170	396	566
週活動總量			29	29	30	30	30	33	33	33	33	5032	4422	9454

表12-10　調整後的九年義務教育「六‧三」學制
全日制盲校小學、初級中學課程安排表

課程		小學 一年級	二年級	三年級	四年級	五年級	六年級	初中 一年級	二年級	三年級	小學總課時	中學總課時	九年合計
思政	思想品德	1	1	1	1	1	1				204		404
	思想政治							2	2	2		200	
語文	閱讀	5	5	6	6	4	4				1020		2030
	寫字	2	2								136		
	說話	1	1								68		
	作文			2	2	2	2				272		
	小計	8	8	8	8	6	6	6	5	5	1496	534	
學科	數學	5	5	5	5	5	5	5	5	4	1020	468	1488
	外語							2	2	2		200	200
	社會				2	2	2				204		557
	歷史							2	2	2		200	
	地理							3/2	2			153	
	自然			1	1	2	2				204		617
	物理								2	3		164	
	化學									3		96	
	生物							3/2	2			153	
	體育	2	2	2	2	2	2	2	2	2	408	200	710
	定向行走	1	1	1							102		
	音樂	2	2	3	3	3	3	1	1	1	544	100	644
	美工	2	2	2	2	2	2	1	1	1	408	100	508
	認識初步與生活指導	2	2	2							204		204
勞技	勞動				1	2	2				170		470
	勞動技術							3	3	3		300	
	週學科課時	23	23	25	25	25	25	29	29	28	4964	2868	7832
活動	晨(夕)會	每天10~15分鐘											
	班團際活動	1	1	1	1	1	1	1	1	1	204	100	304
	體育鍛練 個別矯正作業 興趣活動 自習	3	3	3	3	3	2	2	2	2	578	200	778
	週活動課時	4	4	4	4	4	3	3	3	3	578	300	1082
地方安排課程		1	1	1	1	1	2	1	1	2	238	132	370
週活動總量		28	28	30	30	30	33	33	33	33	5984	3300	9284

說明：

盲校學制為九年，其中小學階段為五年，初中階段為四年，也可以實行小學階段六年，初中階段三年的學制。

貳、中國盲人普通高中課程計畫

公元1993年教育部和中國殘聯聯合行文讓山東青島盲校試辦大陸的第一所盲人「普通高中」，向大學輸送盲人人才（曹正禮，2000）。所謂「普通高中」即是課程設置、各科教材、課時安排和健全人高中完全一樣。自1993年至2000年共招收全國各省盲生八屆10個班110餘名，現已高中畢業5個班45名盲生，其中有42人考入大學，受到政府和社會上的極大關注。

參、中國為視障生開設的大專按摩相關課程

中國大陸北京聯合大學中醫藥學院、長春大學和南京中醫大學設有專收視障生的大學專科按摩、專業針灸。山東省濱洲醫學院殘疾人醫學系（醫二系）是大陸第一所專門招收殘障者醫學系，於1985年成立，聯合招生，統一錄取，單獨編成一系。而目前台灣的大學校院醫學院在招生簡章上均附註有視覺障礙考生不適合報考醫學系、物理治療系、職能治療系、牙醫系等學系之說明；台灣教育部有意協調大學醫學院放寬視障生報考醫學院的規定，初步的作法可望先由物理治療系組（如陽明大學）以外加名額方式招收低視生就讀。

茲將北京聯合大學中醫藥學院視障針灸推拿專業2000年的招生簡章摘錄如下：

1.招生專業、學制及人數

針灸推拿專業，專科三年，12人。

2.招生對象與報考條件

擁護四項基本原則，熱愛祖國，遵紀守法，具有北京市正式戶口，未婚，身體健康的高中畢業或具同等學歷的視障青年（矯正視力0.3以下，含0.3），年齡不超過25周歲。

3.文化考試

考試科目分文化課和專業課。專業課包括解剖學，按摩理論與手法；文化課包括語文、政治、理化。考慮到部分考生未進行過專業學習，特舉辦考前輔導班。每科考試成績滿分150分，滿分為750分。考試地點於北京市盲人學校。

第十三章
個別化教育計畫

第一節 鑑定安置與個別化教學流程

壹、選擇適當的教育安置型態

　　為視障兒童或視多重障礙兒童規劃教育措施時，應考慮許多相關因素，如學習目標、家庭狀況與家長意願、就近就學、設施條件、認知與學業程度、溝通能力、生活自理能力、定向與行動能力、個人與社會適應能力等因素，由「鑑定及就學輔導委員會」作綜合研判，選擇最適當的教育安置型態，施行個別化教育計畫（individualized education program；簡稱 IEP）。安置後仍應追蹤輔導，必要時依學生的適應狀況作轉介安置。特殊教育學校與融合教育計畫應密切聯繫，加強轉介、交流與相互支援。學校或家長對於個案之評量結果、個案之安置方式、或安置後發現其他不適應或不適當狀況，可採書面申請方式，向鑑輔會提出申訴。

一、轉型中的特殊教育學校模式

　　1.傳統的特殊教育學校規定學生一律住校，故稱為住宿式模式（the residential school model）。有鑑於學生集中住宿易與外界隔離，且無法享有家庭生活經驗，設於城市的特殊教育學校（如台北市立啓明學校）漸趨向以校車接送市區的學童上下課，但對來自偏遠地區或父母無力照顧的學童仍提供

膳宿。

　　2.近年來台灣各教育階段的普通學校廣設特殊教育資源班或資源中心（有啟明類，亦有不分類），由於專任駐校師資和特殊設備教材皆較以往巡迴輔導方式充實，因此升學導向和適應較佳的視障生漸流向融合教育計畫；另一方面，1997年特殊教育法和身心障礙者保護法修正公布後，重度和多重障礙兒童的家長亦積極爭取教育權，而非僅是以往的養護照顧，是以啟明學校單一視障的學生人數遞減，視多重障礙學生的人數遞增，師資、課程、設備等皆需因應變更。台灣省政府教育廳（教育部中部辦公室前身）乃利用台中啟明學校減班閒置的師資員額，設置「高中職視障學生巡迴輔導班」，輔導就讀各普通高中職的視障學生。

　　3.1997年修正公布的《特殊教育法》第十六條規定特殊教育學校（班）之設立，應力求普及，以小班、小校為原則，並朝向社區化方向發展，是以台灣新設的特殊教育學校（如楠梓特殊學校），漸採不分障礙類別的方式，除視障生外，亦招收智障、聽障等其他障礙類別的學生，似又走回早期盲聾合校的制度，其利弊得失有待進一步評估。

　　4.特殊教育學校附設資源中心是盲校轉型的積極作法，如台灣省政府教育廳指定台中啟明學校為教學資源中心學校。香港心光盲人院暨學校設有外展服務部和融合教育部，前者提供其他特殊學校就讀的多類弱能學生（如肢體弱能兼輕度視障）視力及特殊需要評估、低視力訓練、家長及特殊學校教師的支援服務；後者提供在常規學校就讀的視障學生訪校服務、翻譯及有關服務、借出場地作為自修室和考試中心、行動定向訓諫、心理及情緒輔導等（陳國權，1999）。中國大陸盲校均設於大城市，而至1997年，約120,000名七歲至十五歲的適齡視障兒童，多數居住於農村、偏遠山區、或來自貧苦家庭，無法至城市的盲校就讀。隨班就讀（融合教育；一體化教育）是協助視障兒童接受教育的可行辦法之一，而盲校即可成為一個盲教育資源中心，提供師資培訓、各類資源（如輔助儀器、點字讀物等）、監察隨班就讀計畫的進度以及在需要時提供有關之協助等（陳梁悅明，1999）。日本筑波大學附屬盲校在過去二十年間，早已實施視障嬰幼兒之輔導及盲生升大學之輔導，且對回歸主流之高中生給予段考之點字翻譯、盲用電腦教學、進路輔導

等輔導，並擬轉型爲研究、教育諮商、服務及宣傳室三個部門的中心及附屬校、學生宿舍、圖書館、博物館。依據日本特殊教育障害教育系統研究委員會1994年之調查，日本盲校大多以轉變爲「中心化」爲趨勢，並整理出盲校與社區中的交流及中心的角色，如圖13－1（引自張勝成，1999）。

二、提供支援輔導服務的融合教育模式

1.自足式班級（the self－contained classroom model）

這種特殊班通常是設在普通學校，屬半封閉的融合模式。以往是專爲殘餘視力兒童所設立的「視力保存班級」，避免其使用視力；而現代專家則認爲低視生應儘可能使用視力，以提高其視覺功能，且應就讀普通班，因此自足式班級就較傾向在普通學校中爲伴隨有其他障礙的視障學生所設置，以提供其較經常性和結構性的特殊服務。香港幾所公立學校內仍設有收容視覺殘障和聽覺殘障學生的特殊班，以視覺殘障特別班爲例，目前香港共有四班小學「弱視班」和三班初級中學「弱視班」（陳國權，1999）。

2.資源班模式（the resource room model）

資源班提供視障學生較少限制的教育環境（Corn，1991）。通常資源室設在普通學校內，置有專業的資源老師和特殊設備。學生依其學業程度就讀普通班，和明眼同學一起學習，而到資源室接受特殊教育服務。資源老師依學生個別需求，提供試卷或教材點譯、放大字體服務、補救教學、盲用電腦教學、特殊訓練（如定向行動、點字技能、生活技能、社交技能等訓練）。但資源班模式需有足夠的學生方能成班，變通方式可在某地區選擇一所中心學校設置資源班，服務區內的視障學生，即資源班兼巡迴輔導的功能。

3.巡迴輔導或教師諮詢模式（the itinerant or techer consultant model）

巡迴輔導制度讓視障學生就近在學區內的學校就讀，全天和明眼同學一起學習相同的課程。視障輔導員巡迴輔導區內的若干視障學生，依個別學業或非學科的需求決定輔導的頻率。視障輔導員的角色同時也是學校內班級老

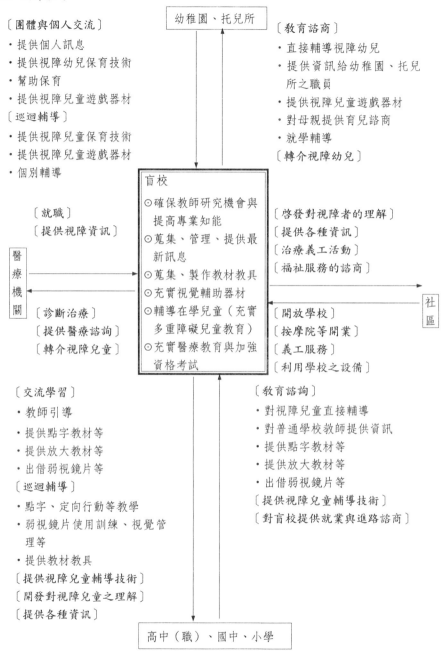

圖13-1　日本盲校與社區的交流及中心化的角色

資料來源：日本特殊教育學會，1995；引自張勝成，1999，14頁。

師、行政人員和其他專業人員的諮詢顧問，而不直接教學。巡迴輔導模式通常設在偏遠地區或視障生較少，不足以成立資源班的區域（Olmstead, 1991）。

4.早期教育模式（early childhood model）

⑴早期療育：

以往早期療育計畫（出生至三歲）通常是以家庭爲基礎，由輔導員定期到視障兒童的家中與家長共同協商，促進孩子在語言學習、動作發展、概念形成、社交和自理能力等方面的成長與發展。家庭輔導員必須了解視障兒童與同齡明眼兒童的差異，並協助視障兒童獲取適當的資源和教育安置。

目前各縣市皆陸續成立「發展遲緩兒童早期療育通報及轉介中心」，通報人數有增加的趨勢。惟通報年齡以四至六歲已進入托兒所或幼稚園就讀者居多，相對地三歲以下發展遲緩嬰幼兒的通報比率及轉介後的後續服務明顯不足，城鄉資源差距懸殊。

三歲以下發展遲緩嬰幼兒的問題以動作、語言、聽力、健康、認知爲主，醫療復健的需求最爲迫切。目前雖有十所醫院參與通報及評估工作，但所提供的後續療育之時間和次數皆不敷所需，家長無法自行療育復健，亟需醫院提供長期、穩定的醫療、復健、教育、訓練等措施。

目前公私立早療機構對三歲以下發展遲緩嬰幼兒的安置人數非常有限。多數發展遲緩嬰幼兒因未被通報，或雖有通報轉介，但因資源不足故未至醫療或早療機構，亦未接受在宅療育。早療機構雖有長期定期的教育訓練，但未能獲得足夠的醫療復健之支援。

目前各大學校院附設的學前特教實驗班（如彰師大、台師大、北師院、竹師院等），多以三至六歲的身心障礙兒童爲對象，缺乏三歲以下發展遲緩嬰幼兒實驗班。

對推動早期療育之建議如下：

①各縣市政府衛生主管機關應指定或結合該縣市內相關之醫療院所設立「早期療育中心」（如慈濟醫院的兒童發展復健中心），除評估及診斷治療之外，另能組成以醫療爲核心，社政、特教爲輔的專業團隊，

提供發展遲緩嬰幼兒長期及定期的復健教育訓練，並主動支援學校、機構、家庭所需之物理治療、職能治療、語言及心理等專業服務。各醫院並應加強第一線的通報，並積極辦理優生保健工作。

②學校及機構增設嬰幼兒早期療育中心（班）：

a.特殊學校（比照啓聰學校嬰幼班）成立嬰幼兒早療班。

b.公私立托兒所增收發展遲緩嬰幼兒（公立托兒所招收一定比例人數前，不得拒絕）。

c.大學校院特教、復健相關系所、中心成立發展遲緩嬰幼兒療育實驗班。

d.公私立教養機構增設嬰幼兒早期療育中心，並提升保育人員之專業知能。

③各縣市社政單位統籌專業團隊，落實個案管理制度，對無法到醫院、學校或教養機構接受療育的發展遲緩嬰幼兒及其家長，提供在宅療育服務。

④增設早療中心（班）及發展遲緩嬰幼兒所需之療育費用，由政府編列預算補助。並由政府推動與民間企業及志工團體合作的模式（如花蓮門諾醫院與中華汽車合作打造老人社區家園）。

(2)幼稚教育：

教育部已公布「學前身心障礙幼童入學年齡向下延伸實施方案」，預計於九十一學年度，達成學前身心障礙兒童入學年齡逐年向下延伸至三歲之目標。

幼稚教育階段應儘量採取融合教育，讓孩子就讀社區的普通幼稚園或自足式班級，由視障輔導老師給予協助。特殊學校所設置的幼稚園和師範院校所設置的學前實驗班通常要求家長共同參與，且以白日制為原則，以免孩子太早離開家庭的呵護，同時可招收若干明眼兒童以為互動。視障輔導老師應協同定向行動師、語言矯治師、物理治療師，共同為孩子規劃整體的課程。

5.教學資源中心模式（instructional resource center model）

在台灣，各縣市教育局通常會指定一所以上的國中或國小擔任特殊教育

教學資源中心學校，在香港（引自陳國權，1999）目前有十所（小學六所、中學四所）資源教學中心分布在不同區域，提供千餘名輔導名額，協助在普通學校就讀而面對較嚴重學習困難的學生，提供密集和強化的輔導資源，主要是中、英、數學科的功課，其他可發揮的多元化功能，包括：(1)作爲巡迴教師服務的常駐基地，(2)爲視障學生提供輔導場地，(3)提供借用輔助儀器服務，(4)爲視障學生提供自修和溫習的場所，(5)爲視障學生提供翻譯服務，(6)爲家長提供諮詢及輔導服務，(7)爲教師提供參考資料庫服務，(8)設立電腦聯繫網。

6.轉銜模式（transition model）

轉銜服務是對即將自各教育階段畢業的學生提供升學輔導、生活、就業、心理輔導、福利服務及其他相關專業服務。對於即將自中學畢業，無升學意願，準備就業的視障生，學校可與職訓單位及就業服務中心合作，讓學生在支持性的社區場所實習，並進一步在職場訓練和就業安置。視多障或盲聾雙障者，可在輔導員的指導下於模擬的公寓（生活演習室）學習半獨立生活；並安置在庇護工廠實習，體驗社區生活。

目前國內身心障礙者的轉銜服務，最大的困難是缺乏各級學校、公私立職業訓練機構、就業服務單位及職場間之轉銜機制：

(1)目前各級學校皆僅提供身心障礙學生職業輔導評量資料及部分就業訊息，僅極少數學校設有約聘就業服務員一名，不敷身心障礙學生就業服務之需求；且學校應設置編制內的轉銜教師，而非臨時約聘的就業服務員。

(2)勞政單位的就業服務員員額不足；身心障礙者之就業服務站未普遍設置；私立職業訓練單位的訓練師素質不齊，且兼任就業服務員，力不從心。

(3)勞政單位之就業服務員未充分參與學生離校前之轉銜計畫及職業訓練機構之職業訓練，或聯繫不足；就業開發及職務再設計亦待加強。

(4)職場負責人及管理階層對障礙者的身心特質及教導方法不了解；對勞政單位有關獎勵障礙者就業的措施及職務再設計的理念及補助事項因

宣傳不足而所知不多,影響進用身心障礙者之意願及信心。

對加強轉銜服務之建議如下:

(1)建立跨機構之協調機制:

①落實身心障礙者保護法第四十二條之規定,各級政府相關部門應積極溝通、協調,制定轉銜計畫,以提供身心障礙者整體性及持續性之服務。中央政府應設跨部會之聯席會議或研究發展指導小組;地方政府應設跨單位之聯席會議或推動小組,以解決平行單位間有關身心障礙者衛生、教育、勞工、交通、財政等共通問題,定期召開會議,並針對討論問題追蹤績效。

②政府應積極推動並協調規劃中的職業輔導評量中心,復健研究發展中心及身心障礙者職業訓練示範中心。

(2)訂定合理的個案服務量,落實個案管理制度:

①學校應逐年調整設置專責的轉銜教師,負責身心障礙學生之職業實習及就業輔導,師生比例以五至十人為宜,以符合不同障礙程度學生之指導需要、追蹤輔導工作應持續一至二年。

②勞政單位之就業服務員應積極參與學生離校前之轉銜計畫及職業訓練機構之職業訓練,就業服務員與學員之比例及追蹤年限比照轉銜教師。

③轉銜服務須根據學生個別的需要,考慮學生的喜好與興趣,包括教學、社區經驗、就業發展、以及其他離校後成人生活所應具備的相關活動,並應包括職業輔導評量、日常生活技能與功能性評量。

(3)普設社區性小型化之庇護工廠或社區家園(非機構化),以因應中重度障礙者之就業需要及與家人共處之需要。

貳、擬定個別化教育計畫(I.E.P.)

(一)台灣1997年修正公布的《特殊教育法施行細則》第十八條所稱的個別化教育計畫,指運用專業團隊合作方式,針對身心障礙學生個別特性所擬定之特殊教育及相關服務計畫,其內容應包括下列事項:(1)學生認知能力、溝通能力、行動能力、情緒、人際關係、感官功能、健康狀況、生活自理能

力、國文、數學之學業能力之現況；(2)學生家庭狀況；(3)學生身心障礙狀況對其在普通班上課及生活之影響；(4)適合學生之評量方式；(5)學生因行為問題影響學習者，其行政支援及處理方式；(6)學年教育目標及學期教育目標；(7)學生所需之特殊教育及相關專業服務；(8)學生能參與普通學校（班）之時間及項目；(9)學期教育目標是否達成之評量日期及標準；(10)學前教育大班、國小六年級、國中三年級及高中（職）三年級學生之轉銜服務內容。

㈡I.E.P 的理念源自美國國會1975年所通過的九四一四二法案（殘障兒童教育法案），規定學校必須為接受特殊教育的學生，設計個別化教育方案，其目的在於確保特殊兒童能在最少限制的環境中接受符合其需要的適當教育，讓所有有關的人員（包括學童、雙親、專業人員）有機會參與整個教育（課程）之設計，並且透過定期的評量增進教育的績效責任（林幸台，1994）。

㈢台北市立啟明學校 I.E.P. 規劃研究小組於1998年設計出適合啟明教育的 I.E.P. 表格，內容包括教育安置暨個別化教學流程表（表13－1），學生基本資料（表13－2）、學生安置初評表（表13－3）、個別化教學計畫（表13－4）。研究小組成員包括郭義校長、彭漢燕、范文良、張自、黃資源、邱峻華、王淑真、陳蘭馨、何世芸、林英貴、黃玉呯、詹秀瓊、陳淑芬、李靜雯、祝康華等老師。

參、實施個別化教學

㈠香港盲童學校推行「個別教學法」，即中國所稱的「個別矯正」（引自陳洪基，1999）。個別教學法有別於傳統教學法：(1)用個別教授形式上課（教育功能）；(2)針對個別學生需要制定，故有具體明確特定目標（教學目標）；(3)按學生進度教學，時間可隨時做調適（教學過程）；(4)每個學生學習內容未必相同（教學內容）；(5)因應學生不同能力而訂（學習範疇）；(6)使用標準參照，而非常模參照來評估學習進度（評估方法）；(7)記錄，而非比較學生進度（評估目的）；(8)老師及學生皆要對成果負責（成績問責）；(9)學生取得高能向，而非將全班分為高、中、低能向（教師期望）。

香港盲童學校推行個別教學法於下列範疇：(1)定向行動訓練；(2)低視力

表13-1　台北市立啟明學校學生教育安置暨個別化教學流程表

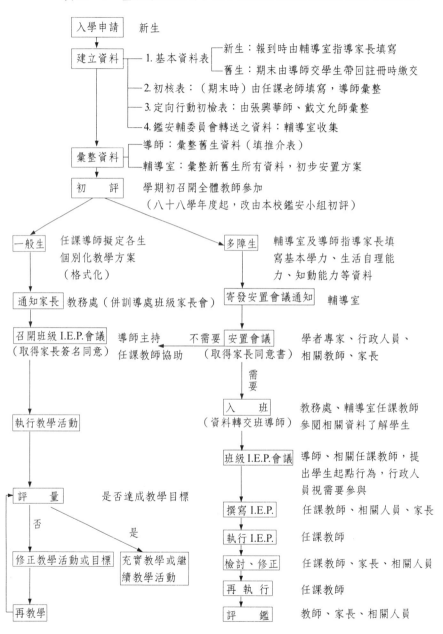

註：1999年起任課教師於暑假擬定教學方案，註冊時召開班級 I.E.P. 會議。

表13－2　台北市立啟明學校學生基本資料

一、個人概況

姓　名		性　別			生　日	
殘障類別		等　級	輕　中　重		手冊字號	
其他伴隨障礙	□聽障　□語障　□情障　□肢障　□智障　□自閉症　□病弱 □其他（　）					
家長姓名		職業		通訊地址		
住家電話		緊急聯絡人			電話	
生活史	1.出生排行： 2.　　歲會走路，　　歲會說話 3.曾在　　　　　　接受學前教育　　年					
身心狀況	1.特殊行為 2.喜好的事物 3.厭惡的事物					
疾病紀錄	1.視障程度　□全盲□弱視（左____右____） 　視障原因、年齡： 2.其他疾病原因、年齡（如心臟病、癲癇、氣喘等）：					
診斷評量	測驗名稱		測驗日期		測驗結果與分析	
學習歷程	起迄時間		就讀學校		異動原因	
學習工具	□點字　　　□大國字					
學習輔具	□擴視器　□放大鏡（　倍）　□其他（　　　）					

二、家庭概況

家人	姓名	關係	出生日期	服務單位	職稱	學歷	聯絡電話

家庭經濟狀況	□富有 □小康 □清寒 □貧戶登記有案　級
住宅狀況	□自宅 □租用 □借用 □其他(　　　　)
父母婚姻狀況	□正常 □分居 □離婚 □一方死亡(　歲時　亡)
主要照顧者	□祖父母 □父 □母 □其他(　　)（原由_____照顧 ____歲由____照顧）
維持家計者	□祖父母 □父 □母 □兄 □姊 □其他(　　)
家人信仰	□佛教 □道教 □天主教 □基督教 □其他(　　)
親近的家人	□祖父母 □父 □母 □兄 □姊 □其他(　　)
家人相處	□極融洽 □融洽 □普通 □疏離 □爭吵 □其他 (　　)
父親每天	□在家 □傍晚回家 □深夜回家 □很少回家 □其他 (　　)
母親每天	□在家 □傍晚回家 □深夜回家 □很少回家 □其他 (　　)
家人的接納度	□溺愛 □關懷 □不能接納 □其他(　　)

三、家庭/學生基本狀況調查（多障生及幼稚部用）

(一)一般性問題：

　　1.你認為孩子的個性是：□活潑□溫和□安靜□急躁□主動□被動

　　2.孩子的體質是否對某些東西有過敏現象？□無□有過敏源

　　3.孩子目前是否服用藥物？為什麼？□無□有。藥名_____

(二)溝通/語言問題：

　　1.在家裡你們習慣使用哪種語言？□國語□台語□肢體語言□其他_____

　　2.孩子如何對你表達他的需要（如疾病、不高興、肚子餓）？□口語□肢體語言□其他

　　4.孩子是否能依照你的指示完成一些事情？□否□是。請舉例：_____

㈢行為問題：

　　1.孩子有哪些讓你及其他家人困擾的行為？＿＿＿＿＿＿＿＿＿＿＿＿＿＿＿＿＿

　　2.這種行為發生時，你們如何處理？＿＿＿＿＿＿＿＿＿＿＿＿＿＿＿＿＿＿＿＿

　　3.通常你如何規範你孩子在家中的行為？＿＿＿＿＿＿＿＿＿＿＿＿＿＿＿＿＿＿

　　4.孩子是否容易適應作息時間的改變？□是□否

㈣家庭/個人/生活方面：

　　1.孩子能不能自己吃飯？□能：□筷子□湯匙

　　　　　　　　　　　　　　□不能：□需完全協助□部分協助

　　2.孩子最喜歡和最不喜歡的食物是什麼？最喜歡＿＿＿＿＿＿＿＿＿＿＿＿＿＿

　　最不喜歡＿＿＿＿＿＿＿＿＿＿＿＿＿＿＿其他＿＿＿＿＿＿＿＿＿＿＿＿＿＿

　　3.孩子能不能自己穿脫衣服？□能□不能□需要協助□其他＿＿＿＿

　　4.孩子會不會自己處理個人衛生？

　　會　□　　　□　　　□　　　□　　　　　□

　　　　刷牙　洗臉　洗頭　處理衛生棉　如廁　其他＿＿＿＿＿＿

　　不會□　　　□　　　□　　　□　　　　　□

　　5.你認為孩子還需要學習或加強哪些自我照顧或個人衛生的技巧？

㈤社區生活：

　　1.你常帶孩子去哪些地方？□鄰居家□社區公園□超級市場□百貨公司□其他＿＿＿＿

　　2.你認為孩子在人際關係的表現如何？□良好□普通□疏離□其他＿＿＿＿

　　3.孩子平常喜歡做些什麼？＿＿＿＿＿＿＿＿＿＿

　　4.你的孩子會不會和兄弟妹或鄰居、朋友一起玩？□會□不會

㈥職業生活方面：

　　1.孩子會在家裡幫忙做哪些事情？□掃地□洗碗筷□收拾衣物□其他＿＿＿＿＿＿＿

　　2.你認為孩子將來適合做什麼樣的工作？＿＿＿＿＿＿＿＿＿＿＿＿＿＿＿＿＿

㈦未來生活的期待：

　　1.你對你的孩子在工作上有何期待與計畫？＿＿＿＿＿＿＿＿＿＿＿＿＿＿＿＿

　　2.你希望學校提供哪方面的協助？＿＿＿＿＿＿＿＿＿＿＿＿＿＿＿＿＿＿＿

㈧其他相關資料：

　　1.是否低收入戶？□是□否

　　2.父母之一或雙方均為殘障者？□父　殘障別＿＿＿＿＿

　　　　　　　　　　　　　　　　□母　殘障別＿＿＿＿＿

3.是否為孤兒，由親屬領養？□是□否。收養者_____

4.是否為原住民？□是　□山地　族名_____

　　　　　　　　　　□否　□平地　族名_____

表13-3　台北市立啟明學校學生安置初評表

(一)基本學力：

班級：　　　　　姓名：　　　　　填寫者：

說明：評量實際達到的水準，「畫圈」選擇適當的數字。標準參照說明：

　　5　代表80%-100%正確度　　4　代表60%-80%正確度

　　3　代表40%-60%正確度　　　2　代表20%-40%正確度

　　1　代表1%-20%正確度　　　　0　代表完全不會（或完全錯誤）

工　具	項　　目	程　　　　　度					
國　字	聽	5	4	3	2	1	0
	說	5	4	3	2	1	0
	讀	5	4	3	2	1	0
	寫	5	4	3	2	1	0
	次數統計	5	4	3	2	1	0

說明：1.聽：依老師講授教材內容評定學生理解程度

　　　2.說：依老師講授教材內容所提出的問題評定學生說話能力

　　　3.讀：能流暢的閱讀教材內容

　　　4.寫：能獨立完成作業並理解作業內容

工　具	項　　目	程　　　　　度					
數　學	數的概念	5	4	3	2	1	0
	運算能力	5	4	3	2	1	0
	理解能力	5	4	3	2	1	0
	推理能力	5	4	3	2	1	0
	次數統計	5	4	3	2	1	0

(二)教室觀察

    5　代表非常良好　　　4　代表良好

    3　代表普通　　　　　2　代表尚可

    1　代表不好　　　　　0　代表非常不好

項　　目	程　　　　　度					
課後交作業情形	5	4	3	2	1	0
上課發問情形	5	4	3	2	1	0
上課參與討論情形	5	4	3	2	1	0
上課不會干擾他人	5	4	3	2	1	0
課堂中獨立完成作業情形	5	4	3	2	1	0
課堂中專心度	5	4	3	2	1	0
與同學間互動情形	5	4	3	2	1	0
次數統計	5	4	3	2	1	0

(三)生活自理能力

    5　代表80％－100％　　通過或不需別人協助

    4　代表60％－80％　　通過或少部分需別人協助

    3　代表40％－60％　　通過或部分需別人協助

    2　代表20％－40％　　通過或大部分需別人協助

    1　代表1％－20％　　通過或絕大部分需別人協助

    0　代表0　　　　　　通過或全需別人協助

項　　目	程　　　　　度					
會自行洗澡	5	4	3	2	1	0
會自行如廁	5	4	3	2	1	0
會自行用餐	5	4	3	2	1	0
會整理衣物	5	4	3	2	1	0

會清洗衣物	5	4	3	2	1	0
會穿脫衣服	5	4	3	2	1	0
會用言語表達需求	5	4	3	2	1	0
次數統計	5	4	3	2	1	0

(四)身心狀況

　　5　代表非常良好　　　4　代表良好

　　3　代表普通　　　　　2　代表尚可

　　1　代表嚴重　　　　　0　代表非常嚴重

項目	分項	程　　度					
心理因素	能紓解困擾情緒	5	4	3	2	1	0
	不攻擊他人	5	4	3	2	1	0
	不自傷	5	4	3	2	1	0
	其他（　　）	5	4	3	2	1	0
生理因素	特殊疾病（　　）	5	4	3	2	1	0
	其他障礙（　　）	5	4	3	2	1	0
次數統計		5	4	3	2	1	0

(五)綜合考評

類　別	5	4	3	2	1	0
國字						
點字						
數學						
教室觀察						
生活自理						
身心狀況						

(六)建議事項

相關服務建議	需	不需
1.職能訓練		
2.物理治療		
3.心理諮商		
4.定向行動		
5.語言訓練		
6.聽能訓練		
推介原因：		
若需再進一步檢核請勾選下列表格： 1.基本學力（國字、數字、數學） 2.生活自理（　　　　　　　）		

表13-4　個別化教學計畫

第　頁/共　頁

＿＿＿學年度第＿＿學期＿＿部＿＿＿＿科個別化教學計畫					
班級：＿＿　姓名：＿＿＿＿＿　□男□女　教師：＿＿＿＿　起迄時間：＿＿＿					

<table>
<tr><td>教學
目標</td><td colspan="5"></td></tr>
<tr><td>教學
內容</td><td colspan="5"></td></tr>
<tr><td rowspan="5">評
量
方
式</td><td rowspan="5">1.□紙筆測驗
2.□口試
3.□錄音
4.□報告或心得發表
5.□實際操作
6.□其他＿＿＿＿＿</td><td rowspan="5">綜
合
評
鑑</td><td>項　　目</td><td>優</td><td>好</td><td>尚可</td><td>加強</td></tr>
</table>

			項　　目	優	好	尚可	加強
評量方式	1.□紙筆測驗 2.□口試 3.□錄音 4.□報告或心得發表 5.□實際操作 6.□其他＿＿＿＿＿	綜合評鑑	課堂表現				
			作業練習				
			學習態度				
			小組討論				

教師 意見		家長 意見	家長簽名：＿＿＿＿＿
任課教師簽名		日期	年　　月　　日

(一)學生現況分析

＿＿＿＿＿＿學年度＿＿學期　任課老師：＿＿＿＿＿

姓名		性別	□男□女	班級	部　年　班
優 勢 或 現 有 能 力			弱 勢 或 限 制 能 力		

(二)學年目標

擬定日期：　　月　　日

學年度	科教學目標	學生姓名

(三)學習記錄與評量

學生姓名_____任課教師_____科目_____

長期目標			
短期目標		評　　量	備　　註
		⧄⧄⧄⧄	

註：評量欄內斜線上方為評量日期

斜線下方（ ✓ ）為通過　（△）為待加強　（×）為不通過

家長簽名：_____

(四)學習評述表

_____學年度____學期

姓名		性別	□男□女	班級	部　　年　　班	
科目	本學期學習評述		下學期教學意見		任課教師 簽　　名	

訓練；(3)言語治療；(4)引導式教學；(5)行為矯正；(6)學科輔導（中、英、數），點字技能及職前訓能；(7)非正規課程（如教育參觀、露營、旅行、社會服務等類化活動）。盲校並要求每個家長按時輪流參加每月兩次的個案會議，將家長和教師的角色，提升至相互支持、了解、合作，為視障兒童謀求共同目標。

㈡台灣實施個別化教學，教學步驟包括學習前評量、召開 I.E.P. 會議（個別化教育計畫會議）、擬定 I.E.P.、編選教材、設計教學活動、進行教學活動、進行評量。未達目標者施予補救教學，達成目標者施予充實教學。個別化教學活動設計如圖13－2、13－3。

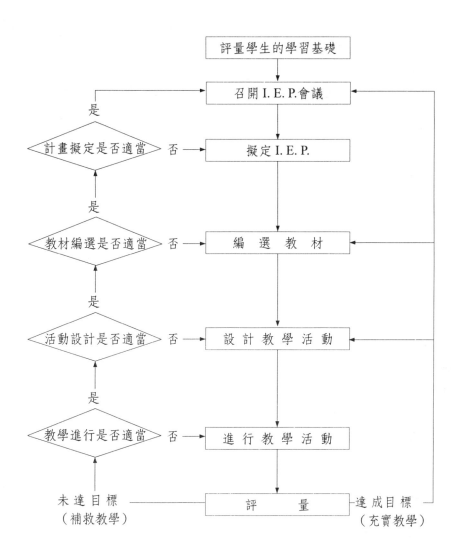

圖13-2　個別化教學流程圖

教學活動設計之流程　　　　　　　　課程綱要之教學流程

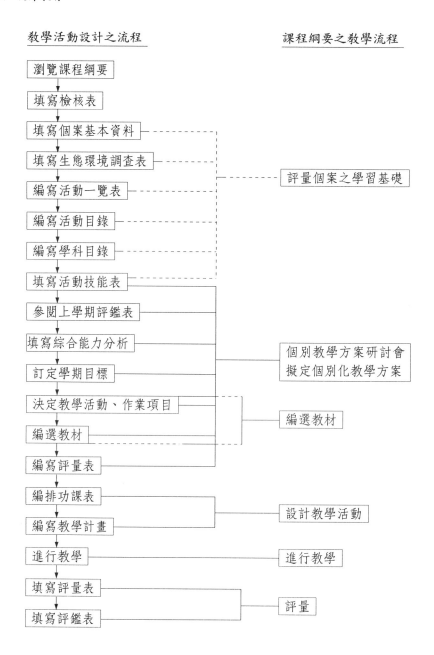

圖13－3　教學活動設計之流程（班級經營的實作經驗）

資料來源：引自郭色嬌，1998。

第二節　獨特的教育需求與學習條件

壹、評估視障學生的教育需求

　　爲視障學生設計個別化教育方案時，應評估其獨特的教育需要。Hazekam & Huebner（1989）將視障學生的特殊需求歸納爲七方面，茲摘譯並依國情修改如下（pp.8-14）：

㈠概念發展與學業需求（concept development and academic needs）

　　1.發展良好的身體形象。

　　2.認識基本的概念，如側面、時間、位置、方向、大小、形狀、關聯、區別、順序、數量、感覺、情緒、動作、顏色、配對、分類等。

　　3.發展符合學生功能程度的傾聽技能，包括發展聽覺接收、辨認、記憶、序列、終結、關聯等技能及網際網路。

　　4.發展符合學生功能程度的聽覺理解和分析技能，例如摘要、分類、比較、因果辨識、結果預測、視覺化、性格理解、場合理解、氣氛與預兆辨認、及從意見中區別事實等能力。

　　5.能熟悉參考資料的格式和使用方法。

　　6.能正確解讀地圖、圖表、圖形、模型和表格。

　　7.發展在聽講中作筆記的書寫及錄音技能。

　　8.發展從錄音資料或報讀資料摘作筆記的技能。

　　9.發展整理筆記及其他研究資料的能力。

　　10.發展安排個人時間的能力。

　　11.發展選擇和運用報讀者的能力。

　　12.能從閱讀媒體（如點字或大字體）中獲取所需的資料。

㈡溝通技能（communication needs）

　　1.發展閱讀技能，能使用適當的模式（如點字、大字體、錄音、電腦等

形式）擷取學業資訊和個人、事業、休閒資訊。

2.發展書寫技能，能使用適當的模式（如點字、印刷字、打字、錄音、手寫等形式）記錄筆記、錄電話和地址、記留言、行走路線等。

3.能正確且快速打字（熟練電腦文書處理及網際網路）。

4.能寫出自己的簽名，會使用印章。

5.能操作基本的溝通設備，如收音機、錄音機、電話、傳眞機等；及書寫設備，如點字機、點字板、低視光學輔助器、擴視機、光學閱讀機、盲用電腦等。

6.能使用數學和科學輔具，如算盤、計算機、特殊測量儀器、有聲計算機、語音電腦等。

(三)社會情緒需求（social/emotional needs）

1.社會化方面

(1)能在各種團體的情境中展現可被接受的社會行爲。

(2)能區別不可在公衆面前呈現但可在私下呈現的行爲。

(3)能運用適當的口語溝通，如音量和聲調。

(4)能運用適當的非口語溝通，如手勢、眼神接觸、臉部表情。

(5)能控制身體的姿勢、移動、習癖動作，以保持適當且協調的儀態。

(6)能在用餐及其他社交情境中保持適當的禮儀。

(7)能顯現適當的交談技能。

(8)能對團體活動和社交情境有建設性的貢獻。

(9)與別人交談時能注意保持適當的距離。

(10)能留意特定群體和場面的服飾特性，而能穿著適合個人年齡和情境的服飾。

2.情意教育方面

(1)能理解每個人都是獨特且不同的個體。

(2)能理解視覺障礙者具有如同每個人的情緒。能辨別個人的情緒，並能

以社會接受的方式表達個人的情緒。

(3)能有自我價值的情感。能以現實的角度辨認自己的優點和弱點。

(4)承認自己和他人均有積極和消極的情感。能適當的表達個人的喜惡。

(5)能以妥善的方式處理他人的戲弄和譏諷。

(6)對別人的情感和行為有變通的反應方式。

(7)覺得自己是一個有價值的、對社會有貢獻的成員。

(8)能感受自己和他人的各種情感，包括幸福、罪惡感、挫折、厭煩、困惑、憤怒、困窘、自傲等。

(9)能感受一個人如何看待自己反映出他對待別人的方式。

(10)能察覺每個人都必須有自己的一套價值觀。

(11)能察覺團體壓力的概念，並能決定順應該壓力是否妥當。

(12)能理解長期依賴別人的後果。

(13)能坦然求助或拒絕別人。若非需要不輕易求助他人，一旦需要別人協助則應勇於開口。

(14)能對自己生活中的事件負責。

3.休閒教育方面

(1)能熟悉各種社交和休閒活動，並積極參與。

(2)能知曉如何排遣休閒時間有諸多選擇。

(3)能適當地在室內或室外遊戲，如打球、玩牌、溜冰等。

(4)能培養個人的嗜好，如藝術、工藝、音樂。

(5)能學習觀賞通俗的活動並能加以討論。

(6)除參與為視障者舉辦的活動外，應積極參與一般社區鄰里所舉辦的休閒活動及社團組織。

(7)能掌握流行的休閒趨勢並適機參加，例如流行的舞步或通俗的遊戲。

4.性教育方面

(1)能辨別個人的性別。能認識與性別相關的特徵。

(2)能認同社會中的性別角色。

(3)能理解家庭的組成及家庭成員的角色。

(4)能察覺生命週期的若干階段。

(5)能知曉各種生物的繁殖過程。

(6)能察覺男性和女性在青春期的生理和情緒轉變。

(7)能理解個體成熟速率的差異。

(8)能維持適當的個人整潔和衛生技能。

(9)能以口語和觸摸方式,藉由模型以正確的詞彙辨認男性和女性的身體部位及生殖系統。

(10)能使用正確的詞彙解說人類性行為及受精的過程。

(11)能察覺懷孕時人體的改變並知曉胚胎成長的過程。

(12)能知曉生產的過程及可能的併發症。

(13)能知曉懷孕期間影響胎兒健康的相關因素。

(14)能經由實際接觸而知曉照顧嬰幼兒的方法及視障父母育嬰的應變方法。

(15)能知曉有關家庭計畫的知識和避孕方法的選擇。

(16)能知曉常見的性病種類、症狀、結果及其預防和治療方法。

(17)能知曉與異性約會及交往的適當習俗,如調情、邀約、邀舞等。

(18)能知曉與異性交往可能發展的各種人際關係。

(19)能知曉口語和非口語溝通(如身體接觸)所傳達的性訊息。

(20)能知曉性虐待或性騷擾的防衛策略,包括不當接觸、強暴、口頭騷擾等。

(21)能理解每個人可能有不同類型的性偏愛。

(22)能知曉與視覺障礙有關的遺傳因素,並能藉由遺傳諮商審慎考量是否要生育子女。

(23)能知曉有關婚前性行為、婚姻和親職的責任。

(24)能和異性朋友討論視障對婚姻可能產生的限制,如生活的依賴性、無法開車、經濟考慮和遺傳因素等。

5.心理層面

(1)能接受自己視覺障礙的事實，並能了解視障所造成的身體限制。

(2)能知曉自己眼睛的狀況，並能對別人加以解說。

(3)能知曉視覺的功能和低視輔助器的功效，並願使用適當的輔助器具以提高視覺功能。

(4)能知曉有關眼睛保健的知識，包括醫療、衛生、眼科檢查和低視診斷等。

(5)能知曉有關個人視障的治療和研究資訊。

四知覺/動作需求（sensory/motor needs）

1.學習控制頭、四肢、軀幹以探索和移動。

2.學習獨立坐、爬、站和走路，並保持適當的姿勢和儀態。

3.發展立正和運動的平衡能力。

4.發展大肌肉動作技能，如爬行、走路、探索物體、越過階梯及落差、開關門、推拉物體等。

5.發展精細動作技能，如抓放物體、扭轉門把、握持手杖、撥按電話等。

6.發展充分的肌肉鬆弛及彈性，藉以安全、有效、優雅的執行基本日常生活和行動技能。

7.發展充分的體力、活力和耐力，藉以完成例行的行動、體育、日常生活技能等任務。

8.能學習用足部或其他身體部位觸辨物體。

9.能學習聽辨室內外的聽覺線索，包括直接、間接或反射的音源。

10.能學習辨認室內外的運動知覺線索，例如溫度的改變、氣流的移動、斜坡高度和深度的改變等。

11.能學習辨認室內外的嗅覺線索。

田定向與行動需求（orientation and mobility needs）

1.學習獨立爬、站、走。學習控制頭和軀體以呈現適當的姿勢、步伐和儀態。

2.學習辨別複雜的聽覺、觸覺、運動知覺和嗅覺線索。

3.學習適當的追蹤技能、防衛技能和物體定位技能，以利在家中和學校獨立行走。

4.學習適當的人導技能，包括在一般行走情境、穿越窄道、上下樓梯和昇降梯、室外行走、變換位置、就座、控制嚮導情境（配合熟練或不熟練的嚮導員）等。

5.學習使用遠近距離的低視輔助器，以提高獨立安全行動的可能性。

6.學習使用適當的手杖法，包括節奏法、斜置法和各種變通的手杖法。

7.學習在都市、郊區、鄉村獨立行走，包括沿人行步道行走、穿越住宅街道、十字路口等。利用觸覺、聽覺、運動知覺、嗅覺、環境線索、羅盤方位、心理地圖、空間關係等定向能力，先在熟悉的區域行走，逐漸擴展到不熟悉的地區獨立行走。

8.熟悉社區內各種服務系統，包括雜貨店、百貨公司、超級市場、郵局、銀行、醫院等。

9.學習在都會商業區域獨自行走，包括：(1)利用交通音源建立及維持行走路線；(2)在人潮擁擠的人行步道安全行走；(3)藉由交通號誌穿越四線道的交叉口；(4)表現適當的口語和非口語溝通行為；(5)發展適妥的求助技能；(6)知道在緊急狀況或迷路時可與何人聯繫；(7)能找到公用電話的位置並知道使用方法；(8)學習獨自抵達商業區的各目的地；(9)學習獨立跨越鐵路平交道；(10)能獨立在商業區購物、辦事、搭車。

10.發展充分的成熟度，理解獨立行走的重要性、危險性和責任感。

(六)日常生活技能需求（daily living skills needs）

1.個人衛生技能

(1)基本的盥洗、如廁、整髮、沐浴等技能。
(2)利用美容美髮店維護個人儀容整潔的技能。

2.穿著技能

(1)穿脫衣服的技能，包括繫結領帶、鞋帶、扣鈕扣、拉拉鍊的技能。
(2)選購適當服飾的技能。

3.照料衣物技能

(1)分類儲藏衣物的技能和辨認衣服顏色、形式的技能。
(2)使用洗衣機、烘乾機、曬衣架、熨斗的技能。
(3)利用洗衣店、修鞋店照料衣物的技能。

4.整理家務技能

(1)能執行基本的家務，如打掃、倒垃圾、鋪床、擺餐桌等。
(2)修理簡單的家電和傢俱。

5.準備食物技能

(1)能執行基本的洗（菜）、切（菜）、倒（湯）、攪（拌）、量（米）、塗（奶油）等技能。
(2)能使用各種廚具（爐具、烤箱、微波爐、電鍋、火鍋、果汁機等），並能以炒、蒸、煮、炸方式烹調食物。
(3)能依食譜準備不同菜色的佳餚。

6.飲食技能

(1)能辨認盤中食物的位置，並能正確使用餐具。

⑵能在各類餐館點菜用餐（中餐、西餐、自助餐、速食店、火鍋店等）。

7.金錢管理技能

⑴能辨別並使用錢幣、紙幣、儲金簿、提款卡、信用卡、支票等。能熟悉銀行和郵局的作業程序。

⑵能有自己的理財方式，知道如何開源節流、控制預算。

8.社會溝通技能

⑴能進行基本的社會互動，包括個人需求的溝通。

⑵能和熟人或陌生人適當的交談。

⑶能具備基本的書寫溝通技能。

9.使用電話技能

⑴會使用各種電話機（按鈕式、撥盤式、投幣式、插卡式電話、手機）和傳眞機。

⑵會使用電話號碼簿、查號台、電話秘書系統查詢電話號碼。

⑶熟記公共服務系統的電話號碼，如火警、警察局、故障台及緊急號碼。

⑷能有系統的記錄親友的電話號碼，以備需要。

⑸能表現良好的電話禮儀。

10.時間監控技能

⑴能依每日行事曆按預定時間表辦事。能預知日間和夜間可能發生的事件。

⑵能以鐘錶精確掌握時間，養成守時的習慣。

⑶能有效規劃時間，充分利用時間，即有計畫的組織時間和安排活動（組織技能）。

㈦生計和職業需求（ career and vocational needs ）

1.能認識個人的職業興趣和職業性向，並能將目前的經驗和未來的工作相連結。

2.能理解工作和休閒的差異，能作妥善的調適，並能培養良好的工作態度和工作習慣。

3.能熟悉家庭、學校和社區成員的工作性質，分析視障者可勝任的工作及須靠視力而較不適合視障者的工作。

4.能隨時把握到工作現場練習和實習的機會，除增加實務經驗外，並有助於日後選擇職類之參考。

5.能熟悉謀職的技巧，例如蒐集就業資訊、填寫申請表格與履歷表、演練應徵面談等。

6.能理解與就業能力有關的因素，如守時、責任感、效率、主管的管理風格和同事的相處之道等。

7.發展作決定的能力，培養獨當一面的工作能力。

貳、提供適當的學習條件

視覺損害對兒童的發展與學習可能產生不利的影響，因此在教學情境中應儘可能提供視障兒童適當的學習條件。充裕的教材、教具和適當的輔導，是視障學生有效學習的基本條件。座位安排和採光方面也要特別注意學生視力的特性。Best（ 1992 ）認為教導視障兒童時應考慮下列六個因素，以確保視障教育品質，茲摘譯並依國情修改如下（ pp.68 - 80 ）：

㈠位置（ position ）

1.長期近距離的作業易使視障兒童發展出彎腰駝背的姿勢。座位的設計應注意桌椅高度的搭配，使視障兒童腳跟能著地，且不必彎身於桌面，減除其頸背的緊張度。

2.使用有斜面的桌子可提供較舒適的工作位置。桌面可依需要調整傾斜角度，使其抬高接近兒童，而不是視障兒童俯身近距離視物。

3.攜帶型的書架是較便利的方式，可夾住書本或紙張，並可利用磁鐵條在紙面上移動，引導視障兒童閱讀。

4.須有足夠的工作空間，桌面須較一般桌面大，以便放置所需的大字體課本、錄音機、立體圖表、擴視機或盲用電腦。應教導視障兒童有效使用現有空間。

5.閱讀的座位最好靠牆，有足夠的插座可連接桌燈、錄音機、擴視機、盲用電腦等。避免使用延長線，以策安全。

6.採光程度應依視障兒童的個別需要而定。以自然採光爲佳，輔以人工照明。座位宜離開窗戶，避免陽光直接照入眼睛或反射光影。採用可調整光度的人工燈光，附加燈罩使燈光較爲柔和，避免使用眩光或旋轉燈，以免造成視覺疲乏和混淆。

7.教室內應有專屬的置物箱供視障兒童存放相關設備和書籍。書桌和置物箱之間的行走動線應簡明，可在教室無人時讓明眼嚮導引導視障兒童探索教室內的區域概況。

8.注意視障兒童與黑板的相關位置，允許視障兒童接近講台看板書及老師的示範，或讓視障兒童選擇坐在中間或後面的位置，而以望遠鏡遠眺。

9.全盲和低視兒童均須依靠聆聽接受資訊，因此座位的安排應儘量避開雜音干擾，使其能清晰的聽到老師的講解。

(二)呈現（presentation）

1.對低視力兒童而言，印刷字體的呈現方式將影響其作業的難易度、正確度及速度。提供教材時應注意：⑴儘量以打字方式呈現，因手寫不易辨識；⑵字體字形應一致，以直線呈現，不要跳行書寫；⑶對比顏色須清晰，例如以藍字寫在藍色複寫紙上較難辨識；白紙黑字最爲清晰，但應採用不反光的白紙；⑷避免將字體印在背景圖片上，以免造成視覺混淆；⑸並非所有的低視力兒童均適用同一倍率的大字體，例如視野狹窄者若使用倍數太大的字體，每次可閱讀的範圍可能會受到局限，因此字體的倍率應視個別需要而定。能讓低視力兒童讀得又快又正確即是最適當的倍率，可用放大影印機調整最適當的字體倍數。

2.使用低視輔助器（放大鏡，Low－Vision Aids；LVAS）或低視擴視機，可依需要調整倍數，閱讀現有的教材。有些視障兒童習慣將低視擴視機的螢幕轉為黑底白字以獲得清晰易讀的對比。採用鑲在眼鏡上的放大鏡或望遠鏡，可有效觀看近、遠距離事物；前者焦距固定，閱讀舒適，後者可調整焦距，符合各種距離的需要。

3.大國字書籍攜帶不便，可預先將書籍掃描成電子書，配合可隨意調整倍率的放大軟體，在課堂上以筆記型電腦讀取電子圖書，甚至可無線上網查詢資料（萬明美，2000）。

4.低視力學生須貼近電腦螢幕讀取資料，宜採低輻射（液晶螢幕）、大尺吋螢幕或放大護鏡，以減低輻射傷害，並取得較穩定清晰的字體。

5.黑板宜採黑、綠色乾淨的墊面，以白色或黃色等對比顏色書寫。若孩子不怕白板的眩眼，則可使用白板和顏色對比的筆書寫。板書的字體應工整，以粗而清晰的線條書寫。字體大小一致，依序一行一行呈現。在黑板隔出特定的區域，除去背景雜字，保留給視障兒童讀寫。

6.以書寫方式呈現教材時，應同時輔以口語資訊或提供錄音帶補充教材。示範教學時應加以口頭說明和描述，使視障兒童能跟上教學進度。

7.呈現觸覺形式的教材（點字、立體圖表）給盲童時，須實施個別指導，使其和班上同學同步閱讀。

8.印刷品和圖表可依個別視力需要加以修改（許令嫻，1999），例如運用顏色對比或觸覺符號、放大、加粗線條、預留足夠空間、簡化雜亂資料或重疊圖書、強調觸覺圖表的線條、範圍和圖點、注意課室的佈置和管理。

(三)經驗（experience）

1.儘可能讓視障兒童接觸第一手經驗。若僅靠別人對情境的描述將減低視障兒童自我知覺和自我經驗的價值，剝奪其經由發現而主動參與的機會。

2.視障兒童缺乏明眼兒童所能接觸的生活經驗，例如觀察動物活動、瀏覽百貨櫥窗、觀看遠距離物體、及無數偶發的學習經驗。某些匱乏的經驗或許基於安全考量或受限於視覺障礙，例如無法觀看天空的雲彩而以錄影帶或模型解說；但多數經驗係可經由刻意安排而獲得，例如參觀展覽會時允許視

障兒童觸摸展覽品、實驗活動時讓視障兒童實際操作、安排特定的知性之旅等。

四期望（expectations）

1.對於視障兒童的行為表現及成就水準往往很難預設期望，對於其問題行為及整潔習性更難分辨是受限於視覺障礙或自身努力不足。一般而言，最適當的作法是對視障兒童採取和同班同學相同的期望標準，但允許視障兒童有較充裕的工作時間。

2.視障兒童的學習過程很容易疲累，因為許多活動皆須全神貫注，例如逐字摸讀點字、使用放大鏡研讀圖表、傾聽講演（看不見講演者的臉）等，須較正常視力者的聽讀方法更加倍專注，因此很難顧及全局，常會不經意分神而錯失重點，或因跟不上進度而自覺挫折，尤其是新近失明的兒童，遽然改變學習管道，適應更為困難，應予額外協助，但切莫過度保護，以免失去獨立的契機。

3.教師應注重視障兒童的生活教育，加強其責任感，例如自行整理書包書桌、準備課本輔具、繳交作業、準時上課、保持儀容整潔等，激勵視障兒童盡全力追求和明眼兒童相同的行為準則。

五提供訊息（giving information）

1.對多數視障兒童而言，教師的聲音是訊息來源的主要管道。理想的教師風格應能掌握清晰愉悅的聲音表情，並提供正確的資訊。

2.愉悅的聲音應是放鬆而非緊繃的語調，感覺上可聽到笑容。由於視障兒童較難獲取非口語溝通線索（如臉部表情、手勢），教師的聲調成為判斷情緒的指標，例如教師是焦慮厭煩，或是開朗愉悅。

3.教師講課時應表現抑揚頓挫的聲音表情，藉由說話速度、音量、語調的變化，增加課程的趣味性，並加深對重點的印象。教師可將課堂講課錄音後加以推敲研究，了解自己聲音表情的優缺點，以求改進。

4.教師提供訊息時常忽略班級有視障兒童，而以視覺語彙講解，例如示範時說「現在我將這個東西放在那邊」，明眼兒童可以一目瞭然，視障兒童

則須自行揣測，結果可能得到錯誤的訊息而不自覺。教師應使用適當的語彙，明確說出「這個東西」的名詞和「那邊」的方位，或引導視障兒童觸摸以獲取正確的資訊。

5.當教師以身體語言（非口語線索）表達訊息，如以手勢指出物體、描繪效果時，應輔以口頭說明。當指定同學回答問題時，應唸出同學的名字，讓視障兒童知曉誰在發言，而能融入師生對談的情境中。

6.教師引導視障兒童探索周邊物體時，可讓視障兒童以一手當參照點，另一手有系統的移動摸索，然後兩手再會合。若視障兒童伴有智能障礙，教師則需扶著孩子的手一面緩慢移動，一面加以口頭說明。

㈥速度（speed）

1.視障兒童執行任何活動均較明眼兒童花費較多時間，例如讀一篇文章、查一張圖表，視障兒童都要經由凝視、感覺、核對、復位、辨認、吸收，然後將部分合併統整成整體。除書寫之外，其他生活細節如找尋教室、戶外教學活動等，都很容易遭到挫折或驚嚇，而以緩慢的速度戰戰兢兢應對。

2.教師切莫因視障兒童的工作速率較慢而將其視為學習遲緩兒童，以免傷其自尊，使其喪失信心，進而減低其工作效率。

3.高年級的視障兒童和大學視障學生往往須日夜苦讀，方可應付繁重的課業，因而缺乏社交生活和休閒活動。教師應指導視障兒童發展有效的學習策略，並能妥善安排時間，使其在工作和生活之間取得平衡。

4.視障兒童應學習使用科技產品以提高學習效率，例如會使用盲用電腦和語音箱、視訊放大系統、光學閱讀機、變速錄音機等輔具。教師應為視障兒童安排特殊的資訊教育課程，使其能運用電腦網路進入知識爆發的資訊世界。

參、實習教師應注意事項

經驗不足的實習教師在初步教學時常有下列現象，應予注意改進：

1. 緊張

面對學生不知所措，上課時走來走去或原地站立不動；講話速度太快或結結巴巴不知所云。要克服這種情形，教師須於平時多設計情境，自我演練；教學時充分準備，儘量放鬆心情，深吸呼，多次實際教學後，即可減輕緊張狀態。

2. 語調平淡

視障學生的主要學習管道是聽覺，教師講課若缺少抑揚頓挫的語調變化，或音量太小，上課氣氛必定沉悶乏味，易使學生精神渙散，甚至打瞌睡。教師平時可朗讀國語日報或報章雜誌的文章，每日持續練習，並自行錄音矯正，以求字正腔圓的國語；講課時並應注意聲音表情，以吸引學生的注意力；上課態度應熱忱愉悅，以增加師生互動及情感交流。

3. 忽略學生反應

教師不斷地講述課文或照本宣科，或講述不清，用語抽象，學生未必真正了解。教師應活用各種教學法，並注重形成性評量，適時提出問題讓學生回答。對低年級的班級教學，若整堂課皆以聽說方式進行，小學生必感不耐煩，故教師可安排一些動態小活動，提高學生的學習興趣。

4. 忽略學生的個別差異

上課只注意幾位反應熱絡或程度佳的學生，而忽視其他沉默退縮或程度較差的學生。教師在進行教學之前應深入了解個別學生的狀況，例如請教班導師或科任老師，並實施個案觀察，綜合意見後再作客觀的評估。教師上課時應讓每位學生均有發表或回答問題的機會，並可運用分組討論的方式，不強調其競爭性，而是提供適當的學習目標，各組均有程度較佳和較差的學生，由程度較佳的學生擔任小組長，協助教師教學並帶動學習氣氛；有時則需採能力分組，將程度相近者分在一組，以利加深加廣或補救教學；分組教學時應考量學生的視力狀況（盲或低視），及使用的課本形式（點字或大字

課本）。教師應依學生的個別差異，編排深淺不同的教材、作業及評量方式；對於程度較佳的學生給予較具深度思考性的題目，對於程度較差的學生則給予較簡易性的題目，並引導其發言，使其有成功的回饋，增加學習信心。對於沉默退縮的學生，須用心營造溫暖、輕鬆的氣氛，先消除環境對他的壓迫感，並將教材簡單化或趣味化，引導其參與教學活動。另可安排平常和他接觸較多或較具親和力的同學在同一組，以增加其安全感；由於各小組之各個成員都必須在小組中發表討論之意見，可培養其參與的勇氣，分組報告時可讓他以書面報告的方式作口頭表達，給予讚賞與鼓勵，增加其信心；同時應了解其退縮的主因，突破其學習的心理障礙。

5.教材教具準備不當

高估或低估學生的能力，準備的教材教具不適合視障學生使用，又因班級學生的個別差異懸殊，教材太深，學生無法吸收，教材太淺，程度佳的學生又感乏味。準備的教具常依明眼人的標準來設計，不夠立體或忘記標示點字，或圖片文字太小，盲生和低視學生都不便使用。教師課前的教學準備須充分，多蒐集相關資料，並請教有經驗的科任老師，以設計新穎有創意的教材教具。教具的設計應依學生的視力狀況給予適當的調整，例如對盲生說明電池串聯並聯電路，可以電鈴代替電燈以表示電流接通與否。教具應有觸覺性且色彩鮮明，牢固耐用，並應附加點字及大字體標示；教學時應讓每位學生親自操作教具，指導其利用殘餘感官，配合教師講述描繪，加深學習印象。教具呈現後若與下一主題不連貫時，應及時收回教具，以避免學生在課堂上把玩，干擾教學。多運用錄音教材及其他教學媒體。實驗課對視障生很重要，不可因顧慮危險或不便而偏廢。

6.時間控制不當

一方面是錯估學生程度及教學進度，準備的教材份量及深淺不當，一方面是講課速度太快或太慢，或講課偏離主題，致準備的教材一下講完或講不完。教師說話速度太快、或帶讀速度太快、或講解速度太快，學生往往無法配合點字摸讀和筆記摘錄。教師應根據學生的個案資料，並請教任課老師，

分析學生的舊經驗、起點行為和學習能力，於課前擬定詳盡的教案（格式參考表13－5），並將教學過程及教材教具實際演練操作幾次，充分掌握教學進度及教學情境。盲生上課使用點字課本，教師使用印刷課本，頁數不一樣，教師應預先對照頁數，以免上課浪費時間找尋點字頁數。

表13－5　單元教學活動設計參考格式

○○科教學活動設計									
教學單元			教學者		指導者		教學目標		
教學年級	全盲　人 低視　人		教學時間				單元目標	具體目標	
教材來源			教學日期						
教學研究	一、教材分析 二、教學重點 三、學生經驗 四、各科聯絡 五、教學準備								
具體目標代號	教學活動		教學方法	教學資源	教學時間		教學評量		
						標　準	通過	未通過	
	一、準備活動 二、發展活動 三、綜合活動								

備註：1.教學方法：提示、放映、觀察、實驗、練習、討論、閱讀、欣賞、表演、展覽、發表、示範、製作等。
　　　2.評量標準：教師依行為目標預期達到的標準自行訂定，以文字敘述或百分比表示之。
　　　3.評量結果：以記號✓勾選通過或不通過。

7.教室管理不當

　　教師在教學過程中，對於較愛表現、喜歡突出自己的學生，因不了解其心理，常任其干擾教學，有時學生反應過於活絡，教室秩序混亂失控，老師雖讓學生有親切如大哥哥大姐姐的感覺，但老師的威嚴減低，學生不再聽從指示，很難進行預期的教學。教師應掌握班級成員的動態與性格，適度調配座位以助學生集中注意力（特殊班人數少，可排成馬蹄型座位）。對於學生不當的干擾行為，應適時制止，不可放縱。避免用通稱來糾正或讚賞學生的

行為（如「你們不要吵！」），應明白指出學生的名字並給予具體的指示或
讚美，學生才知道自己的行為受到警告或重視，如此才能免於責任分散，有
效制止不良行為，並增強好行為。教師在上課前，可和學生約定教室管理規
則及活動遊戲或比賽的規則，使學生的行為有所遵循。之後逐一點名，在教
學進行中，亦隨時注意學生的動靜，掌控良好的秩序。

8.忽略學生視障的事實

(1)教師常用視覺指示語，如這邊、那邊、這題你回答（手指某學生），
　　學生無所適從；應改用肯定的方向指示語，如在你的左手邊、在講桌
　　上等。指定學生回答問題時應直呼學生的姓名。

(2)教師寫的板書或準備的掛圖大字報字體太小，學生無法看清；應改以
　　低視學生可辨識的字體書寫，或讓學生到前面觀看，並提供盲生點字
　　資料閱讀。

(3)教師示範操作時距離太遠，學生混淆不清且易有疏離感；應改在近距
　　離或學生面前操作，並讓學生觸摸教具。

(4)教師常用肢體語言表達，如點頭、搖頭、招手、臉部表情等，學生看
　　不見故無法回應教師的要求；應改以接觸性肢體語言（如拍肩）或以
　　生動的語調變化取代表情，或直接以口語指示。

(5)教師常以抽象的概念講述，學生不易理解；教師應深入了解視障者的
　　概念思考過程及推理方式，了解其如何將描述者所提供的景象構思成
　　心理地圖，了解視覺障礙所產生的學習適應問題，了解其溝通方式及
　　需求。抽象的觀念不可憑空敘述，應利用多重感官教具、實驗、觀
　　摩，喚起舊經驗、聯結新經驗，將抽象的語詞具體化、生活化，並充
　　實學生的經驗範疇，使其對事物有真正的認識與領悟。教師安排的學
　　習情境應儘量與真實情境相近，以利學習遷移。

9.過度保護學生

　　認為學生視障不方便，凡事均由教師代勞，或限制學生行動，剝奪學生
參與學習及練習自理能力的機會。有時教師過度強調學生的視障，有時又將

其與普通學生作比較，兩者均會傷害學生的自尊；教師在實際教學時，除充分準備適當的教材教具外，應以平常心對待每位學生，對視障生的要求不宜有差別待遇，除非遇到特殊問題，才需特殊的處理方式。

10.增強物使用不當

實習教師最常見的弱點是「太有愛心」，以致獎賞不明，濫發增強物或口頭增強過於頻繁；反之，有些教師則不會利用增強物以促進學習。教師可預先和學生約定公平的獎賞原則，並確實遵行；口頭讚賞則應具體明確，適時給予學生適當的回饋，以提高其學習興趣與信心。

莊素貞、梁成一（2000）以問卷調查68位啓明學校在職視障教育教師，認為十項專業知能領域的重要程度依序為「心理與行為輔導」、「教學情境的規劃與經營」、「職業訓練」、「教材教法」、「溝通與合作」、「親職教育」、「診斷評量」、「學習者特性」、「專業倫理」、「哲學歷史法律」。

第三節　各科教學

壹、教學原則與教學方法

㈠視障教育教師對各科教學，除提供特殊的教材教具之外，應能與一般學科教師共同促進學生學業、生理、社交、情緒等方面的發展。教師對各科教學的評鑑，除實施一般終結性評量外，尤應重視形成性評量，運用觀察紀錄、評量、考試、實地操作、作品發表、自我評鑑等方法，考查學生的學習成果。

㈡教學原則與教學方法的採用，必須考慮視障者的特徵（趙樹鋒，1994）：

1.盲童的教學原則

⑴多種感覺通道綜合運用的原則，⑵視覺缺陷補償原則，⑶實用性原

則。

2.盲童的教學法

盲校教學法和普通中小學基本相同，但因盲童「以手代目」、「以耳代目」的特殊性而有其特點：(1)模仿法，如朗讀、操作；(2)嘗試錯誤法，正確者加以肯肯，錯誤者加以糾正，從中進行學習；(3)機械學習法，如盲字點位和英文字彙的記憶；(4)直觀性教學法，種類包括教具直觀（實物、模型、標本等）、語言直觀（以手觸摸須伴隨教師正確、具體、形象的語言說明、描繪，使其形成概念）、聲音直觀（利用電化教學手段，以聽覺補償視覺缺陷）。

3.低視力兒童教學原則

(1)因材施教原則（考慮視力缺損程度、成因、視野大小等個別差異）；(2)以聽覺觸覺彌補視覺不足的原則；(3)使用和保護視力相結合的原則。

(4)低視力兒童的教學法

(1)集體教學與個別輔導有機配合的方法（例如集體教學時另為看不清大黑板的低視生另準備小黑板板書）；(2)口述與筆練相結合的方法（如筆劃繁多的漢字和英語單詞記憶）；(3)看圖與學文相結合的方法（多使用教學掛圖、幻燈片、圖畫等，將課文的學習與看圖看畫結合起來）。

(5)盲多障兒童的教學原則與方法

(1)善用增強；(2)遊戲教學；(3)隨機教學；(4)實物教學；(5)因材施教；(6)提供機會擴充生活經驗與社會互動；(7)勿被不當行為反制約；(8)運用行為管理技術；(9)善用情境資源；(10)善用孩子的求知慾與好奇心；(11)啟發思考；(12)靈活使用評量技巧；(13)勿求速效；孩子的成長是漸進累進的，對其要有信心和耐心。（張嘉桓、黃玉咩，1998）

貳、各科教學要點

　　為了解視障學生學習各科課程的困難因素及教師因應之道，除蒐集國內外文獻外，筆者進一步訪問50位資深的啓明教師，將其教學經驗彙整如下，俾供實習教師編寫教材、教學指導及教學評鑑之參考。

一、國文科教學

㈠困難因素

　　1.我國文字源遠流長，每個字所包含的形、音、義皆是不可分割的整體，因此一般人可望文而生義，生義而知其聲，此爲中國文字的特色。然而全盲學生無法從筆劃中認識文字，缺乏有利的字形學習，又不能憑字音與字義讀書行文，且點字參考書籍和古文資料相當匱乏，較難形成紮實的學問基礎。

　　2.文學欣賞須以視覺及藝術的美學概念爲基礎，尤其以視覺爲主的寫景文章，往往只可意會不能言傳，全盲學生無法深刻體會由視覺之美所產生的意像之感動。

　　3.國語點字係以注音符號拼音，很多盲生的國語發音不標準，影響其點字表達的正確度。有些盲生點字摸讀速度緩慢，無法跟上教學進度。國語點字有音無形，常有同音異字或同字異音（破音字）的混淆。

　　4.低視學生的國字基礎差異很大，班級同學的程度參與不齊，生字難詞的解釋相當費時，又因礙於視覺困難，課後的書寫練習顯然不足，如此惡性循環，基礎差的低視學生其國字程度越爲低落。有些低視學生不願花時間練習筆劃複雜的國字，或因無法應付高年級繁重的課業而放棄國字，改學易讀易寫的點字，變成不識字的文盲，無法與外界資訊直接溝通，應予重視。至於進行性的低視學生（預後視力可能會惡化），除學習國字外，宜同時授予點字。

　　5.視障學生（全盲和低視生）的作文程度普遍低於同齡學童，主要是範文背誦不足，所記的語詞不豐富，並缺乏練習和觀摩，表達能力受到限制。

趙鵬（1992）認為盲缺陷導致的生活經驗不足、感性表象欠缺、知識範圍狹窄、思想認識片面，會造成盲童的作文能力和普通兒童相比存有差異，如語言貧乏、缺乏想像力和邏輯思維能力等。

　　6.學生的學習能力參差不齊，有些學生上課專注聽講，對教師的授課內容牢記不忘；有些學生則漫不經心，對剛剛講過的人渾然不知，或一知半解。

(二)教學要點

1.透過各種教學活動，以校正學生的國語發音與點字國字

(1)輪流摸讀課文、朗讀、複述教師的解釋、翻譯、聽寫、範文抄寫、演講比賽、詩詞吟唱、演話劇、討論、關鍵字的聽、說、寫等。

(2)批改作業和作文時，將學生的錯字列出，並在錯字之後以括號標出正確字，要求該生將正確字默寫數遍，以加強其正確印象。

(3)指導小盲生學習點字時，可採寓教於學遊戲的方式來進行。除教科書外，再編列一些趣味化的教材，如兒歌、童謠、笑話等，讓學生表演朗讀，提高其學習興趣及成效。

(4)指導低視學生練習國字，務求用筆端正，結構完整。可利用字帖臨摹國字筆畫。

2.加強下列教學活動，以提高學生的作文能力

(1)以一個詞語，訓練學生加詞、造句的能力，例如花、紅花、白花……，一朵紅花，紅花象徵喜氣，好友送我一束紅色的玫瑰花等，諸如此類，訓練學生適當的使用詞語，造完整的句子。

(2)鼓勵學生多記辭彙，牢記辭意，背誦好文章及成語，貯積備用，並利用教學活動增強其記憶力、理解力，提高其思考的敏銳度和創造力。考試題目可加考一些常用的成語和美詞。

(3)教學時可錄製吟誦錄音教材，以資學生欣賞，並指導學生閱讀課外讀物，提高其語文能力。

(4)批閱作文應詳實考查下列各項能力：①內容方面：取材切題，內容充實；②結構方面：段落分明，文理通順；③修辭方面：措辭恰當，用語生動；④文法方面：語法正確，含義明白；⑤書寫方面：字體端正，筆畫無誤；⑥標點方面：標點符號使用恰當。

(5)作文批改後，教師可抽選數篇作品，由原作者在課堂上公開朗讀原作，由全班同學共同修改，然後再將全班修改好的文章及老師改好的文章各朗讀一遍，加以比較、討論，如此教學活動可激發學生的榮譽感，刺激其共同學習的意願，並可培養學生欣賞文章的能力，提升其作文程度。

(6)趙鵬（1992）提出作文能力的訓練模式：①學習成人的口頭語言，從對話到獨白；②學習成人的書面語言，從口語到書面語；③在教師的指導下，從說話到寫話，從口頭作文到書面作文。幫助孩子從內部言語向外部言語轉換。即將心裡「想」的（思維過程）變為口裡「說」的（言語過程）和紙上「寫」的。在教師指導下，開始由練習「說話」到練習「寫話」，從說寫一句完整通順的話到幾句話、一段話，最終發展為說寫幾段話、一篇話，進而再到口頭作文和書面作文。

3.實施個別化教學及評量，以適應學生的個別差異

(1)對每個學生的學習能力及個性，一定要仔細的觀察，充分的了解，才能掌握因材施教的個別教學目標。

(2)教室管理和經營，必定愛心及於每一位學生，絕不因其成績優劣而有差別，讓每位學生都有被尊重與被關懷的感覺，因之所有的教學活動，必讓每一位學生共同參與。

(3)針對每位學生的每一反應，給予適切的優點讚美、鼓勵，再補上一句「如果……能做到……，就更好了！」，因之考試成績，絕對依照他的試卷公正公平的給分，並在課堂上公布標準答案，由學生各自對正試卷，讓他明白得分、扣分的原因，以提高其學習意願。

(4)請學生輪流發表與課文內容相關聯的生活經驗，與全班同學共同分享，以提高其學習興趣。

(5)回答問題時，先對全班提出問題，再針對學生的學習能力與表達能力指名回答，以減少其挫折感，建立其自信心。

(6)講課間，經常指名學生問「剛剛老師說什麼，請複述給全班同學聽」，以加深印象；或問「課文的下一句是什麼，請讀出來」，藉以提醒學生專心對照國文課本聽講，不可分心；同時經常走到每位學生身旁發問問題或聽他發表意見，或點醒趴在桌上聽課及打瞌睡的學生，這些措施都能集中學生的注意力與掌握學生的動態。

(7)若班級學生的個別差異懸殊，則須斟酌適量的內容與難易適中的學習教材，採彈性進度，即全班同時教學，但兼顧個別重點輔導。考查學習效果時，可依個別化教學所側重的內容，給予數種不同評量標準的測驗試題，以了解其學習效果，做為修正、補救、加強教學的依據。但有時為求公平或不傷學生的自尊心而僅命一份考題時，則須在考題中做合理而技巧的配題，三分之一最難，以使程度好的學生考起來有成就感，三分之一中等難度，三分之一最為簡單，讓程度最低的學生同樣有成就感；批卷給分時，再斟酌該生的學習能力、學習狀況與學習態度，依試卷比例給予合理的分數，讓學生覺得自己的成績得來心安理得，亦不存僥倖，更不至於放棄學習。

(8)對盲生實施成績考查時，有關字形、字音辨別部分，應予改變方式測驗。

(9)車雅萍（1984）認為盲校應重視低年級語文聽說讀寫的訓練：①盲字的書寫，要掌握正確的書寫姿勢和良好的書寫習慣，然後讓學生聽寫和抄寫；②盲字的摸讀，掌握正確的摸讀方法，做到四到，即手摸、心想、口讀、耳聽；③說話和寫文的訓練，從一年級入學即要求學生說完整話，隨時糾正。先口頭再書面，同時進行各種練習，如填空、句式練習；把句子補充完整，造句，重新排列句子，回答問題，複述課文，講故事，看圖列提綱說話，寫文等。從一年級第二學期開始指導學生寫簡單的日記，讓學生建立詞匯本，把好的詞、句抄下來作為累積。趙寶淸（1985）將一年級盲文教學分三階段進行：①準備階段，辨方位，認點位的階段；②字母拼音階段，學字母要達四會，即

會摸字母點位，會讀字母發音，會寫字母點數，會背字母點位和發音；③熟練鞏固階段。

⑽關明哲（1988）認為盲生學習文言文較普通學生困難，突破方法有：①讀準字音；②理解詞義；③突出特殊的語法現象；④學好課文，不能孤立地講詞彙和語法；⑤舉辦文史課外小組，補充課外活動，讓學生學得多些、深些。

二、英文科教學

㈠困難因素

1.英文單字是由字母拼成，遇到較多字母的單字時，明眼學生可一目瞭然，瞬間於腦海中顯現整個單字，而盲生必須摸完全部點字後才能得到整個單字的概念，故較易讀錯。而多數盲生不諳二級點字（縮寫略字），而以一級點字（直接由字母拼字）讀寫，份量多、找尋不易，因此摸讀速度緩慢，影響學習成效，尤其是句型分析及閱讀測驗困難度最高。視力較差的低視學生，須以放大鏡逐一將字母拼成單字，易有字母重疊、跳行的混淆，影響閱讀速度和正確度。

2.盲生學習英文全憑記憶，無法做「看圖說故事」之圖畫學習。此外，平時投注於聽、說、讀、寫、拼的時間不足，對基本的文法概念較為欠缺，不知如何活用。

3.點字課本常有錯字及漏印，與國字書的頁碼亦不相同，較難查詢。因點字教材修正不易，導致教材更新遲滯，影響學習。

4.點字工具書匱乏，如英漢字典、各類參考書、點字課外讀物及英文錄音帶等相當缺乏，影響自學能力。

5.學生個別差異甚大，除少數喜歡學習語言或準備升學的學生外，多數學生對英文課並不感興趣。由於沒有升學壓力，學生的學習動機低，平時練習時間少，教學指導倍感困難。

6.視障學生缺少隨機學習的機會，不若明眼學生可從日常生活的報章雜誌、廣告、菜單等資源接觸英語文化刺激，豐富常用的字彙內容。

㈡教學要點

1.因應學生個別差異，實施分組教學或個別指導。教材選用以普通學校使用的課本為準，再依學生程度及需要加以取捨。擬升學的學生，授課內容須同一般學生；資賦優異或領悟力強的學生，給予加深加廣之教材；不擬升學的學生，由教師編選適合的教材，增加實用英語會話（按摩科的學生可授予從事按摩工作所需的英語會話）；資質較差或學業成就水準較低的學生，宜減輕教材份量，著重個別指導，採取補救教學，以提高其學習意願，增加其成就感。

2.課堂上儘量利用錄音帶、錄影帶、影片、幻燈片等視聽教材，增加學生接觸生動流利英語及仿說練習的機會。課堂上並儘量使用英語，鼓勵學生利用問答、對答、說故事等方式，加強口語練習，增加運用英語的機會。鼓勵學生利用課餘收聽空中英語教學廣播節目或國際社區電台 ICRT 等節目，加強聽力練習，提高英語會話能力。

3.設計遊戲方式的教學活動，並適機引介英文歌曲，以提高學生的學習興趣。

4.學校可舉辦英語會話、英語歌唱等課外活動，及演講比賽、背誦比賽、聽寫比賽、聽力比賽、閱讀測驗比賽、作文比賽等競賽，以提高學生學習英語的興趣與風氣。

5.擬升學的高中部學生，應學習縮寫略字的二級英文點字，並加強摸讀訓練，以應付日益繁重的課業。

6.有關「口說練習」依圖片看圖說明部分，可將圖片部分製成錄音帶及立體圖，詳細描述圖片之內容，供盲生使用；並將圖片影印放大，供低視學生使用。

三、數學科教學

㈠困難因素

1.視障學生對於形象、數字、文字計算式無法像一般學生的一目成像，

較難掌握整體概念。盲生摸讀較長的數學算式常需往返記誦，影響學習效率；以點字機或點字板進行演算過程（如直式乘除法、輾轉相除法），速度慢且操作不易；而數學點字符號規則繁瑣難記且不易查閱，均是阻礙盲生學習數學的因素。低視學生因視力低下或視野狹窄，閱讀數學的圖與文亦難掌握整體概念，且一般圖片影印放大後往往喪失重要的色彩線索。但低視生尚可使用一般文字教材，學習條件仍較使用數學點字的盲生為佳。

2.教師教學指導時須調整慣用教法，例如指導分數的運算，一般習慣先寫分母再寫分子，而點字數學則須先點分子；行列式的運算，一般習慣先寫行再寫列，而點字數學因限於點字工具，常須先點列再寫行；解析幾何作圖題和空間概念的指導，除立體圖形外，尚須輔以模型或實物。當班級同時有盲生、低視生和明眼學生時，教師須兼顧不同的教學歷程，相當費心費時。

㈡教學要點

1.教材編選應顧及個別學生的學習能力，由淺而深，由簡而繁，多選取日常生活或自然現象有關的實例，引入概念。

2.加強視障學生的心算及珠心算能力，並會使用計算盤、算盤和計算機。高年級的盲生應熟練聶美茲數學點字符號。王秀清（1984）認為珠算有利於培養學生觸摸能力，喚起空間知覺，使抽象思維過程具體化，促進學生智力發展。

3.教師以板書呈現演算過程時，應輔以口述說明，並隨時注意視障學生的演算能力及正確度，及時給予糾正或鼓勵。

4.利用立體複印機、噴墨式印刷機或電腦點字繪圖軟體製作立體圖形供盲生使用。放大影印圖形供低視生使用時，可先以修正液消除多餘的資訊再影印，使版面清晰易讀。

5.多應用觸覺性及聽覺性的數學輔助教具，協助學生建立正確的形、數觀念，例如點字計算盤、數字計算盤、有聲計算機、點字尺、盲用算盤、盲用溫度計、體重計、三角板、量角器、圓規、製圖板、心算卡、磁秤、插洞板、立體模型（圓錐體、柱體、球體等）、史氏凸寫板、幾何圖形釘板等。

6.數學科之教學評量，宜以效標參照評量為主，常模參照評量為次。教

學後應即檢討學生之學習效果，必要時應修改教學或改進教學方法，以期達到教學目標。

7.李鳳華（1997）認為要提高盲校數學教學質量，就要在「精、準、透、活」四個字下功夫：(1)精講，一是要語言簡明精練；二是要根據盲生的實際情況，抓住難點，緊扣重點，讓盲生聽後覺得條理清楚，思路清晰。(2)講準，進行基本概念教學時要嚴謹，準確無誤，不能有「大概是」、「差不多」的思想，要突出概念的本質部分，使其印象深刻，記憶牢固。(3)講透，把算理講清楚、講透徹，分析、歸納，由具體到抽象，得出結論。(4)講活，把枯燥無味的數學知識講出趣味來；運用多變的教學方法，幽默的語言、生動的比喻、有趣的舉例，使盲生逐步對學習數學產生濃厚的興趣。例如對於完全平方式 $(a \pm b)^2 = a^2 + 2ab + b^2$，可編上一首順口溜：首平方，尾平方，二倍首尾（乘積）在中央。既好記憶，又有趣味。

四、社會學科教學（歷史、地理、公民與道德）

㈠困難因素

1.視障學生學習社會學科，在語文內容部分較無困難，但在非語文部分則呈現主要問題，因社會學科教科書須廣泛使用圖片、地圖、地球儀、圖表、圖解等輔助教材，這些讓明眼兒童一目瞭然的有效學習途徑，對視障兒童而言則是另一種溝通障礙，且會造成惡性循環。例如觸覺地圖取之不易，辨讀亦難，部分盲生定向能力不佳，方位混淆，故教師較少指導盲生如何查閱地圖，因此盲生就未能學得基本的地理概念和基本的地圖閱讀技能，故對地理專有名詞和地理概念較為缺乏，即使往後研發出可讀性較高的地圖，盲生也會因缺乏基本概念而不會使用地圖。一般教科書的地圖字體都很小，低視學生的殘餘視力不足以閱讀，以放大鏡閱讀很難掌握整體概念；若使用大國字課本，因所有附圖均為黑白色，更增加讀圖難度。

2.教科書的圖表和圖解譯成點字較占空間，有時須跨越好幾頁，查詢不易。

3.視障學生的生活經驗和資訊來源較為匱乏，社會科學的知能普遍不

足，教師須花費甚多時間解說基本觀念，影響教學進度。

(二)教學要點

1.利用立體地圖、標本、實物、模型等教具，並配合視聽教學器材，以提高學生的學習興趣。

2.使用立體複印機、噴墨式印刷機或電腦點字繪圖軟體製作觸覺地圖和圖表，輔以點字說明或有聲教材，供盲生使用。利用放大複印機影印地圖和圖表供低視學生使用時，先消除多餘的資訊，使版面清晰易讀，必要時分割成數張圖片，以求得較大的倍率。教導學生查閱地圖及圖表的方法，並了解縮圖比例的實質意義。

3.提供視障學生廣泛的補充教材，以增廣見識。利用盲用電腦將圖字轉譯成點字及放大教材，鼓勵視障學生借閱有聲圖書，吸取課外知識。

4.指導學生蒐集資料及撰寫研究報告的方法。培養學生統整及思考的能力，使其能掌握課程重點，自行整理筆記。

5.針對實際生活的社會、政治及經濟問題，在教室中共同研討，使學生獲得社會科學的正確觀念。

6.活用各種教學法，如講演法、問題教學法、自學輔導法、參觀教學法等，激發學生的學習興趣。

五、自然學科教學（理化、生物、健康教育）

(一)困難因素

1.視覺障礙造成直接的學習限制：(1)自然學科之學習除以文字敘述外，尚須佐以配圖，方可對小至顯微世界，大至宇宙作通盤之了解。明眼學生可透過精美之圖片、動感逼真之電視畫面、教師隨手在黑板描繪的圖形，達到最佳的學習效果。一張簡單的平面圖，勝過轉述者的千言萬語，此為全盲學生最大的學習限制。(2)先天盲生因缺乏視覺經驗，對於顏色、形狀、物體的整體概念不易形成，對於自然界的變化及抽象、空間概念的學習尤為困難。(3)低視學生因視力程度差異甚大，所產生的困難狀況亦有天壤之別，輕度低

視學生經由輔助器材或放大字即能具備較佳的學習條件；重度低視學生除行動較盲生方便外，其學習模式仍須由部分拼湊成整體，困難程度與盲生相同。(4)自然學科極注重實驗、觀察、操作、分析、記錄等活動，並需閱讀及製作圖表，視障學生不易與明眼學生同步進行。

2.有些視障學生的觸覺、嗅覺、聽覺等感官缺損、遲鈍或不靈敏，影響學習。

3.有些視障學生伴有智能障礙或其他障礙，學習甚為困難。

4.學前教育和文化刺激普遍不足，缺乏有關自然科學的知識與生活經驗。

5.住校的視障學生在家庭作業方面（如自然科所需的準備、蒐集、實驗、觀察、分析、記錄等）未能獲得家長或兄長的協助。教師須為全班同學準備實驗材料，負荷沉重。

6.有時教師基於安全考量或限於時間因素，未讓視障學生親自動手實驗，而僅告之實驗結果。視障學生動手操作機會少，概念模糊，操作能力越差，對實驗環境越生恐懼心理。

7.國中理化計算部分占的份量相當多，視障學生的學習效果受原有數學能力限制；理論部分亦極為抽象，須以國小階段所學的數學、自然等舊經驗為基礎，先天失明者較後天失明者學習困難，全盲者較低視者為困難，學生程度差異大，教學與實驗活動不易進行。

8.視障學生學習自然學科有賴於聽覺與觸覺等感官以補足其視力障礙，惟目前專為視障者設計之教具極少，且材質造型大多不佳，僅靠語文授課，效果難免有限。在教材方面，因視障學生的學習動作較慢，需較寬裕的時間觸摸、思考、推理，而啓明學校採用一般國中小相同的教科書，但授課時數較一般學校少，且課外補充教材閱讀不足，學生學業成就普遍低落。

9.自然學科教科書中，諸多圖表因以點字表達困難，往往註明「圖省略」；而某些圖表改以文字呈現時，即已失去其圖表中可觀察到內容間的相互關係之功能；且因化圖形為敘述、化統計表格為一般描述，文字簡易白話，故須長篇大論，篇幅龐大。

10.在教學評鑑方面，因多數視障學生在學習過程中的實驗、觀察均有困

難，且操作速度慢，在教學時數不足情況下，教學評鑑常偏重紙筆測驗。進行筆試時，又因圖片或表解使用不易，故多以文字敘述方式施測。某些視障學生不諳數理化點字或國字，無法筆試，只好改用口試測驗。

11.培養學生解決問題的能力（problem–solving）是科學教育的重要目標之一。要達到此教育目標，學生除應廣泛擷取科學知識外，最主要仍須發展科學過程技能（science process skills），尤其是統整性技能（integrated process skills），藉以運用來解決問題（Rubin & Norman，1992）。

12.發展科學過程技能有賴於學生的觀察能力和量化能力。一般明眼學生可由隨機或有計畫的觀察活動中獲取資訊；而視障學生僅能在近距離摸索事物，再依觸、聽、嗅覺或殘餘視覺等感官來判定物之尺寸、型態、和變化，因此所形成的科學概念不盡完整或正確（Thier，1979）。缺乏視覺學習經驗，視障學生在資料蒐集、記錄、分析、及實驗等活動受到極大的限制。另一方面，視障學生的科學知識大多來自第二手資料，即「閱讀」或「他人經驗」；由於未能親身驗證，在認知上可能會產生相當大的誤解和差異（Ayres & Hinton，1985）。

13.科學過程技能的理念在於「給他魚吃，不如教他釣魚」（許榮富，1992），然而在許多仰賴視覺的學習活動中，視障學生很容易被局限於「讓他有魚吃」即可的範疇。

(二)教學要點

1.針對視障學生的學習特性及日常生活需求，配合現行國中小教材及上課時數，以複製、變更、代替、省略等方式，編寫適合視障學生的自然學科教材及實驗活動，教材及其解說應具體而詳盡。教材之編選應顧及視障學生之學習能力、學習速度及時間分配三方面。

2.儘可能提供實物、標本、模型、凸型圖、立體圖表等教具，利用觸覺、聽覺、嗅覺、冷熱覺、輕重覺、壓覺、及殘餘視覺等多重感官方法（multisensory approach）輔助視障學生學習，增進其學習效果。教科書製作單位應編列經費，另製作立體圖表，附於每冊書後，便於學生及教師使用。

3.生物科教學可配合定向行動、童軍訓練、健康教育等課程，由教師帶

領視障學生作野外探測及採集標本，但須注意防範危險。另一方面，可鼓勵視障學生親自飼養動物、栽培植物，以激發其對生命現象的求知慾。

4.理化科實驗應儘量讓視障學生親自操作，惟對於可能造成傷害的藥品或實驗，應提醒學生注意安全措施。物理反應有關之色彩變化、光性質、宇宙天體現象等，低視學生可藉放大鏡或視覺輔助器觀察，全盲學生可藉特殊儀器（如盲用感光器或觸覺教具）以加深印象，故不可省略。化學反應如色彩變化、沉澱物產生，低視生亦可藉放大鏡或視覺輔助器觀察，全盲學生可藉特殊之盲用化學實驗儀器觀察，例如以聲音指示之感光、感電儀器可證明色彩、電流的出現。

5.實驗課程應注重實驗程序、結果討論及實驗報告記錄，培養正確之科學態度及方法，並隨時記錄學生的活動情形，以做為評鑑參考。

6.教學評鑑應注意考查：(1)學生的學習態度；(2)學生是否具備科學的知識、理念與技能；(3)學生是否能將自然科所學的知識、理念與技能和實際生活相結合，以達到學以致用的學習目標。

7.加強視障學生科學教育：(1)研編適合視障學生之科學課程、教材、教法；(2)研發科學實驗所需的多重感官教具，鼓勵視障學生實際參與實驗活動；(3)實施個別化生涯教育計畫，拓展科學學習領域，培育視障科技人才。

8.研發視障學生測驗工具：(1)成立測驗工具編（修）訂小組，提供視障學生更廣泛、客觀之評量；(2)建立視障學生基本資料網路，俾便於取樣及資料之整理分析；(3)加強各縣市鑑定及輔導委員會之功能，有效運用測驗工具辦理視障學生輔導及教育安置工作。

9.探討視障學生之科學過程技能：(1)進行實驗教學，驗證視障學生學習科學過程技能課程之成效；(2)探討視障學生邏輯思考能力與科學過程技能之相關；(3)研發盲用電腦軟硬體設備，解決盲生辨認圖形及數據之困難。

10.王利平（1993）強調在生物教學中，培養盲生觀察技能的重要性。利用課堂觀察、校園觀察和野外觀察等方法，通過觸覺，輔助聽覺、嗅覺、味覺等，引導學生觀察事物，激發其觀察興趣：(1)明確觀察目的，使盲生得到清晰的觀察效果。例如觀察蛙心離體後的跳動情形，就不觀察蛙心的形態、乾溼等。(2)指導盲生有計畫、有步驟地觀察，養成良好的觀察習慣。每步內

容要少，要明確，先觀察整體，再按順序觀察部分。觀察完給學生留一段時間，反覆觀察，加深印象。(3)在觀察中啓發學生積極思考，提高觀察的效果。例如觀察鯽魚外形的每一項目（如體形，梭形），可提問其如何適應水中生活（游泳時減少阻力），啓發學生思維。(4)調動多種感官來觀察，彌補視覺觀察的不足。例如燃燒小麥種子時顏色的變化是：黃 $\xrightarrow{碳化}$ 黑 $\xrightarrow{灰化}$ 灰白。無視力的盲生看不到顏色的變化。可利用嗅覺觀察此變化。在碳化過程中，糊焦味很濃，而教學中，儘可能走出課堂到大自然中，多感知外面的世界，在觀察的同時，提出要求，逐步培養其觀察技能。

11.韓萍（1992）認爲要盲生學好物理，需重視物理實驗課：(1)改進物理實驗課的設計要求，改進原則是安全，設備結構簡單，操作簡單，物理現象明顯，可摸或可聽、可嗅，增強盲生特點的實驗，如以圖釘說明壓力的作用效果與受力面積的關係。(2)依教學內容和對象，選擇教學形式（分組實驗和統一觀察）。(3)改造和自製教具須安全，結構簡單，坐標明顯，便於盲生定向。例如在電學實驗中，將燈泡換成電鈴。

六、藝能科教學（音樂、美勞、體育）

㈠困難因素

1.音樂科方面

⑴盲生學習音樂須採用點字樂譜。由於音樂點字難度較高，不諳音樂點字的盲生比例不少。盲生平常接觸音樂點字的機會少，摸讀速度慢，學習意願低，且遇有特殊音樂符號查詢不易，常會做錯誤之判斷，或放棄該部分的學習。早期國樂點字符號尚未編訂時，音樂教師多是以口傳心授的方式進行教學，即由教師口唸樂譜，並指導手法，再將上課內容錄音，以利課後複習。⑵低視學生學習音樂須將五線譜樂譜放大或以放大鏡逐字閱讀，視譜吃力，速度緩慢。⑶總之，視障學生學習音樂的障礙主因是讀譜和背譜花費太多時間，影響學習速度，較難掌握正確的視譜和視奏能力。越來越多的視障學生寧可以耳朵聽譜或背譜，而不願學習點字樂譜或五線譜，值得注意。⑷

學習音樂的視障學生可略分為三類，第一類學生稟賦優異，精通樂理及常識，有成為音樂家的潛力，幸運者可繼續升學大學音樂系，但最終多因現實生活所困而放棄音樂，不少音樂系畢業的視障大學生仍以按摩業謀生，只能利用閒暇時間參加樂團練習演奏或創作。第二類學生喜愛樂器，演奏造詣頗佳，屬業餘演奏家，但這類學生較不願採用點字樂譜，進步較為緩慢。第三類學生純粹喜歡欣賞音樂，不學樂譜亦不勤練樂器，只是隨興聽聽音樂，這類學生所占的比例最多。(5)盲生參加樂團，除無法視譜外，尚無法看指揮，須與其他團員有相當充分的默契，困難度高。

2.美勞科方面

(1)美術與工藝科的教材種類繁多，色彩繽紛，組合精密，一般學生配合眼看手做，經由觀察、比較、模仿、創造而製作成品。視障學生受限於視力，較難以眼睛觀察學習，僅憑教師的講解說明及利用觸覺以體會教師的示範動作，困難度頗高。(2)學習美術與工藝須經常接觸各類媒介，豐富生活經驗，以培養技能和創造力。視障學生因視力不佳、行動不便或人際適應困難，因此與環境接觸學習的機會較為不足。

3.體育科方面

(1)視障學生的基本能力如平衡感、空間位置、方向感、協調性、耐力、肌力等較為欠缺，直接或間接影響體育活動的參與和學習。(2)現有的運動設施多未顧及視障學生的特殊需求，在安全方面亦欠考量。(3)視障學生較難利用視覺學習以模仿正確姿勢與動作，相當費時費力。(4)由於對活動空間的不確定感，視障學生對於不熟悉的活動項目和活動場所較易產生心理障礙和恐懼感。

(二)教學要點

1.音樂科方面

(1)宜採音樂點字及口傳心授並用法；即上音樂課時儘量指導音樂點字符

號（盲生）和五線譜（低視生），個別指導樂器時親自爲學生點字或放大教材。對於不會音樂點字或樂譜的學生，以唱譜錄音的方式作補救教學；至於視多重障礙學生，則儘量介紹好聽的音樂與他們分享，期能以音樂打開其心靈的門扉。(2)曲譜之教唱以固定唱名法爲宜。(3)坊間不乏世界著名音樂教育學者所撰寫之各類教材，並且廣爲各國所採用，音樂教師可應用現有資源，爲視障學生編選適當的教材。(4)視障學生學習音樂的過程中所遭遇的困難不盡相同，教師應以愛心和耐心針對個別學生的問題謀求解決方法。對於具有音樂才能的學生應加強個別指導，加深加廣其學習內涵。(5)教學評鑑項目很廣泛，包括歌曲演唱、樂曲演奏、認譜、聽寫、音感、創造、欣賞能力及學習態度等。教師應注意學生平時的表現及作業練習，隨時加以評鑑，隨時改進。(6)台灣若干音樂社團，如聾者同心樂團、啄木鳥樂團、黑門樂團、伊甸盲人喜樂四重唱、廣靑合唱團、雙連西羅亞合唱團等，表現卓越，並積極參與公益活動，對視障學生產生積極的激勵作用。(7)余月琴（1997）在盲童音樂教學中，利用「律動」訓練盲童的節奏感、美感、動作、表情，作了如下嘗試：①課前組織教學（如學生聽到上課鈴聲，即排成縱隊，隨音樂伴奏，拍手走進教室，回到座位）；②教學中注意化解難點（如模仿馬在奔跑時的聲音，說明附八點音符的連續使用）；③寓教於樂（如讓學生搭肩扮演火車，隨音樂的伴奏，邊唱邊做動作）。(8)葉子劼（1997）認爲音樂可爲其他課程服務，如語文課採朗誦形式，有些抽象的寫景文章就很容易爲盲生所接受；歷史講課時，以音樂作品作課文內容的補充教材，學生的認識往往就會由抽象變爲具體，記憶也會更迅速。此外，教師應開展盲生音樂課外活動的體會，使獲得更多的知識和興趣。(9)丁小玲（1997）對盲生進行樂器教學的要訣：①鼓勵盲生自強不息；②消除逆反心理，師生心貼心；③從演示人手，手把手教導摸音階、聽旋律，把盲生帶入音樂的美妙境界；④反覆練習，不斷提高；⑤在欣賞中體驗器樂的音樂藝術表現力。

2.美勞科方面

⑴美勞活動應儘量與日常生活相聯繫，配合時令季節、社區資源，學習與日常生活有關的基本技藝，以增進其生活的適應力。(2)美勞科可和自然學

科或社會學科聯絡教學，整合成單元教學活動，增廣領域，專精技巧。(3)有時可採用集體創作的方式，讓全盲、低視學生和明眼學生共同完成作品，以發揮分工合作的精神。(4)廣泛蒐集優美工藝品、美術作品、圖樣、照片，供學生鑑賞觀摩，以提高其審美能力。鼓勵學生自由創作發表，提高其學習興趣和成就感。(5)趙鵬和曹正禮（1997）認爲手工課是盲校重要的缺陷補償課程之一，應注重：①科學性，教材內容的選擇編排要注意各種技藝傳授的系統性；②實用性，選擇的教材內容應對盲生有實際的應用價值，掌握技能技巧，即可促進生活自理的提高，並可爲將來的職業勞動打下基礎；③趣味性，選擇手工教材時，要符合盲生年齡特徵和興趣愛好內容，使手工教學變成盲生主動需要，從而獲得教學的最佳效果。李藝仙（1997）建議手工教學要滲透美育：①從認識範品中滲透美育；②從製作過程中滲透美育；③從作品交流中滲透美育。魯桂眞和陳琪珊（1997）認爲泥塑在盲校美工教學中具有獨特的作用：①培養盲童的鑑賞能力和創造能力；②擴大盲童知識面、促進思維的發展；③培養和提高盲童的理解能力。泥塑可分三階段：①初級階段，從簡單的幾何形體入手；②中級階段，模仿製作物品或動物；③高級階段，進入人物肖像刻化，整體雕塑階段。

3.體育科方面

(1)視障學生的個別間差異和個別內差異均很明顯，教師應多接觸學生，了解學生，根據個別學生的需要與特性規劃體育活動設計，使學生充分參與學習。(2)改善運動設施與安全設施，增加視障學生的活動項目；講解運動安全常識，提高機敏警覺度，消除運動傷害所造成的恐懼感。(3)加強基本技能訓練，例如田徑運動的跑、跳、擲等技能，游泳運動的漂浮打水等技能，國術運動的身、手、步、眼、腿等動作和姿勢，球類運動的運作分析和攻守技能等，提高視障學生自由活動的動機及信心，促進其運動能力之發展。(4)喬仁富（1992）認爲體育教育在教學中，應側重盲生的審美教育，使其殘缺的審美心理結構得到一定的補償：①注意盲生身體型態方面的教育（包括形體美和體態美，含步態、立態、坐態和動作姿態）；②培養盲生剛毅活潑的性格美；③在具體的體育活動中，增強盲童的美感體驗。(5)崔曉斌（1992）指

出盲生因視覺缺陷，學習急行跳遠有一定的困難，教導時應注意以下環節：①掌握跑的基礎，②備好場地，③量準步點，④試跳訓練，⑤注意安全，⑥助跑踏，⑦騰空落地，初學者以「蹲踞式」較易掌握。(6)余壽祥（1992）對定向行走教學法的看法：①課堂教學與實際訓練相結合，以實際訓練為主；②徒手行走和使用導盲手杖教學相結合，以使用導盲手杖教學為主；③集中教學和個別輔導相結合，以個別輔導為主；④校內與校外教學相結合，以校外教學為主；⑤乘坐交通工具和徒步行走教學相結合，以徒步行走教學為主。(7)樺楠縣油坊小學（1992）對定向行走的訓練方法和原則堅持：①實踐性原則，②自覺性原則，③循序漸進原則，④安全原則。(8)王興江（1997）強調「信號引導」教學在體育教學中應用非常廣泛，可依課程的內容和訓練項目，採直接信號引導（如盲生根據老師信號指引方向進行短跑練習），間接信號引導（如老師信號由排頭第一人連鎖向後傳遞），以進行縱隊齊步行走之操練和人為的引導（如練習長距離跑時，由低視生攙扶盲生進行教學和訓練）。另可施行觸摸教學，採用教師觸摸學生教學（如講解左右轉動作要領）、盲生觸摸教師教學（如觸摸教師投擲鉛球的示範動作，可原地固定觸摸或完整連貫觸摸）、和用器械間接觸摸盲生（如教師兩手通過木棍帶動盲生兩臂前後擺動，透過口令，練習原地踏步、齊步走的動作）。(9)李志龍（1997）提出很多體育項目為讓視障人參與已進行了活動規則的修改。不改變體育活動本身的小改動是最理想的，例如盲人棒球運動（如愛盲蝙蝠隊）、路跑運動（如中華視障路跑協會）、登山運動在台灣皆是相當風行的。另可修改技能技巧（如游泳賽）、或修改教課技巧（如講解中使用精確語言：將球拍舉到高於右肩3至4英吋）、或改進環境條件，包括空間、工具和設備。(10)孫國君（1997）建議採用下列方法消除盲生快速跑的恐懼心理：①熟悉場地；②正面引導；③分解示範，認真模仿；④做好準備活動，加強柔韌性練習；⑤分步教學，循序漸進；⑥加強保護，逐步增加練習次數；⑦發展腰腹肌和上、下肢力量；⑧教給自我暗示方法（別人能做我也能做）；⑨多表揚、鼓勵，從而激發盲生的學習熱情，淡化害怕消極情緒。

七、資訊教育科教學

㈠困難因素

1.學習作業系統的困難

⑴目前盲用電腦尚未克服 Windows 作業系統的障礙，仍需在 DOS 之下執行。⑵一般盲用電腦的點字顯示窗僅有80方，每次僅呈現電腦螢幕上的一行或部分，若要讀取全螢幕資料必須移動游標，逐行觸讀，須思考空間組織方能理解螢幕上的訊息，操作速度緩慢，觸讀圖表亦有困難。⑶在點字顯示窗上很難找到螢幕游標的正確方位，且在電腦的硬體鍵盤上並無一致的標準規格，游標鍵的位置稍作改變，均會造成使用盲用電腦的不便。⑷國外進口的盲用電腦（點字電腦）經常故障且維修不易，送修期間對學習者造成諸多不便；而淡江大學所開發的中文盲用電腦「金點一號」，因教育部經費補助停頓而陷於困境，無法進一步研發相關軟硬體。⑸缺乏點字電腦參考書，盲生無法自修。⑹電腦點字符號尚無標準統一碼，一些電腦上的特殊符號譯成中文點字時無所依據，常須自創代號，易造成分歧混淆，若電腦老師不諳點字，對於盲生的錯誤則不能隨時指正。⑺對盲生進行小組教學相當困難，未若一般教學可利用投影片或以板書繪圖解說指令，僅以口述方式講解，教與學雙方均感吃力；且限於盲用電腦的數量，小組教學時未若一般電腦教學一人一機，邊教邊上機，故理論與實務難以配合。⑻一般電腦軟體均是為明眼人所設計（視窗環境），未能和盲用電腦相容，有些功能細節平常雖未使用，但會顯示在某一位置，盲生可能因看不到又用不到，忽視這些細節，而影響未來學習功能的應用。一般視窗的作業方式，盲生甚難適應。⑼為低視學生設計的視訊放大系統，係直接將電腦字體放大，不易辨識；且字體放大的程序會影響閱讀速度。低視學生雖有殘餘視力，但因視覺困難，眼睛較易疲乏，輸入常有錯誤而不自覺。

2.學習英文文書處理的困難

(1)英文有大小寫之分,但轉換到盲用電腦的點字顯示窗時卻無法分辨。(2)一般電腦的鍵盤頗為靈敏,輕觸一下即出現字幕,此對明眼人而言相當方便,但對盲生,有時不經意的碰到游標及數字或功能轉換鍵時,往往螢幕上已顯現變化,而盲生卻未察覺,造成困擾。(3)在處理方塊標記的搬移或拷貝時,盲生無法看到螢幕的反白區,故來源區與目標區常會衝突重疊,產生錯誤訊息;必須靠不斷練習,方能在腦海裡形成區域,作正確的處理。(4)英文語音系統有輔助的功能,但視障學生的英文聽力普遍不佳,多不願配合使用,未能發揮應有的功能。

3.學習中文文書處理的困難

(1)國外進口的盲用電腦僅少數載入中文系統程式,其餘雖可與電腦連接,進入中文系統,然而僅是借用美國標準轉換碼的英文字母和特殊符號,以轉換成中文點字輸入,所呈現在螢幕上的資訊均是無意的符號組合,且無法處理中文點字文書的自動換行與自動切割之功能,相當不便。(2)中文點字採注音符號系統,盲生以注音輸入電腦,因無字形概念,無法選字,常有同音異字的混淆,雖可從已建立的詞庫找出正確的中文字,但仍無法解決專有名詞和文言文的輸入問題。(3)中文文書處理經常使用圖形和表格,對盲生而言,圖表的設計和讀取均有困難,其他非語文部分亦難接收。(4)目前的中文語音合成系統尚無控制速度和聲調的功能,有待進一步的改良。

4.學習程式語言的困難

(1)每個人的性向不同,並非所有盲生都適合或有興趣學習程式語言;但思路清晰的盲生,經過盲用電腦的輔助,仍可勝任電腦程式設計。(2)盲生學習程式語言,未若一般人可先以紙筆擬訂程式設計流程圖,當產生電腦程式邏輯上的錯誤時,不易察覺。(3)點字顯示窗無法呈現螢幕上的圖形和表格,以致繪圖的應用有困難。(4)視障學生的數學程度普遍不佳,學習程式語言須處理相關的數學問題,困難度高。

5.其他方面

　　杞昭安、劉貞宜、張馨仁（2000年）執行一項國科會專題研究計畫「盲用電腦之教學與應用研究」，發現視障者使用盲用電腦之困難依次為：其他、當機、軟體設備不足等。至於其他項目分別為：視窗摸讀太慢、電腦資訊不夠、沒電腦、滑鼠點選不易、電腦故障之排除、螢幕太小、漢書內部指令太複雜、Windows 版的字和顏色問題、金點不理想、網路速度太慢、看字很吃力、圖形摸不到、網路上的東西不易放大、出現亂碼、網路和淡江大學系統不同等。

㈡教學要點

　　1.電腦點字與一般點字不同，教師須指導學生充分了解電腦點字與一般明眼符號之對應關係，以利其對螢幕訊息之閱讀與理解。

　　2.點字顯示窗每次僅呈現電腦螢幕的半行，教師須指導學生充分掌握點字顯示窗與整個螢幕之相對關係，才不致迷失方位。

　　3.低視學生宜使用拆字碼輸入中文（如倉頡輸入法、無蝦米輸入法），再配合語音系統核對，熟練後不必像注音碼須找尋鍵盤位置或逐字核對螢幕顯示，眼睛較不易疲勞。目前各種中文智慧型輸入法已逐漸研發改良，其原理主要是利用詞彙匹配方式，配合語法、語音規則的處理，解決同音（形）碼字需要作選擇的問題，減少中文輸入的複雜度和輸入的時間，因此使用者不論是以注音碼或倉頡簡易碼輸入的中文詞句，皆不須經選擇同音字群或同形碼字群的程序，而能以動態轉換方式自動換成正確的中文字串。若將來國音輸入法的轉換正確率及中文光學影像掃描系統的正確率能再提高，並配合中文語音合成系統，對視障學生處理中文輸入應有助益。

　　4.課程講授與實習操作宜同時進行。對不同的設備，應配以適當的實習教材，例如介紹作業系統時，應以實際設備之作業系統為例。

　　5.以深入淺出方式介紹電腦基本概念，並說明計算機之組織及功能，包括資料表示法、資料之存取、程式技巧、系統軟體、各種輸入輸出、應用（如圖形處理等）。

6.安排參觀資訊展，激發學習興趣，吸取新知識。

7.教師可選擇合適的電腦教學軟體，以應用多媒體教學。不可因學生視覺有困難，而忽略其對顏色及圖像的觀察能力（冼權鋒，1997）。視障學生若能透過適當的儀器（閱讀螢幕發聲系統、螢幕顯示放大系統、點字摸讀器、凸字印制機），配合市場上的電腦教學軟體（包括練習模式、指導模式、遊戲模式、模擬模式、發現模式等），選擇切合視障學生學習需要的教學軟體，學生亦能在美學上有所發揮。例如教師可鼓勵低視力學生，利用電腦做文書處理時，於文字中加插圖畫，更可教導他們將圖形或字形放大、縮小、改變或更改顏色，從而增加學生的學習興趣。

8.杞昭安等（2000）對日後開辦盲用電腦課程之建議如下：(1)教師方面：講師應先講習，提供適當的教學模式。(2)教學策略方面：採一對一教學，立即回饋；全盲和低視生可分開上課；教學用詞不用太專業，可加以簡化；每人一機，多操作少講述；講解應具體明確。(3)學員方面：加以篩選，避免無心學習者占用名額；先評量學員程度，以提供適當教材。(4)教材方面：分為基礎班和進階班；充實課程內容，且注重教材的系統化；可多提供資料和講義，讓學員自行預習；內容可偏向文書處理、搜尋及上網技能；可僅教單一主題，如上網技能；教材應重實用性。

本篇參考書目

● 中文部分 ●

上海市教育委員會德育處課題組編（1999）：特殊兒童思想品德教育研究。上
　　海市：上海教育出版社。

中華視覺障礙教育學會編（1999-2000）：中華視覺障礙教育學會會刊。台北
　　市：中華視覺障礙教育學會。

中華視覺障礙教育學會編（1999）：視覺障礙教育之理論與實務。台北：中華
　　視覺障礙教育學會。

中國殘疾人聯合會教育就業部全國特殊教育研究會編（1997）：盲校教學文
　　萃。北京市：中國盲文出版社。

北京盲人學校編（1999）：北京盲校教育論文選編（1994-1999）。北京市：
　　北京市盲人學校。

台北市立啟明學校 IEP 規劃研究小組（1998）：個別化教育計畫實施手冊。載
　　於啟明教育叢書第二十三輯，視障教育理論與實際，179-199。

台中啟明學校編（1990）：視障教育。台中啟明叢書之八，視障教育百週年紀
　　念。台中縣：台中啟明學校。

杞昭安、劉貞宜、張馨仁（2000）：盲用電腦之教學與應用研究。國科會專題
　　研究計畫成果報告（計畫編號 NSC 88-2614-H-003-12-F20）。

沉家英、陳雲英、彭霞光（1993）：視覺障礙兒童的心理與教育。北京市：華
　　夏出版社。

吳又熙（1998）：接枝法——視覺障礙兒童英語教學。台北市：國立編譯館。

林寶貴、楊瑛、楊中琳主編（1997）：大專院校資源教室輔導手冊——邁向公
　　元2001年。台北市：國立台灣師範大學特殊教育中心。

林慶仁（1999）：弱視者的心理社會層面與輔導策略。載於中華視覺障礙教育
　　學會八十八年度年刊，視覺障礙教育之理論與實務，103-116。

教育部特殊教育工作小組（1999）：國民教育階段啟明學校（班）課程綱要。
　　台北市：教育部。

教育部特殊教育工作小組（1999）：高中職教育階段啟明學校（班）課程綱
　　要。台北市：教育部。

教育部特殊教育工作小組（1999）：特殊教育法規選輯。台北市：教育部。

郭義主編（2000）：看見。台北市：師大書苑發行。

徐白侖主編（1995）：盲人生活指南。北京市：華夏出版社。

徐白侖主編（1996）：視障兒童隨班教學指導。北京市：華夏出版社。

徐白侖等主編（1996）：低視生隨班就讀初探。北京市：華夏出版社。

莊素貞、梁成一（2000）：現任視障教育教師專業知能之研究。台灣師範大學
　　特殊教育研究學刊，18，105－125。

陳梁悅明、曹正禮、錢志亮編（1999）：視障教育培訓教程。北京市：中國盲
　　文出版社。

張勝成（1999）：日本視覺障礙教育之趨勢。載於中華視覺障礙教育學會會
　　刊，2，13－15。

張嘉桓（2000）：盲用電腦操作手冊。台北市：台北市立啟明學校。

陳雲英、華國棟主編（1998）：特殊兒童的隨班就讀試驗──農村的成功經
　　驗。北京市：教育科學出版社。

曹國輝、趙學靜編（1993）：金鑰匙視障教育文摘。北京市：華夏出版社。

黃乃（1999）：建設有中國特色的漢語盲文。北京市：中國社會出版社。

萬明美（1990）：盲人學習電腦之研究。國科會專題研究計畫成果報告（計畫
　　編號 NSC 79－0301－H018－03）。

萬明美（1991）：視覺障礙者從事按摩業之現況及影響其收入之相關研究。彰
　　化師範大學特殊教育學報，6，1－47。

萬明美、張素禎（1993）：改進與發展啟明學校教育之研究。彰化師範大學特
　　殊教育學報，8，143－196。

萬明美、杞昭安、鄭碧雲、李乙明、宋淑慧（1993）：視覺障礙學生統整過程
　　技能之研究。台北市：教育部社會教育司。

萬明美、邱滿豔、張自、羅瑞琬（1994）：殘障學生接受第十年技藝教育（視
　　障組）規劃研究報告。台北市：教育部社會教育司。

萬明美、邱滿豔、張自、羅瑞琬（1995）：中重度智障暨其他殘障學生接受第
　　十年技藝教育方案推動督導小組第一年工作報告（視障組）。台北市：教

育部社會教育司。

萬明美（1995）：視覺障礙者之就業輔導，載於殘障者職業訓練與就業輔導之理論與實務，160－195。台北市：行政院勞委會職訓局。

萬明美、張照明、陳麗君（1997）：大學視覺障礙學生學校生活適應及大學同儕對其態度之研究。彰化師範大學特殊教育學報，12，1－39。

萬明美、葉瓊華、柏廣法、高生旺、張國英、李孫文、張慧美、姚霞玲、翁素珍（1997）：大學入學考試身心障礙考生考試辦法初探研究報告。台灣師範大學特殊教育學刊，15，19－38。

萬明美（2000）：中途失明成人致盲原因及適應歷程之研究。台灣師範大學特殊教育學刊，19，59－78。

萬明美、柏廣法（1999）：大學視覺障礙學生畢業後生活狀況之研究。台灣師範大學特殊教育研究學刊，17，107－137。

葉立群、朴永馨主編（1995）：特殊教育學。福州：福州教育出版社。

劉翠霄譯（1999）：維爾特勞特・圖斯特，彼得・特倫克著，殘疾人法。北京市：法律出版社。

劉岩華主編（2000）：啓明之路──北京盲校一百廿周年校慶專輯。北京市：北京盲人學校。

劉信雄（1995）：視覺障礙學。載於如何發現及協助特殊教育學生。台北市：台灣師範大學特殊教育中心。

趙樹鋒（1994）：特殊教育課程與教學法。北京市：華夏出版社。

鐘經華主編譯（1992）：盲教育教師指南。北京市：華夏出版社。

• 英文部分 •

Allen, M. (1990). Adjusting to visual impairment. *Journal of Ophthalmic Nursing and Technology*, 9, 47－51.

Best, A. B. (1992). *Teaching children with visual impairments*. Philadelphia: Open University Press.

Cook, D. (1992). Psychsocial impact of disability. In R. Parker & E. Szymansk (Ed.), *Rehabilitation Counseling: Basics and beyond* (2nd). Austin, TX: PRO－ED.

Corn, A., & Koening, A.（1996）.Perseectives on low vision. In A. Corn & A. Koenig（Ed.）, *Foundations of low vision : Clinical and functional perspectives*. New York, NY : American Foundation for the Blind.

Dodds, A., Ferguson, E., Ng, L., Flannigan, H., Hawes, G., & Yates, L.（1994）. The concept of adjustment : A structural model. *Journal of Visual Impairment & Blindness, 88*,487－497.

Dodds, A. G., Bailey, P., Pearson, A., & Yates, L.（1991）. Psychological factors in acquired visual impairment : The development of a scale of adjustment. *Journal of Visual Impairment & Blindness, 85*, 306－310.

Dodds, A. G.,（1993）. Rehabilitating blind and visually impaired peoeple : *A psychological approach*. London : Chapman & Hall.

Geruschat, D., & Smith, A.（1997）. Low vision and mobility. In B. Blasch, W. Wiener, & r. Welsh（Ed.）*Foundations of orientation and mobility*. New York, NY : American Foundation for the Blind.

Hanley－Maxwell, C., Griffin, S., Szymanski, E. M., & Godley, S. M.（1990）. Supported and time－limited transitional employment services. *Journal of Visual Impairment & Blindness, 84*, 160－165.

Harley, R. K., Truan, M.B., & Sanford, L.D.（1987）. *Communication Skills for visually impaired learners*. Illinois : Charles C. Thomas.

Horowitz, A., & Reinhardt, J. P.（1998）. Developmdnt of the adaptation to age related vision loss scale. *Journal of Visual Impairment & Blindness, 92*, 30－46

Hudson, D.（1994）. Causes of emotional and psychological reactions to adventitious blindness. *Journal of Visual Impairment & Blindness, 88*, 498－503.

Lukoff, I.F.（1972）. Attitudes toward blind persons. In *Attitudes toward blind persons*（pp.1－13）. New York : American Foundation for the Blind.

Rosenbloom, A.A.（1992）. Physiological and founctional aspectsof aging, vision, and visual impairment. In A. L. Orr（Ed.）, *Vision and aging : Crossroad for service delivery*（pp.47－68）. New York : American Foundation for the Blind.

Ross, A.O. (1992) . *The sense of self*：*Research and theory*. New York：Springer.

Scholl, G.T. (Ed.) . (1986) . *Foundations of education for blind and visually handicapped children and youth* . New York：American Foundation for the Blind.

Smith, A.J., & O ' Donnell, L.M. (1991) . *Beyond arm's reach*：*Enhancing distance vision* . Philadelphia：Pennsylvania College of Optometry.

Stephens, B., & Grube, C. (1982) . Development of Piagetian reasoning in congenitally blind children. *Journal of Visual Impairment & Blindness*, 76(4), 133 – 143.

Tuttle, D. W. (1 9 8 4) . *Self – esteem and adjusting with blindness*, Springfield, IL：Charles C Thomas.

Ungar, S., Blades, M., & Spencer, C. (1995) . Visually impaired children's strategies for memorizing a map. *British Journal of Visual Impairment*, *13*, 27 – 32.

Wan, M.M., & Tait, P. (1987) . The attainment of conservation by visually impaired children inTaiwan. *Journal of Visual Impairment & Blindness*, *81* (9), 409 – 428.

附錄 社會資源

(一)啓明學校（班）及重建院

(二)視障社會福利機構團體

(三)視障師資培育單位及諮詢服務中心

(四)醫療體系與輔具資源

(一)啟明學校（班）及重建院

單位名稱	地址	電話/聯絡人
台北市立啟明學校	台北市忠誠路二段207巷1號	(02)2874－0670 郭義　張添唐　張自
國立台中啟明學校	台中縣后里鄉三豐路72號	(04)556－2126　557－8804 http：//tcb. aide. gov. tw/default.htm 林文雄　黃崑發　汪成琳 鄭明芳
私立惠明學校	台中縣大雅鄉雅潭路280號	(04)566－1024　568－1306 陳麗玉
楠梓特殊學校	高雄市楠梓區德民路211號	(07)364－2007
板橋高中視障資源班	台北縣板橋市文化路一段25號	(02)2960－2500轉233
台中二中資源班	台中市北區英士路27號	(04)202－2417
松山高中盲生資源班	台北市基隆路一段156號	(02)27535961　高生旺
北師院實小幼兒視障班	台北市公園路29號	(02)2371－2925
私立台灣盲人重建院	台北縣新莊市中正路384號	(02)2998－5588 曾文雄、周伶姮、柯明棋
私立慕光盲人重建中心	宜蘭縣冬山鄉冬山路三段179號	（03）958－1001　劉書維
花蓮畢士大教養院	花蓮市民權八街1號	（038）222－417

單位名稱	地址	電話/聯絡人
北京市盲人學校	100081北京市阜成門外定慧寺五路居11號	86－10－88461148 何天柱　韓萍
山東省青島市盲人學校	266021山東省青島市登州路44號	86－532－383327　曹正禮
上海市盲童學校	200336上海市虹橋路1850號	86－216－2429717　袁進興
寧波市盲童學校	315010浙江省寧波市橫河街35號	86－574－7362906　袁東
成都市盲聾啞學校	610031四川省成都市一環路北一段182號	86－28－7731451 田光華　賈云榮　雷健康
烏魯木齊市盲人學校	830001新疆省烏魯木齊市二道灣路13號	86－991－2826670　李寅龍
武漢市盲啞學校	430070湖北省武漢市洪山石牌嶺	86－27－87881909　孫菊連
太原市盲啞學校	030001山西省太原市新城南街小五臺3號	86－351－2029816　孫晉彥
天津市盲人學校	300131河北省天津市盲人學校	86－22－26373539 侯佑正　江維章
遵義市盲聾啞學校	563003貴州遵義市盲聾啞學校	86－852－8621973　樓媛媛
重慶市盲人學校	400060重慶市南岸區南坪南湖路144號	86－23－62801835　劉宗蘭
南昌市盲人學校	330003南昌市盲人學校	86－027－87881909　鄧興喜
浙江省盲童學校	311401杭州富陽	86－571－3461520　許保生

單位名稱	地址	電話/聯絡人
昆明盲啞學校	650032雲南省昆明大觀路42號附4號	86－871－5326025　楊美英
哈爾濱市盲聾啞學校	150001黑龍江省哈爾濱市宣化街42號	86－2624564　湯有才
鄭州盲聾啞學校	450052河南省鄭州市	86－371－6999860　范向賓
福州市盲人學校	350007福建省福州市	86－591－3493303　林建宜
香港心光盲人院暨學校	香港薄扶林道131號	28170889　梁民安
澳門協同特殊學校	澳門筷子基沙梨頭北巷32號美居廣場第三座地下	002－853－234562 Fax　林劍如
澳門黑沙官立小學	澳門澳門路環黑沙馬路	002－853－881052 Fax　鄭國卿
新加坡視障兒童學校 Singapore School for the Visually Handicapped	51 Toa Payoh Rise, Singapore 298106	高寶光
Canadian National Institute for the Blind	1931 Bayview Avenue Toronto, ON, M4G 3E8 Canada	(416)480－7580 Fax：(416)480－7677
Hadley School for the Blind（Deaf－Blind）	700 Elm Street Winnetka, IL 60093－0299	(708)446－8111 voice/TTY/TDD Fax：(708)446－8153

(二)視障社會福利機構團體

單位名稱	地址	電話/聯絡人
中華視覺障礙教育學會	台北市和平東路一段162號	(02)2356－8901 www2.seeder.net/taebv
淡江大學盲生資源教室（淡江全球資訊網）	淡水鎮英專路151號	(02)2620－2494 (02)2621－5656轉2647 http：//www.tkblind.tku.edu.tw 洪錫銘 葉豐輝
國立彰化師範大學有聲圖書中心	彰化市進德路1號	借書專線(04)726－1041 吳英美 李麗香 李菁菁 啟明資源室(04)723－2105轉5552 吳訓生 朱雪珍
國立清華大學盲友有聲書籍服務委員會（盲友會）	新竹市光復路二段101號	借書專線（035）721－595 mx.nthu.edu.tw/blind/welcome.html
國立中央圖書館台灣分館盲人讀物資料中心	台北市新生南路一段1號	(02)2751－5510 (02)2772－4724轉255 張悅薾
台北市立啟明資源中心	台北市敦化北路155巷76號	(02)2514－8443 (02)2716－3777 阮先生
高雄市立圖書館新興分館	高雄市民生一段271號1樓	(07)272－8459
天主教光鹽愛盲服務中心	台北市中山北路一段2號902室	(02)2371－7496 http：//www.blind.org.tw/
慈暉愛盲有聲服務社	宜蘭市進士路151巷1號	（039）892－241
台北市私立盲人有聲圖書館	台北市延平北路二段135巷8號3樓	(02)2553－9429

單位名稱	地址	電話/聯絡人
中國佛教盲人圖書資料中心	台北郵政30－82信箱	(02)2394－1011
中華民國視覺障礙人福利協會	台北市中山區撫順街6號6樓	(02)2713－2144 2599－2639 2599－1234
伊甸社會福利基金會	台北市光復北路60巷19號之6地下樓	(02)2577－3868 轉202、205－6
財團法人台北市愛盲文教基金會	台北市臥龍街1號2樓	(02)2732－6002 27388－3303 http：//www.cefb.org.tw/
中華民國殘障聯盟	台北市文林路490－1號7樓	(02)2831－6254 2831－1309
台北市惠盲教育協會	台北市延平北路二段135巷8號4樓	(02)2557－3908 2553－9429
中華五眼護盲協會	台北市辛亥路一段45號3樓	(02)2367－3109
中華視障聯盟	台北市林森北路383巷9號5樓	(02)2522－1599　林石旺
中華佑明協進會	高雄市前鎮區仁愛三街12巷6號	(07)373－1587
高雄市啟明協會	高雄市前鎮區仁愛三街12巷6號	(07)321－4698　林錦成
中華民國愛盲協會	台北市內湖路一段396號8樓	(02)8797－8266
台北市盲人福利協進會	台北市大同區南京西路18巷8－3號	(02)2563－0613 2558－0862
高雄市盲人福利協進會	高雄市苓雅區福德路三段61號1樓	(07)222－9900　722－4394

單位名稱	地址	電話/聯絡人
台灣省盲人福利協進會	台中市進化路170號3樓	(04)211－4244
全國按摩勞工委員會	台北市南京西路18巷8－3號2樓	(02)2558－4619
台北市按摩業職業工會	台北市南京西路18巷8－3號2樓	(02)2558－4619
高雄市按摩業職業工會	高雄市苓雅區福德路三段61號1樓	(07)722－4394
台灣省按摩業職業工會聯合會	台中民權路454號	(04)203－8820
定向與行動資源網頁		http：//www.webcom.com.

㈢視障師資培育單位及諮詢服務中心（續）

單位名稱	地址	電話/聯絡人
國立台灣師大	台北市和平東路一段162號	特教系(02)2356-8901 2395-2514 2395-2441 張訓誥 杞昭安 張千惠 特教中心(02)2392-2784 諮詢專線(02)2366-1155
國立彰化師大	彰化市進德路1號	特教系(04)723-2105轉2405 張勝成 萬明美 特教中心(04)723-2105轉1462 諮詢專線(04)725-5802
國立高雄師大	高雄市和平一路116號	特教系(07)717-2930轉1630 李永昌 特教中心(07)717-2930轉1631 諮詢專線(07)713-2391
國立台北師院	台北市和平東路一段134號	特教系(02)2732-1104轉378 李乙明 特教中心(02)2737-3061 諮詢專線(02)2736-6755
台北市立師院	台北市愛國西路1號	特教系(02)2311-3040轉4112 特教中心(02)2311-1880 諮詢專線(02)2389-6215 莊冠月
國立新竹師院	新竹市南大路512號	特教系（03）5213-132轉302 特教中心（03）5213-132轉740 諮詢專線（03）525-7055
國立台中師院	台中市民生路140號	特教系(04)222-8399 特教中心(04)299-4765 諮詢專線(04)229-4765 莊素貞
國立嘉義大學	嘉義縣民雄鄉文隆村85號	特教中心（05）226-3411轉2301 諮詢專線（05）226-3465

單位名稱	地址	電話/聯絡人
國立台南師院	台南市樹林街二段33號	特教系（06）211－3111轉640 陳文雄　劉佑星　王亦榮　林慶仁 初教系　劉信雄 特教中心（06）211－3111轉645 視障師訓中心（06）228－8354 諮詢專線（06）220－6191
國立屏東師院	屏東市林森路1號	特教中心(08)723－2122 　　　　　　（08）722－6141轉650 諮詢專線（08）722－4345
國立台東師院	台東市中華路一段684號	特教中心（08）933－9211 諮詢專線（08）932－7338
國立花蓮師院	花蓮市華西123號	特教中心（03）822－1417　洪清一 諮詢專線（03）822－7647
私立中原大學	中壢市普忠里普仁22號	（03）456－3171或3175轉6701 諮詢專線（03）466－6304
北區身心障礙福利諮詢服務中心	新竹市松嶺路181號	（035）243－751
中區身心障礙福利諮詢服務中心	南投縣草屯鎮中正路177巷16號	（049）313－045
南區身心障礙福利諮詢服務中心	台南縣後壁鄉後廍村68號	（06）662－1821
高雄市身心障礙福利諮詢服務中心	高雄市中華二路341巷27號	(07)321－7962
教育部	台北市徐州路5號	特殊教育工作小組(02)2356－5639 　韓繼綏　廖淑真　楊志忠
教育部中部辦公室	台中縣霧峰鄉中正路738－4號	(04)339－3101轉2130～2

單位名稱	地址	電話/聯絡人
台北市政府教育局	台北市市府路1號8樓	(02)2759－3367第四科 (02)2725－6386－9
高雄市政府教育局	高雄市苓雅區四維三路2號4樓	(07)337－3118
內政部	台北市徐州路5號7樓	社會司(02)2356－5000 　　轉5182－5184　5186
行政院勞委會職訓局	台北市忠孝西路一段6號12樓	(02)2383－1699轉283
台灣省政府社會處	南投縣中興新村光華路3號	（049）332－308轉2611～2613
台北市政府社會局	台北市市府路1號	(02)2720－7157轉58
高雄市政府社會局	高雄市四維三路2號2樓	(07)337－3377 (07)337－3376
國立教育資料館	台北市南海路43號	(02)23710109轉149　毛連塭
北京師範大學教育系、特殊教育系	100875　北京新街口外大街19號	86－10－62207927 朴永馨　錢志亮
遼寧師範大學教育系	116029　遼寧省大連市黃河路850號	86－411－421118轉8037 張寧生、周仁來
南京特殊教育師範學校盲教部	210036　江蘇省南京市螺絲橋152號	86－25－6619305　周苗德
上海市特教師資培訓中心	200040　上海市愚園路460號	86－21－64565411　李季平
中華人民共和國教育部基礎教育司特殊教育處	100816　北京西單大木倉胡同35號	86－10－66097106　王洙

單位名稱	地址	電話/聯絡人
金鑰匙視障教育研究中心	100036　北京海淀區恩濟里33－1－103號	86－10－8122497　徐白侖　趙學静
華中師範大學特殊教育研究中心	430070　武漢	86－27－7878444－3635　羅亦超
黑龍江省特殊教育師資培訓中心	151100　黑龍江省肇東市北十四道街師範路158號	86－451－7783533♯8129　徐云知
愛德基金會	210008　南京漢口路71號	3301728　庄艾琳　劉晶
香港盲人輔導會	香港九龍深水捗南昌街248號	Fax：002－852－27880040 陳梁悅明　梁洲田　黎江佩嬋
日本國立特殊教育綜合研究所盲教育研究室	〒239　日本神奈川縣横須賀市野比五丁目一番一號	（0468）48－4121（代）　志村洋
日本障害者雇用促進協會審議役（國際協力擔當）	〒105　日本東京都港區海岸一丁目十一番一號	03（5400）1637 Fax：03－54001638　松井亮輔
日本長野勞動基準局	〒380　日本長野市旭町一一〇八長野第一合同廳舍	（026）2345121 Fax：026－233－4042　池田泰則
日本長野國際親善俱樂部 Nagano International Friendship Club	〒380　日本長野市下駒仭373番地長野國際親善俱樂部	0262－96－4073　寺島千鶴子
American Foundation for the Blind（AFB）	11Penn Plaza, Suite 300 New York, NY1001	（212）502－7600 Fax：（212）502－7777
American Printing House for the Blind	1839 Frankfort Avenue, Louisville, KY40206	（502）895－2405 （800）223－1839 Fax：（502）895－1509

單位名稱	地址	電話/聯絡人
National Association for Parents of the Visually Impaired	P.O. Box 317 Watertown, MA 02272–0317	（800）562–6265 Fax：（617）972–7444
American Council of the Blind	1155 15th Street, N.W., Suite 720 Washington,D.C.20005	（202）467–5081 （800）424–8666
Council of Citizens with Low Vision International	6511 26th Street West, Bradenton, FL 34207	（941）742–5958 （800）733–2258 Fax：（941）755–9721
Helen Keller National Center for Deaf–Blind Youths and Adults	111 Middle Neck Road, Sands Point, NY 11050–1299	（516）944–8900（voice/TDD） （516）944–8637（TTY）
National Library Service for the Blind and Physically Handicapped	Library of Congress 1291 Taylor Street, N.W. Washington, D.C. 20542	（202）707–5100 （800）424–8567 Fax：（202）707–0712
Recording for the Blind and Dyslexic	20 Roszel Road Princeton,NJ 08540	（609）452–0606 （800）221–4792 Fax：（609）987–8116
The Lighthouse Inc.	111 East 59th Street New York, NY 10022	（212）821–9200
Internaional Council for Education of People with Visual Impairment（ICEVI）	4 Taman Jesselton 10450 Penang, Malaysia	
Journal of Visual Impairment & Blindness	JVIB, American Foundation for the Blind, 11 Penn Plaza, Suite 300, New York, NY10001	（212）502–7648 （800）AFB–Lind （800）232–5463 Fax：（212）502–7774

單位名稱	地址	電話/聯絡人
Association for Educaion and Rehabilitation of the Blind and Visually Impaired	206 North Washington Street, Suite 300, Alexandria, VA22314	（703）548－1884 Fax：（703）683－2926
Council for Exceptional Children Division on Visual Impairment	1920 Association Drive, Reston, VA22091－1589	（703）620－3660 （800）845－6232 （703）620－3660
International Society of Low Vision Research and Rehabilitation（VISIO）	Amersfoortsestraatweg 180 1272 RR Huizen The Netherlands	02159－8－57－11
德州大學視覺障礙資訊網	Texas School for the Blind and Visually Impaired	http：//www.tsbvib.edu

㈣醫療體系與輔具資源

單位名稱	電話
台灣大學醫學院附設醫院	台北(02)2397 – 0800
長庚醫院	台北(02)2717 – 3701　基隆(02)432 – 8191 高雄(07)731 – 4345　林口（03）328 – 1316
三軍總醫院	台北(02)2365 – 6533　(02)2368 – 2727
榮民總醫院	台北(02)2872 – 2151　高雄(07)342 – 2121 台中(04)359 – 5046
尹書田紀念醫院	台北(02)2369 – 0204
國泰綜合醫院	台北(02)2708 – 2121
馬偕紀念醫院	台北(02)2543 – 3535　淡水(02)809 – 4651 台東市（089）310 – 150　（080）001 – 700
新光醫院	(02)2833 – 5000　(02)2833 – 2211
台北市立仁愛醫院	(02)27046350　(02)27046345
板橋亞東紀念醫院	(02)2954 – 6200
行政院衛生署竹東醫院	新竹（035）594 – 3248
行政院衛生署苗栗醫院	（037）272 – 492　（037）270 – 621

單位名稱	電話
南投埔里基督教醫院	（049）914－346　（049）910－355
彰化基督教醫院	(04)728－5152　(04)722－5132
彰化秀傳醫院	(04)722－0133　(04)727－7357 (04)722－4158　光復分院
羅東聖母醫院	（03）957－7688（03）956－7808
台東基督教醫院	（089）341－465
台東行政院衛生署眼科門診	（089）340－525
中國醫藥學院北港附設醫院（媽祖醫院）	雲林縣（05）783－7901
天主教若瑟醫院	雲林縣（05）633－7333
成功大學醫學院附設醫院	台南市（06）235－3535
高雄醫學大學附設中和紀念醫院	(07)320－8181 (07)321－8753
聯郃企業有限公司（視障輔具）	台北市民權路三段106巷3弄15號1樓 (02)2545－0291　徐裕龍
常業企業股份有限公司（視障輔具）	台北市忠孝東路二段130號9樓之7 (02)2397－0197　王先生
三光行股份有限公司（視障輔具）	台北市中山北路二段145號 (02)2521－1100

單位名稱	電話
丰美股份有限公司 （視障輔具）	台北市迪化街一段50號6樓 (02)2559－0416
殷岱貿易有限公司 （視障輔具）	台北市忠孝東路四段142號4樓405室 (02)2721－2955
建友文具望遠鏡批發中心	嘉義市吳鳳南路119之4號 （05）2224735　林敬仁
裕台光學公司	台北市林森北路67巷21號7樓　李先生
National Eye Institute Information Center	9000 Rockville Pike Building 31, Room 6A03 Bethesda, MD20892 （301）496－5248 （301）496－2234
Foundation for Glaucoma Research	490 Post Street, Suite 830, San Francisco, CA 94102 （415）986－3162 Fax：（415）986－3763
Macular Degeneration, International	1968 W. Ina Road, ＃106, Tucson, AZ 85741 （520）797－2525
American Academy of Ophthalmology	655 Beach Street P.O. Box 7424 San Francisco, CA 94120－7424 （415）561－8500
American Academy of Optometry	4330 East West Highway, Suite 1117 Bethesda, MD 20814－4408 （301）718－6500
The Journal of Vision Rehabilitation	1102 Grand, 23rd Floor, Kansas City, MO 64106 （800）347－2665 Fax：（816）842－8188

單位名稱	電話
American Thermoform Corporation	2311 Travers Avenue, City of Commerce, CA 90040 （213）723－9021
Telesensory Corporation	455 North Bernardo P.O.Box 7455 Mountain View, CA 94039－7455 （415）960－0920 （800）227－8418 （800）345－2256 Fax：（415）969－9064

國家圖書館出版品預行編目資料

視障教育＝Education for people with visual
impairments／萬明美著.
--初版.--臺北市：五南，2001〔民90〕
面；　公分.
含參考書目
ISBN　978-957-11-2389-9（平裝）
1.視覺障礙－教育
529.5　　　　　　　　　　　90002532

1IDQ
視障教育

作　　者 — 萬明美(320)

發 行 人 — 楊榮川

總 經 理 — 楊士清

副總編輯 — 陳念祖

編　　輯 — 李敏華

出 版 者 — 五南圖書出版股份有限公司

地　　址：106台北市大安區和平東路二段339號4樓

電　　話：(02)2705-5066　傳　　真：(02)2706-6100

網　　址：http://www.wunan.com.tw

電子郵件：wunan@wunan.com.tw

劃撥帳號：01068953

戶　　名：五南圖書出版股份有限公司

法律顧問　林勝安律師事務所　林勝安律師

出版日期　2001年2月初版　一　刷
　　　　　2017年10月初版十二刷

定　　價　新臺幣500元